广东省哲学社会科学"十二五"规划项目

YUYAN YANJIU
XINSHIJIAO CONGSHU
语言研究新视角丛书
主编 黎运汉

xiu ci yu yi

# 修辞语义

## 描写与阐释

孟建安 著

修辞语义是语言意义在具体语境和特定语体规制中的修辞化变通

暨南大学出版社
JINAN UNIVERSITY PRESS

中国·广州

**图书在版编目（CIP）数据**

修辞语义：描写与阐释/孟建安著. —广州：暨南大学出版社，2015.10
（语言研究新视角丛书）
ISBN 978 - 7 - 5668 - 0259 - 0

Ⅰ.①汉…　Ⅱ.①孟…　Ⅲ.①汉语—语义学—研究　Ⅳ.①H1

中国版本图书馆 CIP 数据核字（2012）第 153205 号

**出版发行：暨南大学出版社**

地　　址：中国广州暨南大学
电　　话：总编室（8620）85221601
　　　　　营销部（8620）85225284　85228291　85228292（邮购）
传　　真：（8620）85221583（办公室）　　85223774（营销部）
邮　　编：510630
网　　址：http：//www. jnupress. com　http：//press. jnu. edu. cn

排　　版：广州良弓广告有限公司
印　　刷：佛山市浩文彩色印刷有限公司

开　　本：787mm×1092mm　1/16
印　　张：20. 875
字　　数：456 千
版　　次：2015 年 10 月第 1 版
印　　次：2015 年 10 月第 1 次

定　　价：48. 00 元

（暨大版图书如有印装质量问题，请与出版社总编室联系调换）

# 总　序

去年 6 月，暨南大学出版社策划编辑杜小陆先生邀请我为他们出版社主编一套语言学丛书。始初我有些犹豫，但后来为他的眼界和气魄所感动，而且觉得这是响应社会发展对语言科学召唤的善举，便欣然应诺了。

丛书筹备工作进展得很顺利，很快便得到了 20 多位学者朋友的赞许与支持。去年 7 月和今年 4 月，暨南大学出版社徐义雄社长先后两次诚邀部分编委举行了丛书策划论证会，深入讨论了丛书选题运作的相关事宜，确定丛书名为"语言研究新视角丛书"，丛书的核心思想为"创新"：课题新、理论新、语料新、方法新，力求凸显研究对象的新规律、新特点，洋溢时代气息，体现学科走向，给读者以新的启示。学术研究贵在创新，创新是学科前进的关键。只有创新才能给语言学增加新鲜血液，使其健康发展，而创新的基础是继承和吸收。继承、吸收与创新融合是语言科学发展繁荣的重要因素，也是语言科学发展繁荣的基本规律及其研究的方法论原则。我们撰写这套丛书时，既注意继承优秀传统，吸收已有成果的精华，更努力于开拓创新。

这套丛书由 30 本组成，于 2008 年 10 月、2013 年 8 月和 2014 年 8 月分三批出版。

丛书数量大，内容广泛而丰富多彩。涵盖语言理论、语言本体、语言运用和语言教学的范围，涉及词汇学、语义学、语法学、社会语言学、语用学、话语语言学、方言学、修辞学、语体学、语言风格学、辞章学，以及港台语言、网络语言、广告语言、导游语言、交际语言艺术、语用与文化、语用与教学的方方面面。其中有国家、省部级社科基金规划项目成果，有影响较大的学术专著的拓新或再构，有作者多年潜心研究的新著。我们期望丛书的问世能对现代语言科学以及与其有关学科的繁荣发展有所贡献，对语言学、文艺学、文章学的教学有所帮助，对语言科学的研究者有所启示，对社会公众提高语言运用的能力有所裨益。

丛书的参撰者是海峡两岸长期从事语言学、语用学、社会语言学、文化语言学教学和研究的老中青教授、博士。他们学术造诣较深，眼光敏锐，视野开阔，颇有探索、拓荒精神，曾出版、发表了不少学术专著和系列论文，而且都以严谨、务实、求新、求精的科学态度，潜心耕耘自己的课题，竭力使研究成果具有创新性、学术性、科学性、实用性、启示性。毫无疑问，丛书的每一分册都是作者多年从事语言科学研究和教学的智慧结晶，我相信读者朋友们都能从中发现自己喜爱的闪光点。

丛书成立的编委会由本人任主编，郭熙、何自然、刘焕辉、屈哨兵、邵敬敏、肖沛雄、曾毅平、周国光、郑颐寿、宗廷虎等教授为常务编委，丛书作者为编委。作者提交的书稿经丛书编委会审定，由主编和常务编委签署意见后，交由出版社出版。全套丛书行文体例大体一致。尽管编委共同努力把好质量关，但由于我们的水平和经验所限，这套丛书的编写难免有不尽如人意的地方，敬请读者朋友不吝赐教。

暨南大学出版社欣欣向荣，富有活力，一贯重视出版图书的质量。出版的图书在新闻传播学、语言文学、心理学与管理学等学科领域已形成优势和特色，诸如《中文》等系列华文教材在海内外享有盛誉，"院士科普书系"2006 年获国家科技进步二等奖。这次把"语言研究新视角丛书"和全国新闻学教材系列、"海外华文文学丛书"等同列为重点图书，更显示出令人钦佩的远见和魄力。我作为主编，代表全体作者向暨南大学出版社表示衷心的感谢，并诚挚感谢各位作者朋友对我的大力支持。

黎运汉
2008 年国庆节
于暨南大学羊城苑得道居

# 序　言

　　修辞，是一个用抽象的语言形成具体的表达的过程，或者说是语言表达上用抽象的音、形、义转化为具体的音、形、义的过程。这个过程中，最复杂精微之所在则是语言的抽象意义变成表达的具体意义。陈望道先生说："意义也有具体抽象的区别。""一切语言文字的意义，平常都是抽象的"，"及至实际说话或者写文，将抽象的来具体化，那抽象的意义才能成为具体的意义"。而意义"必要到实地应用才成为具备一切因素的具体意义。其所加的临时意义，大抵都由情境来补充"（陈望道《修辞学发凡》第二篇之七、八）。可以说，这种由情境补充而成的语言的具体意义，就是一种修辞语义。修辞活动中各种表达手段的运用，各种修辞方式的生成或建构及其接受和理解，可以说都要通过语义才能实现。诚如谭学纯先生所说："语义是辞格的认知基础，辞格生成的途径和辞格理解的可能性十分丰富，最终都通过语义接通认知通道。辞格生成与理解过程中提取的语义特征可以不同于自然语义，也可以借助于自然语义，二者都经过不同程度的语义修辞化变异。"（《汉语修辞格大辞典·前言》，上海辞书出版社 2010 年版）这种语义修辞化变异或者说修辞语义，相对于逻辑语义和自然语义（语言的抽象意义）而言，对它的研究还亟待深入开展。修辞语义的研究是修辞学的一个核心问题，是修辞学研究走向精确化、科学化所必须致力的一个重大课题。

　　孟建安教授颇具学术识见，很久以来就倾心关注修辞语义问题，对此进行了持续的考察和研究。这部论著《修辞语义：描写与阐释》就是他研究成果的切实记载。建安先生不是先刻意构拟一个宏大而深奥（或者说就是大而空）的理论体系，而是始终面对语言应用中的修辞语义现象，从具体的词语、短语、句子、辞格和语体等在特定语境中所产生的修辞语义问题的观察、描写和分析入手，进而作出学理的探究和阐释。可见，建安先生的学术识见和治学态度都体现出一种实事求是的精神。至于其研究内容，相对集中在语境对修辞语义的制导、语体对修辞语义的导引、文学语体与修辞语义表达、广告语体与修辞语义表达、词语修辞及其语义衍生、句子修辞及其语义衍生、辞格构拟与修辞语义表达、修辞语义病象与修辞语义表达等问题上。这对于推进和深化修辞语义问题的研究都是很有价值的；同时，对于人们认识相关的修辞现象和对修辞的接受理解也会有实际的帮助。比如建安先生对"芝麻大的官"及相类修辞结构的分析，所说明的修辞语义特征，就是如此。像下面一段话就是很好的例证："在当代语用中，'亲自'基本上是领导的专利，无往而不在地塑造着勤政的形象。然而，一旦用滥——事实也是极易用滥，领导不论大小，事情不论巨细，动辄就云'亲自'，颂词就往往沦为谀辞。而指甲大的领导，芥菜子大的事情，煞有介事言'亲自'，就有沐猴而冠的滑稽感。于是，常听得'亲自吃饭''亲自洗澡''亲自上厕所'的调侃，'亲自'无奈地沦为笑料。"（袁诹《由颂词到谀词到笑料》，《咬文嚼字》2011 年第 1 期）其中，"指甲大的领导""芥菜子大的事情"不就正是与"芝麻大的官"一样的修辞结构，体现出了类似的修辞语义吗？至于"亲自吃饭"云云是不是也可以从用词的语体规制的变换上作出说明呢？

修辞，在语言表达上是"常"与"变"的协调与和合。"常"，就是常规，即语言通用的一般规范；"变"，就是变通，即语言运用上的个性变异或者独特创造。修辞，对于语言的运用，不能完全没有变通，即使消极修辞如科技语体、公文语体也都会与时俱进，有所新变。修辞讲究变通创新，这种变通创新"往往可以造成超越寻常文字、寻常文法以至寻常逻辑的新形式，而使语辞呈现出一种动人的魅力"（陈望道《修辞学发凡》第一篇之二）。语义的修辞之变，也自然往往可以造成超脱寻常自然语义和逻辑语义的新意蕴。修辞上的语义变通或者修辞语义化说的变异，可谓丰富多彩，又极为复杂精微。那么，怎样来探究和认识其中的规律，怎样来阐释其精微之所在，就是首先要加以考虑和明确的。建安先生认为，要把修辞语义现象都看作特定语境中和一定语体规制下的产物，因此对于修辞语义的研究也就必须回归到特定的语境之中和一定的语体规制之下来进行。的确，修辞总是在一定的现实语境中展开，并以适应这一现实语境的需要为指归。当然，人们对于语境也不只是完全被动的适应，而是可以有所创设的。而现实的语境是具体多变的、不可复制的。语境的这种"变"就是语义修辞化变异的依据，同时也是考察修辞语义表达实效的标准。至于语体，是语言共核的社会功能变体，但其一旦形成自己的规制，也就具有相对的稳定性。修辞，对于语言的使用也就首先会受到语体的制导。可以说，这是"变"中之"常"。把语境和语体结合起来考察语义，也就是把修辞中的"变"与"常"结合协同起来，这是一种辩证的理念和思路。始终把遵循语境和语体相结合协同来探究修辞语义问题，可以看作建安先生的方法论原则。同时，他在分析现象解决问题时又运用多元的方法，诸如归纳与演绎、比较与评点、定性与定量、描写与阐释、移植与变换、义素分析、层次分析、语义指向分析等都加以分别运用或综合运用。这在他对"又"字句、"N＋他们""人称"与"数"的变异之用、"芝麻大的官"一类结构和语体转换等相关的修辞语义的分析和阐释中都有切实的体现。正是这样，建安先生的这部论著呈现出原则明确、方法多元、解析具体的特色。其成果对于修辞语义这个大课题的开发研究是可贵的贡献，也是有益的推动。

从建安先生的这部著作里，我们能够意识到，应该明确地把修辞语义作为一种独特的语义类型提出来加以研究。这种研究可以说是修辞学与语义学的结合与融通：既用修辞学的原理、方法研究语义，又用语义学的原理、方法研究修辞。这有助于人们深化对修辞现象和语义现象的规律性认识。而关于修辞语义问题的研究，在修辞学界已经日益受到关注。像张炼强先生在《能指和所指的概念与理论在修辞学中的应用》（《首都师范大学学报》2003 年第 4 期）一文中，所提出并解析的比喻、借代、双关、夸张等"转义修辞现象"，在我看来，论证的也就是修辞语义问题。炼强先生用索绪尔的能指和所指的概念来分析修辞形式与修辞意义之间的关系，为修辞语义研究在原理和方法上作了有效的探究，而文中所说"转义修辞现象中的能指和所指之间的自然联系的根基，从更深的层次上说，还在联想心理和认知方法上。比如说，比喻的自然联系的根基在相似联想，借代的自然联系的根基在关系联想上，反语的自然联系的根基在对比联想上。从认知方法上说，它们又都是客观事物的感知和认识的方法和途径的切实反映，这种反映，就是转义修辞现象赖以构成的一种认知方法上的根基"。这一段话则是为研究修辞语义形成的深层机理点明了一种路向。的确，修辞语义的研究，就是要对其形成的机制、结构的类型及其表达的效用、接受的理解能够作出规律性的认知和阐明。这是我们的期待和追求。

建安先生的大作行将付梓，来信嘱我写序。我真不敢当，因为自己对修辞语义问题并无多少研究；而在情谊上我又感到不能推却，也就鼓起勇气，略陈管见。所说自然会有所不当或不明，谨请建安先生、读者和方家惠予指正。

陈光磊

2012 年 8 月 5 日

（陈光磊：中国修辞学会会长、复旦大学国际交流学院教授）

# 目　录

# 第一章

修辞语义概说

汉语是奥妙的，有说不尽的话语。运用汉语表达思想内容，传递语义信息，交流个人情感，既是对汉语的实际应用，也是对汉语修辞功能的充分发挥。

汉语学界对语义的研究很早就开始了，可以说历史悠久，成果丰硕。只不过研究语义的角度有很大不同，有从词汇学角度研究语义的，有从语法学角度研究语义的，也有从哲学角度研究语义的，由此便分别形成了词汇语义学、语法语义学、哲学语义学等等。从修辞学角度来研究语义的，应该说也早已经开始了，而且成果非常多，未来的发展将会建构出修辞语义学。但是，修辞学界对修辞语义的研究往往是把它作为研究语音修辞、词语修辞、句子修辞、辞格修辞、语篇修辞、风格修辞、语体修辞、病象修辞等的附带成分，其主要目的是更好地分析语言要素修辞和超语言要素修辞的相关问题，而并没有对修辞语义的相关问题作专门的系统性的讨论。

语言应用创造修辞话语，而修辞话语表现为修辞形式和修辞语义的有机统一。修辞形式的构拟是以修辞语义为基础的，而修辞语义表达和理解则是以修辞形式为依托的。因此，对修辞语义的研究自然脱离不了对修辞形式的分析与讨论。强化对修辞形式的分析有助于对修辞语义的讨论。所以，我们在本专著中对修辞语义现象的描写和阐释，就是在形式和内容两股道上同时进行的。本专著对修辞语义的描写和阐释，不在于作过多的宏观上的理论解读进而构拟修辞理论，而是把着力点放在采用一定的修辞理论来综合研究具体语境中和特定语体规制下的活生生的修辞语义现象，以期探寻修辞语义现象表层和深层结构中所凸显出的基本特质。

## 第一节 修辞语义的内涵与属性

### 一、什么叫修辞语义

修辞语义包括书面的和口语的言语交际，都是对语言的实际应用。修辞话语是在语言应用的过程中，表达主体根据修辞需要按照一定的修辞规则把语言要素和（或）超语言要素组合在一起用来表达一定意义的修辞文本。修辞话语表现为修辞形式和修辞语义的有机统一。根据陆俭明先生的看法，修辞的基础是语义和谐律。陆先生说："修辞，无论是积极修辞还是消极修辞，从本质上说，都是言语交际中带有创新性的一种言语活动。但是这种带有创新性的言语活动，都严格遵守语义和谐律。"① 修辞创新过程中，语义和谐的重要表现之一就是特定修辞形式与修辞语义之间的和谐。修辞形式的构拟是以修辞语义为基础的，而修辞语义表达和理解则是以修辞形式为依托的。要研究修辞语义问题，首先必须对"修辞语义"这一概念作出解释，要弄清楚修

---

① 陆俭明. 修辞的基础——语义和谐律. 当代修辞学，2010（1）：13～20.

辞语义的基本内涵是什么。

陈光磊先生认为："修辞，是一个用抽象的语言形成具体的表达的过程，或者说是语言表达上用抽象的音、形、义转化为具体的音、形、义的过程。这个过程中，最复杂精微之所在则是语言的抽象意义变成为表达的具体意义。""可以说，这种由情境补充而成的语言的具体意义，就是一种修辞语义。"① 据此，我们认为所谓的修辞语义是指在语言应用过程中，修辞主体出于某种修辞考虑或者修辞需要，借助于具有普遍约定性的语言意义，并充分利用具体语境条件和特定的语体规制进行修辞创造所形成的语义修辞化变异。这种语义的修辞化变异实际上就是具体语境和特定语体中的修辞话语所表现出的具体的言语意义，即修辞语义。修辞语义有两种情况：一种是修辞化变异后的语义当被剥离了自身临时所具有的"修辞性"之后，字面意思与语言意义保持了一致性；另一种是修辞化变异后的语义被剥离了自身临时所具有的"修辞性"之后，所蕴含的基本意思与语言意义不一致。简单地说，实际上就是具体语境和特定语体中的修辞话语所表现出的具体的言语意义。所以，在我们看来，修辞语义应该有广义和狭义之分。广义的修辞语义既包括了修辞化变异后字面意思与语言意义保持高度一致的语义，也包括了修辞化变异后基本意思与语言意义不一致的语义，也就是通常所谓的言语意义；狭义的修辞语义仅仅指修辞化变异后基本意思与语言意义不一致的语义，也就是具体语境中和特定语体规制下的言外之意。这一界定也符合陈望道先生关于修辞两大分野的基本精神。根据我们对陈望道先生修辞两大分野思想的理解，语言意义只要进入交际状态也就是进入修辞状态，只不过有消极与积极之分罢了。所以，当语言意义被应用于交际并受到具体语境条件和特定语体制约而发生修辞变通时，通常所谓的语言意义也就发生了转化而成为修辞语义。

其一，修辞化变异后的语义当被剥离了自身临时所具有的"修辞性"之后，字面意思与语言意义保持了一致性。无论是词、短语还是句子，无论是辞格还是语篇，都会在具体语境和特定语体规制中输出具体的修辞语义。就词语的意义来说，词语的意义涵盖了理性意义和附加意义，这可以说是词语的语言意义。词语的理性意义是概念意义，是人们对客观事物或者现象的主观认知被固化在词语意义之中所形成的稳定的抽象意义。比如"深"是一个多义词，其理性意义有①"从上到下或从外到里距离大"、②"深度"、③"深奥"、④"深刻"、⑤"深厚"、⑥"浓"、⑦"距离开始的时间久"、⑧"很""十分"等。这些意义显然都是人们在使用"深"这个词语的漫长过程中，经过对客观现象认知的反复肯定—否定—肯定之后所形成的固定的语言意义。词语的附加意义是人们长时间运用理性意义而形成的较为稳定的并附着在理性意义之上的意义。这种意义不是词语意义的根本，却是人们在运用词语的过程中不可忽视的意义。从不同的角度看，附加意义包括感情色彩（感情意义），有褒义、中性和

---

① 参见本书"序言"。

贬义之分；形象色彩（形象意义），有形态色彩、声音色彩、感觉色彩和动态色彩之分；语体色彩（语体意义），有谈话语体色彩、事务语体色彩、科技语体色彩、政论语体色彩、新闻报道语体色彩和文学语体色彩之分①等等。附加意义也具有抽象性、稳定性。不管是理性意义还是附加意义，在具体修辞表达过程中就会在修辞主体的运作之下被修辞化，从而使抽象的语言意义转化为具体的修辞意义。这种情况下，修辞语义和语言意义之间除了临时被赋予的"修辞性"之外，还保持了内容上的高度一致性。如：

　　①这里的湖水很深。（意为：从上到下距离大）
　　②这间厂房面积比较小，宽只有 50 米上下，深只有 60 米左右。（意为：深度）
　　③我刚刚买的这本书非常深，很难读得懂。（意为：深奥）
　　④他对《红楼梦》中所塑造人物形象的认识很深。（意为：深刻）
　　⑤他俩的感情深，不会出现什么问题。（意为：深厚）
　　⑥这件衣服的颜色深了点，穿上有点招摇了。（意为：浓）
　　⑦夜已经很深了。（意为：距离开始的时间久）
　　⑧对发生这样的事情我也深感自责。（意为："很""十分"）

　　这些语句是基于表达主体的修辞愿望而创造出来的。由于语境的作用力，每个例句中"深"的理性意义都化抽象为具体，由笼统的语言意义化为具体的修辞语义，由多义而单义化。而这些具体的修辞语义，如果把它们在具体语境与特定语体中所凸显出的修辞性分离出来，那么剩余的语意骨架都与语言意义保持了高度的一致性，在具体语境中对语言意义作出了定位性选择。
　　其二，修辞化变异后的语义实际上是修辞话语在具体语境和特定语体规制中所输出的言外之意，基本意思与语言意义不一致。这就是狭义的修辞语义。在研究过程中，人们通常把更多的注意力集中到狭义的修辞语义上。因为语境的制约与影响，使得修辞语义与语言意义并不一样，二者之间最大的不同在于内容上的高度不一致性。这个意义上的修辞语义就是通常人们所理解的字面意义之外的意义，也就是言外之意。这些修辞语义可以是语素、词语、短语、句子表现出来的，也可以是辞格表现出来的，还可以是语篇表现出来的。例如：

　　他对面坐着的一位，是个"活宝"，岁数小，声音细，不断和自己的朋友开玩笑。开始，孟蓓倒不注意他们聊些什么，只听他们讲什么"到北京钓鱼"啦，

---

① 黎运汉，盛永生. 汉语修辞学. 广州：广东教育出版社，2006. 152.

"鱼没钓着，惹一肚子气"啦。孟蓓心里奇怪："大冬天的，到北京钓什么鱼！"听着听着，她捂着嘴笑了：什么"钓鱼"啊！敢情这是矿工的"行话"，说的是"交女朋友"！孟蓓倒是从小在矿区长大的，还没有听过这么个讲法儿哪！（陈建功《丹凤眼》）

该例是作者在文学语体中的修辞创造。"到北京钓鱼"是采用了比喻修辞格式构造而成的。其意义显然不是字面意思，那究竟是什么意思呢？如果仅仅孤立地从字面上来理解，那就是"到北京用钓钩捕鱼"的意思。这种语义的解释显然是错误的，是不符合作为叙述主体的作者和作为表达主体的"他们"语义表达的真实性的。但是，如果参照上下文语境条件，并把这个比喻置放在情境中来理解便不难作出推断："到北京钓鱼"其实是"到北京交女朋友"的意思。"到北京交女朋友"就是"到北京钓鱼"语义修辞化变异的结果；"到北京交女朋友"就是"到北京钓鱼"的修辞语义，是"到北京钓鱼"在具体语境和特定语体中的具体意义。这个意义的获得就是临时的，是借助于具体语境和特定语体条件而在语义上作出的修辞创新。再如：

晕——稀里糊涂、意想不到、理解和接受等意思，带有更多意义上的夸张性。

拍砖——对别人的帖子发表不同的或者批评性的意见、评论。

顶——对别人发表的观点表示支持、赞同。

狂顶——强烈支持。

流口水——十分羡慕、渴望的神情。

汗/寒/爆汗——形容很尴尬、很无语，无言以对。

灭绝师太——形容性格内向保守的女孩儿，也指只顾工作、身边没有男朋友的女强人或者单身女性，也是对女博士生的戏谑称呼。①

这些例子中，破折号前的词语都是来自于网络的词语，破折号后都是网民所理解的修辞语义。这些例子采用或比喻，或转喻，或引典等不尽相同的修辞手法构成。它们所表达的修辞语义与本有的意义显然并不相同，如果仅仅从字面上来理解，必然会出现错误。这些都是网络语境下对词语的具体应用，词语的语言意义由于网络语境和网络语体的特定条件而发生了修辞变异，语言意义被修辞化了，转而成为一种修辞语义。

可见，语言意义一旦被修辞化，就会发生修辞化变通而转化成为修辞语义。所谓语言意义的修辞化，是把表达者的修辞动机作为着眼点，把表达者的修辞创新作为修

---

① 汪磊. 新华网络语言词典. 北京：商务印书馆. 2012.

辞活动，把表达效果的最大化作为追求目标的意义转移过程。语言意义的修辞化关注的是抽象的语言语义向具体修辞意义的转化。在我们的观念中，修辞化主要体现为语境化和语体化。就语境化而论，言语交际是在语境中进行的，修辞话语的创造都是以语境为参照的，因此语言意义便会在语境中受到具体语境因素的制约与影响而发生变异。这种变异就是语言意义在具体语境中的修辞化变异。在这里这种修辞化变异主要体现为语言意义的语境化。就语体化而论，我国古代文体论一贯主张"体制为先"。李熙宗先生指出，体制为先就是指"在运用语言表达思想感情时首先要求确定适应的体式或文体，并根据体式或文体的要求选择和组织语言材料和表达手段，以借助体式和文体的规范有效地提高语言表达效果"①。程祥徽先生也曾提出过"语体先行"的主张。在他看来，特定的表达者在特定的情境下首先要考虑的就是要说得体的话。得体之"体"就可以解释为语体之体。个人的一切言语活动首先要符合所选择语体的要求。② 因此，依据体制为先的观点，语体化就意味着在言语交际过程中先确定体制，即先定说话的调子，也就是要选择语体。语体一旦确定，表达主体就要按照已经选定的语体要求进行修辞话语的创造。虽然可以作适度的语体移植或语体变异，但语言应用的基调不能变。而语言意义在特定的语体规制中因为受到特定语体条件的制约和影响而发生变异，这种变异就是语言意义在具体语体中的修辞化变异。这种修辞化变异在这里就体现为语言意义的语体化。在研究中，我们特别强调了修辞化所体现的这两个方面，即语境化和语体化。

## 二、修辞语义的基本属性及其相互关系

### （一）修辞语义的基本属性

修辞语义正因为是具体语境和特定语体规制下语言意义的修辞化变通，所以在不同的修辞话语中，就会表现出各不相同的属性特征。大致来说，主要体现为：

1. 修辞性

修辞语义的基本属性从总体上看主要表现为修辞性。修辞性是修辞语义的关键性特征，反映了修辞语义的本质特征，是修辞语义的生命之所在。

修辞语义都是在语言应用中产生的，都是在具体语境和特定语体中生成的，都是修辞主体出于某种修辞需要而借助于修辞话语表现出来的。"修辞性"强化了语义生成的动态性、过程性和修辞化。意味着修辞主体是在实施修辞行为的过程中，为了凸显修辞话语的修辞效果，而在目的、策略、手段、方法、文本等方面都坚持以"修

---

① 李熙宗. "语体"和"语文体式". 黎运汉，肖沛雄. 迈向21世纪的修辞学研究. 广州：广东人民出版社，2001. 275～287.

② 程祥徽. 略论语体风格. 修辞学习，1994（2）：1～3.

辞"为统领，由此而渗透着语义的修辞化变通。① 换句话说，修辞语义实际上就是在修辞主体为了达到某种修辞愿望，利用具体语境和特定语体条件，在通过在修辞目的、修辞策略、修辞手段、修辞方法等各个不同侧面的努力，从而建构修辞话语的修辞过程中创造出来的。因此，在内容表达上要注重体验性和具体性；在形式描写上要充分利用语言文字的潜在修辞功能，要注重创拟包括修辞格式和辞趣等在内的"超脱寻常文字、寻常文法以至寻常逻辑的新形式"②。

　　它突出了语义表达形式的多样化，彰显了语义内容的丰富性，强调了语义表达效果的最大化。一样话百样说，用不同的、丰富的修辞形式来表现相同的修辞语义；相同的修辞形式在不同的语境和语体中，会表现出不大相同的修辞语义；由于修辞语义的得体表达，使修辞话语更具有可接受性，从而收到更理想的修辞效果。所以，修辞性最能够揭示修辞语义的本真。例如：

**九十六种月亮（节选）**
（台湾）秦松
（一）
月亮是诗的传说
月亮是传说的诗
月亮是诗的鬼魂
月亮是诗的躯壳
月亮是诗人的鸦片
月亮是诗人的酒精
月亮是诗人的囚笼
月亮是杀死诗人的凶手
（二）
月亮是故乡
月亮是水
月亮是水上的浮舟
月亮是水底的游魂
月亮是看不完的西洋景
月亮是望不断的天涯路
月亮是怀乡病者的恋人
月亮是异乡人的家书

---

① 孟建安. 汉语修辞转化论. 广州：暨南大学出版社，2013.15.
② 陈望道. 修辞学发凡. 上海：上海教育出版社，1979.4.

（三）

月亮是告白
月亮是呻吟
月亮是无引子的药方
月亮是白色的病床
月亮是死亡的诅咒
月亮是焚烧的锡箔
月亮是死去的故人的脸
月亮是奠基的白色花圈
……

台湾诗人秦松在这首脍炙人口的诗篇中，选择了96种意象，在整个语篇中连续不断地进行相似性联想，建构了96个比喻，从96个角度描写了对月亮的不同感受，表达了96种各不相同的修辞语义。比如在例中，作者把月亮比作故乡，是因为月亮像故乡一样那么熟悉，那么亲切，那么让人恋恋不舍；作者还把月亮比作水，是因为月亮像水一样那么平静，那么柔和，那么温馨，那么柔情。作者采用反复建构比喻修辞格式的修辞策略，把96个相同的句式分节排列在一起，形成整齐的排比句式，由此造成一种文气，不断地刺激阅读者的神经，给读者造成视觉和听觉上的异样感觉，从而促使修辞语义表达效果最大化。在整个修辞文本中，所表达的修辞语义无不彰显着修辞性特征。

由以上分析可以看出，修辞语义之所以从总体上来看具有修辞性特征，是因为修辞语义是多种修辞因素综合作用的结果。具体来说：其一，修辞语义是在修辞主体的主观修辞意愿支配之下才能够表现出来的，要表达什么样的修辞语义取决于修辞主体的修辞目的和修辞期望。其二，要表达特定的修辞语义必须考虑具体语境条件和特定语体规制，语言意义只有在具体语境与特定语体规制中才能发生修辞化变通而转化为修辞语义，并得以具体化，落到实处。其三，修辞语义的创造或者输出，都离不开修辞策略、修辞手段以及修辞方法等赖以生成的途径，比如是采用辞格手段还是采用其他修辞策略来表现修辞语义。其四，修辞语义是在修辞运作过程中形成的，只有当语言意义应用于修辞活动并在修辞话语创造过程中才能实现修辞转化。而所有这一切无不蕴含着相当丰富的修辞内涵。

2. 情境性

情境性特征意味着修辞语义是产生于具体情境之中的，修辞语义是与具体语境和特定语体规制相伴而存的。修辞语义的情境性主要体现为：

其一，修辞语义是在语境（含"语体"）中形成的，语境（含"语体"）是修辞语义赖以存在的条件。言语交际是人类社会生活的重要组成部分，而言语交际要坚持

修辞语义：描写与阐释

"语体先行"，都是在具体语境中进行的。在确定了语体规制后，交际主体就要主动利用和创造语境条件，建构修辞话语，形成并表达修辞语义。也就是说，修辞语义只有很好地利用具体语境和特定语体才能被创造出来，修辞语义的存在和语境（含"语体"）有着割舍不断的关系。语境（含"语体"）是丰厚肥沃的土壤，滋润孕育着修辞语义的生根、发芽、开花、结果，修辞语义则酝酿生成于语境（含"语体"）之中。正如陈望道先生所说，意义"必要到实地应用才成为具备一切因素的具体意义。其所加的临时意义，大抵都由情境来补充"[①]。所以，修辞语义从开始萌芽那一刻起，一直到被赋予修辞话语，都带有强烈的情境性特征。可以说，修辞语义是语言意义的语境化、情境化表现。如果脱离了语境（含"语体"）制约，那么修辞语义便很难形成。例如：

> 孩儿他爹：你站住，你要是把北戴河给流了，我跟你没完！你站住——（从地上捡起棉花弓子）
> 孩儿他妈：你干啥呀，你还想打我怎么的？（抢过弓子）
> 孩儿他爹：唉呀，你还想打我咋的？
> 孩儿他妈：我不打你，我打北戴河。（打自己肚子）（小品《超生游击队》，选自《黄宏小品集》）

例中，如果不把前言后语联系在一起，仅就两个"北戴河"而论，就很难理解是什么意思，而且从字面上看，出现"北戴河"的两个句子在语义上也说不通。但是，一旦把该语篇置于小品这样的语文体式之中，并参照上下语境条件，就会发现"北戴河"所输出的语义信息与其本义完全是两码事。在这个语篇中，"北戴河"实际上指代的是交际双方未出生的孩子。这种修辞语义的获取就是依赖于具体的语境条件并借助于修辞上的转喻手段。这正是所谓的因境生义、义随境变。在这里，专名"北戴河"的指称性特征就被语境化、情境化了。由于语境的作用，交际者采用转喻手段，以孩子出生地"北戴河"来给孩子命名，这就改变了专名"北戴河"被约定而成的指称特征，而被临时赋予了新的内涵。试想，没有演员现场的表演，没有临场的场景布置与情景烘托，没有上下文语境的补足作用，"北戴河"就不会被临时赋予修辞语义。所以，语境制约了修辞语义的创造，修辞语义伴随着语境而存在，具有相当程度的情境性特征。

我们知道，语境是一个由上下文、时间、地点、场合、境况、心理等多种要素构成的综合体。陈望道先生早在《修辞学发凡》（1932）中就提出了"情境"的概念，

---

① 陈望道. 修辞学发凡. 上海：上海教育出版社，1979.34.

并认为"情境"包括了何故、何事、何人、何地、何时、何如等"六何"。① 这"六何"其实大体上就相当于人们现在所说的语言环境，它们对修辞活动都具有不同程度的影响。情境补充对修辞语义的理解起到了非常大的作用，并由此弥补了修辞格式在修辞语义表达方面存在的缺陷。情境补充表现为在一定语境条件的帮助下对修辞意义的增添和追加、生成与阐释等。就上文"什么是修辞语义"一节所引陈建功《丹凤眼》用例来说，作者所提供的交谈者"他们"由于受到各种因素的制约而未能直接表达所要表达的意思，而是故意留下意义上的"空白"，让读者通过"他们"交流时的境况，以及下文的"什么'钓鱼'啊！敢情这是矿工的'行话'，说的是'交女朋友'"等情境条件去领会、去补充话语所蕴含的深层含义。显然，在这里，情境条件对"到北京钓鱼"这句话就起到了补充作用，从而使该句增添了新的语义内容。这时，该修辞话语在这个特定的语境中被临时赋予了新的语义，即"到北京交女朋友"。这一修辞语义的获取正是得益于语境的补充功能。如果完全依赖于修辞格式，利用比喻辞格来解读该例的修辞语义就不是特别有效。在这里，比喻辞格本身并不能提供真实有效的语义信息。修辞格式本身之所以不能很好地输出修辞语义，正是因为它也是一定语境中的产物，也是修辞主体出于某种修辞考虑而在修辞表达方式上所作出的努力，对语境具有相当程度的依赖性。包括下文将要涉及的谐音、转喻、拈连、排比、比拟等辞格，在表达修辞语义时都离不开语境的帮助。如果离开了具体语境，修辞格式也就失去了存在的土壤。那么，仅仅从修辞格式本身寻求修辞话语的修辞语义就有点力不从心。所以，只有强化情境性特征，才能更好地理解修辞话语所蕴含的修辞语义。再如：

甲：喀！过去就是这样儿。在国民党反动派时期，那伤兵还惹得起吗？他来看戏得好烟卷儿、好茶叶招待着，看完戏站起来就走。

乙：钱呢？

甲：别提钱！你一提钱，他回答是这个："老子抗战八年，到哪里也不花钱的！"（学小孩子声音）

乙：嘿！奶音还没退哪！

甲：一问他多大年纪啦，"我今年十四岁"。

乙：那就抗战八年啦？

甲：是呀，后来仔细一研究才明白，敢情他们家里没床，他在炕上站了八年。（侯宝林《改行》）

祝克懿教授在论述到新闻语体中新闻叙事再现时说，有一种新闻叙事类型那就是

---

① 陈望道. 修辞学发凡. 上海：上海教育出版社，1979. 7.

语义颠覆性再现，也就是"一种与原型语义相对相反的语义再现，或是表层结构形式与深层语义不同一的原型再现"①。该例即是如此。例中，"抗战"和通常人们所说的"抗战"仅仅具有谐音关系，但语义认知被颠覆了。由于语境的作用，"抗战"的意思发生了根本性转化，再现意义与原型意义表面上看似乎没任何关系。这种根本性转化实际上就是语义的语境化、情境化，也就是语义的修辞化变通。

其二，修辞语义因情境的多变性而表现出临时性。修辞语义是在具体语境和特定语体规制下，修辞主体基于修辞表达时的心理冲动和需要而暂时赋予修辞话语的意义。临时性特征表明修辞语义不是永久性的、恒定不变的，不是社会约定俗成的、固化的意义，不具有稳定性。它体现了修辞主体的个人意志，是由修辞主体对具体语境和特定语体条件充分利用后而给予修辞话语以临时的语义内涵。因此，修辞语义和修辞行为、修辞过程、修辞环境、修辞文本、修辞手段、语文体式、语言风格等有着密切关系。

修辞语义之所以是临时的，主要基于两个方面的原因：第一，修辞语义表达的意愿是临时性的，是特定情境条件刺激下的修辞冲动。第二，修辞语义是在情境中产生的，情境是暂时的、应景性的，情境变了，修辞语义也就变了；情境没有了，修辞语义也就没有了。所以，与情境同步的修辞语义也就随着情境的改变而改变。正因为修辞语义是暂时的，所以一旦失去了赖以存在的条件，修辞语义便不复存在。例如：

　　好一个《烟雨蒙蒙》的雨季！

　　《窗外》那几棵《幸运草》贪婪地吮吸着春天的雨水，《一颗红豆》早已调皮地露出了翠绿的叶瓣，这一切如诗如画……而我就像那《雁儿在树梢》，只能默默地梳理那份《剪不断的乡愁》……
　　记得儿时的我，曾在《青青河边草》上追着《彩云飞》，向往过《海鸥飞处》，编织过《六个梦》，也曾在《庭院深深》里缠着外婆诉说《烟锁重楼》的神秘，分享过《冰儿》的快乐，还有一群被称为疯丫头的《女朋友》们，可如今这一切只能把它烙进《水云间》，把《我的故事》写进记忆……

　　……

　　一次次渴望《我是一片云》，披着《梦的衣裳》，踏着《彩霞满天》，飘回我的故乡；……一次次哼着《秋歌》，想着故乡，在《月朦胧鸟朦胧》中沉沉睡去……
　　啊，故乡！你让我为你魂牵梦绕！（魏巍《剪不断的乡愁》，《初中生》2000

---

① 祝克懿. 新闻语体探索——兼论语言结构问题. 福州：海风出版社，2007. 78.

年第 10 期。因篇幅所限，引用时有省略。）

作者巧妙运用拈连、比喻、比拟、转喻、排比等不同的修辞手段，并发挥丰富的想象力，左缝右连，把《烟雨蒙蒙》《窗外》《幸运草》《一颗红豆》《几度夕阳红》《我是一片云》《梦的衣裳》《彩霞满天》《月朦胧鸟朦胧》等 30 来个影视片名串联在一起。在这样具体的语境和特定的语体中，这些影视片名都被临时借用过来作超常配置，从而形成了一篇美文。影视片名不再是影视片名，如第二段的第一句话"《窗外》那几棵《幸运草》贪婪地吮吸着春天的雨水"，作者利用上下文关系等条件把影视片名"《窗外》""《幸运草》"和其他词语组合起来，结构上十分自然和谐而没有任何不妥；但在语义上则发生了重大变化，由具有特定指称特征的影视片名而转化为这些词语临时组合所产生的话语内容，即修辞语义。显然，在结构上，例中这些影视片名上下衔接得毫无瑕疵，与整个语篇实现了无缝对接，从而形成了一个完整的篇章结构；在语义上，这些影视片名被临时赋予的修辞语义虽然是不稳定的，却随着作者的创作思绪而又紧密相连，不仅讲究内里语义上的连贯与顺畅，更看中对整个篇章所表达意思的布局与运筹。这就突破了惯常思维，打破了阅读者的正常思维习惯。读者只能根据上下文语境和整个语篇来联想，以把握文本所输出的修辞语义。

这些影视片名作为专名被临时赋予特定的具体意义，是具体语境和文学语体作用下语义修辞化的结果，是作者（即表达主体）修辞运作过程中综合心理支配下的产物。具体来说：

第一，上下文关系等语境条件为文本中影视片名指称性特征的修辞化变通提供了条件。上下文作为语境的重要元素，不仅有效地帮助作者把不同的影视片名巧妙而自然地连接起来，构成了上下贯通的修辞篇章，而且还为读者（即接受主体）解读文本提供了必要的参考。字面上说的是影视片名，如"《我是一片云》""《梦的衣裳》""《彩霞满天》"等，但由于"渴望""披着""踏着""飘回"等词语在上下文中的适时出现，被拈连过来作了合理配置。这些影视片名在修辞化过程中被作者转化为一种隐喻，从而输出了各不相同的修辞语义。

该例中的影视片名是专名。根据专名理论，一般认为专名本身是没有意义的。英国哲学家、逻辑学家密尔（J. S. Mill）认为，专名就是要对一个对象加以命名，这是专名的主要功能。专名与对象之间的关系仅仅就是命名的关系，是为了通过命名来指示它们称呼的个体，但并没有指示或蕴含这些个体具有什么属性，所以专名仅有指称而并无含义。例中《窗外》《幸运草》《一颗红豆》等影视片名作为专名本无意义，仅仅分别是赋予一个特定的对象以具体的名称，依据约定俗成的原则而在名字与对象之间建立起一种联系，并没有对对象本身进行描述。当用《窗外》《幸运草》《一颗红豆》等影视片名对相应的影视剧进行命名之后，人们也就不再考虑命名时的初衷或者理据，这些影视片名也就仅仅作为名称而存在并被用于称说。但是，在该文本中这些影视片名经由作者的修辞运作，在谐音、语境等条件的帮助下形成转喻，用来指代物理世界中相对应的现象或事物。与此同时，作者还利用上下文条件对它们进行了隐喻化处理，使专名与隐喻之间建立起了密切的关系，这就使得作为专名的影视片名由无含义而被赋予了临时意义。作为影视片名的《窗外》本无意义，仅仅是名称而已。但是，在修辞创造过程中，作者通过语境的作用力，并充分利用心理联想机制，立足于空间意义上的相似性寻求到了影视片名《窗外》与物理世界"窗外"之间的契合点。作者便借助于语境条件，进行相似性联想，采用了隐喻手法把物理世界"窗外"的空间意义临时附加在影视片名《窗外》身上，使得影视片名《窗外》发生了修辞转化，由无意义而转化为有意义，临时具备了"窗户的外面"这一修辞语义。

第二，音同音近是影视片名实现语义修辞化变通的重要而必有的条件。如果把文本中"《烟雨蒙蒙》《窗外》《幸运草》《一颗红豆》《心有千千结》《紫贝壳》《月满西楼》《在水一方》"等影视片名外的书名号去掉，或者是在口头语言表达中，我们一点都感受不到书名号所带来的困扰。这就得益于影视片名与临时组合所形成的修辞话语在声音条件上的一致性。由于音同音近的关系，影视片名与临时组合所形成的修辞话语在形式上浑然一体，并在语义上关顾表里，言在此而意在彼。比如，口头上说的是把影视片"《我的故事》写进记忆"，但实际上说的是"把我的故事写进记忆"，音同而意异，无理而意妙。

第三，认知心理为修辞语义的产生提供了心理基础。修辞话语创造的过程，其实就是修辞建构或修辞选择的过程，更是修辞认知的过程。修辞认知以认知心理为内驱力，以综合性认知为主要心理表征。认知心理是修辞主体综合调控个体心理和群体心理而形成的制约修辞话语建构行为的整体心理特征。所谓整体心理特征，是说不仅仅有个体心理的问题，也不仅仅有社会心理的问题，而应该是融合了个体心理和社会心理特征。这些心理特征既有瞬时的属性，也有稳定的特征。这种认知心理主要表现为感知、记忆、想象、联想、思维等心理特征。因此认知心理调控，一方面是要通过感知、记忆、想象、联想、思维等心理活动把个体心理和社会心理紧密地联系在一起，另一方面还要把感知、记忆、想象、联想、思维等心理活动统一在修辞话语建构或选择之中，以此来协调各种心理活动，使个体心理、社会心理和认知心理都发挥各自的作用，共同影响和制约修辞行为。该文本以认知心理为基础，并充分发挥了心理联想机制的作用，由此来实现影视片名语义的修辞化变通。只不过，这种修辞化变通是由非常规向常规的转化。也就是由事先人们约定的具有指称性的影视片名向字面意义的转化。按照惯常思维，当读到文本中的"《烟雨蒙蒙》""《窗外》""《幸运草》""《一颗红豆》""《在水一方》"等词语时，读者首先认知到的是这些词语是被约定了的，是用来指称影视片名称的，因此靠着记忆、联想、思维等心理条件，首先想到的是与之对应的影视片。然而，读者的思考不会仅仅停留于此，正相反，急于求知的心理冲动往往又会激发起他们强烈的阅读欲望，从而促使他们连续发出疑问："作者为什么会把这些影视片名联系在一起?""作者是怎么样把这些影视片名上下连接在一起的?"
"作者这样行文的修辞效果怎么样?"而作为表达主体的作者恰恰是为了引起读者的注
意和追求修辞效果的最大化,才在文学语体的规约之下根据思维、联想等心理条件以
及上下文等语境因素,巧妙利用了影视片名而作了超常规的配置,逼迫读者把记忆中
约定俗成的指称性抹去,而进行反常的思维,从而使读者转移了影视片名较为稳定的
指称对象而去思考动态中的临时意义。正因为这种修辞语义是临时的,所以一旦离开
了具体语境和特定语体规制等条件,这种临时的修辞语义便不复存在,就会还原为本
有的指称性。

　　3. 具体性

　　陈望道先生说:"意义也有具体抽象的区别。""一切语言文字的意义,平常都是
抽象的。""及至实际说话或写文,将抽象的来具体化,那抽象的意义才能成为具体的
意义。"① 修辞语义是抽象的语言意义在具体语境和特定语体规制下的具体化应用,是
以修辞策略、修辞手段、修辞方法为实现途径,以修辞文本为实现载体,并以实实在
在的、可感知的、具体的意义样态呈现出来的。我们知道,"意义"是多种多样的,
修辞语义是话语在具体言语交际环境和特定语体规制下中的产物,是语言意义的修辞
化。这种境况下语言意义的修辞化就表现为个性化、具体化。因此,每个具体的修辞
话语所具有的修辞语义都是独具个性特征的意义。不抽象、不笼统,是具体的语义变
异。例如:

　　　　既然有人［1］想到在果园里安置供人［2］歇憩的长椅,为什么不在每棵
　　树下都安置一条呢?
　　　　这椅子像一个歪肩膀的残废人［3］……
　　　　也许当初卖树苗的人［4］搞错了,把山楂树苗和苹果树苗混在一块儿给卖
　　了,种树的人［5］又错把山楂树苗当成苹果树苗给栽上了。
　　　　长年没人［6］修剪的、一棵挨一棵的苹果树……从园子外头走过的人
　　［7］,如果不留神的话,是不大容易发现这条椅子上坐着的人［8］的。
　　　　他知道他们每一个人［9］的故事……然而他却没有什么故事对人［10］
　　讲。(张洁《山楂树下》)

　　这段不足 200 字的修辞片断,"人"字就出现了 10 次。但是,这十个"人"的修
辞语义显然是不完全相同的,而且与语言层面的"人"的普遍规约意义——"有语言
会说话能够制造和使用工具的高等动物"——也是不相同的。根据上下文语境,不难
分析出:［1］的修辞语义是果园里的工作人员;［2］的修辞语义是游果园的人;［3］

---

① 陈望道. 修辞学发凡. 上海:上海教育出版社,1979. 32～33.

的修辞语义是歪肩膀的残疾人；[4] 的修辞语义是卖树苗的人；[5] 的修辞语义是种树的人；[6] 的修辞语义是园林里的工人；[7] 的修辞语义是从园子外头走过的人；[8] 的修辞语义是椅子上坐着的人；[9] 的修辞语义是园林附近医院二楼病房的病人；[10] 的修辞语义也是园林附近医院二楼病房的病人。一个"人"字因为具体语境条件的观照，却有着这么多具体的、不同的修辞语义。修辞语义的具体性可见一斑。再如：

> ①今天饭做得少，你来得晚，所以没有你吃的了。
> ②孔乙己一到店，所有喝酒的人便都看着他笑，有的叫道："孔乙己，你脸上又添上了新伤疤了。"（鲁迅《孔乙己》）

例①，基于上文"今天饭做得少"意义的参照，下文"吃的"并不指有能够充饥的食物，而相反是把所指外延给缩小了，把所表达的语义给具体化了。从上下文看，"吃的"在该例中就是用来指上文所说今天做的"饭"。在这里，上下文语境的补足、阐释功能起到了非常重要的作用。例②"你脸上又添上了新伤疤了"所输出的字面语义是：孔乙己脸上又有新的伤疤了。但从上下文语境来分析，说话者的意图显然不在于此。说话的人是在当时的特定语境中两次采用了转喻的修辞手法，用"新伤疤"指代孔乙己又挨打了，又用"又挨打了"指代"孔乙己又偷东西了"。显然，说话者是在迂回地暗示、委婉而含蓄地表达着特定的修辞语义，并宣泄着自己对孔乙己因为又偷东西而挨打并受伤这件事的冷嘲热讽之情绪。这两例中，"饭""吃的""新伤疤"等在上下文中所表达的修辞语义都是具体化的言语意义，而不是抽象的语言意义。这些具体的修辞语义都是建立在抽象的语言意义之上的，语言意义从意义方面为生成具体的修辞语义奠定了意义基础，离开了语言意义，具体意义的产生就失去了根基。词语的附加意义由抽象性向具体性的转化同理，不再赘言。所以说，修辞语义是以语言意义为基础的，是语言意义进入修辞状态后发生转化的结果。语言意义是抽象的，而修辞语义则是具体的。再看例子：

> ③朱镕基由上海调任国务院副总理后不久，有位记者采访上海市新任市长黄菊。记者问："朱镕基同志到国务院工作后，是说北京话还是说上海话？"黄菊答："他当然说北京话，不过朱镕基同志也听得懂上海话。"（转引自康家珑《交际语用学》）

例③中，从记者和黄菊的对话来看，字面上是在讨论朱镕基是说北京话还是说上海话、朱镕基听得懂北京话还是上海话的问题，但根据对当时情境的判断，显然不是这么简单。无论是记者还是黄菊，在字里行间都渗透着非常清晰的意识，都蕴含着言外之意，交际意图非常明显。但记者和黄菊都没有也不便把话说明，都采用转喻手法玩障眼法以显示各自的智慧。基于语境的生成与阐释作用，记者和黄菊都先后用"北京话""上海话"分别指代中央政府和上海市，从而赋予了"北京话"与"上海市"以特定的、具体的修辞语义。这时，具体语境使"北京话""上海话"产生了特殊的言外之意。"北京话"和"上海话"就都不再是字面上的意思，进而发生修辞变通转化而成为一种具体的、临时的修辞语义。"北京话"的修辞语义就被具体化为"中央政府的声音"，"上海话"的修辞语义则被具体化为"（上海市）地方政府的声音"。

4. 个体性

修辞语义是修辞主体个人在具体语境和特定语体中的主观修辞创造，不是属于社会群体的，而是属于修辞主体个人的，所以具有较为明显的个体性特征。谭学纯认为，"依赖于语用环境的临时修辞义"是"通过语用环境中的修辞化语义变异，体现认知主体的个人经验，作用于人的修辞认知"。[①] 这种个体性特征与修辞主体的主观修辞愿望、个人经验、修辞认知有直接关系，是由修辞主体的交际意图或者说修辞目的决定的。在创造修辞话语时，出于什么样的修辞考虑来创造修辞语义，要不要赋予其修辞语义；赋予修辞话语以什么样的修辞语义，要输出多少修辞语义；利用什么样的语言内外条件来帮助形成修辞语义，采用什么样的修辞策略、修辞手段、修辞方法来表达修辞语义；在什么样的语境中酝酿修辞语义，在何种语文体式中表达修辞语义等等。这些都是由修辞主体个人的意志决定的，他人只能提供建议，但不能起决定作用。所以，从这个意义上说，修辞语义不具有群体性、全民性。

个体性还决定于修辞主体的想象力。"人们在生活实践中，不仅能感知当时作用于自己感觉器官的事物，不仅能回忆起当时不在眼前而过去却经历过的事物，而且还能够在自己已有的知识经验基础上，在头脑中构成自己从未经历过的事物的新形象，或者根据别人口头语言或文字的描述形成相应事物的形象。"[②] 后者就彰显了想象、联想的作用力。想象、联想是在修辞语义表达过程中起着重要作用的心理活动。修辞主体要有丰富的想象能力，并在现实修辞语用目的的直接刺激之下，才能借助于接近联想、相似联想、对比联想和关系联想，利用语言要素以及拈连、反复、对比、衬托、比喻、通感、夸张等辞格手段，按照修辞规则把有关语言材料组配在一起，从而创造新颖的修辞话语，表达个人主观期望的修辞语义。比如：

> 一月——八日……／七月——六日……／九月——九日……（贺敬之《"八一"之歌》）

---

① 谭学纯. 语用环境：语义变异和认知主体的信息处理模式. 语言文字应用，2008（1）：25～32.
② 伍棠棣，李柏黍，吴福元. 心理学. 北京：人民教育出版社，1982.91.

例中"一月八日""七月六日""九月九日"，这些本是极为普通的表示日期的数字。诗人贺敬之却利用诗歌语体的优势和上下文的关系，把它们作艺术化排列，并在主观上赋予其特定的修辞语义和感情色彩。那就是让读者勾起对这些数字的"悲痛"记忆。作者把"一月八日""七月六日""九月九日"三个日期分别与周恩来、朱德、毛泽东这三位伟人的忌日联系在一起，要表达的也正是对三位伟人的无限思念和沉痛哀悼。这些表示日期的数字本有的语义被修辞化了，随之转化而生成了修辞语义。这种修辞语义的输出是由贺敬之个人出于修辞的需要而作出的修辞选择，完全是贺敬之的个人行为，与全民无关。这种时候修辞语义的获取主要依赖于接受主体对背景因素的了如指掌，以及所具有的较为健全的心理联想机制。

**（二）基本属性之相互关系**

上文论述了修辞语义的基本属性，那么这些基本属性之间存在着什么样的关联呢？

**1. 修辞性与情境性、具体性、个体性之关联**

由上文的论述不难看出，我们从总体上把"修辞性"确定为修辞语义的属性特征，并从不同角度分析了修辞性所表现出的情境性、具体性和个体性三种具体属性。所以，修辞性与情境性、具体性、个体性这三个具体属性具有层次性，它们分属于不同的层面。修辞性在修辞语义属性特征的最高层，是属；情境性、具体性、个体性等三个具体属性处于修辞语义属性特征的最底层，是种。修辞性是修辞语义基本属性的综合性表现，是对具体属性的概括；情境性、具体性和个体性这三种具体属性从属于修辞性，是修辞性在三个不同侧面的具体存在形式，是从不同的角度来阐释修辞性的，是对修辞性的分项说明。修辞性是母体，情境性、具体性和个体性是子体。母体孕育并生发了子体，子体蕴含并生成于母体。情境性、具体性和个体性三个子体是立足于修辞性这一母体而被发掘出来的，所以说修辞性是基础，是三个具体属性的抽象性概括。

**2. 情境性、具体性、个体性之关联**

情境性、具体性、个体性作为修辞性的三种具体表现样态，虽然处在同一个层面并各有其特定的内涵，在论述过程中我们也分别作了平行性分析，但它们之间并不是毫无关联的。

其一，情境是语境的重要构成因素。情境性突出的是修辞语义生成的语境限制与语体规约，也就是修辞语义形成的外围条件，包括了主观的和客观的、语言的和非语言的因素对修辞语义的影响。强化了修辞语义对情境的依赖性，凸显了修辞语义的不稳定性。修辞语义都是在一定的情境中产生的，情境不同，生成的修辞语义就可能是不同的；离开了情境，修辞语义也就无从说起。从这个意义上说，情境决定了要表达什么样的修辞语义、能够生成何种修辞语义、怎么来表达修辞语义。所以，修辞语义的情境性属性更关注的是修辞语义的生成问题。

其二，具体性突出的是特定情境条件下，修辞语义明确而又细致的具体表现，是立足于修辞语义的特定外化形式来观察修辞语义的修辞属性的。具体性是抽象语言意义修辞化的结果，表明修辞语义不是抽象的笼统的意义，而是实实在在的、真实的、具体可感的语义。修辞语义的具体性也必须在具体语境与特定语体规制中得以体现。所以，具体性与情境性并不能够完全脱开干系。只有在特定的情境中，修辞语义才能够具体化，才能够与修辞意图、修辞策略、修辞手段、修辞方法、修辞话语等融为一体。具体性是特定情境中的具体性，所以修辞语义的具体性对修辞语义的情境性具有依赖关系。

其三，个体性突出的是修辞主体对修辞语义表达的主观意愿性。从表达者的主观意愿来看，修辞主体在交际中要实现什么样的交际意图，要表达什么样的修辞语义，这是修辞主体个人的事情，所以在其创造的修辞话语中所输出的修辞语义带有相当程度的个人主观性。虽如此，但无论是什么样的修辞语义，最终还是要在情境中得到落实，并在情境中得到具体化体现。因此，修辞语义的个体性是要通过修辞语义的具体性和情境性来呈现的。

基于上述认识，我们认为修辞性、情境性、具体性、个体性虽各有特定的内涵，但它们之间却有着千丝万缕的联系，彼此之间是不能完全分隔开的。为了简明起见，它们之间的关系可以简要图示为：

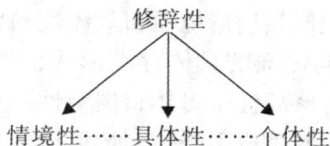

修辞性

情境性……具体性……个体性

综上所述，修辞语义是指在语言应用过程中，修辞主体出于某种修辞考虑或者修辞需要，借助于具有普遍约定性的语言意义，并充分利用具体语境条件和特定的语体规制进行修辞创造所形成的语义修辞化变通。从总体上看，修辞性是修辞语义的基本属性；这种修辞性，从不同角度观察又表现为情境性、具体性、个体性等属性特征。修辞语义的基本属性之间存在着程度不同的关联性，而并不是毫无联系的。

### 三、修辞语义与语言意义的区别和联系

"修辞语义"是一个偏正结构，"修辞"是修饰成分，限定了"语义"的性质；"语义"是中心成分，也是关键之所在。"语言意义"也是偏正结构，"语言"是修饰成分，限定了"意义"的性质；"意义"是中心成分，也是关键成分。语言意义主要涵盖了词汇意义和语法意义。两者都是前定式偏正结构，不同的是限定成分即"修辞"与"语言"有别。由此而蕴含着相当大的不同，但也存在着非常密切的联系。

**（一）修辞语义与语言意义的区别**

1. 修辞语义是具体的，语言意义是抽象的

修辞语义是语言意义在具体语境和特定语体中的个性化表现，是一个个的特定意义，反映的是个别的、具体的事物或者现象。由于修辞主体、语境、语体等外围条件的作用，某一种语言意义临场所表现出的修辞语义未必是一样的，有的时候语义是发生偏离的，甚至是完全不一致的。每一种修辞语义都具有自己不同于其他修辞语义的具体的、个别的特征，都是不可复制的。比如：

①我们为有你这样的朋友而骄傲自豪。

②我和我们那口子一块来给你们道喜。（丛维熙）

③小王的才干要比那个新来的强百倍。

例①中，"骄傲"的语言意义"自以为了不起"发生了修辞化变异，转化为"因为取得了成绩而感到光荣"，感情色彩也由贬而褒。例②中，词汇意义上"我们"的语言意义也因上文"我"的存在而被同化为"我"，语法意义上也由复数转化为单数。例③中，"百倍"的语言意义被修辞化了，而只相当于"很多"，由精确的语义转化成为模糊的意义。这些修辞语义都是具体语境和特定语体中的产物，它们各有实实在在的不同表现，各自反映着自我具体的、个别的特征。在修辞运作过程中，表达主体要利用特定的条件来表达各具特色的修辞语义，解读时接受主体也要根据特定条件在具体的语境和语体中来解读修辞语义。

语言意义不像修辞语义那样具体，不是具体语境和特定语体中的产物，不是修辞主体个人的临时创造，而是由全民共同抽象概括出来的，是对众多同类现象的共性特征的高度抽象化。它一般反映的是整类事物或者现象，是静态的。为了准确反映与语言意义相对应的对象或者现象的范围，准确表现类型化语法特征，往往要舍弃具体的、个别的特征，而概括出对象或者现象的一般的、共同的、本质的特征。比如：

"黑板"的语言意义：其一，词汇意义。用木头或者玻璃制成的可以用粉笔写字的平板，一般为黑色。其二，语法意义。名词，经常作主语、宾语、定语和定语中心语；可与表示物量的数量短语组合，不能受副词修饰。

"轻薄"的语言意义：其一，词汇意义。言语举止带有轻佻和玩弄意味。其二，语法意义。形容词，主要充当谓语、定语、状语，不能带宾语；可以和动词组合，大多能受程度副词修饰。

"黑板"和"轻薄"的语言意义，包括词汇意义和语法意义都是高度概括后的结果。比如"黑板"就舍弃了时代、地域、使用者、功能、质料等各个方面的、具体的差异，而概括出了"黑板"的共同的、本质的特征。这种本质的、共同的特征是社会全体成员抽象概括出来的，个人不可随意作出改动。

2. 修辞语义是属于个人的，语言意义是属于全民的

根据上文的分析和论证，修辞语义是属于个人的，是修辞主体在实施修辞行为过程中，为了实现交际的意图，达到特定修辞目的，而在具体语境和特定语体中利用各种修辞手法促使语义修辞化。修辞语义是语言应用的产物，一定是在修辞中产生的意义。实际上就是对语言意义的个人化应用，蕴含着表达者个人独特的思维。在形成和表达修辞语义的时候，无不充满了个人主观色彩。该表达什么样的修辞语义、怎么来表达修辞语义，都由修辞主体个人来设计和选择的，虽然也考虑语言的共性，但更多的是属于个人的临时性的修辞创造。正因为修辞语义是属于个人的，所以修辞语义应该是多样化的，是可以多解的，而且是修辞主体随时随地都可以随意改变的，较少受到社会规约的限制。比如艾青《大堰河——我的保姆》、杨朔《雪浪花》、刘白羽《长江三峡》、方纪《挥手之间》、毛泽东《如梦令·元旦》、王之涣《登鹳雀楼》、贾谊《过秦论》等修辞文本所表达的修辞语义，都是作者个人出于某种修辞冲动作出的修辞选择，社会群体无以改变，也改变不了。由于修辞语义是属于个人的，再加上接受者个人的主观性，因此对修辞语义的解读也就会因人而异，正所谓"一千个读者便有一千个哈姆雷特"。基于此，修辞语义的获取，就不能仅仅靠对语法意义、词汇意义等语言共性的认知，而必须把修辞主体的主观意愿、具体语境、特定语体、修辞策略、修辞手段、修辞方法等因素作为重要的、必有的参考条件，从而对修辞话语作出分析、判断和选择。这样才能够比较准确地解读修辞话语的修辞语义内涵。所以，修辞语义的理解和接受基本上就是对修辞主体意愿的探究。

语言意义则不同，它是属于集体的，是属于全民的，是由使用汉语的所有成员长期以来约定俗成的。语言意义不是修辞主体出于临时的、个人的、具体的修辞需要而创造出来的情境意义，而是民族的、集体的、共性的、概念化的意义。无论是词汇意义还是语法意义，它们都不是由某个人的个人意志所决定的，而是全民共同创造的，并为全体成员所理解和传承。语言意义适用范围最广，使用频率最大，而且不受阶层、行业、地域、文化程度等的限制。比如：

孝子：语法意义是偏正结构，名词；词汇意义是孝顺父母的儿子。

盖子：语法意义是附加式，名词；词汇意义是器物上部有遮蔽作用的东西；动物背上的甲壳。

挥金如土：语法意义是中补关系；词汇意义是形容任意挥霍，毫不在乎。

这些意义都是语言意义，都不是个人能够随意改变得了的。如果强行改变，那语言意义就会面目全非，就失去了语言意义应该具有的基本特质，就难以为汉民族全体成员所理解，就不会被社会所承认和接受。全民对语言意义的理解是一致的，不存在分歧和多解性。试想，我们对"孝子"的语言意义作临时性改变：语法意义是动宾结构；词汇意义是孝顺儿子。如果不把这种语言意义置于一定的上下文中，不把这种语言意义转化为修辞语义，那么还有谁能够理解和接受呢？

3. 修辞语义是临时的，语言意义是稳定的

正如上文所说，临时性是修辞语义的重要特征之一。这也是与语言意义的重要区别之处。根据上文的论述，修辞语义是修辞主体个人修辞冲动下的结果，是因人因时因事而有意识地利用和创造条件，积极地推动语言意义发生短暂性修辞化转换。修辞语义不是语言中的稳定性语义成分，是可变的、短暂的。在书卷语体中，需要靠文字记录以延长其寿命和存在的时间；在口头语体中，则完全停留在此时此刻，稍纵即逝，难以延宕其存在的时间。所以，在时间的链条上，修辞语义不具有较强的生命力，需要做即时的把握和控制，以便作出准确的解读和理解。否则，尤其是在口头语体中就会因为时间问题而误读、曲解、模糊修辞主体所表现出的修辞语义。例如口头语体中的用例：

你好坏！

字面上看，这句话是说"你这个人非常不好"。但是在具体语境中，修辞主体被限制为热恋中的青年男女，当女友运用嗲声嗲气、娇声娇气的腔调和男友撒娇说出这样的话语时，由于语境的作用，"非常不好"的意思就发生了临时性转换，从而生成的修辞语义则是对男友的爱恋之意。"你这个人非常不好"之意则完全丧失殆尽。这种语境下，这句修辞话语所蕴含的修辞语义是暂时的，是修辞主体真实意图的暂时性修辞化表现。

语言意义则是汉民族全体成员经过较长时期的应用和检测而被社会约定俗成的，能够为全民族所理解和接受的，固化在汉语语义系统的稳定性语义成分。它从被创造出那天起，就随着汉语言的发展为不同时期、不同地域、不同阶层、不同行业、不同年龄段、不同文化程度等的交际主体服务。比如，天、地、人、水、太阳、月亮、汉语、语言、桌子、阳光、灿烂、恭喜、祝贺、看、听、认真、说、学习、营养、万水千山、龙腾虎跃、万马奔腾、吉祥如意、开门见山、后患无穷等词语的语言意义都经历了相当长的时间，并为汉民族全体成员所利用，起到了很好的交际作用。语言意义之所以具有稳固性，主要是基于三个方面的原因：第一，语言意义所反映的事物或者现象是相对稳定的、不变的；第二，语言意义的相对稳定性正符合人类认知和接受事物或者现象（包括语言意义）的基本规律；第三，从学习语言的角度看，语言意义的稳定性为人们争取到了更多时间来掌握语言的意义，减少了学习语言的负担和压力。

（二）修辞语义与语言意义的联系

张炼强说："我认为，就语言的实体而言也好，就言语的实体而言也好，它们都是由语音和意义内容亦即形式和内容也就是能指和所指联系起来构成的一个整体，但它们分属两个层面。语音和语言的意义内容联系起来构成的一个整体是属于语言层面的，而语音和言语的意义内容联系起来构成的一个整体则是属于言语层面的。所谓语

言的意义内容就是属于语言层面的意义内容，亦即辞面意义；所谓的言语意义内容，就是辞里意义。辞面意义在言语行为或者说修辞行为中如果借着它去表达辞里意义，就造成辞面和辞里有相当的离异。这样，语言层面和言语层面就发生了联系。"① 在我们看来，这种联系存在着两种情况：一种情况是语言意义是修辞语义形成的基础；另一种情况是语言意义和修辞语义既有一致性又有区别性。

1. 语言意义是修辞语义形成的基础

语言意义是固化在语义系统中的、稳定的意义，是修辞语义赖以生成的前提和基础。当修辞主体要表达某种修辞意愿时，不能空穴来风，毫无根据，而必须寻找根基和母体，要借助于能够表达特定修辞语义的能指和所指，并主动利用语境和语体条件，由此来创造新颖的修辞话语，表达具体而又独具个人主观性的修辞语义。正像刚刚学开车的人，首先要做到的是掌握汽车的基本性能和基本驾驶技术，能够让汽车启动并在马路上正常运行，然后才能更进一步做到驾轻就熟、轻松自如地高速行驶。正常行走是基础和前提，轻松自如地高速行驶是建立在正常行走的基础之上的。同样，语言的意义正是形成修辞语义的基础和前提。也就是说，修辞主体只有对语言的意义有充分的了解与认知，从不同的角度掌握语言的意义，真正吃透语言意义的实质，才能够在修辞运作过程中真正做到对语言意义的、动态性的、情境化的、具体化的修辞转化。当然，语言意义的修辞化还需要语境、语体、接受主体等外在条件的支持，否则也很难实施转化。但不管需要什么外在条件的帮助，有一点是肯定的，那就是语言意义本身才是最根本的、最关键的、最核心的；而语境也好，语体也好，接受主体也好，或者其他什么外在条件也好，都只是起到了辅助性或者说重要的辅助性作用，外在条件本身不具备语义内涵。所以说，修辞语义是在借助于语境、语体等外在条件的帮助，而经表达主体的修辞运作并在接受主体恰切解读的情况下，由语言意义生发出来的临时意义、具体意义、情境意义、个人联想意义。语言意义是母体，修辞语义是子体。由语言意义可以生发出相对无限的修辞语义，所有的修辞语义都衍生自语言意义。有什么样的语言意义就会衍生出什么样的修辞语义，语言意义决定修辞语义。例如：

今天不少老子都是孝子。

例中"孝子"一改"对父母孝顺的儿子"语言意义，而转化为"父亲孝顺儿子"的意思。"父亲孝顺儿子"这一修辞语义的产生源自于语言意义。语言意义上的"孝子"是偏正结构，"孝"修饰、限制了"子"；而修辞语义上的"孝子"则变成了动

---

① 张炼强. 修辞认知理论与实践. 张炼强.《内容与形式关系的修辞思考》的思考. 北京：首都师范大学出版社，2012. 147～155.

宾结构，"孝"即为孝顺，成了动词，"子"则是"孝"所指之支配的对象。修辞主体对"孝子"一词的创新运用，是以"孝子"的常规用法为基本出发点的。在意义上，正是"孝子"语言意义的普遍约定性，让人们对"孝子"有了惯性的认知。但当修辞主体在具体语境中对"孝子"的语言意义作出修辞变异时，就与"孝子"的语言意义造成了极大的反差和鲜明的对照，从而促使了修辞效果的最大化。

2. 修辞语义是语言意义的修辞化变通

王希杰认为，"语言的意义，是属于社会集体的"，"主要指词汇意义和语法意义"，"言语的意义同语言的意义，可以一致，也可以不一致"①。一致性与不一致性主要决定于修辞主体的主观意愿，并得力于语境、语体等外在条件的支持程度。根据上文分析，修辞语义与语言意义是子与母的关系，虽然儿子的身体里流淌着母亲的血液，但是子与母毕竟是两个不同的个体。所以，他们之间既有着血缘上不能割舍的关系，有重合的部分，但又有着很大的不同。子是另一个有生命的、鲜活的、充满个性的个体，不是母的化身或分身。因此，在修辞过程中，修辞主体创造出的修辞话语，其蕴含的修辞语义有时会与语言意义保持某种程度上的一致性，有时又会偏离于语言意义，游弋于语言意义之外，而成为一种新的、有个性特色的意义。如上文所举例子"你好坏"。当语言意义"你非常不好"经修辞化而转化成修辞语义"你这人真好"的时候，显然修辞语义和语言意义是完全不一样的，甚至是刚好相反的。这种情况下，修辞语义和语言意义无论是在内容上还是在修辞色彩上都存在着很大程度的不同。但是，如果我们再做假设，这对热恋中的青年男女之间的人际关系出现了故障，双方的矛盾不可调和，达到了敌对状态。在这种境况下，"你好坏"的意思也就是字面意义，即"你这个人非常不好"。这个字面意义是因为修辞主体在具体语境中实施修辞行为，利用语境条件创造修辞话语，并赋予了修辞话语以特定的语义内涵，所以是一种具体化的修辞语义。这种修辞语义也是具体语境中由抽象的语言意义转化而成的言语意义，虽然在修辞色彩上有很大不同，但是在具体内容上却与语言意义保持了最大程度上的一致性。不过，这种所谓的"一致性"主要是指语言意义和修辞语义的基本意思相同。其实它们之间并不能完全画等号，因为修辞语义是语言意义被语境化、语体化后生成的，所以在意义上已经增值了，并不是一一对应的关系。

## 第二节　修辞语义的表达与理解

修辞语义的表达与理解是语言应用的重要表现。20世纪80年代以后，一些学者立足于汉语本身向中国传统文化认同，突出汉语的人文性特征，并认为重意会、重虚

---

① 王希杰. 汉语修辞学（修订本）. 北京：商务印书馆，2004. 112.

实、重流动、重具象是汉语的特点①，从而在某种程度上拉近了语言与文学之间的距离，缩小了语言本体与语言应用之间的空间，密切了语言应用与语境语体之间的关系。这有助于我们深入认识汉语修辞语义的表达和理解，有助于我们从微观层面来探索汉语修辞语义问题。

## 一、意合和意会

任何一种语言都以交际为目的，而汉语是人文性特别强的一种语言。如果说西方语言比如英语、法语等在显现交际功能时往往以较为丰满的外在形态为标志，那么汉语则常常以意会为常态。正由于此，用汉语言去创作和说话，语言运用的形式灵活多变，有很强的活泼性。中国古时候就有"只可意会，不可言传"的说法，语义的表达和理解是把意合、意会作为重要手段之一的。这种说法尽管不能囊括汉语应用的所有事实，但也无疑说出了汉语言的一个重要特征。汉语讲究言尽而意不止，意在言外。我国古代的老子就竭力主张"言不尽意"，《易经》突出"言不尽意""立象尽意"。汉语的语义主要不是靠尽善尽美的语言形式表现出来的，而是依据一定的背景知识隐藏和领会的。这个所谓的"背景知识"就是语境（包括"语体"）条件。

从表达方面看，汉人在交际时首先考虑的是汉语句法的深层语义结构。根据语义去组词造句，构拟相应的修辞话语，并在组词成句过程中注意语义对语音、词语、句法表层结构的制约作用。表达者以语义及语义关系为准绳，只要提供一定语义条件，某些"句法"因素就会作出让步。因此，只要能够使语言起到交际的作用，在语义与句法之间，"句法"因素就有可能会受到排斥，表达时语义因素、语境因素、语用因素等大于句法因素。如"大夫请来了"这句话，表达者把汉语中表示被动意义的词语"给""被"等隐藏了，尽管句法表层中缺乏表示被动意义的语法标记（如果"给""被"等算语法标记的话），但同样表达了被动语义及被动语义关系。"大夫"是被动者，是受事，是"请"这个动词所关涉的对象；主动者即施事则隐含其中，在句法上是一个空位、零形式。然而，英语中如果要表达被动语义关系，往往要有显性的句法形式。如上例应为：

The doctor has been sent for.

其中"助动词 be + 过去分词"便是被动语态的形式记号。如果没有这种形态出现，便不能构成被动语态。也就是说，用英语去表达语义时句法形式是强制性的、必备的，而用汉语表达语义时往往不求形式上的十全十美，更多时候追求的是意义的左右逢源，注重的是意合。

---

① 申小龙. 意会·流动·虚实·具象——论汉语的特点. 语文学习，1988（2）：40~42.

从理解方面看，接受信息的一方有时不能完全从形式本身析解出圆满的答案，也要靠背景知识去理解，以达到心领神会的程度。也就是说，包括语体在内的语境因素起到了关键作用。例如买票时说"一张动物园"这个例子，孤立地看，从字面上很难理解这句话的意思，而且也不能用语法规则作客观的、冷静的分析。按语法规则去套，由物量词"张"与数词"一"构成的数量短语"一张"与表地点的名词"动物园"在句法上是不能搭配的，语义上也是说不通的，既不合规则，也不合情理。但是在具体语境中就是这么说，也就这样去理解，这靠的是意会。

可见，语义的表达和理解都渗透了句法之外的语境因素，注重了语义上的统合。因此，注重意合、强化意会实际上就是指在言语交际过程中对语义、语义关系进行综合表达以及听话者、读者进行综合理解时所运用的手段。这种语言手段，不搞形式主义，而以语义为基点，在可理解的前提下进行重心嵌合，利用语义上的条件和特定的语境因素去组词造句谋篇。

## 二、修辞创造与意合凸显

修辞语义表达靠的是意合，修辞语义理解靠的是意会。"意合"和"意会"是同等意义的概念，只不过视点不同罢了，在综合表达和综合理解时统一于一。

### （一）语音应用方面

反映到语音应用上突出地体现在语调上。申小龙说，我们请十个人来标点同一篇口语或文学作品，就会有十种标点法。因为每个人对"句子"的"意尽为界"语感不同，客观上我们又找不到可以确定句界的形态标记。[①] 正由于我们找不到这种标记，在理解修辞话语时往往会根据一定的逻辑事理，按照自己的"主观愿望"，也就是说据意会去解读修辞话语。譬如，"下雨天留客天留我不留"这句话至少可以有两种断句法："下雨天留客，天留我不留。""下雨天留客天，留我不？留。"这两种不同的语音停顿，除了与汉字有关外，最主要的是由于人们对其语义及语义关系的把握不同造成的。而"我看见他很生气"这句话，当被解读为"我看见他，我很生气"语义的时候，其语音停顿应为"我看见他/很生气"；当被理解为"我看他时，他很生气"语义的时候，其语音停顿应为"我看见/他很生气"（注："/"表示停顿）。修辞话语的语义内涵有效地控制了语句的停顿，进而强化了语句所蕴含的情感和语气。类似的修辞语义现象在汉语中相当地多。有的是为了突出句中的主要思想或强调句中的特殊感情而重读，形成逻辑重音。这种逻辑重音不是出于句法上的需要，而完全是由语义决定的。如：

①<u>我</u>知道你会唱歌。

---

① 申小龙. 希望之路·中国文化语言学. 语文学习，1988（5）：40.

②我<u>知道</u>你会唱歌。
③我知道<u>你</u>会唱歌。
④我知道你<u>会</u>唱歌。
⑤我知道你会<u>唱歌</u>。

各个句子语义重点不同，其逻辑重音的指向也就不同。例①的语义重心是"我"，强调的是"我"而不是别人，于是重音也就落在了"我"的上面。其他例句同理。不管断句还是逻辑重音，都以语义的恰当表达和准确理解为第一要义，语义决定了如何断句、如何把握逻辑重音和话语节奏。

**（二）词语使用方面**

反映到词语使用方面，所表现出的意合凸显问题，主要体现在组词成句形成语篇上，这个将在下文详细讨论。这里仅举三例说明如下：

①可是"友邦人士"一惊诧，我们的国府就怕了，"长此以往，国将不国了"……（鲁迅《友邦惊诧论》）
②老栓，就是运气了你！你运气，要不是我信息灵……（鲁迅《药》）
③未曾经历　如何懂得？表面越是简单　里面越有学问！（诗玛表广告词）

三个例子均充分运用了语境条件把某些词语左转右移，使之上下链接，凸显出特定语境和语体规制下衍生出的修辞语义。例①中，作者根据语义表达的需要借助于上下文和当时的社会形势等语境条件而临时把"国家"拆解，形成"国将不国了"。例②中，"运气"本是名词，但在这里却被作者易用为动词，使之具备了动词的一般特征，并使词语的语义发生了变化，从而具有使令、促使的意义。这种情况下，"国家""运气"的句法性就被弱化了。"国家""运气"这两个词在应用中产生的新的修辞语义，正体现出汉语词语在修辞创造时意合的直接表现。例③是诗玛表的广告词，广告文案创制者充分利用了语音语境条件让"表面"和"里面"对举出现，实现了多次的音义转换，而最终突出了诗玛表的质量和内涵。第一次转换是语音转换，利用音同的关系把诗玛表的"表"与通常意义上"表面"的"表"作了转换；第二次转换是语义转换，利用同音条件关顾字面与字里两层意思，即诗玛表的"表面"和通常意义上与"里面"相对的"表面"；第三次转换是由于下文"里面"的存在，帮助注解了上文"表面"的语义；第四次转换又是由于广告实体是"表"，所以决定了受众的思维向商品诗玛表靠近，由此实现了诗玛表"表面"语义和通常意义上"里面"语义的对接。

**（三）句子应用方面**

反映到组词成句上，句子的构拟也常常以语义为主，只要语义上顺理成章，合乎事理，往往就可以把词语组合在一起，而不强求某种形式必须出现。申小龙把意合法在语法层面上的表现，概括为两个方面：一是汉语组词成句在形式上没有特定要求；二是语词组合时往往不管语法上是否合理，而是提取意义支点来意会。①

就第一点来说，汉语缺乏严格意义上的形态特征，较多的语义、语义关系的表达和理解往往讲究逻辑意义上的通顺，讲究以"神"统"形"。表达时需要考虑社会背景、文化传统、上下文语境、前言后语环境、语体等众多语言世界的、物理世界的、心理世界的、文化世界的语境因素，以便于进行综合表达；理解时，也需要考虑以上诸因素进行综合理解，注重心理体验和主观感受，讲究"感悟"。黎锦熙说："国语底用词组句，偏重心理，略于形式。"② 因此，汉语的修辞语义表达繁简自如，虚实相间，弹性比较大，但简洁经济是汉语修辞语义表达的主要表征。修辞表达时，把大量的句法因素隐去，而把大量的语义信息内蕴于尽量简短的修辞话语之中，从而收到辞约义丰的效果。比如：

①人活一口气。
②一锅饭吃十个人——②十个人吃一锅饭
③树活一张皮，人活一张脸。

这些例子的修辞语义并不难理解。拿例①来说，它是由五个词组合而成的语句。"人活"与"一口气"之间有什么语义联系呢？从语法形式本身不能求得，而且我们也不能拿英语语法作比较适宜的分析。但人们却理解这句话的意思，即"人为了争一口气而活着"。"人活"与"一口气"之间是一种目的关系。在这种语义格局中，语法形式（这里主要是虚词）不是强制性的，可以出现，也可以不出现。不出现时，其语义及语义关系的理解要靠意会；出现时，也要靠意会，虚词作为语法形式只不过又印证了这种语义关系。

就第二点来说，汉语在说明某种语义及语义关系时，并不像西方形态语言那样一味地寻求以动词为中心来造句。汉语词语意义可以左转右移，以达意为根本，只要语义上配搭，事理上清楚晓畅，就可以把词语组装在一块，而不受形态成分的局限。而且往往遵循经济原则，寻求语义重心之所在（语义重心是表达和理解各方关注的语义信息），把代表语义重心的关键词语作为意义的支撑点提取出来，其他无关宏旨的语言成分往往可以忽略不计，用尽量少的语言负载尽可能多的语义信息。这就为言语交际尤其是文学语体中修辞语义表达的艺术化提供了更为广阔的天地。如马致远的小令："枯藤老树昏鸦，小桥流水人家，古道西风瘦马。夕阳西下，断肠人在天涯。"便

---

① 申小龙. 意会·流动·虚实·具象——论汉语的特点. 语文学习，1988（2）.
② 黎锦熙. 新著国语文法. 长沙：湖南教育出版社，2007.

是典型的例证。这一点将在下文专门论述，此不赘言。又如：

> 甲　三张广州/三个小时的火车/打长途/五个钟头还说不够/他是日本老婆
>
> 乙　恢复疲劳/打扫卫生/养病/救火/什么错误也不犯就是最大的错误/不是办法的办法/最可恨和最可爱的他/平凡而伟大的人/漂亮的丑八怪/燕山雪花大如席/聪明的大傻瓜/没有喝酒早就醉了/你是第一，我是第一，他也是第一/不是先生的先生/中国有世界上没有的万里长城/男保姆/乞丐万元户/立足广东，冲出亚洲，走向世界/黑色的小白兔

甲类借助于一定的语境，把所表达的意思中最关键的词语抽出来，复合在一块形成修辞话语，用不完全的形式表达了完整的语义内容。乙类是利用词语间意义上的矛盾现象而形成的、精炼的表达式。这种表达式，字面上的语义是相悖的，但把它放在汉族文化大背景下去考察，其蕴含的真正语义又是很清楚的。

### （四）修辞格式应用方面

根据具体语境条件和特定语体规制语言运用的要求，充分利用语音、词汇和语法三要素，来构拟修辞格式以表达某种修辞语义。任何一种修辞格式都可以用以表达某种修辞语义。就像陈望道所说的材料上的辞格，如譬喻、借代、映衬、拈连、摹状、双关、引用、仿拟、移就等；意境上的辞格，如比拟、讽喻、示现、呼告、夸张、倒反、婉转、避讳、设问、感叹等；词语上的辞格如析字、藏词、飞白、镶嵌、复叠、节缩、省略、警策、折绕、转类、回文等；章句上的辞格，如反复、对偶、排比、层递、错综、顶真、倒装、跳脱等①，以及其他新近出现的修辞格式，都可以被修辞主体作为表达手段来表达修辞语义。辞格本身用以表达修辞语义并没有任何障碍，问题的关键在于修辞主体能否结合具体语境和特定语体选用恰当的修辞格式。这关系修辞语义表达效果的问题。例如，凤凰卫视有一档新闻节目叫作"凤凰早班车"。这本是凤凰卫视所有节目中的一个栏目或者说是窗口，每天在固定的时间段面向全球播报新闻，报告新近发生的天下大事。凤凰卫视在设计这个栏目的时候，完全可以采用类似于"新闻直播""新闻联播"这样的表达方式，但是凤凰卫视则是采用修辞上的比喻手法和借代手法，把这一档播报新闻的栏目说成是"凤凰早班车"。用"凤凰"代替"凤凰卫视"，从字面上说是部分代替整体，也就是通常所谓的借代或者转喻修辞格式；"早班车"是比喻手法，用生活中人们已经习惯了的早班车来比喻新闻播报时间之早，由此来强化凤凰卫视在新闻播报方面时间之神速，以突出新闻的时效性。这种表达形式是一种超常规的艺术化表达，语言上做到了形象简洁，辞趣横生，所输出的修辞语义显豁明朗。

---

① 陈望道. 修辞学发凡. 上海：上海教育出版社，1979.

### 三、修辞语义表达和理解对语境条件的依赖

#### （一）对宏观语境的依赖

从宏观语境条件看，思维习惯、文化背景等语境因素决定了汉语修辞语义表达和理解注重意合意会，而不太注重形合。申小龙认为汉族人的思维主要表现在注重整体思维、辩证思维、具象思维①。它们表现在语言上就是讲究综合表达和综合理解。对作者（说者）来说，讲究"造境"；对读者（听者）来说，注重"联想"。加上汉人的社会文化背景，便为修辞语义的表达与理解提供了宏观背景。如：

> 该来的还不来——不该来的却来了。
> 不该走的走了——该走的还不走。
> 他过去的表现不错——他如今的表现不怎么样。
> 你今后要努力学习——你以前学习不是很努力。

例句后半部分是在前半部分的基础上生发出的语义蕴含，即羡余信息。这些言外之意不是从字面上显示出来的，也没有靠句法因素去体现，而是靠辩证思维习惯意会琢磨出来的。因为辩证思维表现在语言上就是讲究语句建构的对照和映衬，往往通过上句便可意会出下句的语义，反之亦然。又如两个老太太的对话：

> 甲：你娶了几个？
> 乙：你嫁了几个？

我们只能这样理解："你家娶了几个媳妇？""你家嫁出了几个姑娘？"为什么只能这样理解？一夫一妻制的婚姻是中国的社会现实，这两位老太太的对话显然是以此为前提的，而且彼此都了解对方家庭子女状况。正是这些隐含的语境因素，对话语含蓄意义的表达和理解起着不可低估的补充作用，才使交际双方能够吃透对方话语的真实内涵，从而顺利完成交际。在表达和理解时就充分利用了这些超语法成分（即语境条件）来达意，从而使交际双方得到心灵上的沟通，都能理解彼此所表达的实际语义内容。

#### （二）对微观语境的依赖

微观语境条件是指在宏观语境条件下直接影响语义表达和理解的那些条件。如一定的上下文、前言后语、时间、场合、风格、语文体式、心理状态等。在具体的一段话中，上下文可以帮助表达者组合成多种多样的修辞话语，并可以帮助接受者恰切地

---

① 申小龙. 汉语人文精神论. 沈阳：辽宁教育出版社，1990. 133～147.

理解修辞话语。拿省略来说，学过形态发达的语言的人都会认为汉语的"省略"特别多，"省略"成为修辞结构的重要组成部分。汉语的所谓"省略"相当普遍，是一种常态。汉语总是依据上下文等具体语境条件省去某些重复的句法成分或已知信息，使语句简洁凝练，但并不影响修辞语义的表达和理解。如：

> △展望未来，我们对前途充满了信心。

△处就蒙后省去了"我们"，语法形式上省略了，但语义依然存在。对话是交际双方面对面进行交际，借助于手势、表情和其他具体语境条件等因素，可以随意地组合语句。文学语体中对对话的叙述往往会有大量的语境描写，以此来衬托人物的对话。因此，大量没有表达语义重心的语词常常不出现。如：

> ①一个信儿就赶来了。
> ②晚上开会（晚上△开会）。
> ③她问："他们几个△呢？"水生说："△还在区上，爹△呢？"女人说："△睡了。"△："小华呢？"△："△和他爷爷收了半天虾篓，早就睡了……"（孙犁《荷花淀》）

例③中，至少有七个语言单位被省略掉了，但语义的表达是很清楚的，理解也不会有任何障碍。这是具体的上下文等语境条件在起作用。

语境是交际时各种因素的综合体，如"三张广州"就离不开一定的语境。交际的地点是城际大巴上，交际者是乘客和售票员，事件是买票，这些是起码的语境因素。乘客提取"三张"和"广州"这两个语义支点形成语句"三张广州"，而售票员也能通过语境条件领会对方的意思，即要"买三张去广州的车票"。如果乘客说，"售票员同志，我买三张 3 点 50 分去广州的豪华大巴车票"，倒显得啰唆，没有这个必要。我们在强调修辞语义表达与理解对语境、语体具有依赖性的同时，并不否认句法表层结构的重要性。任何修辞语义的表达和理解都必须要借助于一定的句法形式，但绝对不搞形式主义，这一点是不可忽视的。所以说，汉语修辞语义表达和理解与语境（含"语体"）密不可分，与语境的创造和主动利用是同步的。

汉语修辞语义的表达与理解体现为综合表达和综合理解。这种综合表达和综合理解主要就表现为通过对宏观语境因素和微观语境（语体）条件的综合利用而建构修辞话语并认知解读修辞话语。

## 第三节　研究的思路、范围、内容、原则与方法

### 一、研究思路

本研究的基本思路是：在修辞学范畴内，以"语言应用"为前提，牢固树立并始终贯彻语境意识（含"语体意识"），坚持"语境参照""语体先行""文化镜像""描写与阐释相结合"等基本原则，综合优选多种研究方法，立足于修辞语义表达的失误、常规和艺术化事实，把对修辞语义表达形式的描写和对修辞语义内容的阐释作为核心并使二者融为一体，从而来开展修辞语义研究的。我们把研究的注意力集中在修辞语义现象的个案描写与阐释上，力争从微观层面做到点面结合、以点带面，从中寻求修辞语义表达的一些规律性东西，由此而得出比较接近于事实的结论，而不刻意从宏观层面上追求修辞语义理论体系的建构。

### 二、研究范围

言语交际既存在于书面语言中，也存在于口头语言中，这是言语交际的两种存在形式。如果把言语交际分为三个层面，即日常交际层面、社会交际层面和艺术交际层面，那么汉语修辞语义就会在这几个层面都有不同形式的表现。因此，汉语修辞语义研究也就把这三个层面的修辞语义现象涵盖在研究的范围中。比如实际言语交际中形成的风格、语体、语篇、语用环境、修辞效果、语音应用现象、词语应用现象、句子应用现象、修辞构式、修辞与文化、修辞心理等与语义修辞化变异有关的现象都应该在研究的范围内，也就是说言语交际中形成的所有修辞语义实体都在研究的范围之内。

但是，由于这三个交际层面是我们参照郑荣馨等学者的观点并结合自己的认知对所有言语交际领域所作的类型化区别，所以每个交际层面的修辞语义现象可以说是多姿多彩的。基于此，我们不可能在有限的篇幅里把所有的修辞语义现象都纳入研究的范围，而只是选择了几个点来做以点带面的研究，希望能够给学界一点启示。

### 三、研究内容

在修辞语义研究的范围内，本专著着重对下列修辞语义现象作比较深入的分析和探讨。这些板块各有侧重，但其中贯穿了一个非常明晰的思想，那就是语境意识和语体意识。我们特别强调语境意识中的"语体意识"。为了突出"语体""语体意识"，在表述中我们常常把"语境"和"语体"、"语境意识"和"语体意识"并列在一起。其实按照我们的观点，从广义上看语体也是语境的构成要素，而且是重要的构成成

分。正是因为语体是语境重要的构成要素，更可见语体在修辞语义表达以及研究中的重要位置，所以我们才把语体抽取出来和语境并列，以凸显语体的非同一般。所以，要用语境意识和语体意识指导我们的整个研究工作，把语境意识和语体意识贯彻在研究过程之中，坚持以语境和语体为纲，从而使语境意识和语体意识连贯着各个板块的内容，做到形散而神不散，使各个章节的研究内容浑然一体。

**（一）"修辞语义"概说**

主要界定修辞语义的概念，论述修辞语义的基本属性，并对修辞语义和语言意义之联系作出分析，与此同时就学界关于这一课题的研究现状以及学术价值进行梳理。

**（二）语境对修辞语义的制导**

语境是言语交际的重要参考框架，修辞主体要学会主动地创设语境并努力做到恰当利用，为言语交际创造有利条件。我们主要就语境决定修辞语义表达、语境差与修辞语义表达效果、语境认知失调与修辞语义表达等内容作深入讨论。我们不过多地对语境内涵及其修辞功能作理论上的认知与阐释，而重在强化语境对修辞语义应用的影响与制约作用。

**（三）语体对修辞语义的导引**

坚持以语体理论为指导，着重讨论语体制约句子选择及其修辞语义表达、语体规约修辞语义的使用等内容。

**（四）文学语体与修辞语义表达**

从文学语体的角度来描写与阐释修辞语义的表达问题，尤其把精力放在了小说语体修辞语义的描写与阐释上，当然也同样会涉及其他语文体式。主要论述小说语体中语用偏离及其修辞语义表达、西语移植及其修辞语义表达、语体偏离及其修辞语义表达、叙事小说时间意义的表达、叙事小说空间意义的表达、小说语体议论性修辞文本及其修辞语义表达等内容。

**（五）广告语体与修辞语义表达**

立足于广告语体来观察修辞语义现象，主要论述广告语体对修辞语义使用的规约，并分析广告语体中修辞语义的表达问题。

**（六）词语修辞及其语义衍生**

从修辞学意义上来分析词语在具体语境和特定语体中的运用及其修辞语义衍生现象。主要阐释了人称代词"数"与"人称"语义的修辞化、成语的变异应用及其修辞语义表达、数词复用形式及其模糊语义分析、人名构拟及其修辞语义蕴含、行酒令词语及其修辞语义表达、詈语构拟及其修辞语义表达等。

**（七）句子修辞及其语义衍生**

从修辞学意义上来讨论具体语境条件和特定语体规制下的句子构造及其修辞语义衍生问题。主要包括指人名词与"他们"组成的修辞构式、"芝麻大的官"及相类修辞构式、表达肯定命题的否定形式、一种"又"字句的修辞语义分析、语义同构及其修辞选择等。

### （八）辞格构拟与修辞语义表达

选定常见的比喻、夸饰和双关三种辞格，试图做到以点带面，举一反三。主要就比喻、夸饰、双关三种辞格的构拟及其修辞语义表达进行了描写与阐释，以求得比喻、夸饰、双关三种修辞构式建构的基本状态，突出比喻、夸饰和双关辞格在具体建构和使用过程中可能出现的多种面相及其修辞语义蕴含。主要包括比喻建构原则及修辞语义表达、定心式比喻的构拟及其修辞语义表达、夸饰辞格的构拟及其修辞语义蕴含、双关构拟及其修辞语义表达等。

### （九）修辞语义病象与修辞语义表达

言语交际中，语音、词语、句子、辞格、语篇等的构拟与应用都可能会发生负偏离，出现修辞语义表达上的错误。修辞语义病象是指修辞语义表达上出现的语病。它们都是在具体语境和特定语体中产生的，都属于修辞语义研究的对象。主要从修辞学角度对之进行分析，并主张从修辞语义病象生成平面、修辞语义病象形态平面、修辞语义病象矫正平面、修辞语义病象转化平面这四个面相加以研究，以为构建病象修辞理论提供参考。第一、二个平面应归属于语言失误范畴，第三个平面应归属于语言规范化范畴，第四个平面应归属于语言艺术化范畴。

### 四、研究原则

修辞语义研究必须坚持一定的方法论原则，这一点非常重要。

就研究原则而言，我们在《汉语修辞转化论》（2013）中作了专门论述。主张在三个层面上进行选择：既有宏观意义上的哲学层面的辩证法原则，也有中观意义上的一般学科层面的研究原则，还有微观意义上的专业学科层面的研究原则。在研究过程中要坚持什么样的研究原则、采用什么样的研究方式和方法来论述修辞语义现象，说到底是宏观意义上的方法论意识问题，是以什么眼光来审视修辞语义现象的问题。我们始终坚持以辩证法为指导，把语境参照、语体先行、文化镜像、描写与阐释相结合等原则作为基本原则，并对这些原则作出综合性把握。

### （一）语境参照原则

陈光磊说："说话作文这种表达——交际活动，总是按着特定的需要在特定的现实环境中进行的。这'特定的需要'和'特定的现实环境'，在修辞学上常称之为'题旨'和'情境'。话语文章，就是修辞对应题旨情境所形成的具体表达；它是一定语文形式同一定情意内容相联结的产物。"[①] 言语交际中，由于受到语言世界、物理世界、文化世界和心理世界等综合语境因素的影响和制约，当人们进行言语交际时必然受到牵制，修辞语义现象是对语境条件的充分利用和适应的结果。因此，在对这些

---

① 陈光磊. 修辞论稿. 北京：北京语言大学出版社，2001. 60~61.

修辞语义现象进行研究时，试图利用语境条件作出综合性分析，把语境作为修辞语义研究的重要参考框架。语境参照作为一种研究原则，是指在修辞语义研究过程中把语用环境作为观察、分析和论证修辞语义现象的必要参考条件。作为一位研究者，应该从方法论原则的高度坚持语境参照原则来审视词语、句子、辞章、风格、情感、话题、情景、场合、地点、时间、自我、对象、思想内容、文化心理、社会文化、时代环境等语境要素，要注重语境的首位优化选择，要突出语境的现时在场性，要强化语境的创新设定与综合调控，以抢占修辞语义研究的制高点。

## （二）语体先行原则

语体先行原则就是用语体眼光来看待修辞语义问题，坚持把上述语体意识贯穿在整个研究过程中，以语体作为先导，把修辞语义与语文体式紧紧地联系在一起。坚持语体先行的原则，要做到：第一，修辞语义研究首先考虑到的就是语体，要把语体作为首位优选参照条件，要以语体作为先导。第二，修辞语义现象都产生于特定的语文体式之中，所有语文体式中的修辞语义现象都被纳入我们的研究视野。只不过，具体研究中我们主要取材于口头语体、网络语体、文学语体、政论语体、演讲语体、公文事务语体、广告语体等。第三，把语体意识作为支配研究修辞语义的重要心理条件，把修辞语义的生成及其探究与某种特定语文体式相结合。

## （三）文化镜像原则

遵循文化镜像原则就是要把文化作为重要的参照，用文化的眼光来透视修辞语义问题，在文化世界内来解释修辞语义现象。修辞语义现象不同程度地折射出了某种文化内涵，反映了特定文化在修辞语义现象中的某种印痕；反过来，当我们利用民族文化或地域文化来解释修辞语义现象时，又会发现众多的修辞语义现象其实就是在一定文化因素的制导下形成和创造出来的，离开了文化因素的影响性和作用性，这种修辞语义现象可能就无法产生。而且，有什么样的文化背景，就会产生与这种文化背景条件相吻合的修辞语义现象。因此，研究过程中坚持文化镜像原则，实际上就是要在文化世界内来探讨文化与修辞语义之间的相互观照性，用文化来解读修辞语义现象的可解释性，用修辞语义现象来反映文化意蕴。

## （四）描写与阐释相结合原则

正如陈光磊在给拙著的"序言"中所说，"修辞活动中各种表达手段的运用，各种修辞方式的生成或建构及其接受和理解，可以说都要通过语义才能实现"。形式和内容是构成修辞语义现象的两面，形式是表，内容是里。修辞表达形式的构拟要基于修辞主体对语义内容的充分认知，而语义内容的表达更要靠修辞表达形式的恰当构拟。因此，当我们在研究修辞语义现象时，从中观研究策略层面来看就必须通过描写与阐释两条途径来实现修辞语义研究的目的，并在研究过程中把对修辞语义表达形式的描写与对修辞语义内容的阐释融为一体。利用描写来记述修辞语义现象与事实，用阐释来对修辞语义现象作深层解读与说明。把对修辞语义现象的描写与对修辞语义现象的学理阐释紧密地结合在一起，由此来弄清众多不同的修辞语义现象及其形成的规律和条件。这既是唯物辩证法思想的具体体现，也是一般学科范畴内学术研究应该自觉遵守的基本原则。本专著坚持把理论阐释与修辞语义现实结合起来，用修辞理论指导修辞语义研究，并从中探究修辞语义现象的一些基本规律。不偏重于理论体系的建构，而更多地在于对修辞语义现象的阐释，进而归纳修辞语义表达的基本规律。由此可以看出本专著所持有的研究态度，以及在这本专著中所体现出的持之以恒的研究精神。

## 五、研究方法

陈光磊说："修辞学科的发展，要求进一步加强和加深对修辞学方法论的研究。修辞学方法论所要探求的是，分析修辞现象、认识修辞特征、探求修辞规律和运用修辞规律于语言交际实践的根本方法，也就是修辞学的专门方法或特定方法。这种方法的确立，要根据修辞现象本身的特性和修辞学科的特定要求。"① 关于这一点，除了陈光磊先生外，宗廷虎、王希杰等多位先生都有相关论述。诸位大家的主张无疑都是真知灼见，为我们的修辞语义研究指明了方向，也为我们研究过程中采用什么样的方法以及所应该坚持的方法论原则提供了深层次的启示和指导。对修辞语义的研究必须采用一定的、较为适宜的研究方法。在我们的研究中，主要采用了归纳法、演绎法、比较法、移植法、分析法、综合法、定性法、定量法、描写法、阐释法、例证法、评点法、变换法、语境参照法、义素分析法、语义指向分析、层次分析法等多种方法。

## 第四节　研究的历史、现状以及研究价值

### 一、研究历史与现状

#### （一）研究历史

正像上文所说，汉语学界关于语义的探索可以说由来已久，并不是新近才有的新鲜事。古人在语文学范畴内花费大量的时间和精力去分析修辞文本中"字"的微言大义，更大程度上其实就是对语义的研究。只不过，这种研究的侧重点各有不同。在修辞学范畴内研究语义注重的是动态语境和特定语体下所生成的言语意义。

根据所掌握的材料，我们作简单的梳理便可以看出修辞语义研究的过往与现实。大致有以下几种情况：

其一，在研究语音修辞的过程中涉及修辞语义问题。语音是语言三要素之一，不

---

① 陈光磊. 修辞论稿. 北京：北京语言大学出版社，2001. 60~61.

仅仅是语言学理论、语音学研究的对象，修辞学也研究语音问题。在修辞学范畴内研究语音，不在于弄清语音系统的架构及其相关语音规则，而在于根据具体语境和特定语体规制来分析节奏韵律等是不是适合的问题、语音形象的塑造问题。正是在这个研究过程中，一些研究者为了能够更好地说明语音修辞的重要性，往往会对由于语音修辞的作用而产生的语义修辞化现象作进一步的说明。比如王希杰《修辞学导论》《汉语修辞学》《修辞学通论》，刘焕辉《言语交际学》等都有涉及。

其二，在研究词语修辞的过程中论述修辞语义问题。词汇也是语言三要素之一，是词汇学、语法学研究的对象，修辞学也研究词汇问题。从修辞学意义上研究词汇，不在于吃透词语抽象化的语言意义、词语形式的构造，而更多的是考虑词语的应用问题和选择问题。基于对词语应用的观察和论述，必然要分析词语语言意义的修辞化问题。研究词语应用的学者非常多，有关的论著更是林林总总。比如张弓《现代汉语修辞学》，倪宝元等《名家锤炼词句》，谭学纯《新时期小说语言变异现象描述（上、下）》，倪宝元《词语的锤炼》，陆文蔚《鲁迅作品的修辞艺术》，冯广艺《变异修辞学》《超常搭配》《文学语言学》等，在论述词语变异或者应用时对词语意义的表达和理解给予了不同程度的关注。

其三，在研究句式修辞的过程中探讨修辞语义问题。语法也是语言三要素之一，是语法学研究的对象，修辞学也研究语法问题，但更多的是把句式的创造（选择）作为重要研究内容。修辞学研究句式，主要不把重心放在句式的结构、构造条件等上面，而看中的是具体语境和特定语体规制下句式的修辞创造和修辞选择问题。修辞学意义上的句式创新，是与句式的修辞语义有密切关系的，研究者自然也会把句式创新和修辞语义联系在一起。胡裕树、王德春、宗廷虎、陈光磊、王希杰、黎运汉、黄伯荣、林兴仁、林文金、谭学纯等学者在他们的学术论著中，也都有对具体语境和特定语体中句式所输出语义的分析。

其四，在研究辞格修辞的过程中分析修辞语义问题。辞格修辞自然是修辞学研究的重要对象，而辞格的构拟和应用都是以语义为基础的，语义双关、层递、婉曲等辞格本身就是和语义有直接关系的，所以不少研究者都会分析辞格中的语义表现问题。陈望道《修辞学发凡》，王希杰《修辞学通论》《汉语修辞学》《修辞学新论》，宗廷虎等《中国修辞学通史》，陈光磊《修辞论稿》，谭永祥《修辞新格》等论著，以及不同版本的《现代汉语》教材，在分析修辞格式的构拟和应用时都多多少少会讨论语义问题。

其五，在研究风格、语体的过程中讨论修辞语义问题。风格是语篇宏观层面上的修辞格调，语体是语篇中观层面上的修辞体式，修辞则是语篇微观层面上的语用运作。研究风格、研究语体，自然是研究语篇的风格和语篇的构式，在这个过程中对修辞语义进行考察与分析是应有之义。黎运汉的《现代汉语语体修辞学》《汉语风格学》，袁晖和李熙宗的《汉语语体概论》，陈光磊的《修辞论稿》，王德春的《语体略论》，程祥徽等的《语言风格学》等在论述风格、语体理论，探讨风格、语体的系列性特征时，也有论及语义表达和理解问题，而这种语义的表达和理解自然是语体中的、某种风格下的修辞语义的表达和理解。

其六，在研究病句的过程中辐射到修辞语义问题。病句也就是陈望道所说的"零点"以下的修辞，宗廷虎所说的"病例"，我们在本专著中称之为"病象"。在通常所谓的病句中，其实有一部分应该属于语义病句。从修辞的角度来观察，那就是修辞语义病象。陈望道《修辞学发凡》、吕叔湘和朱德熙《语法修辞讲话》、黄伯荣和廖序东《现代汉语》、胡裕树《现代汉语》、张静《新编现代汉语》、金锡谟《病句分析》、李裕德《怎样改病句》等论著的相关章节，王希杰《病句生成学》《病句转化学》，宗廷虎《小议"病例"修辞》等有关病句的专门性论述，在论述病句的相关问题时都程度不等地涉及修辞语义病象问题。

**（二）研究现状**

根据以上分析，可以看出修辞学界对修辞语义的研究已经作出了很大的贡献，已经取得了丰硕的成果，其中有很多观点都是真知灼见，解决了很多实际问题和理论问题。这些都为我们进一步探索修辞语义的相关问题奠定了坚实基础，让我们受益匪浅。但是，一个不争的事实是对修辞语义的研究还不是很够，有不少问题还没完全弄明白，包括对修辞语义内涵、基本特质、实际表达和理解等诸多问题都有待作进一步的分析与研究。从以上分析可以看出，修辞语义研究的空间还比较大。

其一，目前学界对修辞语义的研究，还没有真正把"修辞语义"当作研究对象，而较多是在研究其他修辞现象或者修辞理论时涉及修辞语义问题。可见，对修辞语义的研究更多只是把它作为语音修辞、词语修辞、句式修辞、辞格修辞、语体风格等研究的连带成分。主要目的不是解决修辞语义本身的问题，而是更好地解决语音、词语、句式、辞格、语体、风格等的应用问题才对修辞语义作相应的分析。

其二，目前学界还没有明确提出"修辞语义"概念并作专门性论述。我们也看到个别学者在其修辞学论著中使用"修辞语义"这一说法，但那只是在表述过程中的临时使用，并没有给予足够的重视，没有旗帜鲜明地提出"修辞语义"这一概念。所以，更不可能对修辞语义的基本特质、研究范围等作专门的详细论述，一些基本的理论问题亟待解决。

其三，修辞语义是语言在具体语境和特定语体中实际应用的产物，是语言意义的语境化、语体化，学界也都把修辞语义的分析和语境、语体结合起来，都从具体语境和特定语体中寻找修辞语义的各种表现。但是，在方法论意识上似乎还不是特别鲜明，较少有人非常明确地提出从具体语境和特定语体规制中论述修辞语义的表达和理解问题。本专著坚持语境（语体）意识来统领修辞语义研究问题，但显然还处在初级阶段。

## 二、研究价值

陈光磊在给拙著所写的"序言"中说:"修辞语义的研究是修辞学的一个核心问题、关键问题,是修辞学研究走向精确化、科学化所必须致力的一个重大课题。"因此,开展对修辞语义的研究具有十分重要的学术价值和应用价值。

### (一)学术价值

1. 具有积极的学科建构意义和较高的学术理论价值

本研究立足于语言应用,把修辞语义问题作为汉语修辞学学科的重要研究内容和研究对象。这不仅有利于进一步丰富和深化汉语研究尤其是汉语修辞研究的内涵,而且也进一步扩大了修辞学的研究空间。研究过程中,利用了较多新颖的语料,尊重修辞语义事实,秉持着科学严谨的态度,以较多的修辞语义个案分析为依据来总结相关的修辞语用规律和修辞语义衍生的条件,发掘新的修辞理论,寻求语言运用和修辞语义衍生的语言内外理据;明确提出并论证"修辞语义"概念,某些研究还具有突破性,提出了自己较为独到的见解和观点,有一定的理论创新性。我们的研究将会突破传统修辞观的制约,澄清理论上的一些模糊认识,解决修辞语义上的一些实际问题和疑难问题,并进一步挖掘汉语修辞语义表达的新规律,这既有对学界已然修辞主张的佐证,也有不同于以往的新的修辞观点和修辞思想;将会验证、完善、丰富业已存在的修辞理论体系,为汉语修辞学学科建构提供较为丰富而又独具特色的语言实践的支撑,并可以为修辞语义相关理论的建构提供强有力的实证性支持和理论铺垫。本研究的结论具有较强的解释力、说服力和生命力。因此,该成果必将会对汉语修辞学学科理论的进一步发展产生正面的影响,具有积极的学科建构意义和较高的学术理论价值。

2. 具有重要的资料价值

学术价值的重要内涵之一就是资料价值。其一,提供了较为丰富新颖的语料。在研究过程中,不仅注重对经典作品中典型用例的运用与讨论,更强调对网络语体、文学语体、口头语体、演讲语体、公文事务语体、广告语体、政论语体等新近出现的修辞语义现象的收集筛选和分析,从而为语言研究与语言教学等提供较为丰富和新颖的语料。其二,归纳并论证了较多的、新颖的修辞语用规律和修辞主张,为修辞研究、修辞教学、语文教学等提供了重要的参考资料和借鉴资料。

### (二)应用价值

1. 对人们的修辞语义表达实践具有重要的指导意义和借鉴作用

汉语修辞语义现象是语言运用中常见的修辞语义表现形态。运用一定的修辞理论作指导,从微观和宏观、静态与动态等不同角度分析修辞语义现象,努力探讨影响其操作的语言内和语言外因素,提出并论证修辞语义个案的基本特征,进而推导出该类修辞语义现象所蕴含的具有普适意义的系统性特征,由此梳理其修辞语义衍生的一般规律和特殊修辞策略,从而为修辞主体的语言运用尤其是书面语言表达提供方法、规则和手段等策略上的导引。

2. 将会有助于开展有效教学，最大限度地提高教学效果

本研究通过对众多修辞语义现象的爬梳、整理、分析、判断和选择，发掘了一些新的修辞语义事实，发前人所未发。在一定语言学、修辞学理论的指导下，主要通过对具体修辞语义现象的讨论与分析，以得出比较接近于语言事实的结论。这不仅为修辞研究、修辞教学和语文教学等输入了新的修辞思想，也为语言教学、修辞教学、语文教学等提供了颇具实际意义的教学参考资料，对提高教学效果具有重要的作用。

3. 对经济文化建设具有较为重要的指导意义和服务功能

在修辞语用、语言规范、地区文化建设、广告语言设计等方面，能够为地方经济文化建设和社会发展提供较为优质的语用信息咨询、策略规划、手段选择等服务。

# 第二章

语境对修辞语义的制导

## 第一节　语境决定修辞语义表达

　　从内涵上说，语用环境是指影响和制约修辞语义表达和理解的一切可能因素的综合体，简称为语境。从外延上说，语境包括上下文、前言后语、时间、地点、场合、境况、自然物、话题、事件、目的、情绪、对象、关系、体态、语体、风格、社会心理、时代环境、思维方式、民族习俗、风土人情、文化传统、认知背景、修辞主体、思想内容等所有语言内的和语言外的、主观的和客观的因素，也就是语言世界、物理世界、文化世界和心理世界四个世界的因素。换句话说，四个世界的所有因素都有可能有选择性地构成某个具体的语境。只不过，要看对修辞语义的表达是否具有制约和影响作用。而这种制约和影响作用有些是可以为修辞主体认知到的，有些则未必能被认知得到。语境作为由各种要素所构成的综合体，具备了生成和解释功能、暗示和引导功能、创造和过滤功能、省略和补充功能、协调和转化功能等，因此对修辞语义表达具有必然的制约与影响作用。比如随着传媒的不断发展，商家对广告用语的制作越来越用心，越来越要考虑受众的解读语境。例如以下家喻户晓的广告用语：

　　　　科技以人为本（诺基亚）

　　　　让我们做得更好（飞利浦）

　　　　长城烽火，传信万里（西门子）

　　　　每一年，每一天，我们都在进步（联想电脑）

　　　　荣事达，时代潮（荣事达电器）

　　　　永远的绿色，永远的秦池（秦池酒）

　　　　中国人的生活，中国人的美菱（美菱冰箱）

　　　　没有最好，只有更好（澳柯玛冰柜）

　　　　轻松爽洁，不紧绷（碧柔洗面奶）

　　　　中华永在我心中（中华牙膏）

　　　　补钙新观念，吸收是关键（龙牡壮骨冲剂）

　　　　播下幸福的种子，托起明天的太阳（种子酒）

　　　　苦苦的追求，甜甜的享受（伊利雪糕）

　　　　我的眼里只有你（娃哈哈纯净水）

　　　　远大，开创中央空调新纪元（远大空调）

　　　　新春新意新鲜新趣，可喜可贺可口可乐（可口可乐）

　　　　真金不怕火炼（金正 VCD）

　　　　福气多多，满意多多（福满多方便面）

清清爽爽每一天（娇爽卫生护垫）

从更大到更好（长虹电器）

清凉舒爽，全家共享（六神沐浴露）

家有三洋，冬暖夏凉（三洋空调）

足及生活每一天（搜狐）

　　像这些广告用法都给商家带来了不错的社会效益和经济效益，应该说这些广告文本的创制无论从表达角度看还是从接受角度看，都做到了恰到好处，都是很不错的广告用语。从语境角度看，这些广告文本修辞语义的输出与理解，都要靠受众和商家拥有共同的语境条件，通过对相同语境条件的利用来创造并接受和理解广告用语所蕴含的语义和情感。也就是说，语境对表达和理解起着非常重要的作用。如果受众与传播者之间没有相同的语境，反而存在着差异，那么随之而来的必然是对广告用语的误读，这样也就不会有很好的传播效应。

　　语用环境作为由各种语境因素所构成的综合体，对修辞语义表达具有必然的制约与影响作用。从语用环境角度来说，只有得到了一定语境条件的支持，才能够顺利进行修辞语义表达，从而创造相应的修辞话语，实现修辞语义表达的最终目标；从修辞主体角度来说，只有尽可能充分利用特定的语境条件，深入发掘语境的潜在功能，才能够在修辞语义表达中获取相应的修辞效果，达到一定的修辞预期，并实现对修辞话语的准确解读。所以，语用环境支持和语用环境利用说到底是一回事，都突出了语境在修辞语义表达中的重要作用，只不过立足点不同而已。基于这种认识，以下主要从五个方面来综合论述和求证修辞语义表达中语境条件的有力支持以及修辞主体对语境条件的主动利用。

## 一、语境决定了修辞语义表达行为的实现

　　用奥斯丁的言语行为理论来分析言语交际，修辞语义表达行为事实上也存在着言内行为、言外行为和言后行为。[①] 从语用学角度来看，言外行为其实就是说话人的一种交际意图，包括表态类言外行为，如赞许、警告、恫吓、威胁等；宣告类言外行为，如宣布、通知、通告、宣判等；指令类言外行为，如指示、请求、要求、建议、邀请、命令等；表达类言外行为，如祝贺、道歉、感谢、埋怨、疑问等；阐述类言外行为，如陈述、断言、报道、说明、描绘等。从修辞学角度来看，比照语用学的上述界定，言外行为其实就是修辞主体的修辞动机通过修辞同义修辞手段载体所凸显出来的潜在修辞功能转化，包括表态功能，如赞许、警告、恫吓、威胁等功能；宣告功能，如宣布、通知、通告、宣判等功能；指令功能，如指示、请求、要求、建议、邀

---

① 彭增安. 语用·修辞·文化. 上海：学林出版社，1998.22.

请、命令等功能；表达功能，如祝贺、道歉、感谢、埋怨、疑问等功能；阐述功能，如陈述、断言、报道、说明、描绘等功能。根据语境来调控修辞语义表达行为实际上就是在语境的帮助下，对既有修辞动机和修辞目的进行适宜的综合平衡，在一定语境条件下落实修辞语义表达行为潜在修辞功能的显性化，以实现修辞主体的修辞愿望。从这个意义上说，有什么样的语境条件，便会有什么样的修辞语义表达行为；有什么样的修辞语义表达行为，便会有与之相匹配的语境条件，语境条件决定了修辞语义表达行为的实现。

修辞语义表达是在一定语境条件下的一种表达，是修辞主体出于一定的修辞目的而实施的修辞行为。按照学界给出的语境内涵，修辞目的本身就是语境的重要构成要素。所以，当修辞主体在特定的修辞目的的驱动之下实施修辞语义表达行为时必然要考虑各种语境因素的综合制约和影响作用，由此来决定或调控如何来实现修辞语义表达行为潜在修辞功能的显性化。比如，修辞主体建构"那边有汽车"这句修辞话语，由于语境条件的决定作用，在不同的语境中所表现出的修辞主体的修辞动机是不同的，由此而凸显的修辞功能也是不一样的。如果是在车水马龙的马路上，表达主体是为了提醒接受主体注意安全，那么这句话具有警告、提醒的功能；如果是在练车场上，表达主体是为了让接受主体知道可以练车了，那么具有指令功能；如果是在练车场上，表达主体是为了告诉接受主体练车场上已经有汽车了，那么具有告知功能；如果是在拥挤的马路上，因为交通堵塞没法通过，必须绕道行驶或停车等待，以表示歉意，那么具有道歉功能；如果是对提问的答复，则具有陈述应答的功能等等。显然，以上这些不同修辞功能的凸显都源自于各不相同的语境条件，不同的语境消解了建构这句修辞话语的修辞动机，影响了这句修辞话语所潜存的修辞功能，语境的动态性决定了修辞话语功能的多变性。如果不把修辞话语放在具体语境中，那么即使从理论上说功能是无限的，但实际的功能也是空灵的；如果把修辞话语置于具体语境中，那么由于语境的相对无限性，则必然会带来功能的相对无限性。说到底，修辞主体实施修辞语义表达行为建构修辞话语，究竟完成了什么样的言外行为，也就是达到了何种修辞目标以及实现了何种修辞功能，那要看是在何种语境中进行的，需要根据语境来作出判断。

## 二、语境决定了修辞语义表达策略的选择

我们可以把修辞语义表达策略分为动机性策略、载体性策略、功能性策略、领域性策略、条件性策略五种类型性策略及其多样化的具体策略。在这些类型性策略中，条件性策略其实就是语境策略。这意思是说，语境既是修辞语义表达的必有条件，同时它自身也可以作为修辞语义表达的重要策略。

语境不仅决定实施何种修辞语义表达行为、建构何种修辞话语，而且还能够决定修辞主体在实施修辞语义表达行为的过程中采用何种修辞策略。因为策略设计和选择

是否正确、是否优化，直接影响着修辞效果的得体与否以及得体程度的高低，所以策略的合理设计和优化选择是修辞主体在实施修辞语义表达过程中的必然考量项。而策略的设计和选择是技巧性的，需要修辞主体对相关语境条件进行充分的认知与慎重的把握，然后才能够作出正确的决断，因此策略的设计和选择与语境条件的合理有效利用具有密切关系。离开语境奢谈所谓的策略设计和选择是没有意义的，只有在一定语境中设计并选择适宜的策略才有实际的作用。无论是什么样的策略类型及其下位的具体策略，只有运用到具体语境中的时候其"策略"性能才会被激活，才会发挥积极的作用；也只有在具体语境中，才能对策略作出合理的取舍。在购买车票、商场购物、演讲辩论、涉外谈判、会晤外宾、接待客人、课堂教学、饭后聊天、商贸往来、文学创作、公文拟制、新闻传播、科学研究等不同的交际领域或场合，策略的设计、选择和利用是不同的。所以，某种策略的设计和选择并不是永恒不变的，而是要根据语境的变化作出适宜的调控。语境条件的变化，可能会带来策略的改变，但究竟要不要改变或调整，最终还是要看是不是和相应的语境相适应。能够适应，则不必调整，因为此时的策略并不过时，其作用照样能够得到淋漓尽致的发挥；不能适应，则必须作出相应的调整，因为只有作出相应的调整，才能顺应语境的需要，满足修辞主体对策略的不同期待。比如：

> 靳开来擦了擦发湿的眼睛："连长，我说句掏心话，全连'光荣'了，我都不会过分伤心，为国捐躯，打仗死的嘛！唯独你，如果有个万一……你那白发老母亲，还有韩玉秀怎么办……"（李存葆《高山下的花环》）

该段话语虽然都出自靳开来一人之口，但前后所采用的修辞语义表达策略是有变化的。"全连'光荣'了"运用的是幽默策略和忌讳策略，"打仗死的嘛"采用的是直言策略，"如果有个万一"又是忌讳策略。由忌讳策略到直言策略再到忌讳策略的变换，不仅决定于修辞主体所处的社会时代环境，也决定于修辞主体言语交际时心理状态的变化。在汉族人的文化观念中，因为风俗习惯的束缚或畏惧权势心理作祟，往往会对不吉利的修辞话语有所顾忌而改用其他的言说方式，也就是对忌讳策略的适时运用。靳开来虽是一位现代军人，但由于深受传统文化的影响，又身处前沿阵地，他和他的战友们随时都有生命的危险，所以在当面劝慰自己的上级时，对"死"一词也是忌讳的。当说到全连死了的时候，采用忌讳策略，选用"光荣"一词既诙谐幽默，表现出一种自豪感，又避免了不吉利词语的出现；当说到为国捐躯、因打仗而死的时候，又表现出军人那种视死如归的气概，所以就采用直言策略；但当说到连长的时候，由于对连长的家庭情况了如指掌，所以又采用了忌讳策略并选用了"万一"来代替"死"。可以看出，这个时候的修辞主体内心是复杂的、矛盾的，是处在多变状态之下的。社会时代、传统文化心理、个人心理情绪、上下文、背景知识等语境因素的综合作用，使得作为表达主体的靳开来在修辞语义表达过程中对修辞语义表达策略的抉择处在动态变化之中。这就是语境的作用力，这就是语境使之然。

### 三、语境决定了修辞语义表达手段的构拟

我们把修辞语义的表达手段分为辞元手段、辞位手段、辞节手段、辞篇手段及其下位类型，并认为无论是什么样的修辞语义表达谋略设计和策略选择，都是要通过语言构拟来完成的，是由依赖于修辞语义表达的话语实体来承载的，也就是要体现在修辞语义表达手段上。

作为中观修辞谋略的修辞语义表达手段，其构拟也主要由语境来决定。具体的上下文、前言后语、背景知识、社会时代环境、风俗习惯、风土人情、文化心理、审美观念、阶层意识、伦理道德、思维方式、文化水平、修辞目的和动机、修辞主体、具体时间和场合等语境条件都有可能会影响到修辞语义表达手段的构拟。在我们看来，言语交际所形成的、最基本的修辞单位就是辞篇，也就是说修辞语义表达所建构的修辞成品是以"辞篇"为单位的。辞篇可大可小，大到一篇文章，小到一个词，所以便有了辞篇、辞节、辞位和辞元等多层级修辞单位的存在。它们既是修辞单位，又是修辞手段。当构拟修辞手段表情达意时，所采用的修辞单位其实也就是相应修辞手段所依附的语言载体。所以，修辞语义表达手段的构拟实际上就是修辞语义表达手段所赖以存在的语言载体的建构，也就是辞元手段、辞位手段、辞节手段、辞篇手段的建构。[①] 不管是哪种转化手段的建构，都必须考虑语境条件，必须以语境为参照。尤其是上下文语境、前言后语语境、风格语境、语体语境等语言内语境的决定作用，都是不可忽略的。

语境可以帮助我们认识辞元、辞位、辞节和辞篇等各种转化手段作用的大小，分辨其优劣的程度，并厘清其使用的规律，可以帮助我们结合语境来构拟和选择相应的修辞语义表达手段。就辞元手段中的句式手段来说，句式有肯定与否定、主动与被动、陈述与疑问、感叹与祈使、长与短、常序与变序、整与散、紧与松、传统与新兴、文言与口语等之分，它们各有自己的修辞作用和建构规则。在修辞语义表达过程中，只有在具体的语境中坚持动态观多角度分析各种句式手段的一般特征和个别特征，才能认真处理好一般与个别的关系，并根据语境来创拟或选择相应的转化手段。句式内部轻重音的调整、语调的把握、停顿的安排、音长的处理、上下句的衔接、前后句的呼应、先后语义的照应等，都需要在语境条件的帮助下才能作出切合实际的布局。就辞元手段中的辞格手段来说，比喻、夸张、借代、双关、对偶、排比、顶针、回环、通感、映衬、对比、层递、比拟等辞格手段的建构和选择，无不受到语境的制约。在某种语境中要不要使用辞格手段、运用辞格手段的多少、在什么样语境条件下

---

① 孟建安. 汉语修辞转化论. 广州：暨南大学出版社，2013. 145.

才能建构何种辞格手段、在什么样语境条件下不能选用何种辞格手段等，都要结合语境作出判断。法律条文、总结等公文语体语境中，由于自身语体规范的制约，自然不能构拟和选择夸张、借代、通感、双关、比拟等辞格手段；文学语体语境中，由于自身具体语体规范的许可，则经常要利用辞格手段来丰富语言的内涵，提升语言的魅力，增强语言的感染力，因此辞格手段的利用也就无所不在。当然，这些辞格手段在构拟过程中也不仅仅只是受限于上下文语境、语体语境等语言内语境，还要受到文化心理、社会时代环境、民族文化等诸多语言外语境因素的影响。如：

①她们都打扮得很好，像铺子里的货物。(老舍《月牙儿》)
②这孩子眉清目秀，像太阳一样可爱。(《一千零一夜》)

例①中的比喻，喻体的选择完全符合汉民族文化传统对女性的认知，也与小说所描写的社会时代环境相吻合。在那个时代，在当时的社会环境下，在男性的心理认知结构中，女性的地位是卑微的，所以会把女性当作杂货店里待价而沽的货物。这个辞格手段的构拟充分且合理地利用了语言外语境条件，因此是得体的，获取了相应的修辞效果。例②中的比喻就与汉民族文化背景相差甚远。在汉民族文化心理中，"太阳"具有阳刚之美，是刚烈的、精神抖擞的、充满战斗精神的，而这与汉民族文化心理中关于女性阴柔之美、娇气之美、似水之美的认知格格不入，是完全相反的，所以这个辞格手段是不得体的。例①中的辞格手段所表现出来的语义形象并不美，但却是得体的；例②中的辞格手段所表现出来的语义形象是美的，却是不得体的。为什么？就是因为文化语境的限制。在这里，文化语境是决定辞格手段是否得体的重要参考因子，是决定修辞语义表达手段能否成功构拟的决定性因素。

### 四、语境决定了对修辞语义内容的把握

在修辞语义内容的表达和理解方面，修辞主体往往要利用语境的功能条件对相应修辞话语的语义内容作出综合性把握。我们知道，有些修辞话语的语义内容非常直白，在特定语境中接受主体一看一听便知；有些修辞话语却并非如此，需要借助于更多的语境条件作出进一步的判断和综合知解。也就是说，无论是什么样的修辞话语，都必须借助于特定的语境条件，才能得到正确、准确的表达和理解。表达主体需要借助于语境来表情达意，把自己建构的修辞话语所蕴含的语义内容准确无误地输送出去；接受主体更需要凭借特定的语境条件来分析、判断、概括、确认表达主体的真实意图。

修辞话语的建构是以传递情感信息和语义内容为己任的，修辞话语都是形式和内容高度统一的产物。这涉及形式和内容的关系问题。按照唯物辩证法的观点，形式和内容是二元对立但又辩证统一的关系，形式都是负载一定内容的形式，内容都是依靠

一定的形式来传承的，形式为内容服务，内容决定形式。如何才能做到内容与形式的高度统一，语用环境支持是不可忽视的外在条件，因此需要合理利用。

其一，利用语境条件可以准确表达语义内容，消除多解、歧解和语义偏差现象。表达主体利用一定的形式表达特定的语义内容，往往需要上下文、前言后语、社会文化心理等具体语境条件的帮助，否则容易造成词不达意或使语义内容的表达发生偏差，造成多解或歧解。比如在电视广告节目中，表达主体充分利用现代媒体这个有利条件，设计了"红牛"饮料画面作铺垫，并有上文"汽车要加油"作诱导，从而构拟出了"我要喝红牛"这句话。由于红牛饮料画面、上文"汽车要加油"等语境条件的补足作用，使得这句话的内涵清楚明了，没有任何多解性和歧解性，也不会出现语义偏差，那就是"我要喝红牛牌的饮料"。但是，如果是孤立的一句"我要喝红牛"，就会让人不知所云。因为必要语境条件的缺失，没有语境对语义内容的补足，表达主体说这句话究竟要表达什么意思，就很难说清楚。"红牛"是什么？在常态思维中"红牛"怎么能喝呢？"我"又是指代谁？等问题，都一概难以断定。再如：

> 在这幽美的夜色中，我踏着软绵绵的沙滩，沿着海边，慢慢地向前走去。海水，轻轻地抚摸着细软的沙滩，发出温柔的唰刷声。（峻青《海滨仲夏夜》）

例中，"抚摸"本指用手轻轻地按在物体上面来回移动，但在例中意思是"冲刷、触碰"。这种词义的变异，根本上就在于上文的"海水"和下文的"沙滩"的存在，这两个词的先后出现为读者准确理解"抚摸"的情景意义提供了帮助，也让读者对海边的夜景有了一个整体的感受。海水发出的"温柔的唰刷声"不但与夜景达到了和谐统一，而且正应和了"我"当时的心情。[①] 解读时就要根据上下文语境条件，引入上下文语境策略，通过对上下文相关词义之间关系的细微分析，真正领会词语在文本中的确切意义和作者的意图，吃透篇章段落的要义。可见，对词语意义的解释、对句子含义的把握，都要把语言世界、物理世界、心理世界和文化世界等的语境要素作为重要的参考依据。所以，语境对修辞语义的解读具有重要的决定性作用。

其二，利用语境条件可以无误地推导并领会言外之意。言外之意更多的时候是借助于语境条件被临时赋予的。在修辞语义表达过程中，有时一个修辞话语具有两层意思：一层是字面意义，另一层则是字里意思。字面意义是一看就懂一听就明的意义，字里意思则是通过字面意义表现出来的语义内容。字面意义由构成成分的意义相加而形成的意义，字里意思则是由字面意义加而合形成的新的意义。这字里意义就是言外之意。言外之意不是语言本身直接显示出来的，而是借助特定语境条件生发出来的。正如曹德和所说："它不是通过语言意义的具体化直接产生出来的，而是由编码者借

---

① 孟建安. 汉语修辞转化论. 广州：暨南大学出版社，2013. 152.

助语境条件以言在此意在彼的方式迂回表达出来的。"① 在某些语境条件下，表达主体利用了特定的语境条件，激活了语境所具有的某些潜在功能并使其发挥作用，或正话反说，或反话正说，或委婉含蓄，或言在内而意在外，从而故意留下想象的空间，让接受主体利用自己丰富的想象力并综合认知语境条件去领会修辞话语的真实内涵。尤其是在文学语体和口语语体中，有不少的修辞话语都被临时地赋予了言外之意。如《红楼梦》中，当宝玉说黛玉身上有奇香时，黛玉说："我有奇香，你有暖香没有？"宝玉一时不解，问："什么'暖香'？"黛玉点头笑道："蠢才，蠢才！你有玉，人家就有金来配你；人家有'冷香'，你就没有'暖香'去配？""我有奇香，你有暖香没有？"对这句话的解读就不能紧紧停留在字面上，而应该透过字面解读字里的意思。表面上是在说"冷香""暖香"，实际上是在说二人之间的关系。话语蕴含着言外之意，那就是黛玉对"金玉姻缘"的担心与焦虑，并由此而对宝玉作出关于二人姻缘的试探。这种言外之意也就是黛玉说这句话的真实意图，它不是黛玉直言说出的，而是借助于文化背景、双方共知的背景知识等语境因素输出和求得的。宝玉之所以"不解"，并不是不理解字面意义，实在是因为与黛玉之间没有拥有足够的、共同的背景知识，因此就难以推导出黛玉修辞话语的真实内涵。

### 五、语境决定了修辞语义表达效果的评价

王希杰关于得体性原则是修辞的最原则的论断②，为我们评价修辞语义表达效果提供了方法论层面的理论依据。得体性原则虽然带有更多的主观性和模糊性，但其中不乏客观性和准确性的内涵，所以说是相对合理的评价原则。修辞效果的好与坏、得体程度的高与低，不可以自话自说，而要有一个相对合理的评价机制。这种相对合理性集中体现在对语境条件的依赖性和适应性上。修辞语义表达所建构的修辞话语是不是得体的，得体到什么程度，能否为接受主体认可，关键不是看修辞话语本身是否规范，也不是就修辞话语本身孤立地作出评判，而是要坚持修辞的得体性原则，把修辞话语放在一个多维的语境框架内，作出综合分析和评价。从更为宽泛意义上说，一个辞元、一个辞位、一个辞节、一个辞篇的建构或选择都是在一定语境中得以完成的，是参照和利用了众多不同的语境因素而作出的修辞选择；同样的，修辞效果的评价自然也要以语境因素作为必要参考。语境是决定修辞语义表达效果优劣的必要的重要条件。

我们知道，语境是一个综合体，是由众多语言世界、物理世界、文化世界、心理世界因素交互在一起构成的综合体。当对修辞话语的修辞效果作出评价时，必须考虑语言世界的合格性问题、物理世界的真实性问题、文化世界的可解释性问题以及心理世界的可接受性问题。只有把这四个方面统统考虑在内，并且是综合性的，而不仅仅

① 曹德和. 内容与形式关系的修辞学思考. 上海：复旦大学出版社，2001.78.
② 王希杰. 修辞学通论. 南京：南京大学出版社，1996.342～400.

是某一个方面的，这样才能作出较为客观和接近于事实的评价。在整个评价过程中，在语言世界内，要看是否做到了对语体、上下文、前言后语、语言风格等的得体；在物理世界内，则是看是否做到了对时间、对象、自我、话题等的得体；在文化世界内，是要看是否做到了对时代环境、地域文化、民族心理、阶层意识、文化心态、审美观念、价值取向等的得体；在心理世界内，则是要看是否做到了对个人心理情绪、心理表征、目的、动机、欲望、情感等的得体。这样的评价应该是综合性的，是整合了语言世界、物理世界、文化世界和心理世界的因素来评价修辞话语的修辞效果的。所以，修辞效果的好坏不在于修辞话语本身的好坏，而在于修辞话语对语境的适应程度或者说利用语境条件的程度。适应程度高，利用程度大，则修辞效果相对就好；适应程度低，利用程度小，则修辞效果相对就不好。所以，对语境的适应或利用程度与修辞效果的好坏程度是成正比例的。例如：

> 鲁侍萍：（大哭）这真是一群强盗！（走至周萍面前）你是萍，……凭——凭什么打我的儿子？
> 周　萍：你是谁？
> 鲁侍萍：我是你的——你打的这个人的妈。（曹禺《雷雨》）

鲁侍萍与周萍本来是具有血缘关系的母子，周萍与鲁大海之间又是兄弟关系。当周萍动手打了自己的弟弟鲁大海时，周萍并不认为打的是自己的亲弟弟，而打的是一个带头闹事的工人鲁大海；周萍更不知道站在自己面前责问自己的鲁侍萍竟然是自己的亲生母亲。所有的角色关系、人际关系，统统都淹埋在剧本的上下篇章之中。这个秘密只有鲁侍萍最清楚，而周萍并不知情。所以，当面对动手打自己亲弟弟的周萍时，鲁侍萍便难以遏制内心那份对亲生儿子的舐犊之情，在一时的心理冲动之下差一点说出了这个秘密。然而鲁侍萍是理智的，她清楚地知道此时此地与周萍相认是不可能的，也是不现实的，所以就凭借着音同的关系在瞬间成功地把"萍"转化为"凭"，把"你的妈"转化为"你打的这个人的妈"，并很好地利用了语音上的停顿进行了适度的调整，从而避免了可能出现的尴尬局面。如果鲁侍萍不分青红皂白，仅仅为了一己之私，说出了与周萍之间的关系，不难想象双方当事人该如何收场。这一点可以在剧本的最后得到验证，那就是当周萍和四凤知道双方是同母异父的亲兄妹时，其结局是以死为代价的。由此可以看出，鲁侍萍的修辞话语是得体的，符合了自我和接受主体的身份以及当时的交际情景，也符合交际双方当时的心理承受能力，因此修辞效果是好的。"修辞效果好"这一结论的得出，不是凭空想象的，也不是靠鲁侍萍的话语本身作出的评价，而是综合了鲁侍萍建构修辞话语时的心理、场合、时间、情景、事件、交际双方的显性关系和隐性关系以及社会时代环境等语境因素，而作出的综合性、整体性评价。

## 第二节　语境差与修辞语义表达效果

言语交际过程中，语言的修辞功能是否得到了圆满的转化和利用、修辞语义是否能够得以很好地表达、表达主体是否达到了相应的表达效果、接受主体是否获取了相应的接受效果，往往取决于对语境条件的综合认知程度。由语境认知的差异而造成的语境差及其对修辞效果的提高和损害都存在着相当大的影响，但学界对这一问题的认识和研究还很不够。从修辞语义表达效果层面来看，语境差对修辞效果的影响其实就饱含了对修辞语义表达效果的影响。笔者拟在厘清语境差和修辞效果的相关问题的基础上来讨论语境差对修辞语义表达效果的影响。

### 一、零度语境和语境差

#### （一）零度语境

语境的构成要素既包括话题、上下文或前言后语以及语体范畴，也包括特定的时间、场合与事件，还包括交际双方所处的社会时代环境和民族文化背景等。这些语言内和语言外因素实际上就是王希杰所总结论证的四个世界因素。[①] 从修辞学学理上来理解，言语交际过程中表达主体和接受主体应该具备相类的语境条件，在共同拥有某种社会时代环境和民族文化背景的前提之下，共处相同的时间和场合、选择一致的语体范畴、讨论同样的话题或事件、知晓一样的上下文或前言后语等等。也就是说，言语交际的双方应该具有共知的背景条件，处在语用环境的同一个平面上，表达和接受都要保持同语境条件的一致性关系。这种语境状况，我们称之为"零度语境"。比如：

> 十二点多钟，大家兴尽回船睡觉。到码头下车，方鸿渐和鲍小姐落在后面。鲍小姐道："今天苏小姐不回来了。"
>
> "我同舱的安南人也上岸了，他的铺位听说又卖给一个从西贡到香港去的中国商人了。"
>
> "咱们俩今天都是一个人睡，"鲍小姐好像不经意地说。（《围城》）

该例中的人物对话就是在零度语境中进行的。除了时间、场合、话题等因素外，其最直接的、具体的零度语境条件就是双方具有的共同心理需求。根据上文的交代，鲍小姐是要寻求旅途上的伴侣，以满足自己放荡的欲望；方鸿渐则是要"享受她未婚

---

① 王希杰. 修辞学通论. 南京：南京大学出版社，1996.338.

夫的权利而不必履行跟她结婚的义务"。正是双方心理语境等因素的一致性，双方处在同一个语境平台之上，才使方鸿渐和鲍小姐对语义的表达和话语的理解不存在任何障碍，从而收到了相应的表达效果和接受效果，最终使他们历经了当晚的肉体狂欢。又如：

> 这时候的索九别和老叔，正走在一片刚刚泛青的草地上，老叔问："怎么一只没见到？"
> 索九别把老叔的背包摘下，友善地甩在自己的肩头："一两个月以后，遍地全是。现在它们冬眠，还没醒。"
> "这么冷的高原气候，冻不死？"
> "脂肪厚，窝也深，几十米。要是它们被挖到，就彻底完蛋了。你用钢针扎或者踢一脚，它都不会动弹，跟麻醉死了一样，任你收拾。"（曾哲《墓约》，刊载《十月》2010 年第 4 期）

这段对话中，两个人交流起来没有任何障碍。原因就在于，双方语境条件是一样的。由于上下文的交代，都知道谈论的对象是什么，也都知晓彼此的身份。这是零度语境条件下的言语交际，收到了比较好的交际效果。又如：

> 一群商人在一条船上谈生意。船在航行中出了故障，渐渐下沉，必须让乘客跳水。船长深谙世事，知道这些商人的文化背景不同，必须采取不同的方式分别去说服他们。于是他对英国商人说"跳水是一种体育运动"，英国人崇尚体育，听罢即跳；他对法国商人说"跳水是一种时髦，你没看见已经有人在跳了吗？"法国人爱赶时髦，遂跟着跳下；他对德国商人说"我是船长，我命令你跳水"，德国人严于纪律，服从了命令；他对意大利人说"乘坐别的船遇险可以跳水，但在我的船上不行"，意大利人多有逆反心理，说不让跳他偏要跳；对非常现实的美国人，船长就说"跳吧，反正有人寿保险，不跳就死定了"；对中国商人则说"你家中还有 80 岁的老母，你不逃命怎么对得起她老人家的养育之恩！"于是，观念不同，想法各异的人全部按船长的要求去做了。（黎运汉、盛永生《汉语修辞学》用例）

很显然，这位船长非常懂得文化语境因素对言语交际的重要作用。为了实现自己的交际意图，通过对船上不同国度的商人进行文化背景认知，最后针对不同文化背景的商人作出了不同的修辞选择或者说修辞创造，从而使双方临时拥有了共同的语境条件即零度语境，成功实现了跨文化交际，顺利达到了自己的目的。

零度语境是言语表达和接受的常规语境。在较多情况下，言语交际的双方都是在零度语境中进行的，尤其是在日常言语交际平面显得更加突出。但零度语境只是言语交际双方共同拥有的与可供利用的倾向性语境条件，除此之外还存在着语境差以及对语境差的恰当性把握与运用。

**（二）语境差**

在言语交际过程中，表达主体和接受主体所建构的话语只有努力适应一定的语境，做到和语境相协调，才能够实现语言修辞功能的可能性转化，取得较为理想的修辞效果。而要做到同语境相适应，言语交际双方就必须具备等值的话语背景。但实际上有时很难做到，或者是不愿意做到，从而造成交际双方语境的不一致性，造成话语对语境的不适应性。排球运动中有"时间差"的概念，是指扣球方利用时间上的差异来迷惑拦网方，造成扣球方和拦网方起跳的不同步。如果仿用这个概念，那么可以说言语交际的过程中对语境的认知也存在着"语境差"。所谓的语境差，是指言语交际过程中表达主体与接受主体不处在同一个语境平面之上，不同时拥有相同的语境条件，在语言世界、物理世界、心理世界和文化世界的某些方面存在着不同程度的不一致性。语境差存在于表达主体和接受主体之间。根据语言偏离理论，语境差是对零度语境的偏离，是由零度语境发生偏离导致而成的①，是语境偏离中的一种重要现象。这种偏离可以分为两种：一种是正偏离，其结果是正偏离语境差；另一种是负偏离，其结果是负偏离语境差。

其一，正偏离语境差是指能够增加或提高修辞效果值的语境差。这种语境差无论是对言语的表达者来说还是对言语的接受者来说，都是积极的、有意义的，因此是正面值的偏离。判断语境差是否是正偏离差，关键是看修辞效果的好坏或者修辞效果级差等次。如果语境差带来的是较为理想的修辞效果或者较高的修辞效果级差等次，那么这种语境差就可以认定为正偏离语境差。比如：

> "昨天承示扇头一诗，适意有所激，见名章隽句，竟出诸伧夫俗吏之手，惊极而恨，遂厚诬以必有蓝本，一时取快，心实未安。叨大知爱，或勿深责。"信后面写了昨天的日期，又补两行道："此书成后，经一日始肯奉阅，当曹君之面而失据败绩，实所不甘。恨恨！又及。"（《围城》）

据小说上文的叙述，方鸿渐在没有对扇头小诗的来历作过多的了解，根本没有意识到为苏小姐所作的情况下，只是依据扇子上的落款就武断地认定为王尔凯所作，便仰仗自己残存的欧洲留学时的记忆对小诗进行了狂轰滥炸，带来了不好的修辞效果。该例是方鸿渐得知误批了苏小姐的扇头小诗之后写给苏小姐的"请罪信"。方鸿渐写信时所在的语境层面是已经知道扇头小诗不是王尔凯所写，而是苏小姐的大作，这是

---

① 王希杰. 修辞学通论. 南京：南京大学出版社，1996. 338.

方鸿渐认知到的新的语境条件；而苏小姐解读"请罪信"时还依然停留在原有的语境层面，还没有认知到这一新的语境条件。这就是方鸿渐这个表达主体和苏小姐这个接受主体之间在言语交际的过程中所存在的语境差。正是这个语境差的存在，使得苏小姐笑声清脆，怒意全释，消除了对方鸿渐的不满情绪。这正是方鸿渐求之不得的结果。从表达主体角度来说达到了预期的修辞目的，从接受主体角度来说其接受效果与表达效果具有较大程度上的一致性。由此可以推知，该例的修辞效果是相当好的，其修辞效果应该处在较高的级差等次之上。那么，这种语境差就应该属于正偏离语境差。

其二，负偏离语境差则是指降低或减少修辞效果值的语境差。这种语境差对言语交际双方来说都是消极的、负作用的，因此是负面值的偏离。判断语境差是否是负偏离差，关键也是看修辞效果的好坏或者修辞效果级差等次。如果语境差带来的不是理想的修辞效果或者是较低的修辞效果级差等次，那么这种语境差就可以认定为负偏离语境差。比如：

> 母亲忙使劲拉他，嚷着要打他嘴巴，一面叹气道："他爸爸在下面赌钱，还用说么！我不懂为什么男人全爱赌，你看咱们同船的几位，没一个不赌得错天黑地。"苏小姐听了最后几句小家子气的话，不由心里又对孙太太鄙夷，冷冷说道："方先生倒不赌。"（《围城》）

该例中，孙太太的心理语境知觉是因为怨恨孙先生爱赌而推及男人全爱赌，只是泛泛而谈的夸饰性说法，并非针对方鸿渐而言。苏小姐的心理语境条件则是暗恋着方鸿渐，心理上的光环效应导致了对方鸿渐的为人处事作出了错误的判断。孙太太没有知觉到苏小姐的心理语境，从而忽略了苏小姐对方鸿渐的感受；而苏小姐则是错误地认知了孙太太的心理语境，强化了孙太太话语的针对性。正因为孙太太和苏小姐之间存在着这种心理上的语境差，所以孙太太的话语带来的直接效果就是苏小姐的"鄙夷"与热情的冷却，苏小姐的接受效果与孙太太的表达效果是不一致的，应该说孙太太语言表达的效果是不好的，其修辞效果应该处在较低的级差等次之上。因此，这种语境差就是负偏离语境差。又如：

> 我奶奶看着我娘，叹了口气："不让你去，不是信不着你，是怕你心里拐不过这个弯。瞅瞅，到末了你还是心里不得劲吧。唉！"
> 我娘猛不丁站起来："娘，我不后悔！"
> 我娘动作大了点，差点把饭桌子掀了。我奶奶急忙放下饭碗，抱起我。我娘却又轻轻地坐下，一双手使劲地绞着："娘，我不后悔。真的。我是想，是想，这仗不能一直打下去。"我娘忽然瞪起了眼睛，盯着我奶奶："娘，两个人打架，

要是有一个打赢了，就不会再打了吧？"

"应该，不会了吧？"我奶奶寻思半天，很模糊地回答我娘。

我娘激动得眼里含泪："两个国家也这样吧？"

我奶奶不明白我娘的意思，瞪着眼睛瞅着我娘发愣。我娘忽然觉得自己说话费劲了："娘，不管是谁，打赢了，仗就不能再打了，对不对？不打仗了，就不能再死人了，对不对？"我奶奶被我娘问住了。（萧笛《我的奶奶我的娘》，载《十月》2010 年第 4 期）

在这个片段中，"我奶奶"和"我娘"之间，一开始就存在着语境差。"我娘"内心究竟有什么秘密、交际意图到底是什么、背景知识究竟有多少，"我奶奶"根本就没有搞明白，所以才会出现"我奶奶被我娘问住了"这种局面。因为两个人不处在相同语境条件下，所以作为交际一方的"我奶奶"就很难理解作为交际另一方的"我娘"说这些话的真实意图，交际便出现了短路现象。这就是语境差使之然。

其三，语境差是什么原因造成的呢？根据对现实言语交际事例和《围城》叙述文本以及人物对话的考察与分析，我们认为语境差的产生主要基于以下三个方面的原因。

第一，表达主体和接受主体语境认知不够。关于语境认知，陈汝东把它界定为"修辞者对言语环境信息的知觉、判断、分析、整合和加工过程"[1]，并认为它是修辞过程中的首要步骤。在语境认知系统中，"宏观上包括社会文化背景，如社会政治、社会道德、民族心理以及自然地理等，微观上包括交际对象的角色、动机、情绪、态度、性格、气质、经历，以及交际双方或多方的角色关系和言语交际的微观场合等等"[2]与修辞交往密切相关的各种因素，都属于语境认知的范围。但有时候，由于表达主体或接受主体认知能力的局限性，对潜在的甚至是显性的语境条件缺乏足够的注意，没能很好地观察与了解交际的背景，与交际对象的语境认知不同步，从而造成了交际双方不能够同时拥有相同的语境条件。语境差也就在所难免。比如：

柔嘉直挺挺踏上毯子，毫无下拜的趋势，鸿渐跟她并肩三鞠躬完事。旁观的人说不出心里惊骇和反对，阿丑嘴快，问父亲母亲道："大伯伯大娘为什么不跪下去拜？"这句话像空房子里的电话铃响，无人接口。鸿渐窘得无地自容，亏得阿丑阿凶两人抢到红毯上去跪拜，险些打架，转移了大家的注意。（《围城》）

例中，方鸿渐和孙柔嘉具有相同的语境认知：他们是大学毕业生，深受新知识、

---

① 陈汝东. 认知修辞学. 广州：广东教育出版社，2001. 64.
② 陈汝东. 认知修辞学. 广州：广东教育出版社，2001. 65.

新礼仪、新文化的熏染，对方家旧有的家规、封建礼仪茫然不知，而且也大不以为然。这就是方鸿渐和孙柔嘉的心理语境和文化语境。方老先生等一家老小则具有截然不同的语境认知：儿女逢年过节或儿媳第一次进家门应该向祖先和父母跪拜，这是汉文化背景下最基本的礼节。这就是方老先生一家老小的心理语境和文化语境。但双方在行事和实施修辞行为时，显然都没有意识到这种语境认知所存在着的巨大差异，各自都还停留在自己的语境认知层面上去说话和行事。双方语境认知的距离非常远，语境的认知度悬殊非常大。这种语境差是在言语交际双方的无意识状态下形成的，其形成就源自于表达主体和接受主体的语境认知不足和语境认知差异。

第二，表达主体清醒意识之下的人为设置。如果说语境知觉不够造成的语境差带有更多的客观性的话，那么表达主体清醒意识之下的人为设置造成的语境差则是一种主观故意。在言语交际的过程中，有时表达主体出于不同的修辞考虑在某种非常清醒的语用目的的支配之下会故意制造语境差。表达主体对言语交际所涉及的相关语境因素了如指掌，但主观上却有意识地利用接受主体对某些语境因素的陌生性认识和接受主体语境认知上的某些漏洞，掩藏了自身语境认知的真实性，设置了与接受主体不同的话语背景，从而使接受主体在浑然不知中处于语境知觉的弱势地位，造成了交际双方在语境条件的"质"和"量"上的不平等。如上文所举方鸿渐误读扇头小诗的例子即是。方鸿渐已经从唐小姐那里获得了扇头小诗为苏小姐所作这一语境信息。为了消除苏小姐的不快，他不但没有把这一新的语境信息告诉苏小姐，相反还利用了这一新的语境信息有意识地设置了语境差。当苏小姐看了方鸿渐的"请罪信"后，苏小姐的语境认知系统出现了故障。她没有考虑到方鸿渐写这封信的前因，没有认知到方鸿渐话语表达的语境条件的变化，相反错误地认知了方鸿渐所具有的语境条件。在她的语境知觉意识中，方鸿渐还不知道该诗是自己所作，纯粹是由于因吃醋而误批扇头小诗才写信道歉。实际上，苏小姐拥有的还是原始语境条件，而方鸿渐拥有的则是变化后的语境条件，这就是他们之间的语境差。这种语境差是表达主体方鸿渐人为设置造成的。

第三，接受主体明确目的之下的有意误读。由接受主体有意误读造成的语境差也是一种主观故意。这是说，接受主体已经知觉到了表达主体的话语背景、所在的语境层面，但在解读对方的话语时为了达到某种语用目的而有意识地忽略或者误用交际双方话语的某些赖以存在的前提条件或者背景因素，从而造成交际双方语境条件的不一致性，即语境差。例如：

柔嘉惊异道："那么，快叫李妈去买东西。你到什么地方去了？叫我们好等！姑妈特来看你的。等等你不来，我就留她吃晚饭了！"

鸿渐像落水的人，捉到绳子的一头，全力挂住，道："哦！原来她来了！怪不得！人家把我的饭吃掉了，我自己倒没得吃。承她情来看我，我没有请她来呀！我不上她的门，她为什么上我的门？姑母要留住吃饭，丈夫是应该挨饿的。好，称了你的心罢，我就饿一天，不要李妈去买东西。"（《围城》）

根据上文的描写和叙述，这时作为接受主体的方鸿渐已经知道孙柔嘉的姑妈来过自己家里并向孙柔嘉传授了教训丈夫的方法，同时还知觉到孙柔嘉尚不知自己偷听了她们的谈话。方鸿渐已经把这个影响话语表达的语境因素内化到自己的语境知觉系统之中。但面对孙柔嘉时，为了发泄心中的烦闷情绪和对孙柔嘉及其姑母的不满心理，却装作全然不知，有意识地淡化了自己的语境认知强度，并故意地误读孙柔嘉的语境知觉条件。所以，例中方鸿渐的话语都是故意隐瞒已知语境条件、充分利用语境差实施修辞行为的结果。

## 二、修辞效果

上文基本弄清了语境差的实质以及生成状况。它是语境的非常规样态，是常规语境的偏离形式。语境差对修辞效果的作用是不言而喻的，因此要考察它对修辞效果的影响还必须吃透修辞效果的内涵和实质。

关于修辞效果，陈望道、胡裕树、张斌、王希杰等很多学者已经作了相当深入而细致的探讨，但由于视角、修辞观等的差异，对修辞效果的理解也就不尽相同。陈汝东的观点是："说写者使用修辞手段、修辞方法建构话语，实施修辞行为，听读者接受了话语之后，就会产生一定的反应或行为，这叫修辞效果。"[①] 虽然陈先生在下文解释说修辞效果可以通过话语、交际对象、说写者和听读者的判断、反映进行预测和验证，但就定义本身而言，这种定义的视点依然是现实表达效果，它强调了表达主体的修辞行为及其言后之果。实际上，正如戴仲平结合中西修辞研究的历史对修辞效果所作的总结那样，修辞效果处在语言、言语表达、言语接受三个层面。[②] 应该说这种结论较好地反映了修辞效果的本真以及修辞效果研究的现实。笔者对此持赞同意见。据此，笔者以为修辞效果应该是分层级的，即如戴仲平的看法可以分为语言层面的修辞效果（即修辞功能）、言语表达层面的修辞效果（即表达效果）和言语接受层面的修辞效果（即接受效果）及其下位效果分类。

### （一）修辞功能

语言层面的修辞效果实际上是语言的修辞功能或者说是交际功能，是语言单位、修辞手段、修辞方法本有的潜在的性能和功效。比如通感这种修辞手法就是通过把不同感官的本不相通的感受彼此打通，以此获得强化、巧妙、生动、绘声绘色的艺术魅力。这就是通感所具有的修辞潜能和效果。比喻具有生动形象、说理透彻的功能，能

---

① 陈汝东. 当代汉语修辞学. 北京：北京大学出版社，2004. 31.
② 戴仲平. 关于三个层面的修辞效果及其研究. 江西社会科学，2001（7）：61～67.

够使深奥的道理浅显化，使抽象的事物具体化，使概括的东西形象化。而夸张能够通过适度的渲染，激活听读者的心理联想机制，从而产生无限的想象力，并能够通过思想感情的有意识调控，而使言语交际的双方产生强烈共鸣等等。显然，这些都分别是相应修辞格式的基本修辞潜能，在具体运用中究竟能不能发挥这些潜在的修辞作用，能否实现修辞潜能向显性转化，那就要看语境的作用力了。

（二）表达效果

只有当语言单位分布于一定的语用环境之中，成为交际单元的一个组成部分的时候，语言层面的修辞功能才能得到发掘和利用。所以，表达者只能在一定的语用目的和修辞动机的作用之下，进入言语的交际状态，去主动实现语言层面的某种程度上的修辞效果或修辞功能。从这个意义上说，言语表达层面的修辞效果可以看作语言层面的修辞效果在一定语境中的可能性实现，也就是一种可能性动态转化。这种转化实际上包括三种二级效果：

一是预期的表达效果，即表达主体在主观上预先期待的、潜在的修辞效果。作为表达主体，都希望自己的言语表达能够使接受主体在接受话语之后产生积极的反应，圆满地达到自己初始的修辞语用目的，以取得最好或者较好的表达效果；都不希望自己词不达意，都不希望言语表达得不到接受主体的任何反应或者消极的反应，都不希望达到最差或者较差的修辞效果。所以，从表达主体的主观愿望来看，理想中的表达效果其绝对值应该是 +1，也就是好的表达效果的最大化。+1 等次的表达效果是任何一个表达主体都希望达到的，但这种绝对值为 +1 的表达效果只能是理想层面上的，是一种理论上可以推导出的表达效果，现实言语交际中很难达到或者说根本不可能到达。表达主体主观上都不愿意看到出现不好的表达效果，所以负面值的预期表达效果是不存在的，而负面值预期表达效果的最大化 −1 等次的表达效果更是表达主体坚决予以拒绝的，绝对不在自己的心理预期之中。

二是预测的表达效果，即表达主体在完成话语建构的同时综合多种语境因素预先推知或测定的话语表达效果。这种表达效果并非完全是主观臆测或者是主观的追求，它是根据话语表达时对语境条件、修辞手段和修辞方法等的利用情况所作出的较为准确而客观的评估结果，是一种尚不能听得见看得见的、潜在的修辞效果。这种评估结果如果比较切合实际，那么和预期表达效果可能是一致的；如果评估失误，那么和预期的表达效果就会有出入，甚至是截然相反的。预测的效果可能会处在修辞效果级差的不同等次上，或者是最好，或者是最不好，或者是好，或者不好，或者是很好，或者不很好等等。

三是现实的表达效果，即表达主体实施语言表达行为所产生的客观修辞效果。这种表达效果是一种实现了的已然的修辞效果，是一种可以听得见看得见可以感受得到的、显性的修辞效果。从理论上说，这种修辞效果可能处在最理想的状态，即达到了最好修辞效果的绝对值 +1；也可能处在最不理想的状态，即达到了最坏修辞效果的

绝对值 -1；还可能是达到了修辞效果的其他级差等次。

比如《围城》第三章中，方鸿渐在迷人的夜色下干了"傻事"之后写信给苏文纨，希望在和平友善的氛围之中让自己与苏文纨的"爱情"寿终正寝。这就是方鸿渐最得意的设计和预期的"最佳"表达效果，也就是方鸿渐主观上所追求的修辞效果。在信发出之后听到苏文纨打来的电话时，"预料苏文纨骂自己的话，全行的人都听见"，这就是方鸿渐预测的表达效果。苏文纨在弥补了自己的语境知觉缺陷之后，最终的反应是"声音似乎微颤"着用中文骂"你——你这浑蛋"，这就是表达主体方鸿渐所建构的话语带给接受主体苏文纨的反应，也就是已经使"可能性实现"成为客观存在着的现实表达效果。不难看出，在这里预测的表达效果和现实表达效果是一致的；而预测的表达效果、现实表达效果和预期的表达效果是不一致的。这就验证了上文的结论，言语交际过程中言语表达层面上的预期的表达效果、预测的表达效果、现实的表达效果由于各自所处的级差等次不尽相同，所以有时可能是一致的，有时则可能是不一致的。

（三）接受效果

所谓言语接受层面的修辞效果，戴仲平界定为"在特定的语境中，特定的交际对象接受修辞所形成的话语或文本后所产生的反应"，并把这种反应称之为修辞的"交际效果"①。笔者承借戴先生给出的内涵，但依然采用"接受效果"这种说法。接受主体对表达主体话语或文本的反应，实际上也是对蕴含于话语或文本中表达主体所实现的语言的修辞功能的反应。

言语接受层面的修辞效果是立足于接受主体来阐释修辞效果的。表达主体的话语在接受主体那里是否能够产生相应的反应，在很大程度上取决于接受主体对表达主体所建构的话语本身的理解和接受程度。理解和接受程度深，反应就大，接受效果就明显；否则，反应就小，接受效果就不明显。而对表达主体话语的理解和接受，还要受制于接受主体的主观态度和所具备的综合知解话语的语感能力以及对客观语境条件的认知度。当主观上不愿意甚至是拒绝理解和接受，或者有意识地曲解、误解，或者故意地利用语境差淡化、转移表达主体所输送的综合信息，那么接受主体理解和接受的就不是话语的真正情趣、意味和确切的信息。同样，如果接受主体的语言敏感度不高，综合判断和析解信息的能力不强，综合认知语境因素的意识淡薄，具体语境条件的认知缺失，那么也就不能够产生相应的反应，当然也就不能客观、准确、全面地把握表达主体话语的真实内涵。在这两种状态下，接受主体自然也就不会有较为理想的接受效果，甚至是零度效果或者零度以下的效果。此外，不同的接受主体，其经历、知识层面、欣赏习惯、审美趣味等必然会存在差异，这些都会对接受效果产生相应的影响。正因为如此，接受效果和表达效果之间并非是任何时候都成正比例关系的，二

① 戴仲平. 关于三个层面的修辞效果及其研究. 江西社会科学, 2001（7）: 61~67.

者之间有时是等值的，有时是不等值的。接受效果与表达效果中的现实表达效果有较大的一致性；与预期的表达效果和预测的表达效果就未必完全一致，有时可能是完全相反。因此，接受效果也应该是有不同的级差等次的。

可见，无论是语言层面的修辞效果，还是言语表达层面的表达效果以及言语接受层面的接受效果，各自的内部都存在着不同的级差等次，修辞效果的得体性存在着"得体度"的问题。陈光磊说："对'得体性'的测定就有一个'得体度'。也就是说在一定的交际活动中，话语表达在得体性方面往往会有程度上的差异：比较得体，得体，很得体，更得体，等等。当然这种'度'只是一个模糊的描写和区分。有时候在表达上很难有绝对的'最得体'的惟一标准，而更多的时候是'得体'跟'更得体'的比较和追求。"①

综合本节上述所论，是否可以对陈汝东所给出的"修辞效果"的定义作如此变动，即：所谓的修辞效果，就是表达主体在特定的语境条件下，利用一定的修辞手段建构话语，并据此实现语言层面的修辞功能在预期的、测定的和现实的三个不同范畴内的级差等次不同的动态转化，以及接受主体通过对语境因素的综合知觉而对表达主体的话语所产生的级差等次不同的反应。

### 三、语境差对修辞语义表达效果的影响

语言的表达和接受都是在一定的语用环境中进行的，所以语用环境是话语修辞效果获取或接受的重要参考与支撑点。在较多的情况下，言语交际的双方依赖于零度语境的支持，就能够达到表达效果与接受效果的一致性。根据上文的分析，表达者和接受者并非任何时候都处在零度语境状态，在语境知觉系统中存在着有意无意的漏洞和缺陷，综合语境因素中的某些语境条件的认知缺失，就会造成程度不同的的语境差。修辞语义表达效果的上位概念是修辞效果，修辞效果包含了修辞语义表达效果。从这个意义上说，语境差的存在必然会对修辞语义表达效果产生相应的影响，或者是正面值的影响，或者是负面值的影响；修辞语义表达效果的获得与提高、修辞语义表达效果的损耗和减少，必然也有对语境差的利用或误读。正如王希杰所说："语境偏离常常会损害表达效果。但是，决不能认为所有的语境偏离表达效果都是不好的。其实，交际者也可以有意识地利用语境偏离来提高表达效果。"② 在这里，王先生虽然只是着眼于表达效果来说的，但话语中蕴含的辩证思想是每一个修辞研究者都应该重视的，这也是修辞评价应该坚持的原则和观点。王先生所说的表达效果只是修辞效果的半壁江山，只是从表达主体这个角度论及了语境差对表达效果的影响；如果从接受主体这个角度来看，语境差同样会对接受效果产生相应的影响。说到底，实际上是对语言修

---

① 陈光磊. 修辞论稿. 北京：北京语言大学出版社，2001.17.
② 王希杰. 修辞学通论. 南京：南京大学出版社，1996.339.

辞功能在特定的语境条件下实现可能性转化的影响。

**（一）语境差会削弱修辞语义表达效果**

负偏离语境差中，无论是语境知觉不够造成的语境差，还是刻意制造的语境差，都会对表达效果和接受效果产生负面值的影响，都会削弱和降低修辞语义表达效果。比如：

> 周太太看方鸿渐捧报老遮着脸，笑对丈夫说："你瞧鸿渐多得意，那条新闻看了几遍不放手。"
>
> 效成顽皮道："鸿渐哥在仔细认那位苏文纨，想娶她来代替姐姐呢。"
>
> 方鸿渐忍不住道："别胡说！"好容易克制自己，没把报纸掷在地下，没让羞愤露在脸上，可是嗓子都沙了。（《围城》）

周氏夫妇和效成的话语显然没有收到预期的表达效果，原因就在于他们和方鸿渐之间对语境的认知存在着差异。周氏夫妇认知到的语境条件是：方鸿渐拿到了德国大学的博士学位，当看到登有自己获得博士学位消息的报纸时非常激动，爱不释手。效成的语境认知是：方鸿渐是因为想娶苏小姐而仔细辨认报纸上所刊载的苏小姐的照片。方鸿渐的语境认知则是：①自己并没有所谓的博士学位，更不是什么德国大学的博士学位；②曾经还耻笑过苏文纨的"俗套"；③担心内行人"笑歪了嘴"，"从此无面目见人"；④无法向家人和挂名岳父岳母交代。这就是周氏夫妇、效成他们和方鸿渐之间的语境差。正因为周氏夫妇和效成各有自己的语境知觉惯性，所以会发生不同的误解。他们的话语不但没有得到接受主体方鸿渐的认同和正面值的反应，获取相应的预期表达效果，相反还使方鸿渐羞愤难当，"笑容全无，脸色苍白"，可见他们的现实表达效果是不好的，甚至是非常糟糕的，从而也削弱了语言修辞功能的转化和实现程度。就接受主体方鸿渐而言，其接受效果和预期表达效果也不一样。这里，预期表达效果和现实表达效果、接受效果是不一致的，是不能够画等号的。这种结果的出现就是由他们相互之间的语境差造成的。

**（二）语境差有助于提高修辞语义表达效果**

修辞研究的过程中应该辩证地对待语境差，一方面要认识到其负面作用，另一方面更应该关注其正面影响。一般来说，语境差是不好的，是无助于交际顺利进行的，但不好的事情可以为人们所利用，变消极因素为积极条件，帮助人们提高修辞语义表达效果。实际言语交际中，有意设置或误读以造成语境差来提高修辞语义表达效果的用例不在少数，在文学语体尤其是小说语文体式中更是一种常用的修辞策略。作者常常利用语境差来试图创设更多的故事悬念，凸显更为真实的话语环境，拓展更为宽泛的话语生存空间，由此来提高小说语言的艺术魅力。还以《围城》为例：

子潇等鸿渐看见了桌上的信封，忙把这信搁在抽屉里，说："不相干。有一位朋友招我到外交部去，回他封信。"

鸿渐信以为真，不得不作出惜别的神情道："啊哟！怎么陆先生要高就了！校长肯放你走么？"（《围城》）

陆子萧的话使方鸿渐"信以为真，不得不作出惜别的神情"，这正是陆子萧所期望看到的结果和反应，应该说取得了预期的表达效果；方鸿渐准确地解读了对方的话语，作出了恰如其分的反应，也取得了比较好的接受效果。这一方面有方鸿渐语境知觉不足的原因，另一方面也是最重要的方面就在于陆子萧有意识地设置的语境差。陆子萧认知到或者说故意提供的语境条件是：①有亲戚在行政院，有朋友在外交部。②那位亲戚国而忘家，没来过第二次信；那位朋友外难顾内，一封信也没回过。从此，陆子潇只能写信到行政院去，书桌上两封信都是去信，今日正是去信外交部的日子。③那位朋友并没有写信邀他到外交部工作，陆子萧的话语是不真实的。背景条件①是显性的，方鸿渐已经有所认知；背景条件②③是潜性的，方鸿渐并没有认知到。但陆子萧并没有把这些潜性的语境因素告诉方鸿渐，有意隐瞒了事实的真相，并利用了这种语境差为自己的语言表达服务，帮助自己提高了修辞语义表达效果。如果陆子萧把所有的语境条件都告诉方鸿渐，从而使自己和方鸿渐处在相同的语境平面即零度语境之中，那么就不能得到后者如此强烈的正面反应，也就不能满足自己的虚荣心和巩固自己在同事面前拟设的令人仰视的形象。所以，这里语境差的设置简直就是神来之笔，具有不可忽视的作用。

综合以上所论，我们的结论是：语境差是对零度语境的偏离，它是由于表达主体和接受主体语境认知不够、表达主体的人为设置和接受主体的有意误读造成的。修辞效果是表达主体对语言的修辞功能所实现的不同范畴内的动态转化，以及接受主体对表达主体所建构话语的反应。修辞效果可分为修辞功能、表达效果和接受效果及其下位效果类型，而且其内部还存在着不同的级差等次。语境差和修辞语义表达效果之间的关系不可忽视，语境差的存在必然会对修辞语义表达效果产生正面值的或者负面值的影响；修辞语义表达效果的获取与提高、损耗与减少，必然也有对语境差的利用或误读。

## 第三节　语境认知失调与修辞语义表达

语境认知是对所有语境条件的综合知觉、了解、判断、把握和解读。本节主要就人际语境认知失调对修辞语义表达的影响进行讨论。

人际语境是由交际主体、交际对象、人际关系和角色关系等要素共同构成的，是语用环境的重要表现样态，也是制约和影响交际者话语表达和理解的重要因素。因此，在言语交际过程中交际者都注重对人际语境的知觉与判断。在社会心理学研究领域，有研究者把人际语境认知等同于社会认知。研究者的意思是指个人对他人、对自己的心理状态、行为动机和意向及人与人之间的关系进行推测和判断的过程。① 由此来观测和检视言语交际活动，不难发现交际主体实际上都十分看重交际对象、自我及其之间存在着的潜性和显性关系，注重对交际对象及其之间关系的整体感知和感知的程度轻重。所以，交际主体要想使言语交际顺利进行，首先就要对自我、对交际对象的基本情况及其之间的关系有一个初始的认知和评估，然后才能够在后续的交际中作出恰如其分的话语策略选择。这当然是理想的状态，实际操作过程中远不是这么简单。因为交际者受到了各种言内和言外、主观和客观因素的制约和限制，使得对人际语境的认知存在着失调现象。

认知失调又称为认知不和谐，这种理论是由菲斯廷格（Leon Festinger，1957）提出的，是指两种认识上的不一致而导致出现紧张心理状态，产生动机冲突。这种认知不协调在言语交际中就表现为人际语境认知的失衡，即交际者对言语交际中影响话语表达和理解的人际语境因素的感知、认识和判断等心理活动出现了偏差，认知结果背离了人际语境的真实状态，与人际语境本真之间关系失衡。这种人际语境认知的失调必然会对言语交际产生负面影响，使言语交际出现短路现象，或者说滋生交际故障，从而影响修辞语义的表达。从这个意义上说，人际语境认知失调是造成交际故障不可忽视的重要原因。人际语境认知失调表现在多个侧面，以下仅从四个方面作简要分析。

## 一、对自我的认知失调

在言语交际过程中，为了实现交际的目的，交际主体应该把握好自己的情绪、心理、性格、文化程度、认知水平、语言能力、交际动机等，学会自我控制和随机应变，把握好自我角色，力求话语选择符合自我状况。以长辈身份与晚辈交谈，当然要做到庄重得体，情感关怀要多于冷漠麻木；以晚辈身份同长辈交谈，自然要做到有理有节，谦逊恭敬；同辈之间交谈，话语风格势必会更加注重亲切自然，随意多于拘谨等。这些都是自我认知的常态或者说是平衡状态下的言语交际风貌。这种认知状态下，言语交际活动自然能够顺利进行，出现交际故障的概率就会大大降低，甚至可能会杜绝交际故障的产生。如下中小学生的修辞话语就是对自我恰切认知的前提下的修辞创造：

做作业——真是烦死人/考试中——警察与小偷/考试后——莫斯科不相信眼

① 高玉祥，王仁欣，刘玉玲. 人际交往心理学. 北京：中国社会科学出版社，1990. 36.

泪/老师来了——这里黎明静悄悄/被赶出教室——快乐的单身汉/回到家——被爱情遗忘的角落/家长会后——今夜有暴风雪/语文——老北京的传说/几何——黑三角/代数——R₄之谜/地理——九州方圆/生物——血疑/历史——华夏掠影/化学——情变/物理——神奇的电波

这些修辞话语的创造者都是中小学生。他们的生活环境、学习环境、学生角色、子女身份以及在学习生活中所承受的压力，促使他们强烈地知觉到自己处在什么样的状态。当他们清醒地认知自我的时候，就通过修辞手段把对学习、课程、校园生活、与教师的关系、和家长的关系等一系列感受表露无余。这里既有对乏味学习生活厌倦情绪的宣泄，也有对家长、教师不满情感的生动化表达，还有对学业课程的形象化描写。显然，在中小学生这个社群中作为修辞主体的中小学生较好地认知到了自我，因此构拟这些具有校园流行语性质的修辞话语并没有什么障碍，而且交流起来带有一定程度的调侃性，很顺畅、很时尚、很诙谐，能够营造幽默宽松的交际氛围。

但实际上，会有不少人很难做得到。无论是地位高还是地位低的人，无论是男性还是女性，无论是文化程度高还是文化程度低的人，在具体语境中多多少少会存在着程度不同的自我认知失调。也就是说，在言语交际中交际主体对自我的需要、兴趣、能力、个性和行为动机等心理状况缺乏足够的认识，没有协调好自我心理预期与言语交际行为之间的关系，使得自我的心理与交际行为之间产生矛盾和冲突。比如，交际者对自我言语交际能力的评估过于不切合实际，或者误以为自己具有很强的社交能力，面对不可预料的应急场面都能够做到游刃有余、应付自如，并由此使自我处在自傲、自负等心理状态；或者低估了自己的交际能力，并由此产生胆怯、害怕、畏缩等心理状态。这些无秩序的心理状态无论如何是不能满足交际对象的心理期待的，也与交际行为本身的要求不相适应，从而会导致交际故障的产生。资料显示，20世纪30年代的大军阀韩复榘不学无术，信口开河，在参加一次聚会演讲时说道：

今天到会的人十分茂盛，敝人实在很感冒，你们都是大学生，懂得七八国英文，我不懂这些，今天真是鹤立鸡群了！

韩复榘的话语显然是建立在对自我心理、情绪、语言能力等自我状况整体认知良好的情况下作出的话语和修辞选择，但是这种认知却是不切合自我实际的，是一种失调的自我认知。基于这种认知上的失当，造成了自我心理状态的失衡和社交表现欲望的膨胀，把自我置于一个唯我独尊、令人高山仰止的位置上，从而使其在话语和修辞选择上出现了故障，修辞语义的表达就出现了问题。在这里，"茂盛""感冒""鹤立鸡群"等显然都是不妥的，是一种失败的修辞，是一种令人无法理解和容忍的话语选择。这种失败表面上看是词语选择的失误，但其根源就在于交际者自我认知的不当。

言语交际中，除了客观因素遮蔽了交际者认知的视野，使交际者不能有效地自我认知外，主观上的不健康心理诸如社交自卑心理、社交嫉妒心理、社交恐惧心理、社交猜疑心理和社交报复心理等都会给交际者的正常认知设置障碍，诱使交际者对自我作出错误的甚至是极端的评价和判断，从而造成认知漏洞和偏颇，并由此导致言语交际的失败，进而影响了修辞语义的表达。又如：

亲爱的 YX－03：

你好！我们是 2005 年 1 月 9 日 22 时 30 分在网上认识的，说来还挺有缘。截至此时此刻，我们已经认识了整整 5 个月时间。

在此期间，我们共上网聊天 150 次，平均一天一次。合计聊天时间 7 500 分钟，平均每次 50 分钟。其间，我们累计见面 10 次，平均 15 天见面一次。在这 10 次见面中，我约你 9 次，占约会总数的 90%。我主动吻你 34 次，占我们接吻总数的 82.5%。请你吃饭 10 次，共消费人民币 2 011 元，平均每次 201.1 元。

另外我送你礼物 4 件，去你家拜访 3 次，花费人民币 2 755 元。综合各方面的情况，我爱你的程度比你爱我的程度高出 22 个百分点，我的爱情投资比你多出了 52 个百分点。

虽然如此，你爱我的程度也达到在婚姻所要求的基准线以上，并超出了 17 个百分点。就是说，我对你的满意度为 84%，你对我的满意度为 78%，通过电脑分析计算，恋爱双方满意度达到如此程度的只占恋爱总数的 42%。因此，根据电脑给出的结论，我们可以考虑结婚。

现在，根据电脑指令，我向你提出书面结婚请求，请你在接到此信后 7 日内，作出正式答复，逾期不予回复，则视为拒绝。

如果拒绝的话请提出书面意见书，详细表述原因。如提供不出有效原因而予以拒绝，本人有权要求一定的经济赔偿。

想念你的 KFO

×年×月×日晚

这封求爱信来自网络（作者署名为"沈亮"），求爱信的写作者是一位统计学博士。这封求爱信显然带有调侃性和搞笑的意味，我们对这封求爱信的真实性忽略不计，仅从文本本身与构拟者角色认知角度作简要分析。作为统计学博士在写这封求爱信时充分利用了自己所学专业的条件，把与女友之间的交往情况几乎全部用数字作了非常详细而又准确的交代，有些语义的表达甚至精确到以小数点、百分比计算。可以看出，这位求爱者还没有走出"统计学博士"这个角色，而依然陶醉于这个角色之中，孤芳自赏，自娱自乐，这当然显得滑稽可笑、迂腐呆滞。由此而带来的交际效果可想而知，相信不会有哪位女孩子愿意接受这样的人作为自己的终身伴侣。这无疑是由于自我角色认知错误造成的不良甚至是严重的后果。

## 二、对他人的认知失调

对他人的认知主要是指个体在与他人的交往过程中，观察、了解他人并形成判断的一种心理活动。在这个过程中，认知主体要对认知对象的外表特征、内心世界作出认知，不仅要了解对方的物理特征，还要对客体的许多内在特征，如动机、能力、情感、意志等作出判断形成完整的印象。① 认知客体的外在特征是可视的、可触的、可听的、外显的，看得清，摸得着，听得见，在认知时一般情况下较少出现认知失误。例如：

> 我们车上怎么这么香呀！啊，原来大家都是来自香港的游客，所以都带着"香气"来了！欢迎带香味的同胞来访！
>
> 您知道香港为什么叫香港吗？不知我说得对不对，至少有三种说法，种种都离不开"香"字：其一，最广泛的说法是，早年一些外国海员游览香港时见遍地都是芳香的鲜花，因此称此地为"芬芳的港口"，后来正式译为"香港"。其二，和"香木"有关。因明清时期，此地生产"香木"，是个往外地运"香木"的地方，被世人称为"清香的港口"，后简称为"香港"。其三，也和"香"字有关，说的是从明末以来，当地人就以制造香木和檀香为主，岛上香气四溢，人们自然称它为"香港"了。不知我说得对不对？（王连义《幽默·赞美·话题用语》，见《中国旅游报》2002 年第 10 期）

这是一位导游面对来自香港的游客所说的一段话，交际双方的角色身份是已知的，即导游和香港游客，这是事实，是客观存在。所以，这位导游在介绍香港时充分认知到了交际对象的"香港"角色身份，利用香港游客对自身生活着的土地的热爱之情，在"香"字上下功夫，可以说做到了对他人的充分认知。这样做的结果必然会促使香港游客有浓厚的兴趣，并能很好地调动香港游客的热情和兴致，进而使双方能够和谐沟通交流，从而更有效地拉近双方的感情距离。但是，认知客体的心理、情绪、能力、兴趣等是隐性的、潜在的、内含的，而且具体情境中人的心理状况也是在变化着的、不确定的，所以短时内较难准确把握，有时可能会被假象所迷惑，这样就可能会出现更多的认知失调现象。

尤其是在具有偶遇关系的人与人之间，以及网络语境中，出现这种认知失调的可能性会更大。网络空间的人际交往，是一种经由网络媒介的沟通，互动双方并不像在现实社会中那样面对面地参与沟通。换言之，网络空间的人际互动是一种"身体不在

---

① 全国十三所高等院校《社会心理学》编写组. 社会心理学. 天津：南开大学出版社，1990. 99.

场"的交往。① 所以人们常说，网络语境是虚拟的，虽然也有现实的一面，但是虚拟是其重要的特征。"虚拟空间创造了一个我们可以任意选择并同时共享又彼此分离的宽松社会交往环境，缓解了传统面对面交往方式给人的心理压力。同时，网络群体的宽容和慷慨使不同阶层的人们可以在自己选定的'网络空间'上敞开心扉，畅所欲言，获得平等和尊严。"② 正是基于此，交际者具备了隐去自身真实的条件与可能，使得交际者在场的虚拟特征掩盖了现实语境中的现实性特征，造成虚幻的世界与现实的世界之间存在着严重的不对称性。所以，性别、姓名、性格、心理、职业、角色、身份等都成为不可预知的、难以确定的语境因素。那么，在网络语境下比如 QQ 聊天、视频聊天等的言语交际必然会增加交际主体与交际对象相互之间的认知难度。这种语境下的认知失调也就不仅在所难免，而且从量度上观测还要多于常态语境下的认知失调。

即便不是在网络的虚拟世界内，现实世界中同样存在着类似的问题。虽然交际对象就在现场，现场感非常强烈，但现实世界人际之间所建构的人伦秩序和人伦机制、交际者的能力、具体的场景、心理情绪、交际目的等因素还是会规约人们的人际认知行为，使得认知主体失去了应有的判断力和裁决力，认知潜能难以得到深入发掘和转化，从而出现认知失调，造成修辞语义表达的短路现象。比如：

> 一秀才买柴，曰："荷薪者过来。"卖柴者因"过来"二字明白，担到面前。问曰："其价几何？"因"价"字明白，说了价钱。秀才曰："外实而内虚，烟多而焰少，请损之。"卖柴者不知说什，荷担去了。（明·赵南星《笑赞》）

人们常常用"对牛弹琴"这个成语来描述类似现象，以此来讥讽"牛"的无知，但如果换位思考，就会发现受讥讽的对象似乎不应该是这头"牛"，而应该是弹琴的人。明明知道对方是牛，可还是要对它弹琴，这就不是牛的过错而是弹琴人的过错了。如果从言语交际的人际语境认知层面来看，显然这是由于交际主体对交际对象文化程度的认知存在着缺陷造成的。根据社会心理学、言语交际学、修辞学的基本理论和一般常识，交际者只有根据人际交往中所获得的关于交际对象的社会知觉和印象，并准确推知交际对象的文化程度，才能够有针对性地调节和控制自己的言语行为，并作出适当的话语反应，使言语交际顺利进行，否则就会造成尴尬局面。该例告诉我们，秀才和卖柴者之间之所以会出现交际短路现象，并最终导致双方买卖行为不能成功，原因就在于秀才对卖柴人的文化程度认知存在着严重的不足。正是这种缺陷，蒙蔽了秀才的视线，封死了秀才的思路，禁锢了秀才话语能力的施展，使得秀才的话语

① 陈晓荣. 虚拟世界的哲学蕴含. 科学技术与辩证法，2003（2）：19～22.
② 黄少华. 论网络空间的人际交往. 社会科学研究，2002（4）：93～97.

表达依然遵循模式化方式，而没有作出及时的话语修辞策略调整，修辞语义表达是不顺畅的，最终使得交际活动以失败而告终。又如：

> 一天下大雨，一位小伙子没有任何雨具站在一幢楼下的雨中淋着，他浑身湿透，不住地发抖。一位老太太从家里拿了一把雨伞送了过去。没想到，小伙子也不说话，一个劲地摇头不要。老太太以为他同家里人赌气，就劝他到她家里坐一会儿。那小伙子还是摇摇头，一动不动。老太太急了，一把拉住小伙子的胳膊："跟父母闹别扭了？先到家里暖暖身子。"那小伙子终于忍不住了，对老太太低声说："大娘，您别把我的好事给搅了，我再站一会儿。"小伙子冲楼上使了使眼色："她就要答应嫁给我了！"（《中国青年》）

看着大雨下，小伙子没带雨具被雨淋着，老太太出于好心，便从自己家里拿了一把雨伞，劝小伙子赶快到楼里避雨甚至要小伙子到自己家里暖暖身子，但遭到了小伙子的拒绝。老太太的善意没有得到小伙子的理解和感激，相反小伙子还说出了"大娘，您别把我的好事给搅了，我再站一会儿"这样的话语。这不仅不太礼貌，而且也有点不近人情。显然，二人的交际并不顺畅，某种意义上说是失败的。究其原因，就是老太太的角色认知不够或者说错误造成的。根据文本的叙述，老太太误以为这个小伙子和家里人生气了，是因为赌气才站在大雨中，把小伙子角色认定为和家长生过气的儿子。这与小伙子实际的角色身份相差甚远，差点好心办成坏事。由于老太太对小伙子身份的误判，从而使修辞话语所表达的语义完全背离了小伙子的预设。

### 三、对人际关系的认知失调

言语交际学所界定的人际关系，是指人与人之间心理上的关系，即人们彼此在思想感情上的距离，交际双方彼此寻求满足需要的心理状态，包括了自我与他人、他人与他人之间的关系。言语交际中人与人之间存在着各种不同的关系，疏远的与亲近的、友善的与敌对的、熟悉的与陌生的等等。而且，从某种意义上说，这些关系的亲疏还处在不断的变化之中。一般来说，往往与满足交际对象各自需要的程度成正比例关系。姚亚平认为，交际双方都满足了各自的需要，相互之间发生保持接近的心理关系，表示友好的情感；满足的程度越大，人际关系就越好；满足的程度越小，人际关系就越坏。如果双方或某一方只是部分地满足需要，双方的人际关系也就会随之相应地疏远；如果相互间的交往阻碍了双方或某一方满足需要，那么人际关系就有可能出现敌对的情况。① 这种看法应该说基本上反映了人际事实，并为人际语境认知提供了较有说服力的依据。

---

① 姚亚平. 人际关系语言学. 沈阳：辽宁教育出版社，1988. 22.

言语交际中对人际关系的认知，实际上就是要综合相关因素对以上这些关系好坏程度作出准确的判断。也就是要作出一个有理有据的评估，理清交际对象之间、自我与交际对象之间人际距离的远近及其远近的程度。根据自己的认知系统和认知规则来感知交际者之间处在何种关系状态。是相互吸引，还是相互排斥；是相互愉悦，还是相互厌恶；是相互信赖，还是相互猜疑；是宽松和谐，还是紧张冷淡。对人际关系认知的失调，就是无视这些状况的存在而把它们置于同一个关系层面，没有看到这些关系之间存在着的差异，所以在表达时不能作出适度的反应，不能提供具体的话语建构和解构策略，不能对言语计划作出适宜的调整，从而造成交际故障，降低了交际活动的成功率。看下面一段 QQ 聊天记录（时间为 2012 年 3 月 31 日，保持聊天记录原貌，只隐去了真实姓名）：

甲 16：02：16

你现在有空吗

乙 16：02：43

请讲

甲 16：03：40

想占用你宝贵时间帮忙看看这篇文章

乙 16：04：08

切  什么呀

甲 16：04：45

是我写的一篇校本培训

甲 16：04：49

行吗

乙 16：04：56

发过来吧

乙 16：05：01

学习学习

甲 16：05：39

谢谢！不要这样说嘛  失礼失礼  我就觉得很难修改

16：06：06

（成功接收文件"多样有效的校本培训 . doc"（31.00KB）

多样有效的校本培训 . doc  打开文件  打开所在文件夹）

乙 16：06：14

稍等

甲 16：06：24

好的　谢啦

乙 16：10：49

看了

乙 16：10：51

不错

甲 16：11：05

请多多指教

甲 16：11：51

我想发表到国家级的报刊　不知行不行　请帮帮忙

乙 16：12：23

几点建议：

第一　各部分内容不太有血有肉　多为骨架

第二　个别字是错别字

第三　第三部分"多样化"分类标准不统一

乙 16：12：39

不是建议　是看法

乙 16：12：48

看怎么处理　其他的都写得很好

甲 16：12：53

哈哈　谢谢

乙 16：12：54

文笔很通顺

乙 16：13：06

这么客气干嘛

甲 16：13：22

希望有你这位大师指点会好些

乙 16：13：31

切

甲 16：13：49

是啊　真的　很想得到你的指教

乙 16：14：06

切　切

甲 16：14：25

不要这样嘛　昨天有人叫我交一篇给她　她帮忙发表

乙 16：14：42

很好

甲 16：16：01

见笑了　大师

乙 16：16：11

什么呀

乙 16：16：27

没有呀　看你很有想法　文章中

甲 16：16：30

你说可以给这篇她吗

乙 16：16：35

不过不修改发表也可以

乙 16：16：38

可以呀

甲 16：16：53

是吗　那我就发给她啦

乙 16：16：56

赞成呀

甲 16：17：04

谢谢

乙 16：17：13

切

甲 16：18：35

不过不能得到你亲笔修改　很遗憾啊　还不够资格是吧？哈哈哈

乙 16：19：27

什么呀

乙 16：20：10

我是真没时间　另外对你们的情况也不熟悉

乙 16：20：23

我正在忙着别的事呢

甲 16：21：18

哈哈　没关系　说笑的

乙 16：21：53

😊

甲 16：22：49

不过真的很渴望能有这样的机会　哈哈哈

乙 16：22：58
好哇　哈哈

　　这段会话由 46 个话轮组合而成。撇开文本错讹、不规范之处，由用词、话语内容、表现出的礼貌度、营造的话语基调、表情符号、副语言等文本特征可以看出，交际双方对人际关系的认知都把握得比较好、比较到位。从中不难体会出，双方人际关系一般，说话比较客气礼貌，话语点到为止，又有适度的诙谐幽默感。由于交际双方都能够准确且很好地认知双方彼此之间的人际关系状态，所以会话就很顺畅自然，从而收到了较好的修辞语义表达效果，达到了交际的目的。但是，下列用例就不这么简单：

　　　　鲁贵：（严肃地）孩子，你可放明白点，你妈疼你，只在嘴上，我可把你的什么要紧的事情，都放在心上。
　　　　四凤：（明白他有所指）您又要说什么？
　　　　鲁贵：（四面望了望，逼近四凤）我说，大少爷常跟我提过你，大少爷，他说……
　　　　四凤：（管不住自己）大少爷！大少爷！你疯了！——我走了，太太就要叫我呢。（曹禺《雷雨》）

　　从角色关系上看，鲁贵与四凤是父女关系，但此时父女之间的人际关系则偏离了父女之间正常的人伦亲情规范，心理空间较大，感情距离较远。鲁贵对他们父女之间人际关系的现实状态全然未知或不愿知晓，依然处在原有的心理层面，在评价女儿的人际关系时缺乏足够内外条件的支撑，心理准备稍显仓促，得出了错误的认知结论，并以这种错误的结论为前提与女儿开始言语交际，结果造成了交际的失败。鲁贵自认为四凤是自己的女儿，具有难以割舍的血缘关系，感情距离应该很近，但是他并没有感知到自己为讨钱不惜用女儿的隐私来要挟的不当行为，已经使作为女儿的四凤在心理上极为讨厌自己，双方的人际关系已经骤然降到零点，处在相当冷漠、紧张的状态。鲁贵的人际关系认知不当促使四凤用改变称呼的方式来表明父女之间人际关系的淡化与隔膜，并中止了双方的言语交际。首先，在称呼父亲时作出了另外的修辞选择，自觉地放弃了敬称"您"，而改用中性称呼，以此来抗议父亲的跋扈和对自己的不尊重；其次，以"我走了，太太就要叫我呢"为借口中断了交际。这就是表达主体对人际关系认知失调所带来的不良修辞语义表达效应。

### 四、对角色关系的认知失调

周晓虹在《现代西方社会心理学流派》① 中引用社会心理学家乔纳森·特纳的话说，角色是个体在社会中所占据的位置，是承担相应责任和义务并运用角色扮演能力去适应不同类型期望的个体。按照笔者的理解，这种诠释至少输出了四个方面的信息：第一，角色概念把个体与社会联系在了一起；第二，角色在社会中都具有特定的地位；第三，不同的角色要承担不同的责任和义务；第四，角色之间具有千丝万缕的联系。正因为如此，个体在社会中都会因为某种关联性而分处不同的角色地位并具有相应的角色关系。粗略看来，便有姻缘角色、血缘角色、地缘角色、业缘角色、事缘角色、情缘角色及其相互关系等。在言语交际中，同一个个体所具有的不同角色身份必须得到相应的刺激才能被激活，这样潜存着的角色属性才能够真正被交际者所认知，并被用来作为推知角色身份、确定与自我以及交际对象之间的角色关系的重要根据。同时，交际者依然还要据此来确定、选择、调整话语行为和话语策略，以满足角色期望。如：

亲爱的 2010 届毕业生同学们：

你们好！

首先，为你们完成学业并即将踏上新的征途送上最美好的祝愿。

同学们，在华中科技大学的这几年里，你们一定有很多珍贵的记忆！

你们真幸运，国家的盛世如此集中相伴在你们大学的记忆中。2008 奥运留下的记忆，不仅是金牌数的第一，不仅是开幕式的华丽，更是中华文化的魅力和民族向心力的显示；六十年大庆留下的记忆，不仅是领袖的挥手，不仅是自主研制的先进武器，不仅是女兵的微笑，不仅是队伍的威武整齐，更是改革开放的历史和旗帜的威力；世博会留下的记忆，不仅是世博之夜水火相容的神奇，不仅是中国馆的宏伟，不仅是异国场馆的浪漫，更是中华的崛起，世界的惊异；你们一定记得某国总统的傲慢与无礼，你们也让他记忆了你们的不屑与蔑视；同学们，伴随着你们大学记忆的一定还有什锦八宝饭；还有一个 G2 的新词，它将永远成为世界新的记忆。

近几年，国家频发的灾难一定给你们留下深刻的记忆。汶川的颤抖，没能抖落中国人民的坚强与刚毅；玉树的摇动，没能撼动汉藏人民的齐心与合力。留给你们记忆的不仅是大悲的哭泣，更是大爱的洗礼；西南的干旱或许使你们一样感受渴与饥，留给你们记忆的，不仅是大地的喘息，更是自然需要和谐、发展需要科学的道理。

---

① 周晓虹. 现代西方社会心理学派. 北京：中国人民大学出版社，1993. 223.

在华中大的这几年，你们会留下一生中特殊的记忆。你一定记得刚进大学的那几分稚气，父母亲人送你报到时的情景历历；你或许记得"考前突击而带着忐忑不安的心情走向考场时的悲壮"，你也会记得取得好成绩时的欣喜；你或许记得这所并无悠久历史的学校不断追求卓越的故事；你或许记得裘法祖院士所代表的同济传奇以及大师离去时同济校园中弥漫的悲痛与凝重气息；你或许记得人文素质讲堂的拥挤，也记得在社团中的奔放与随意；你一定记得骑车登上"绝望坡"的喘息与快意；你也许记得青年园中令你陶醉的发香和桂香，眼睛湖畔令你流连忘返的圣洁或妖娆；你或许记得"向喜欢的女孩表白被拒时内心的煎熬"，也一定记得那初吻时的如醉如痴。可是，你是否还记得强磁场和光电国家实验室的建立？是否记得创新研究院和启明学院的耸起？是否记得为你们领航的党旗？是否记得人文讲坛上精神矍铄的先生叔子？是否记得倾听你们诉说的在线的"张妈妈"？是否记得告诉你们捡起路上树枝的刘玉老师？是否记得应立新老师为你们修改过的简历，但愿它能成为你们进入职场的最初记忆。同学们，华中大校园里，太多的人和事需要你们记忆。

请相信我，日后你们或许会改变今天的某些记忆。瑜园的梧桐，年年飞絮成"雨"，今天或许让你觉得如淫雨霏霏，使你心情烦躁、郁闷。日后，你会觉得如果没有梧桐之"雨"，瑜园将缺少滋润，若没有梧桐的遮盖，华中大似乎缺少前辈的庇荫，更少了历史的沉积。你们一定还记得，学校的排名下降使你们生气，未来或许你会觉得"不为排名所累"更体现华中大的自信与定力。

我知道，你们还有一些特别的记忆。你们一定记住了"俯卧撑""躲猫猫""喝开水"，从热闹和愚蠢中，你们记忆了正义；你们记住了"打酱油"和"妈妈喊你回家吃饭"，从麻木和好笑中，你们记忆了责任和良知；你们一定记住了姐的狂放，哥的犀利。未来有一天，或许当年的记忆会让你们问自己，曾经是姐的娱乐，还是哥的寂寞？

亲爱的同学们，你们在华中科技大学的几年给我留下了永恒的记忆。我记得你们为烈士寻亲千里，记得你们在公德长征路上的经历；我记得你们在各种社团的骄人成绩；我记得你们时而感到"无语"时而表现的焦虑，记得你们为中国的"常青藤"学校中无华中大一席而灰心丧气；我记得某些同学为"学位门"、为光谷同济医院的选址而愤激；我记得你们刚刚对我的呼喊："根叔，你为我们做成了什么？"——是啊，我也得时时拷问自己的良心，到底为你们做了什么？还能为华中大学子做什么？

我记得，你们都是小青年。我记得"吉丫头"，那么平凡，却格外美丽；我记得你们中间的胡政在国际权威期刊上发表多篇高水平论文，创造了本科生参与研究的奇迹；我记得"校歌男"，记得"选修课王子"，同样是可爱的孩子。我记得沉迷于网络游戏甚至濒临退学的学生与我聊天时目光中透出的茫然与无助，他们还是华中大的孩子，他们更成为我心中抹不去的记忆。

我记得你们的自行车和热水瓶常常被偷，记得你们为抢占座位而付出的艰辛；记得你们在寒冷的冬天手脚冰凉，记得你们在炎热的夏季彻夜难眠；记得食堂常常让你们生气，我当然更记得自己说过的话："我们绝不赚学生一分钱"，也记得你们对此言并不满意；但愿华中大尤其要有关于校园丑陋的记忆。只要我们共同记忆那些丑陋，总有一天，我们能将丑陋转化成美丽。

同学们，你们中的大多数人，即将背上你们的行李，甚至远离。请记住，最好不要再让你们的父母为你们送行。"面对岁月的侵蚀，你们的烦恼可能会越来越多，考虑的问题也可能会越来越现实，角色的转换可能会让你们感觉到有些措手不及。"也许你会选择"胶囊公寓"，或者不得不蜗居，成为蚁族之一员。没关系，成功更容易光顾磨难和艰辛，正如只有经过泥泞的道路才会留下脚印。请记住，未来你们大概不再有批评上级的随意，同事之间大概也不会有如同学之间简单的关系；请记住，别太多地抱怨，成功永远不属于整天抱怨的人，抱怨也无济于事；请记住，别沉迷于世界的虚拟，还得回到社会的现实；请记住，"敢于竞争，善于转化"，这是华中大的精神风貌，也许是你们未来成功的真谛；请记住，华中大，你的母校。"什么是母校？就是那个你一天骂他八遍却不许别人骂的地方。"多么朴实精辟！

亲爱的同学们，也许你们难以有那么多的记忆。如果问你们关于一个字的记忆，那一定是"被"。我知道，你们不喜欢"被就业""被坚强"，那就挺直你们的脊梁，挺起你们的胸膛，自己去就业，坚强而勇敢地到社会中去闯荡。

亲爱的同学们，也许你们难以有那么多的记忆，也许你们很快就会忘记根叔的唠叨与琐细。尽管你们不喜欢"被"，根叔还是想强加给你们一个"被"：你们的未来"被"华中大记忆！（华中科技大学校长李培根在2010届毕业典礼上的致辞）

华中科技大学校长的这篇毕业致辞，曾轰动一时，引起了强烈的共鸣和震撼。在这个语篇中，作为修辞主体的校长充分认知了自我与听众之间的角色关系，在校长角色与学生角色之间找到了非常恰当的平衡点。那就是把自己定位为教师、长者、朋友，把听众定位为学生、晚辈、朋友，理顺了双方之间的角色关系。因为是良师，所以在语篇中格调积极向上，平等尊重，语重心长，充溢着鼓励、鞭策，导引着莘莘学子积极进取奋发向上；因为是益友，所以在致辞中又亲和力四射，历数着大学生活中曾经经历、耳闻目睹过的无限往事，既有国家政治层面的大是大非，又有社会生活层面的万事万象，既有学校学业层面的多样化面相，又有自己身边的种种细微琐事。而且，修辞话语的构拟更多地考虑到了学生的话语环境，其中不乏网络用语、新词新语、独具华中科技大学特色的校园流行语，像"什锦八宝饭""G2""俯卧撑""躲猫猫""喝开水""打酱油""妈妈喊你回家吃饭""吉丫头""校歌男""选修课王子""被就业""被坚强""根叔""凤姐""犀利哥"等词语充斥了整个语篇。这些词语的应用激活了听众的记忆，勾起了学生的情感，使学生感觉到是那么亲切，那么零距离。这就拉近了校长、老师、长辈角色与学生、晚辈角色之间的感情距离，使双方处在平等友善和谐的交际氛围之中，从而收到了非常好的修辞语义表达效果。

但是，言语交际中交际主体对人际角色及其角色关系的认定未必都这么准确恰当，存在着人际角色认知失调的问题。对人际角色的认知失调主要表现为对交际者角色身份及其与自我和角色之间关系的整体感知出现了故障。比如本来是朋友及其关系，由于认知失调而误判为情人及其关系；本来是母女及其关系，由于认知失调而误断为姐妹及其关系等。这种错位的角色及其角色关系认知，导引着交际者在错误方向的指引下进行言语交际，并作出不当的话语选择，从而导致言语交际的中断或终止。比如：

> 1840 年 2 月，女王和阿尔巴特结婚。一天，两人为一件小事而拌嘴，阿尔巴特一气之下跑进私室，紧闭门户，于是，女王前去扣门。"谁?"阿尔巴特在房间里问道。女王大声回答说："我是大英帝国女王!"屋内寂静无声，房门紧闭如故。

该例中，女王对与自己丈夫关系的认知出现了偏差。作为妻子的女王没有考虑到作为丈夫的阿尔巴特此时此景的角色心理，没有顾及丈夫与自我之间的心理距离和感情距离，而把女王与臣民角色关系置于了夫妻角色关系之上，弄错了交际角色和潜隐性角色之间的关系。正因为对夫妻二人之间的角色关系认知是失当的，夫妻角色之间发生了冲突，产生了矛盾，角色关系出现了不平衡，所以在话语表达时就使用了"女王"这个称谓来回答丈夫阿尔巴特的问话。这个称谓的运用让作为丈夫的阿尔巴特觉得自己的妻子高高在上，而自己则处在最卑微的位置，这对此时的丈夫来说显然是一种伤害和不尊重，没有满足一个丈夫对妻子的角色期望，所以会出现"屋内寂静无声，房门紧闭如故"这种言后之果。这就没有实现双方言语交际的基本预期。有研究者认为，角色冲突是由于个体扮演的角色过多，而无法满足相应的角色期望；或者两个以上的相互矛盾的角色期望使交际者无所适从难以协调而造成的。① 本例当属第一种情况。所以，当女王突然间发现自己的角色定位有问题时，便及时地作出了适宜的修正和调整。女王由公众角色回归到了姻缘角色，阿尔巴特也由臣民角色回归到了丈夫角色，双方的角色关系也由君臣关系回归到夫妻关系。正因为此时女王对阿尔巴特角色以及他们之间角色关系的重新认知是恰当的，符合了当时情景下二人之间的心理

---

① 赵毅，钱为钢. 言语交际学. 上海：上海三联书店，2003. 63.

状况，所以便会有这样的交际效果：

> 接着，女王又轻轻地在门上扣了几下。"谁?""是你的妻子，阿尔巴特。"
> 女王的丈夫这才把门打开。(出处失记)

女王第二次回答选择了"妻子"这个称谓，使"妻子"这一依赖性角色因为受到刺激而得以激活，并立即转化为当前的交际角色。经过这样的调整，消除了角色之间的冲突，理顺了角色关系，从而使言语交际能够完满成功。我们知道，角色认知的主要目的之一就是确定交际者的角色，梳理具体语境中角色之间的关系，弄清角色期望趋向，不使角色之间产生冲突，以便交际者合理地设计交际进程。显然，女王的纠错行为符合这一基本精神。

　　造成交际障碍的原因是多种多样的，而人际语境认知失调是重要原因之一。在言语交际过程中，人际语境认知失调突出地表现在交际者对自我的认知失调、对交际对象的认知失调、对人际关系和角色关系的认知失调。正是因为这些人际认知偏差影响了言语交际的顺利进行，使话语修辞语义的表达和理解困难重重，难以实现交际目的和交际预期。

# 第三章

语体对修辞语义的导引

## 第一节　概　说

### 一、语体的基本特质

语体是语境的重要构成要素。言语交际不能离开语体，语体是修辞选择的先决条件之一。任何一种语体都讲究规制，都有特定的要求和规范，并且要在一定条件下作出适度的转化，从而为言语交际服务。因此，无论是表达主体还是接受主体，都必须把语体作为重要条件来加以利用。

对语体内涵及其规范要求的界定在学界可以说众说纷纭。比较有代表性的解释，比如有黎运汉、陈光磊、袁晖、李熙宗、宗廷虎、王德春、丁金国等学者的观点。他们都从不同的角度，站在不同的视点来阐释语体，给出语体以特定的理解。袁晖、李熙宗认为，"语体就是运用民族共同语的功能变体，是适应不同交际领域的需要所形成的语言运用特点的体系"[①]。王德春认为是"在语境类型作用下的言语功能变体，在特定语境中表现出来的使用语言材料特点的体系"[②]。黎运汉、盛永生认为，"语体是指长期的语言使用过程中，因为交际领域、交际方式、交际目的、交际对象的不同，而逐渐形成的具有相对稳定的一系列语言使用特点的综合体"[③]。显然，按照学界的理解，语体是语言运用的功能变体。一种语体的形成自然是由一系列语言运用的特征构成的，这系列性特征包括了语言要素运用的特征，也包括了超语言要素运用的特征以及特定的体制等，它们综合在一起共同构筑起某种语体的大厦。比如网络语体，在词语构拟和句子选择上就有不同于其他语体的构拟和选择倾向。看例子：

晕——看不懂/拍砖——提意见/顶——支持/狂顶——强烈支持/流口水——羡慕/汗、寒、爆汗——尴尬/吐——不喜欢/火星来的——帖子老/强——好/YY——幻想/猥琐男——流氓/玉米——李宇春的粉丝/凉粉——张靓颖的粉丝/盒饭——何洁的粉丝/乙醚——易中天的粉丝/蜂蜜——谢霆锋的粉丝/潜艇——钱文忠教授的粉丝/白痴——烦死

"曾经……我没有……，假如……"

"需要吗？不需要吗？"（《大话西游》经典句式）

"假如我有……"（痞子蔡句式）

"……的说"（如"他又被女朋友抛弃的说"。往往指这件事情还是道听途

---

① 袁晖，李熙宗. 汉语语体概论. 北京：商务印书馆，2005.260.
② 王德春，陈晨. 现代修辞学. 南昌：江西教育出版社，1989.60.
③ 黎运汉，盛永生. 汉语修辞学. 广州：广东教育出版社，2006.428.

说，没有实际求证过，因为对于事件的真实性，保留一份质疑）

"很……很……"（如"很傻很天真""很大很霸道""很毒很虚伪"）

A：66666666666666666666

B：77777777777777777777

A：88888888888888888888

B：55555555555555555555

由这些例子可以看出，由于网络语体的特殊性，年轻的网民们便利用自己良好的教育、灵活多变的思维、求新猎奇的心理，以及对网络技术的熟悉程度，大胆进行词语的构拟和句法的构造，创造了大量独特的网络语体专用语体成分。往往借助于比喻、借代、缩略、谐音、反复、别解、数字等手段，来表达新颖别致的语义，并促使短语和句式模式化。在网络语体中，相同语符被无限制的重复，语句被短语化，数字被短语化，短语被专名化，词语句子被符号化等①成为基本的语言运用特征。

## 二、修辞语义表达是在特定语体规制下进行的

语体大厦很多，鳞次栉比，形态各异。黎运汉、盛永生根据内外因素结合的标准则干脆直接把语体分为谈话语体（随意谈话体、专题谈话体）、事务语体（法规体、通报体、契约体、函电体）、科技语体（专门科技体、通俗科技体、辞书体）、政论语体（论政体、评论体）、文学语体（散言体、剧文体、韵文体）、新闻报道语体（通讯体、消息体）、演讲语体（说服性演讲体、传授性演讲体、礼仪性演讲体）、广告语体等8种20小类②。按照这种分类，我们就可以说修辞主体的修辞语义表达和理解都分别是在这些不同的语文体式中进行的，都受到了这些不同语文体式规范的约束和限制。语体规范规约了修辞主体的修辞行为和修辞话语的建构。换句话说，修辞主体的修辞活动必须遵守语体规范，按照语体的规制来进行，这是修辞活动的常规。但是，实际的修辞活动尤其是修辞表达恐怕远远不是这么简单，除了遵守常规之外，还得学会甚至有时还必须得超越常规，作出适度的偏离和语体转化，从而丰富修辞表达策略、方式和手段的内涵，以最大限度地发挥修辞话语的修辞功能。这就是说，修辞活动中对语体规制的遵循是必需的，是修辞表达和修辞理解的重要基础，而对语体规制的有意识反动与超越则是修辞主体的积极互动。二者并存，互通有无，相辅相成，才能最终实现修辞预期。

仅以小说语文体式为例，小说语文体式自然属于文学语体，具有小说语文体式的

① 张玉玲. 网络语言的语体学研究. 上海：复旦大学博士学位论文，2008.
② 黎运汉，盛永生. 汉语修辞学. 广州：广东教育出版社，2006. 430.

系列性语言运用特征。在表达修辞语义时，可以采用众多不同的策略、方式、手段、方法来创造多姿多彩的修辞话语。无论是语音的调配还是词语的应用，无论是句式的选择还是辞格的构拟，无论是篇章结构的安排还是行文的语言笔法，当然有作家个人独立创新的一面，但都以遵守小说语文体式语言应用的范式为基本原则。例如在《红楼梦》第一回"甄士隐梦幻识通灵　贾雨村风尘怀闺秀"中，曹雪芹通过跛足道人创拟了令后人赞不绝口的《好了歌》：

> 世人都晓神仙好，惟有功名忘不了！
> 古今将相在何方？荒冢一堆草没了。
> 世人都晓神仙好，只有金银忘不了！
> 终朝只恨聚无多，及到多时眼闭了。
> 世人都晓神仙好，只有姣妻忘不了！
> 君生日日说恩情，君死又随人去了。
> 世人都晓神仙好，只有儿孙忘不了！
> 痴心父母古来多，孝顺儿孙谁见了？

后人之所以称道，自然与这首《好了歌》所表达的修辞语义有着极为密切的关系，当然也与修辞语义表达的语言形式有关。作家曹雪芹以跛足道人的口吻，把看破红尘以及对世事沧桑的感慨，用极具口语化色彩的诗歌语言一股脑地倾泻出来，让人"可知世上万般，好便是了，了便是好；若不了，便不好；若要好，须是了"，令人咂舌，唏嘘不已。这种表达效果的获得，得益于作家在小说语体规制下对修辞要素的综合调控。其一，是诗歌语文体式的适度移植。借助于小说语文体式在语言应用上的包容性特征，作家依赖于自己的智慧和对语言驾轻就熟的运用能力，毫不犹豫地移植了诗歌体式，而且移植得左右逢源，和上下文语境浑然一体，毫无嫁接痕迹。由此为修辞要素的综合调配作了很好的铺垫。其二，在语音修辞方面，反复利用"好""了"这两个词语，使这8组句子中的前半句隔行同字，而后半句都以相同的词语结尾，由此创造了韵律上的谐音关系，使得修辞话语读起来顺口悦耳，也便于记忆。其三，在句式修辞方面，交替使用了整句、陈述句、特指问句、反问句、感叹句等多样化的句式。其四，在修辞格式构拟方面，不足120个字的短小篇幅中，足足采用了比喻、对比、反复、衬托、排比、对偶、设问、反问、婉曲、引用典故等多种修辞格式，更能够凸显所要表达的修辞语义。所有语言运用上的这一切，都是决定于小说这种语文体式规范的要求。

## 第二节　语体规约修辞语义的使用

　　语体不光制约了修辞手段的运用，而且也规约了修辞语义的使用。语体由于自身在语言运用上的稳定性、程式化要求，从而规约了修辞语义的实际应用。根据陆俭明的看法，修辞的基础是语义和谐律。陆先生说："修辞，无论是积极修辞还是消极修辞，从本质上说，都是言语交际中带有创新性的一种言语活动。但是这种带有创新性的言语活动，都严格遵守语义和谐律。"① 在修辞创新的过程中，语义的和谐就不仅仅是修辞话语内部词语和词语之间、句式与句式之间的语义和谐，语体的确定与选择也要做到与修辞语义和谐。这种和谐主要是指特定语体与修辞语义之间的和谐。具体地说，那就是某种特定的语体规约着修辞语义的使用，修辞语义的使用要和特定语体相吻合。随着新兴媒体的出现，学界对语体的归类又有了新的观点，这在本章上文已经作了交代。从修辞语义表达角度来看，无论语体类型有多少，作为修辞者来说要做的唯有一点，那就是做到修辞语义的表达要和特定的语体要求相一致。语体规制是有限的，但表达的具体修辞语义则是相对无限的。研究过程中，为了能够说明问题，对这些无限量的具体修辞语义可以作类型化描述。比如可以从不同的视角把修辞语义归属为准确的与模糊的、新颖的与陈旧的、多解的与单一的、主观的与客观的、含蓄的与简明的等修辞语义。修辞主体在修辞创造过程中要始终保持清醒的语体意识，坚持语体为先的原则，要弄清楚什么样的语体常常要用来表达什么样的修辞语义、什么样的修辞语义经常在什么样的语体中来表现，要努力做到彼此适应、彼此和谐。以下我们主要从几个方面加以讨论。

### 一、语体规约客观真实修辞语义的使用

　　客观真实的修辞语义是说，修辞语义的形成是建立在客观现实基础之上的，所指称的事物或现象是客观存在的，是真实的，是与现实物理世界保持高度一致性的，而不是主观臆造的、情感化的。这就要求修辞主体在修辞创造时以一种实事求是的态度冷静对待修辞语义的表达。比如学生有事请假，拟写请假条就必须用事实说话，一是一，二是二，向谁请假、因何事请假、请多长时间假，必须做到真实。这是基本的要求，不容许有欺骗撒谎行为，不能杜撰事由。个人总结、单位总结、通知等也都是如此，是什么就写什么，有多少就写多少，不夸张，不虚报，不隐瞒。其实，客观性修辞语义应该说在各种语体中都可能会使用到，或者说各种语体都有可能会表达客观真实的修辞语义，只不过要求的程度是有区别的。这是不争的事实。在众多语体类型

① 陆俭明. 修辞的基础——语义和谐律. 当代修辞学，2010（1）：13~20.

中，从宏观层面看比较多要求使用客观修辞语义的语体当属公文语体、科学语体、新闻语体、广告语体等。这些类型的语体对使用客观真实修辞语义的要求比较高。在第五章中，我们会专门讨论广告语体及其修辞语义的表达问题，此处不再讨论广告语体对修辞语义使用的规约。

**（一）公文语体规约客观真实的修辞语义**

在公文语体中，要求反映的内容是真实的，输出的修辞语义是建立在客观现实基础之上的。黎运汉、盛永生认为，"公文语体也称事务语体、公文事务语体、应用语体。它是适应公文事务交际领域需要，运用全民语言而形成的言语特点的综合体"①。其包括法规体、通报体、约据体和函电体四种类型。公文语体因为是以言行事，要促使接受者产生言后行为，所以要求语义内容必须是真实可靠的，必须是以事实为根据的，要求反映的修辞语义是客观的、准确的。也就是说，公文语体要求使用客观而又准确的修辞语义。这是公文语体在修辞语义方面所表现出的、最重要的、最基本的特征。例如：

> 各位同事：
>
> 　　大家好！
>
> 　　根据国家节假日安排，并结合公司实际情况，现将 2012 年中秋、国庆放假安排通知如下：
>
> 　　一、放假调休时间：9 月 30 日至 10 月 7 日，共计八天。
>
> 　　二、放假期间请各位严格执行假日值班安排，加强防火、防盗，注意人身安全，并请在假期间保持手机通讯畅通。
>
> 　　三、假期结束后，请全体员工于 10 月 8 日早上 8：00 准时到中心大会议室召开晨会。
>
> 　　预祝大家节日愉快！
>
> 　　特此通知
>
> 行政人力资源部<br>2012 年 9 月 17 日

这是某公司下发的 2012 年国庆节、中秋节放假通知。显然，该"通知"并没有完全按照"通知"的基本程式来构拟，但这不是我们讨论的重点，所以忽略不计。该例修辞语义的客观性、真实性主要表现为：第一，在该"通知"中，就修辞语义的表达来看，遵循了客观性原则，反映的语义内容是真实的、客观的、没有异议的。根据国务院的要求，国庆节、中秋节是法定的放假时间，所以该"通知"是建立在国庆

---

① 黎运汉、盛永生. 汉语语体修辞. 广州：暨南大学出版社，2009.77.

节、中秋节放假这个事实的基础之上的，而且是有法律依据的。第二，是符合该公司的客观需求的。该公司根据自身实际情况，要求严格执行假日值班安排，加强防火、防盗，注意人身安全，并请在假期间保持手机通讯畅通，并要求全体员工于 10 月 8 日早上 8 点准时到中心大会议室召开晨会。

**（二）科学语体规约客观真实的修辞语义**

在科学语体中，为了适应科学技术领域交际的需要，必须以实事求是的态度，真实客观地反映科技、学术活动所形成的成果。这些成果是对客观真理追求的结果，是研究者采用科学的方法对自然现象和社会现象研究的结果。因此，无论是科技专著，还是学术论文；无论是科学考察报告，还是实验报告；无论是技术标准，还是辞书字典；无论是产品说明书，还是科普读物，一言以蔽之，只要属于科学语体，就必然对修辞语义有客观性要求。不夸大，不缩小，不哗众取宠，不轻浮吹嘘。例如"龙虎牌清凉油"的说明书：

【禁忌】尚不明确。

【产地】上海。

【不良反应】尚不明确。

【使用方法/用法用量】外用，需要时涂于太阳穴或患处。

【功能主治/适应征】清凉散热，醒脑提神，止痒止痛。用于伤暑引起的头痛、晕车、蚊虫叮咬。

【主要成分】薄荷脑、薄荷油、樟脑油、樟脑、桉油、丁香油、桂皮油、氨水。辅料为石蜡、地蜡、黄凡士林。

【注意事项】1. 眼部、外阴等皮肤黏膜及破损处禁用。2. 本品为外用药，不可内服。3. 涂布部位如有明显灼热感或瘙痒、局部红肿等情况应停止用药，洗净，必要时向医师咨询。4. 对本品过敏者禁用，过敏体质者慎用。5. 药品性状发生改变时禁止使用。6. 儿童必须在成人的监护下使用。7. 请将本品放在儿童不能接触的地方。8. 如正在使用其他药品，使用本品前咨询医师或药师。

【有效期限】36 个月。

【执行标准】部颁标准中药成方制剂第九册 WS3 – B – 0144 – 89。

【说明书修订日期】2009 – 4 – 10：00：00。

【贮藏】密闭，置阴凉处（不过 20 度）。

【类别】中成药。

【性状】本品为淡黄色软膏；气芳香，对皮肤有清凉刺激感；在 40 度以上熔化。

【剂型】膏剂。

【商品包装】铁盒包装，3g/盒。

【商品名称全拼】qingliangyou。

【药物相互作用】如与其他药物同时使用可能会发生药物相互作用。强轻轻咨询医师或药师。

商品编号：31907008

批准文号：国药准字 Z31020047

生产厂家：上海中华药业有限公司

该产品说明书属于科学语体，从禁忌、产地、不良反应、使用方法/用法用量、功能主治/适应征、主要成分、注意事项、有效期限、执行标准、说明书修订日期、贮藏、类别、性状、剂型、商品包装、商品名称全拼、药物相互作用 17 个方面对龙虎牌清凉油作了说明，并对该产品的商品编号、批准文号、生产厂家作了交代。行文平实，语义符合这种品牌清凉油的客观实际。比如对"商品包装"属性的描写，是"铁盒包装，3g/盒"，这种描述一定要与该产品的实际包装情况吻合，否则就会失去需求者的信任。对"功能主治"属性的描述，其修辞语义是建立在龙虎牌清凉油的实际功能基础之上的，不能胡编乱造，欺诈消费者。

（三）新闻语体规约客观真实的修辞语义

新闻语体中，真实性是新闻的价值和生命。从修辞学角度考虑，新闻语体修辞语义的表达自然是以新闻事实为根据的，脱离了新闻事实，用假新闻来吸引眼球，消费听众和观众，都是违背新闻职业道德的。所以，不管是政治、经济、军事、外交、科技、文化、艺术、教育、体育、卫生、交通、娱乐、旅游等哪个方面的新闻创作，都要求新闻作品所反映的新闻事件是真实的，所使用到的数据是客观的、真实的，是已经发生了的，是客观存在的。修辞语义也是客观的、真实的，令人信服的。例如来自搜狐新闻网（2012 年 9 月 23 日 19 点 53 分）的新闻：

### 汉语拼音新规将实施　拼音中文名须姓在前名在后

本报讯　（记者　王蔚）经国家质量监督检验检疫总局、国家标准化管理委员会批准，新修订的《汉语拼音正词法基本规则》将于今年 10 月 1 日起实施。如何拼写汉语的人名地名，如何拼写汉语的数词、量词、连接词、形容词等，都有了"法定"规范。

……（引者省略）

人名地名规范拼写

随着国际交流的愈发频繁，中国的人名地名会越来越多地以汉语拼音的形式出现在各种场合及名片、文书内。然而，常见的情况是，中国人名地名的拼写相当随意，存在大小写错误、音节连接错误，甚至姓与名颠倒等不规范问题。新版的《汉语拼音正词法基本规则》明确规定，姓名必须姓在前、名在后，复姓连写，姓和名的首字母大写，双姓两个字的首字母都大写，如：LǐHuá（李华）、DōngfāngShuò（东方朔）、Zhāng–WángShūfāng（张王淑芳）。但人名与职务合写时，职务不得大写，如：Wángbùzhǎng（王部长）、Lǐxiānshēng（李先生）。

地名中的专名和通名要分写，且首字母要大写，如：BěijīngShì（北京市）。已专名化的地名和不需区分专名和通名的地名都应当连写，如：Hēilóngjiāng（黑龙江）、Sāntányìnyuè（三潭印月）。

……（引者省略）

这则新闻报道的新闻事件是客观存在的，是真实可靠的。所输出的修辞语义是客观真实的，至少是基于三个条件：第一，新修订的《汉语拼音正词法基本规则》，业已经国家质量监督检验检疫总局、国家标准化管理委员会批准；第二，该标准将于2012年10月1日起实施，是确定无疑的；第三，该标准的相关规定是真实的。

### 二、语体规约模糊多解修辞语义的使用

模糊与多解在某种意义上说有一定的相通性，因为是模糊的，所以是多解的，修辞语义可以有相对无限个解释；因为是多解的，所以是模糊的，修辞语义也就存在一定的模糊性。对修辞语义进行模糊表达和多解性表达，是修辞主体的修辞策略选择。通过对这种修辞策略的具体运作，表达模糊多解的修辞语义则是修辞主体基于修辞考虑所想要达到的修辞效果。但不管是修辞策略意义上的思考，还是修辞效果意义上的思考，当把这些放到语体中时都又会受到特定语体的规约与限制。意思就是说，模糊修辞语义、多解的修辞语义是受制于特定的语文体式的。在众多语体类型中，从宏观层面看比较多要求使用模糊多解修辞语义的语体当属文学语体，包括小说语文体式、散文语文体式、诗歌语文体式、戏剧语文体式等。按照黎运汉、盛永生的说法，多样性、形象性、情感性、独创性是其主要的修辞特点①，所以文学语体对使用模糊多解修辞语义的要求相对比较高。例如：

陆虞候受高太尉的指使，要在草料场害死林冲。陆虞候的鬼鬼祟祟引起了茶酒店李小二的怀疑，赶忙报告林冲。

林冲问："那人生得什么模样？"

李小二道："五短身材，白净面皮，没甚髭须，约有三十余岁。……"

林冲听了，大惊道："这三十岁的正是陆虞候。那泼贱贼也敢来这里害我！休要撞着我，只叫他骨肉为泥！"（《水浒传》第十回"林教头风雪山神庙"）

---

① 黎运汉、盛永生. 汉语修辞学. 广州：广东教育出版社，2006.475.

　　这是《水浒传》中的一个片段。其中，李小二对陆虞候形象的描述，所输出的修辞语义就是模糊的、多解的。"五短身材""白净面皮""没甚髭须""约三十余岁"，这些修辞话语就很难说清所表达的准确修辞语义，给接受对象的感觉就是"陆虞候是一位个子较矮，皮肤较白，没有多少胡须，三十来岁的人"。我们知道，语言意义的模糊性主要基于两个原因：一个是客观事物自身及客观事物之间界限的模糊性，一个是人类认知客观事物时意识上的模糊性。很显然，在《水浒传》这样的小说语文体式中，当向接受者描述一个陌生人时，对其身高、肤色、胡须和年龄的介绍，不可能做到准确无误，也没有必要准确无误。由此，创造新颖的修辞话语，突出了模糊多解修辞语义的表达。这是语体规约的结果。再来看：

## 匆　匆
### 朱自清

　　　　燕子去了，有再来的时候；杨柳枯了，有再青的时候；桃花谢了，有再开的时候。

　　　　但是，聪明的，你告诉我，我们的日子为什么一去不复返呢？——是有人偷了他们吧：那是谁？又藏在何处呢？是他们自己逃走了吧：现在又到了哪里呢？

　　　　我不知道他们给了我多少日子；但我的手确乎是渐渐空虚了。在默默里算着，八千多日子已经从我手中溜去；像针尖上一滴水在大海里，我的日子滴在时间的流里，没有声音，也没有影子。我不禁头涔涔而泪潸潸了。

　　　　去的尽管去了，来的尽管来着；去来的中间，又怎样地匆匆呢？早上我起来的时候，小屋里射进两三方斜斜的太阳。太阳他有脚啊，轻轻悄悄地挪移了；我也茫茫然跟着旋转。于是——洗手的时候，日子从水盆里过去；吃饭的时候，日子从饭碗里过去；默默时，便从凝然的双眼前过去。我觉察他去的匆匆了，伸出手遮挽时，他又从遮挽着的手边过去，天黑时，我躺在床上，他便伶伶俐俐地从我身上跨过，从我脚边飞去了。等我睁开眼和太阳再见，这算又溜走了一日。我掩着面叹息。但是新来的日子的影儿又开始在叹息里闪过了。

　　　　在逃去如飞的日子里，在千门万户的世界里我能做些什么呢？只有徘徊罢了，只有匆匆罢了；在八千多日的匆匆里，除徘徊外，又剩些什么呢？过去的日子如轻烟，被微风吹散了，如薄雾，被初阳蒸融了；我留着些什么痕迹呢？我赤裸裸来到这世界，转眼间也将赤裸裸的回去吧？但不能平的，为什么偏要白白走这一遭啊？

　　　　你聪明的，告诉我，我们的日子为什么一去不复返呢？

　　在这篇散文作品中，修辞文本所表达的修辞语义是多解的、模糊的，在解读的过程中可以说仁者见仁，智者见智。是作者由眼前的春景而引发的情绪宣泄，还是把空灵抽象的时间通过想象力而使之形象化？是在写实实在在的景，还是在抒发缥渺虚幻的情？是写时间的匆匆，还是在写生命的短暂？是写人生中自我的执着追求，还是在写对自我生命的解剖？是对时间匆匆而过的惋惜，还是在写因时间的流逝而内心生发出的焦躁与痛苦？总之，整个篇章的修辞语义是多解的、模糊的，是多样化的。这也正应了"一千个读者便有一千个哈姆雷特"这句老话。这正是文学语体对模糊的、多解的修辞语义的规约。

### 三、语体规约准确严谨修辞语义的使用

在一些语体中，所要表达的修辞语义应该以准确严谨为第一要义。比如在公文语体、科学语体、新闻语体、广告语体、演讲语体、政论语体等中就往往强调修辞语义的准确性和严谨性。为了做到修辞语义表达的准确和严谨，就往往采用单义词、精确数字、专业术语、修饰成分较多的长句等，尽量不用或少用积极修辞格式、描绘性词语等。在第五章中，我们会专门讨论广告语体及其修辞语义的表达问题，此处不再讨论广告语体对修辞语义使用的规约。

#### （一）公文语体规约准确严谨的修辞语义

在公文语体中，要求修辞语义必须是准确严谨的。公文语体规约着修辞主体要使用准确的修辞语义，要求在公文语体中修辞语义的表达是准确的、单一的，不存在歧义，不是模糊的意义，不能有多解的可能性。这就要求公文语体用词甚至用字都必须认真思考，慎重选择，多使用单义词，少选用多义词；在句子表意方面，也要做到严谨周密，不留无限遐想的语义空间。例如：

**第八条** 税法第二条所说的各项个人所得的范围：

（一）工资、薪金所得，是指个人因任职或者受雇而取得的工资、薪金、奖金、年终加薪、劳动分红、津贴、补贴以及与任职或者受雇有关的其他所得。

（二）个体工商户的生产、经营所得，是指：

1. 个体工商户从事工业、手工业、建筑业、交通运输业、商业、饮食业、服务业、修理业以及其他行业生产、经营取得的所得；

2. 个人经政府有关部门批准，取得执照，从事办学、医疗、咨询以及其他有偿服务活动取得的所得；

3. 其他个人从事个体工商业生产、经营取得的所得；

4. 上述个体工商户和个人取得的与生产、经营有关的各项应纳税所得。

（三）对企事业单位的承包经营、承租经营所得，是指个人承包经营、承租经营以及转包、转租取得的所得，包括个人按月或者按次取得的工资、薪金性质的所得。

（四）劳务报酬所得，是指个人从事设计、装潢、安装、制图、化验、测试、

医疗、法律、会计、咨询、讲学、新闻、广播、翻译、审稿、书画、雕刻、影视、录音、录像、演出、表演、广告、展览、技术服务、介绍服务、经纪服务、代办服务以及其他劳务取得的所得。

（五）稿酬所得，是指个人因其作品以图书、报刊形式出版、发表而取得的所得。

（六）特许权使用费所得，是指个人提供专利权、商标权、著作权、非专利技术以及其他特许权的使用权取得的所得；提供著作权的使用权取得的所得，不包括稿酬所得。

（七）利息、股息、红利所得，是指个人拥有债权、股权而取得的利息、股息、红利所得。

（八）财产租赁所得，是指个人出租建筑物、土地使用权、机器设备、车船以及其他财产取得的所得。

（九）财产转让所得，是指个人转让有价证券、股权、建筑物、土地使用权、机器设备、车船以及其他财产取得的所得。

（十）偶然所得，是指个人得奖、中奖、中彩以及其他偶然性质的所得。

个人取得的所得，难以界定应纳税所得项目的，由主管税务机关确定。（《中华人民共和国个人所得税法实施条例》）

这是国务院颁发《中华人民共和国个人所得税法实施条例》中的第八条，这一条规定了应纳税的各项个人所得的范围。其中所列出的十个项目，概括了通常可以认定的个人所得项目，并且对每个项目还进行了性质上的界定。用词准确无误，非常考究，没有选用修饰性词语；句子表意周密，考虑周到，较多采用长句尽量给予语义限制，修辞语义表达清楚明白，不含糊，没有歧解；没有使用修辞格式，没有使用感叹句、问句、祈使句。这正是法规体对修辞语义的基本规约。科任娜说："要求准确性，不允许产生多义，也是这一语体的特点。这一特点有助于从语言上体现法制的基本功能。这是立法文件的最高标准，它能使法制顺利实现功能。反之，措辞含混、可作不同解释的条文则有损于法制基本功能的实现，损害它的不可动摇性和权威性。"[①] 这从法律条文功能的实现程度方面强调了公文语体表达准确修辞语义的重要性。

**（二）科学语体规约准确严谨的修辞语义**

在科学语体中，在尊重客观事实的基础上，追求修辞语义表达的准确无误，严密可靠。这是科学语体对修辞语义的基本要求。为了做到这一点，在语言表达上多选用精确的数据、专业术语、单义词，并在造句时注重语义表达的无懈可击。概念明确，推论合理，论证严密，不留语义漏洞，不创造弹性语义。比如：

---

① ［苏］科任娜. 俄语功能修辞学. 白春然等译. 北京：外语教学和研究出版社，1982.

系统在与外部环境相互作用过程中，又促进了自身结构关系的变化。究其原因，是由于外界环境对系统输入的物质、信息和能量一旦有了变化，就会引起系统要素之间出现某些涨落现象，即各要素的地位、作用与关系出现变化。如果外界环境对系统输入的物质、信息和能量的变化较小，则要素之间出现的涨落较弱。由微涨落带来的相干作用的结果会导致结构稳定性的振荡，以至出现某些结构性的改良。如果外界环境对系统的输入变化很大，则会出现大涨落，甚至巨涨落，即原有结构或是出现了向新结构转变，或是恶化和瓦解。（邹珊刚等编著《系统科学》）

这段修辞语篇中，使用了"系统""物质""信息""能量""结构性""巨涨落""振荡""结构"等科学术语，这些词语书面语色彩很浓，抽象性很强，表意准确。在句子使用方面，以句号为标记，这个片断由230多个字组成，但仅仅有5个句子，每句平均将近50个字。尤其是第2句有将近70字之多，从相关方面加以限制和约束，以准确表意，试图弄清"系统在与外部环境相互作用过程中，又促进了自身结构关系的变化"的根本原因，具有较严密的逻辑性。

（三）新闻语体规约准确严谨的修辞语义

在新闻语体中，新闻报道要做到真实客观，在修辞表达时就必须做到表意准确严密，在时间、地点、人物、事件等的叙述方面就不能出现硬伤，不许弄虚作假，不许模模糊糊，不许模棱两可。黎运汉、盛永生认为，准确性是新闻语体的首要要求和基本特点。要做到表意准确，就必须在遣词造句、相关数据的使用、模糊语言的使用、引语的使用等方面下足功夫，做到准确可靠。[①] 例如：

### 南京中山陵昨日游客猛增近3倍　21.5万创历史最高

前天中山陵景区的人数还仅仅只有8万人，而到了昨天该数字一下翻了近三倍，单日进入景区游客达到了21.5万人，这创下了该景区入园人数的历史新高。

"我们景区内的43辆接驳小火车都已全部投入了营运，几乎一刻都没休息。"中山陵景区工作人员告诉扬子晚报记者，昨天景区内所有的小火车都在不停地运客，但尽管这样，热门站点的接驳火车排队时间每班还得等上半小时。

上午十一点，扬子晚报记者来到中山陵的接驳车站点，等待接驳小火车的队伍仍然很长，一位接驳车的司机告诉扬子晚报记者，她估计中饭肯定是来不及吃了，因为游客太多天又热，只有赶紧多运送些客人。

而为了更好地服务游客，扬子晚报记者了解到，针对游客激增，昨天景区导游员也从平日的40名增加到了100名，以满足节日期间游客的讲解服务需求。

---

① 黎运汉、盛永生. 汉语语体修辞. 广州：暨南大学出版社，2009.77，179~182.

游客多了，增加的垃圾也让景区内的保洁工人忙活不停。中山陵景区的负责人向扬子晚报记者介绍说，虽然他们已经将中山陵景区的保洁人员数量从平时的65人增加到150人，但是仍然觉得人手紧，昨天一天整个景区扫出了60吨垃圾，与去年同期相比，足足增加了一倍！（扬子晚报记者陈郁。摘自凤凰网，2012年10月3日）

这则新闻中，所用数字比如"8万人""3倍""21.5万""43辆""半个小时""十一点""40名""100名""65人""150人""60吨"等，都非常精确；事件发生地点"南京中山陵"，发生时间是"昨天"，用词都十分准确；多用陈述句，语气肯定，情真意切，言之凿凿。对2012年中秋、国庆双节假期中，南京中山陵景区的人流量、管理应急措施、工作状况等作了准确叙述，由此输出的修辞语义也是准确的。

### （四）政论语体规约准确严谨的修辞语义

在政论语体中，修辞主体以摆事实讲道理、论辩说理为主要内容，这就需要有较为缜密的逻辑思维，注重修辞语义表达的逻辑严密性。在修辞话语的内里，讲究修辞语义的承转起合，论证推导周密严谨，语句间关系畅通，上下连贯，语义贯通。例如：

### 军报：钓鱼岛是中国领土　警告日本政府不要玩火

日本政府10日下午举行会议确定钓鱼岛"国有化"方针，在危害中日关系大局的错误道路上一意孤行，把钓鱼岛问题带到了危机边缘。

日本政府不顾中方的坚决反对和严正交涉，不顾胡锦涛主席日前在APEC会场的郑重告诫，执意推进"购岛"进程，伤害了中国人民的民族感情，是二战结束以来对中国主权最为赤裸裸的挑战。野田政府对外宣称其"国有化"的一大理由是，"为继续平稳安定地维持管理"。真是可笑之极，钓鱼岛由谁来管理？管理什么？日本政府凭什么"管理"中国的神圣领土？实际上，日本政府企图借此强化对钓鱼岛的控制权，单方面背弃了40年前中日邦交正常化时"搁置争议"的共识。

众所周知，16世纪以来钓鱼岛就属于中国领土，而非日本长期侈谈的"无主岛屿"。而现在的钓鱼岛问题之所以成为"问题"，完全是由于日本的血腥侵略造成的。

二战走向全面胜利阶段时，中、美、英三国连续举行首脑峰会，先后通过并发表了《开罗宣言》和《波茨坦公告》，这两份文献构成了战后世界秩序的重要基础，也确立了战后对于处置战败国日本的基本安排框架。这两份文件明确规定，日本必须归还其非法侵略所占别国之领土，战后日本的领土范围，仅包括本州、四国、北海道、九州四个本岛以及由中、美、英战胜国规定的周边所属岛屿。

但是，美国公然践踏联合国宪章和有关托管地问题的决议，于 1972 年通过了所谓的《归还冲绳协议》，把钓鱼岛连同琉球群岛一并私相授受给了日本。但美国毕竟理亏，以至于把美日这笔私下交易明确界定为"管理权"的移交，而钓鱼岛的主权并不属于日本。对此，连近日来屡次表态《美日安保条约》适用钓鱼岛的美国国务院发言人，都不敢否认。

日本右翼分子石原慎太郎狂妄地要"购买"日本并不拥有主权的钓鱼岛，而日本政府也在这场闹剧中，公然要把本不属于自己国家主权范围的钓鱼岛"国有化"，这在现代国际关系中，开了一个荒唐而无耻的先例，也对战后的国际秩序，发起了公然挑战。这是国际社会、特别是曾经饱受日本侵略蹂躏的亚洲国家必须高度警惕的。

如果日本政府想把《美日安保条约》当作侵占他国领土的保护伞，那就打错了算盘。国际社会也要好好想一想，放"日本军国主义"这只恶虎出山，无异于打开了潘多拉魔盒，让世界不得安宁，让亚太地区的和平繁荣化为泡影。

钓鱼岛再荒芜，也是中国的神圣领土。中国政府依据《中华人民共和国领海及毗连区法》划定并公布钓鱼岛及其附属岛屿的领海基点基线，就是对钓鱼岛主权的再度郑重宣示。

中国人民渴望和平，坚持走和平发展的道路不动摇，但和平必须建立在相互尊重的基础上，我们绝不会以牺牲主权和领土完整为代价。

今天的中国，既不是甲午战争时期的中国，也不是日本侵华战争时期的中国。事实必将有力证明，在主权和领土问题上，中国政府和铁骨铮铮的中国人民绝不会退让半步。中国政府和中国人民维护领土主权的意志是坚定不移的，我们有决心、有能力维护国家领土主权。在此，我们郑重警告日本政府：不要玩火！否则，由这场危险而徒劳的闹剧造成的一切后果，只能由日方承担。（摘自腾讯新闻网，2012 年 10 月 4 日）

这是一篇来自于军报的新闻社论，社论一开头就明确指出日本政府钓鱼岛国有化行为的严重后果，紧接着针对日本政府对中国的严正抗议所采取置若罔闻的态度加以抨击，接连几个问句，直指所谓钓鱼岛国有化的丑恶嘴脸。然后，又从 16 世纪以来的历史事实，驳斥了日本政府和日本右翼分子企图将钓鱼岛据为己有的罪恶行径。同时，就中国政府和人民维护国家主权的坚定意志和应对措施进行了宣示，并对日本政府提出了郑重警告。从整个语篇来说，摆事实，讲道理，论据确凿，论证有理有据。分析透彻，一环扣一环，上下语义贯通，逻辑性较强，语义表达准确严密。就用词来看，"10 日下午""40 年前""16 世纪以来""1972 年"等这些表示时间的词语都准确地限定了与钓鱼岛有关的历史事实；而"危害""危机""边缘""非法侵略""公

然践踏""私相授受""保护伞""日本军国主义""一切后果"等词语的使用，非常
贴切，非常到位，非常准确，有力地驳斥了日本政府的侵略行径和美国政府的暧昧、
怂恿态度。就句子表意方面，整个语篇多用陈述句，并用了三个疑问句和一个感叹
句，由此来强调修辞语义的肯定程度。例如"真是可笑之极，钓鱼岛由谁来管理？管
理什么？日本政府凭什么'管理'中国的神圣领土？实际上，日本政府企图借此强化
对钓鱼岛的控制权，单方面背弃了 40 年前中日邦交正常化时'搁置争议'的共识"。
一连设置了三个问题，步步为营，层层深入，最后自问自答给出了明确答案。所以，
无论就整个语篇修辞语义的表达来看，还是就用词造句所表现出的修辞语义来看，对
修辞语义的表达都做到了准确严密。这正是对政论语体修辞语义表达要求的呼应。

### 四、语体规约委婉含蓄修辞语义的使用

在文学语体中，无论是小说还是诗歌，语言的魅力主要来自于创作者对文学语言
的精心经营，而表意的委婉含蓄是文学语言的基本要求之一。创作者采用各种不同的
修辞策略、修辞手段和修辞方法，使语言应用发生偏离和变异。刻意追求修辞语义表
达的委婉含蓄，比如采用比喻、夸张、婉曲、通感、比拟、借代、移就、拈连、缺
省、藏词、跳脱、对偶等表现手法，以表达委婉含蓄的修辞语义。心知肚明但却不把
话说明，留下无限的想象空间，促使读者充分发挥自己丰富的想象力，并根据语篇上
下文语境和言外物理语境、文化语境、心理语境条件来解读作品的意蕴。作为小说语
体的《红楼梦》是如此，《围城》是如此，《家》《春》《秋》是如此；作为诗歌语体
的《背影》也同样是如此。例如：

> **背　影**
> 汪国真
> 背影
> 总是很简单
> 简单
> 是一种风景
> 背影
> 总是很年轻
> 年轻
> 是一种清明
> 背影
> 总是很含蓄
> 含蓄
> 是一种魅力

背影
总是很孤零
孤零
更让人记得清

　　汪国真的这首诗，属于文学语体中的诗歌体。在这首诗中，作者究竟要表达什么意思，并没有直接表明。不像政论语体、演讲语体、科学语体、公文事务语体那样，开宗明义，直截了当地表明自己的观点和看法。相反，汪国真借助于"背影"这个意象，把诗人的情感、思绪都通过"背影"委婉含蓄地表达了出来。诗歌的寓意较深，需要读者用心理解，方知语言表层背后所蕴含的深层修辞语义。诗歌是如此，小说、剧本、散文等文学语体都是如此，正是由于修辞语义的表达含蓄委婉，才使得作品读来意味深长，百读不厌，受益无穷。再如：

　　①人有悲欢离合，月有阴晴圆缺，此事古难全。（苏轼《水调歌头》）
　　②人家在何处？云外一声鸡。（梅尧臣《鲁山山行》）
　　③几处早莺争暖树，谁家新燕啄春泥。（白居易《钱塘湖春行》）
　　④三十功名尘和土，八千里路云和月。（岳飞《满江红》）
　　⑤三分春色二分愁，更一分风雨。（叶清臣《贺圣朝·留别》）
　　⑥万里悲秋常作客，百年多病独登台。（杜甫《登高》）
　　⑦山外青山楼外楼，西湖歌舞何时休！暖风熏得游人醉，直把杭州作汴州。
（林升《题临安邸》）
　　⑧山重水复疑无路，柳暗花明又一村。（陆游《游山西村》）
　　⑨南朝四百八十寺，多少楼台烟雨中。（杜牧《江南春绝句》）
　　⑩夕阳无限好，只是近黄昏。（李商隐《乐游原》）

　　这些诗、词名句都是诗人、词人在特定的心境下创作出来的，都表达了特定的修辞语义。但这些修辞语义蕴含在诗句和词句之中，蕴含在典故之中，潜藏在字里行间，不显山不漏水，不直白不浅显，需要读者结合整个修辞语篇和创作背景才能作出合理的解释。比如例⑨，所表达的修辞语义可以理解为：数不尽的寺庙楼宇，在蒙蒙细雨中交相辉映，更显出南朝时期对佛教的热衷。修辞语义含蓄委婉，意在言外。

## 五、语体规约简洁明了修辞语义的使用

　　在有些语体中，还崇尚表达简洁明了的修辞语义。这和语体自身语言应用的范式有关。比如口头语体、新闻语体、广告语体、公文语体、政论语体、演讲语体中，对简洁明了修辞语义的规约就是一种常态。在第五章中，我们会专门讨论广告语体及其

修辞语义的表达问题，此处不再讨论广告语体对修辞语义使用的规约。

### （一）口头语体规约简洁明了的修辞语义

在口头语体中，因为是面对面交际，修辞语义的表达是通过口耳相传，并在手势、站姿、微笑等态势语以及其他现场语境因素的帮助下来完成的，所以有许多语言成分就会被省略，或者不出现。多使用口语色彩浓的词语，较少适用书面语色彩浓的词语；停顿较多，多使用短句，较少使用错综复杂的长句；多使用平实规范的常规句，较少使用积极修辞格式。这些都为表达简洁明了的修辞语义提供了基本保障。例如：

> 贵　（喘着气）四凤！
>
> 四　（只做听不见，依然滤她的汤药）
>
> 贵　四凤！
>
> 四　（看了她的父亲一眼）喝，真热，（走向右边的衣柜旁，寻一把芭蕉扇，又走回中间的茶几旁听着。）
>
> 贵　（望着她，停下工作）四凤，你听见了没有？
>
> 四　（厌烦地，冷冷地看着她的父亲）是！爸！干什么？
>
> 贵　我问你听见我刚才说的话了么？
>
> 四　都知道了。
>
> 贵　（一向是这样为女儿看待的，只好是抗议似的）妈的，这孩子！
>
> 四　（回过头来，脸正向观众）您少说闲话吧！（挥扇，嘘出一口气）呀！天气这样闷热，回头多半下雨。（忽然）老爷出门穿的皮鞋，您擦好了没有？（拿到鲁贵面前，拿起一只皮鞋不经意地笑着）这是您擦的！这么随随便便抹了两下，——老爷的脾气您可知道。
>
> 贵　（一把抢过鞋来）我的事不用不管。（将鞋扔在地上）四凤，你听着，我再跟你说一遍，回头见着你妈，别忘了把新衣服都拿出来给她瞧瞧。
>
> 四　（不耐烦地）听见了。
>
> 贵　（自傲地）叫她想想，还是你爸爸混事有眼力，还是她有眼力。
>
> 四　（轻蔑地笑）自然您有眼力啊！
>
> 贵　你还别忘了告诉你妈，你在这儿周公馆吃得好，喝得好，就是白天侍候太太少爷，晚上还是听她的话，回家睡觉。
>
> 四　那倒不用告诉，妈自然会问你。
>
> 贵　（得意）还有啦，钱，（贪婪地笑着）你手下也有许多钱啦！（曹禺《雷雨》）

这是节选自曹禺《雷雨》的片断。虽然《雷雨》属于文学语体，但就其人物对话来说，实际上属于口头语体，具备了口头语体修辞语用的基本特征。从修辞语义表达方面来看，用词简明，造句简洁，语义明朗，平白如话。依赖于口语交际的有利条件，鲁贵和四凤在交际时多创造使用诸如"是""爸""听见了""都知道了""妈的，这孩子""你听见了没有"等独词句、非完全句、单句，也运用了不少感叹句、陈述句。总的来说，用词量较少，句子结构简洁，用词造句尽可能做到口语化，修辞语义表达通俗明白，简洁明了。

（二）新闻语体规约简洁明了的修辞语义

在新闻语体中，由于新闻报道受到时间、版面等的制约，所以无论是平面媒体，还是网络媒体、电视媒体、广播媒体，都极为注重表意的简明性和通俗易懂，力争在有限的时间和篇幅内把新闻事实明白无误地表达出来，以便于受众以最快的速度接收相关信息。例如：

### 香港南丫岛撞船事故增至38人死亡

人民网香港10月2日电（记者李海元）香港南丫岛撞船意外，死亡人数增至38人，当中30人在现场已证实死亡，8人送院后证实死亡。事件中，共有101人分别被送往5家医院，有4人伤势严重或危殆，有66人经已出院。

特区医院管理局已分别在五家医院设立柜台，民政事务总署也正协调死者和伤者家庭的援助服务。

这是一则有关香港南丫岛撞船事故的报道，整个语篇不足130字，篇幅短小，字字有用，句句有着落。没有废话，不拖沓，不冗长。修辞语义清楚明白，不费解，不含糊，读者一看即明。再看新华网的：

### 云南省彝良县龙海乡发生滑坡灾害　19人被埋

新华网昆明10月4日电（记者李怀岩王研）10月4日上午8时许，云南省昭通市彝良县龙海乡镇河村油房村民小组发生山体滑坡。截至10时45分，初步统计，有19人被埋。

据彝良县外宣办介绍，此次滑坡塌方量达1万立方米以上，并阻断小河形成堰塞湖；油房小学教学楼全部被掩埋，据初查18名学生被埋在垮塌的教学楼内；学校附近2户农户房舍被掩埋，其中1户农户1家3口全部逃离，另1户1人被掩埋。

灾害发生后，彝良县龙海乡紧急组织现场救援，下游群众已全部紧急疏散转移。彝良县委、县政府已紧急启动预案，相关部门和救援力量正在赶往龙海途中。

这是一则报道自然灾害的新闻，以"云南省彝良县龙海乡发生滑坡灾害　19人被埋"为题准确客观地报道了云南省彝良县龙海乡发生山体滑坡的新闻事件。篇幅不长，通俗易懂，句子简明，数据精确，对灾情、灾后救援等情况作了简单介绍。受众看到这则新闻，就能够清楚地了解到相关信息。

（三）政论语体规约简洁明了的修辞语义

在政论语体中，修辞语义的表达更加鲜明，主张什么，赞成什么，批判什么，反对什么，修辞主体都会都旗帜鲜明地表露出来。不掩掩藏藏，不含蓄委婉，不故弄玄虚。观点明确，爱憎分明，果断有力。

### 在联合国千年发展目标高级别会议上的讲话

中华人民共和国国务院总理　温家宝

（2008 年 9 月 25 日）

主席先生、秘书长先生：

女士们、先生们：

八年前的今天，联合国庄严通过了《千年宣言》，世界上广大贫困人口从中看到了新的希望。

中国是世界上人口最多的国家。1978 年以来，中国主要依靠自己努力，改革开放，加快发展，在不到 30 年时间内使绝对贫困人口从 2.5 亿减少到 1 500 万；在全国特别是农村实行了 9 年免费义务教育；在 8 亿农民中建立了政府投入为主的新型合作医疗制度；同时还建立了农村村民和城市居民自治制度，实行政务公开、民主监督和基层直接选举。

当代中国人的一切努力，归根到底都是为了一件事——消灭贫困，及在此基础上实现富强民主文明和谐的现代化。

中国作为一个负责任的发展中大国，尽管并不富裕，但已兑现对《千年宣言》的承诺，为世界上一些最不发达国家作出了力所能及的贡献。截至 2008 年 6 月底，中国累计免除亚非等 49 个重债穷国和最不发达国家债务 247 亿元；提供各类援款 2 065 亿元，其中无偿援助 908 亿元；对 42 个最不发达国家的商品给予零关税待遇，税目为 736—1 115 个，占最不发达国家对中国出口贸易额的 98%。中国还为非洲培训了 15 000 名各类人才，派遣 100 名高级农业技术专家，派出医疗队，援建 30 所医院、100 所农村学校，无偿提供防治疟疾药物。2007 年底中国为增强非洲的自我发展能力，决定提供 23.77 亿元的无偿援助和 7 亿元的无息贷款。

去年世界银行公布的数据表明，过去 25 年全球脱贫事业成就的 67% 来自中国。联合国《千年宣言》的要求，正在中国广袤土地上逐步变为现实。这也是当代中国人应尽的最重大国际责任。

但是不能不看到，世界上还有 10 亿左右人口生活在贫困线以下，数亿人在饥饿中煎熬。中国也面对人口资源环境的压力，存在城乡区域经济社会发展不平衡和广大低收入群体的问题。

全球实现《千年宣言》目标，任重道远，不容乐观。

女士们、先生们：

从今天算起，实现《千年宣言》提出的到 2015 年底世界上每日收入低于 1 美元的人口比例减半和挨饿人口比例减半等目标，还剩下 7 年；到 2020 年底使至少 1 亿贫民窟居民的生活得到重大改善，也只有 12 年，任务十分艰巨。我希望同今天到会的各国领导人一道，负起作为政治家的更大责任，把更多的目光和关爱投向世界上的贫穷地区和贫困人口。

为此，我倡议：

——坚持政府第一要务是发展的理念。不发达国家要把通过发展来消除贫困作为中心任务，发达国家要为不发达国家提供有利于发展的条件。发展，首先是经济发展，教育、文化和社会建设也要放到重要位置。

——坚持鼓励和支持各个国家走适合本国国情的发展道路，探索有利于本国发展和消除贫困的发展模式。要把尊重各国人民自主选择发展道路和模式的权利，作为民主政治的基础和前提。

——坚持用和平方法而不是武力解决地区冲突和种族矛盾。努力实现国际关系民主化，推动各个国家平等协商、求同存异，互利共赢、和谐相处。

——坚持加强国际援助，发达国家尤其要承担起帮助不发达国家的责任，援助应当是无私的和不附加任何条件的。特别要加大对最不发达国家和地区的援助力度，重点解决饥饿、医疗和儿童求学问题。倡议各捐助国在未来五年内将其向世界粮食计划署捐款增加一倍。国际社会应进一步减免最不发达国家债务，给予最不发达国家出口产品零关税待遇。

——坚持完善联合国《千年宣言》发展目标的工作机制。协调国际组织，共同应对发展中国家面临的困难，包括当前油价、粮价上涨等急迫问题，制定规划、筹集援助资金并切实落实。

为促进千年目标的实现，中国愿意作出以下行动：

一、中国在未来五年内将援建发展中国家的农业技术示范中心数量翻一番，增至 30 个；对外派遣的农业专家和技术人员数量也翻一番，增加 1 000 人；同时为发展中国家提供 3 000 人次的来华农业培训。

二、中国向联合国粮农组织捐款 3 000 万美元设立信托基金，用于帮助发展中国家提高农业生产能力的项目和活动。

三、向粮食紧缺的国家增加出口和援助。

四、在未来五年内，中国向发展中国家新增 10 000 个来华留学奖学金名额，同时专门为非洲国家培训 1 500 名校长和教师；为对非洲国家援建的 30 所医院配

备适当数量的医生和医疗设备，同时为有关受援国培训医生、护士和管理人员
1 000 名。

五、中国将免除最不发达国家 2008 年底对华到期未还的无息贷款，给予有
关最不发达国家 95% 的产品零关税待遇。

六、在未来五年内，为发展中国家援建 100 个小水电、太阳能、沼气等小型
清洁能源项目。

女士们、先生们：

世界五分之四的人口在发展中国家，发达国家人口只占五分之一。人人都有
平等的生存权利。如果广大发展中国家继续贫困，说明当今世界是不公平、不和
谐的，也注定是不稳定的。

想想那些骨瘦如柴的母亲和嗷嗷待哺的儿童，我们还有什么分歧不能搁置，
什么障碍不能超越？只要各国政府怀有强烈的责任感和使命感，各国人民富于同
情心和爱心，地不分南北，人不分种族，团结起来，共克时艰，我们一定能够实
现千年目标。

我希望有一天，贫困的人们不再受饥饿的折磨，都能靠自己的勤劳和节俭丰
衣足食；所有的孩子都能好好上学，每个人都享受良好的医疗条件；大家都能生
活在一个民主、自由的社会里，人人都有追求幸福的机会和权利；人们不再因肤
色、种族和信仰的不同而受到歧视，人类的大家庭更加和谐。

我相信，这不单是我的希望，也是今天这里每一个人的共同希望。让我们在
《千年宣言》的目标下行动起来，迎接这一天的早日来临。

政论语体也叫宣传鼓动语体或者时评语体，因此对修辞语义的表达就注重简洁明
了，直截了当，话语犀利，语义显豁。该例即属于政论语体，具备了政论语体修辞语
义表达的基本特征。温家宝以中国国务院总理的身份在联合国千年发展目标高级别会
议上不卑不亢，旗帜鲜明地阐述了中国政府对《千年宣言》的态度和立场，并郑重明
确地提出了五条倡议，作出了六大承诺。在讲话中，中国已经作出的贡献是什么，面
临的困难是什么，主张什么，提倡什么，希望什么，都旗帜鲜明地说了出来，简洁明
了。对这些修辞语义的表达，做到了思路清晰，条分缕析，脉络清楚。修辞效果突
出，具有极强的号召力和感染力。例中对中国的贫困人口、义务教育、医疗制度、民
主管理等都分别只用一句话来加以描述，具有高度的概括性；对兑现《千年宣言》承
诺所作出的努力，没有作大篇幅详细的介绍，没有多余的无关宏旨的话语，而仅仅是
用一组数字来说话，语句简短，语义凸显。

**（四）演讲语体规约简洁明了的修辞语义**

在演讲语体中，修辞主体为了适应演讲领域的交际需要，往往要在特定的时境
中，借助于有声语言和态势语言，面对广大听众发表意见、抒发感情，由此来说服、

感召和教育听众。① 要说服、感召和教育听众，就要做到修辞语义的明朗化、直白化，不能含蓄模糊。另外，正因为是面对听众的演讲，尤其是即兴式演讲，几乎就是日常口头交际在郑重场合的演绎，所以像口头交际一样也规约了简洁明了修辞语义的使用。即使是有准备的演讲，当把书面的演讲词转化为口说的演讲词时，也就等于认同了口头交际的基本修辞要求，所以对修辞语义的表达也尽量要做到简洁明了，以使听众能够在快速流动着的时间内抓住修辞语义的关键所在。例如：

### 追求卓越　共享繁荣
——在中华人民共和国香港特别行政区成立庆典上的演词
董建华

……

在历史上，我们第一次有机会自己管理香港，自己创造香港的未来。在"一国两制"之下，我们将以坚定的信念、踏实的步伐和旺盛的斗志，朝着高远的理想前进。我们的香港将会是：

一个为其祖国和文化根源感到自豪的社会；

一个安定、公平、自由、民主、有爱心、方向明确的社会；

一个富足和生活质素优良的社会；

一个廉洁、机会均等、公平竞争的法治地区；

一个中外交流的窗口；

一个蜚声国际，举足轻重的金融、贸易、运输、资讯中心；

一个国际性的文化、科研和教育中心。

各位嘉宾，各位市民：

再过两年多的时间，中国就将庆祝共和国五十周岁的诞辰；而人类将喜迎一个新世纪的千岁新年。我深信不疑，香港将在那个双喜临门的时刻，用更加美好的生活，向祖国献礼；带着更加辉煌的成就，跨进新世纪。

祝愿祖国繁荣昌盛！

祝愿香港迈向成功！（新华社香港 7 月 1 日电，节选自《广州日报》1997 年 7 月 1 日）

董建华的演讲词显然是经过精心准备的，所表达的修辞语义非常明显，不需要作过多的思考、分析和阐释，便一目了然。例中，对"一国两制"、对香港的明天、对祖国的未来，都充满着美好的期许和衷心的祝福，观点鲜明。尤其是"我们的香港将会是：一个为其祖国和文化根源感到自豪的社会；一个安定、公平、自由、民主、有

---

① 袁晖，李熙宗. 汉语语体概论. 北京：商务印书馆，2005. 367.

爱心、方向明确的社会；一个富足和生活质素优良的社会；一个廉洁、机会均等、公平竞争的法治地区；一个中外交流的窗口；一个蜚声国际，举足轻重的金融、贸易、运输、资讯中心；一个国际性的文化、科研和教育中心"这几句话，连续使用 7 个结构相似的句子构成了排比句式，从而造成一种气势，强化了演讲者的个人情感，不仅使修辞语义表达更加清楚明白，而且还使演讲更具感染力、号召力和鼓动性。

各种语体对各种类型的修辞语义都会有不同的规约，有些语体更看重的是客观真实的修辞语义，有些语体更注重模糊多解的修辞语义，有些语体更凸显的是简洁明了的修辞语义，有些语体更强化委婉含蓄的修辞语义，有些语体更彰显准确严谨的修辞语义。但这不意味着某种语体因为强化对某种修辞语义使用的规约，就完全排斥其他修辞语义的使用，其实更多的时候则是注重修辞语义的综合使用。但是，由于语体之间毕竟存在着不同，所以对修辞语义的规约也就存在着差别，只不过轻重程度不同罢了。本着这种认知，我们在论述的过程中就突出了语体规约修辞语义使用的主要表征，而忽略了次要表征。比如，在文学语体中，主要论述了对委婉含蓄、模糊多解修辞语义的规约，而对简洁明了、客观真实、准确严谨修辞语义的规约就没有论及。

## 第三节　语体与句子及修辞语义表达

修辞语义的表达最终要落实到句子等修辞手段上，因此句子是修辞语义表达的重要表现手段。从修辞学的角度看，言语交际的过程就是一个修辞选择的过程，也就是修辞创造的过程。在这个过程中既有对语音形式的选择，又有对词语的选择，还有对句子的选择，以及对其他修辞单位的选择。本节的论述仅仅局限于对句子的选择及其修辞语义表达。

对句子的选择实际上就是对同义句式的选择。语言运用的过程中，言语表达主体要考虑的一个重要因素是语体。因而，对语体与句子选择及修辞语义表达的研究不能不讨论语体与句子之间的相互关系、句子选择的语体制约和要求，以及句子选择的语体偏离和失误。

### 一、语体与句子

"每一种语体均系适应人类社会交际需要才产生，都有着表现自己语体特定的不同的语言材料、语言手段。"[①] 作为运动着的动态的句子是一定语体中的句子，是构成一定语体的重要修辞手段和语言材料，在语体中有着举足轻重的作用，因而不能脱离语体而存在。离开语体的句子是抽象的、静态的、没有色彩的句子。比如：

---

① 胡裕树，宗廷虎. 修辞学与语体学. 宗廷虎. 修辞论集. 长春：吉林教育出版社，2003. 173～184.

①张洋去了北京。
②广州的夏季非常热。

这些句子可以拿来作为语法分析的理想的语料，但因为它们失去了一定语体的支持，少了一定的语体色彩，所以作为修辞研究的语料就缺乏足够的解释力。也就是说，语体是我们诠释句子、选择句子的最重要的参考条件。句子都是在一定的语体范畴之内为表达主体所建构的。只不过，这些句子有的被用于表达一定的思想内容，呈显性化；有的尚处在潜性状态。总之，语体为句子的生成提供了适宜的土壤。比如人们常说的口头语体，这种语体的口语性便决定了具有相同修辞特征的句子形成一个句子场。这个句子场内的各个句子都具有口语化的特征。那就是，句子结构简单，词语量小，省略成分多，冗余成分多，语序多样化，内容单一，便于口说。像日常的谈话、购物时的讨价还价等典型的口头语体中生成的句子就具有以上特征。如：

"多少钱一斤？"
"三毛。"
"便宜一点。"
"已经够便宜了。"
"再便宜点，两毛八。"
"不行啊，你再问问别的吧。"

这一段有八个语音短句，这些句子虽然表达了不同的语意，但上口易说是它们的共同特征。这就是口头语体条件下的活生生的句子。而在其他语体，比如科技语体、公文事务语体中不可能创造出如此生活化的句子。在散文体中，适宜于语体而创造的是繁丰的、藻丽的句子，是情感化的、形象化的句子。这些句子便于叙事，便于描写，便于抒情。比如：

一轮落日——那样圆，那样大，像鲜红的珊瑚球一样，把整个江面笼罩在一脉淡淡的红光中，面前像有一种细细的丝幕柔和地、轻悄地撒落下来。（刘白羽《长江三日》）

这个句子具有鲜明的主观夸饰色彩，其中构拟了两个比喻，其形象性不言而喻，而这样的句子是以文学语体作为产生条件的。所以，从语体意义上说，任何句子都是一定语体下的产物，都是一定语体下产生的修辞现象；语体是句子赖以存在的前提，是句子赖以生存的背景因素。王希杰说："语体是形成同义句式的根源。"① 我们据此也可以说，语体是产生句子的丰厚土壤。

从句子修辞学的角度看，句子是语体形成的重要修辞手段。众多不同的具体的句子依据它们在修辞方面的共性特征，而形成各不相同的句子聚合体，这些句子聚合体的系列性特征是形成语体的重要构件。以公文事务语体为例，其语言运用在句子这个子系统中就容聚了大量的富有特色的具体的句子，从而形成了不同的句式。文言句、长句、陈述句、祈使句、常式单句、并列复句等是其稳定的构成要素。例如：

### 中央人民政府公布中华人民共和国国徽的命令

1950 年 9 月 20 日

中国人民政治协商会议第一届全国委员会第二次会议所提出的中华人民共和国国徽图案及对该图案的说明，业经中央人民政府委员会第八次会议通过。特公布之。

此令

主席　毛泽东

因为命令具有法定权威性和约束力，要求强制执行，所以其行文直白明确、坚决果断。语言表达就注重准确性，句子多运用长句和文言句等。该例中正文仅用了三个句子，第一个句子是长句、陈述句，把要表达的意思全部涵盖在其中，句子词语多，结构复杂，表意细致、周密、严谨，做到了无懈可击。第二句，仅用四个音节，就形成了命令中所要求的程式化的句子，结构简洁，语意明确，毫不含糊。"此令"句也是文言句，是高度紧缩的句式，短小精悍，更是要言不烦。

可见，从理论上说每一种语体都相对集中了无限的具有共性的句子，这些具有共性的句子便形成句式，而正是这些具有共性的句子（即句式）的运用形成了不同语体的不同的句子运用特征体系，只不过不同语体各有自己独具特色的专用句子运用系统。所以说，语体是句子生成或选择的必要条件，句子是构成语体的重要要件和手段之一。二者是互为前提的，离开了语体的句子不是修辞学意义上的句子，没有特定的句子运用体系的语体也是不存在的。

## 二、句子选择的语体制约

正因为句子和语体之间的这种密不可分的关系，就使得修辞表达中的句子选择必然要受到语体的制约。而语体按张弓的观点又分为口头语体和书卷语体，书卷语体又

---

① 王希杰. 修辞学通论. 南京：南京大学出版社，1996.

分为文艺语体、科学语体、政论语体、公文语体①四个变体。这些不同的语体变体对句子提出了不同的要求，就是说有什么样的语体，便要求有什么样的句子与之相适应。因而，修辞表达中句子的运用就应该首先考虑语体。程祥徽1994年在讨论语体风格时提出了语体先行的主张。他说，特定的人在特定的场合首先考虑的是说得体的话。得体之"体"可以理解为语体之体。个人的一切言语活动首先要符合语体的要求。② 这是有修辞学意义上的理据的，并有一定的理论指导意义。从句子修辞学的角度来看，句子的选择首先就是要确定语体，考虑说话和写作时表达主体是在什么样的语体范围和语域内进行的。这实际上是说要定一个说话或表达的语言调子或叫笔法，然后以此来选择、创造句子。上文说过，所谓的句子选择实际上就是同义句式的选择，也就是在众多的意义相同而语体色彩、修辞功能、句法结构等不同的句子中进行挑选。不同的语体在句子方面有不同的要求，从而限制了不同句子的出现频率。主动句、被动句、肯定句、否定句、陈述句、疑问句、单句、复句、长句、短句、整句、散句、方言句、普通话句、传统句、新兴句等都有自己出现的语域。比如：

　　老汪把桌子推倒了。/桌子被老汪推倒了。/老汪推倒了桌子。/桌子是老汪推倒的。/桌子是被老汪推倒的。/推倒桌子的是老汪。/老汪推倒的是桌子。/被老汪推倒的是桌子。/难道不是老汪推倒的桌子吗？/桌子怎么不是被老汪推倒的呢？/老汪推倒了桌子，难道不是吗？/老汪推倒了桌子，不是吗？/推倒桌子的，不是老汪又是谁？/老汪，他推倒了桌子。/桌子，老汪推倒了。/桌子，它被老汪推倒了。/老汪，桌子被他推倒了。/桌子，老汪把它推倒了。/老汪将桌子推倒了。/桌子叫老汪推倒了。/桌子给老汪推倒了。/桌子叫老汪给推倒了。/桌子让老汪推倒了。/桌子让老汪给推倒了。/桌子为老汪所推倒。

　　这些句子都是同义句，分属不同的句式。它们对语体都有各自的选择倾向，或者说不同的语体对它们都有特定的选择。
　　在科学语体中，要求句式严整而少变化。从句类方面看，陈述句的运用要多一点，疑问句次之，感叹句和祈使句用得更少。从句型方面看，完全形式的主谓句多，而不完全形式的句子和非常式句一般不用。大量运用复句，尤其是多重复句，以便于准确、周密地表达意义。其他的如方言句、口语句式、夸张句等更不允许出现。冯广艺曾做过考察，其结论是：在科学语体中，陈述句占90%左右，疑问句占5%，祈使句和感叹句占5%；主谓句占95%，非主谓句占5%。③ 如陈松岑《社会语言学导

① 张弓. 现代汉语修辞学. 天津：天津人民出版社，1963.
② 程祥徽. 略论语体风格. 修辞学习，1994（2）：1～3.
③ 冯广艺. 汉语修辞论. 武汉：华中师范大学出版社，2000. 154.

论》第 63 页（北京大学出版社，1985 年版）关于语言和民族的关系的一段描述：

> 民族不是种族。种族具有外部生物学的某些特征，如肤色、毛发等。民族是一定历史阶段上形成的社会范畴。虽然人们可能给民族下各种不同的定义，但几乎没有人否认共同的语言和共同的文化是民族的两个重要特征。一般说来，共同的居住地域和共同的经济生活是形成民族的前提，但只有在具有共同的语言和共同的文化的情况下才会形成民族的内聚力——民族感。

这段话共运用了五个句子（以句号为标志）。从不同的角度看，其中有三个单句，二个复句；三个肯定句，两个否定句；五个陈述句；二个转折句；三个短句，二个长句。这些不同角度的句子的选用就是为了论证和科学地说明语言与民族之间的关系，表义严密、明确。它们都满足了科学语体的要求，是科学语体约束下的句子选择结果。正是由于科学语体在句子选择上的条件限制，如果选用夸张句等句式，就会使语义表达失去准确性和周密性，这样其结论的可靠性就难以保证。其他语体中句子的选择同样受到了语体的制约。不同的语体决定了选择不同的句子运用状况。这是一种常规性选择，也即规范性选择。

在公文事务语体中，句子的选择遵循着该语文体式对句子使用的基本要求。例如：

### 关于从重处罚在公共场所随地吐痰及丢弃废弃物等行为的通告

穗府〔2003〕27 号

为了改善城市环境卫生，预防疾病，根据《中华人民共和国行政处罚法》《广州市城市市容和环境卫生管理规定》，市人民政府决定，对在公共场所随地吐痰及丢弃废弃物等行为加强执法力度，从重处罚。现将有关事项通告如下：

一、单位和住户的生活废弃物，应当按指定的时间、地点和方式倾倒。垃圾清运单位，对集中堆放的垃圾要当日清运干净。

二、任何个人不得随地吐痰、便溺；不得随地抛弃瓜果皮核、纸屑、烟头、香口胶和动物尸体等；不得从高空、建（构）筑物向外掷物、泼水。

三、有下列行为之一的，由城市管理综合执法部门从重处罚：

……

六、本通告自 2003 年 5 月 10 日起施行。

广州市人民政府

二○○三年四月二十九日

这则通告中，句子形式单一化，都是陈述句，而且措辞精确概括，语气庄重严

修辞语义：描写与阐释

肃,表意严谨周密,没有使用描写性语句。这刚好符合公文事务语体语句使用的基本规范。

在文学语体中,句子的创造就是另一个样子。句式灵活多样,各种句式句型都被广泛使用,比如主动句、被动句、肯定句、否定句、陈述句、疑问句、单句、复句、长句、短句、整句、散句、方言句、普通话句、传统句、新兴句、常式句、变式句、省略句、完全句等都在被使用之列。比如:

> 这来的便是闰土。……
>
> 我这时很兴奋,但又不知道说什么才好,只是说:
>
> "啊!闰土哥,——你来了?……"
>
> 我接着便有许多话,想要连珠一般涌出:角鸡跳鱼儿,贝壳,猹……但又总觉得被什么挡着似的,单在脑里面回旋,吐不出口去。
>
> 他站住了,脸上现出欢喜和凄凉的神情;动着嘴唇,却没有作声。他的态度终于恭敬起来了,分明的叫道:
>
> "老爷!……"
>
> 我似乎打了一个寒噤;我就知道,我们之间已经隔了一层可悲的厚障壁了,我也说不出话。
>
> 他回过头去说:"水生,给老爷磕头。"便拖出躲在背后的孩子来,这正是一个二十年前的闰土,只是黄瘦些,颈子上没有银圈罢了。"这是第五个孩子,没有见过世面,躲躲闪闪……"(鲁迅《故乡》)

《故乡》作为小说语文体式,在句子的使用上受到的限制不大,有较大的自由度。由于表达主体"我"离开家乡已经有好多年,所以对家乡的记忆渐趋模糊,对家乡的人逐渐陌生,对家乡的事也知之甚少。当阔别多年再次回到家乡时就感到非常兴奋,一切都那么新奇,所以对话中便使用了感叹句、疑问句、陈述句、省略句、短句、独词句等。这些多变的句式彰显了彼时彼刻修辞主体内心的兴奋、欢愉和对童年往事的回忆。

在演讲语体中,严谨、简明、生动、口语化是其基本修辞要求。在句子的构拟和选择上,同样遵循着这一规范,努力符合演讲语文体式的句子使用要求。例如2012年时任副总理的李克强在博鳌亚洲论坛上的演讲词。

## 凝聚共识　促进亚洲健康可持续发展
### ——在博鳌亚洲论坛 2012 年年会开幕式上的演讲
中华人民共和国国务院副总理　李克强
（2012 年 4 月 2 日，中国博鳌）

尊敬的各位贵宾，

女士们、先生们，朋友们：

很高兴参加博鳌亚洲论坛 2012 年年会，与来自世界各国的朋友们见面。我们开会的地方——博鳌，十多年前还是一个鲜为人知的小渔村，现在已成为可以共商亚洲发展之计的大平台。博鳌是在中国和亚洲开放发展中快速成长起来的，它的开放与变化表明了中国与亚洲、亚洲与世界的联系日益密切。可以说，身在博鳌能够"博览天下""博采众长"，博鳌论坛是一个立足亚洲、面向世界、开放包容的大平台。论坛本次年会以变革的世界为背景，谋求亚洲健康与可持续发展，很有意义。在此，我谨代表中国政府，对年会的召开表示热烈祝贺！对各位远道而来的嘉宾表示诚挚欢迎！

一是立足内生增长。这是亚洲健康与可持续发展的独特优势，也是亚洲开放型经济发展的新趋势。亚洲人口约占全球的 45%，绝大多数国家是发展中国家，各国国内和各国之间发展不平衡，内需市场潜力巨大。亚洲还拥有世界上最多的劳动人口，有最大的工程师与科研人员队伍，人力资源优势明显。在继续发挥比较优势、参与全球竞争的同时，着力开拓内需市场；在保持投资适度增长、增加要素投入的同时，充分发挥消费的作用，发挥科技进步和劳动者素质提高的潜能，亚洲经济是能够实现强劲、可持续、平衡增长的。

二是秉承开放包容。这是亚洲健康与可持续发展的必然要求。过去亚洲经济的快速增长是在开放中实现的，今后亚洲进一步发展仍需坚持开放，包括向世界开放和各国相互开放。实行开放的地区政策，在开放中相互促进、取长补短，对亚洲持久发展意义重大。各国应增进相互信任，加强学习借鉴，倡导包容性增长，在重大国际和地区问题上保持沟通协调，积极应对气候变化、粮食和能源资源安全等全球性挑战，主动参与全球治理结构和国际金融体系调整改革。同时，我们欢迎地区外国家参与亚洲发展进程并发挥建设性作用。这有利于促进亚洲繁荣，有利于促进新兴经济体与发达经济体深化合作，有利于世界和平、稳定和发展。参加本次年会的嘉宾有 1/3 来自欧美国家，这从一个侧面反映了亚洲更加开放。

三是实现互利共赢。这是亚洲健康与可持续发展的有效途径。近年来，亚洲国家之间各种务实合作不断加深，东南亚、中亚、东北亚、南亚等区域合作成果丰硕。目前，亚洲区域内贸易占全部贸易的比重已超过 50%，彼此在合作中获得了发展的红利。新的形势下，需要各国继续加强磋商与合作，推动全球贸易自由

修辞语义：描写与阐释

化、投资便利化，反对各种形式的保护主义，提升交通、通信、能源等基础设施互联互通和网络化水平，深化区域及次区域合作，促进亚洲和世界各国共同发展。开放合作于人有利，于己有利，是互利共赢之路。

四是促进团结和谐。这是亚洲健康与可持续发展的有力保障。亚洲各国体制和模式多样，民族和文化多元，团结互助格外重要。建设一个和平、团结、和谐的亚洲，需要继续发扬同舟共济的精神，共同应对金融危机冲击和经济风险挑战，共同克服重大自然灾害的影响，共同解决发展中遇到的阶段性难题；需要在经济发展中更加重视社会公平正义，更多帮助欠发达地区和困难群体，促进各国人民共享发展的成果。

五是坚持和平发展。这是亚洲健康与可持续发展的重要基石。亚洲之所以能够取得今天的发展成就，很大程度上得益于长期保持了总体和平稳定的局面。在经济全球化和新的国际体系中，各国和亚洲的繁荣发展，应当也只能通过和平与合作来实现。从战略高度考虑彼此关系，求同存异，寻求利益最大交汇点，是各方根本利益和长远利益所在。无论是以往的遗留问题，还是现实的分歧和争端，只要有关各方从维护相互友好关系和发展大局出发，尊重历史，遵循国际关系的基本准则，是能够通过对话协商与和平谈判解决的。这是亚洲之福、世界之幸。

……（见新华网 2012 年 4 月 3 日；因全文较长，引用时省略了后半部分）

由于篇幅所限，我们引用了演讲词的一部分。这部分共有 1 500 字左右，以句号和感叹号为标志总计 38 个句子。这是一篇政治性演讲词，从句子修辞学角度看，就句类来说除了开篇祝贺、欢迎的话语使用感叹句（祈使句）外，仅占这段语篇句子总数的 5.26%；其余的句子全部是陈述句，占句子总数的 94.74%。就句子的长短来说，10 个字及以下字数的句子共 6 个，占句子总数的 15.79%；11~20 个字及以下字数的句子共 5 个占 13.16%；21 个字及以上字数的句子共 27 个，占句子总数的 71.05%。可以看出，长句占了绝对比例。就句子结构来说，完全句多，非完全句少调大；复句多，单句少。句子使用的状况与作为政治性演讲体的语体规范相吻合。由于是在博鳌亚洲论坛上的演讲，所以内容涉及政治、经济和国际关系等重大问题。因此，在构拟句子时就特别强调严密性、逻辑性、庄重性、严肃性、规范性与合格化。

## 三、句子选择的原则

表达主体在表达的过程中除了题旨、时代、心理、风格、文化、话题的因素需要考虑外，还必然要考虑语体因素，力争使句子选择与特定的语体相适应。如何做到适应，这是每一个表达主体都要认真加以解决的问题。要做到适应，就必须坚持一定的原则。这个原则就是得体性原则。王希杰说："得体性原则是修辞学的最高原则，是保证达到最佳表达效果的重要手段。"① 在得体性这个总的原则之下，句子对语体的适应要做到两个方面。

其一，要与总的语体形象相一致。这就是说，当表达主体确定了语体范畴后，所选用的句子必须适合于所选用语体对句子的总的要求。当然，各种语体都有可以通用的句子，除了通用的句子外，有些句子是带有比较突出的语体色彩的。像韵文句、夸张句、文言句、欧化句、公文句等语体色彩较浓，就不可随意选用。在同一种语体中一会儿用这种句子，一会儿用那种句子，不同语体色彩的句子频繁夹杂出现，语言是热闹了，但会让人觉得不协调，这就没有做到与特定语体的总体要求相适应，所以就没有做到得体。若选用的是政论语体，那么就应该选择政论语体所经常使用的句子。为了增强语篇的上下贯通的气势和鼓动性，就要选用排比句、反复句、反问句、设问句、整句；为了使言语表达更具逻辑性和说服力，就要选用推论句、长句、严整的句式；为了使表达具有生动形象性，就要选用夸张句、拟人句、对偶句等。不管出于何种目的，这些句子的选择只有满足了政论语体对句子的总体要求，与政论语体的语言运用特征体系相一致，才算做到了得体。那么，所选择的句子才是恰当的、适宜的，否则就是不得体的。比如，在政论语体中，全篇选择公文事务语体常用的句子，如选用程式化的句子"照此办理""酌情处理""切切此布"等就会使句子与语体不协调，显得不伦不类。

其二，要与上下文对句子的具体要求相吻合。任何一种语体除了总的要求之外，在行文中具体的上下文自然会限制句子的选择。在一个具体的语篇中，下文该用什么样的句子，就应该充分考虑上文的句子因素。如汉语的主动句与被动句，在上下文中究竟应该怎样出现，就需慎重对待。我们知道，主动句与被动句是从语态上区别开的。当主语是动作行为的发出者时，是主动句；当主语是动作行为的承受对象时，是被动句。而同一个意思可以用主动句去表达，也可以用被动句去表达。那么，在具体的上下文中要选择哪一种呢？这就要充分考虑具体上下文中句子的使用情况。例如：

> 小二黑挣扎了一会，无奈没他们人多，终于被他们七手八脚打了一顿捆起来了。（赵树理《小二黑结婚》）

作者所构建的句子中，由于上文用的是主动句，下文为了保持前后主语的一致性，选择了被动句。这样就使上下句子的衔接非常顺当，而且把小二黑遭受挨打的不幸事情有秩序地叙述了出来。这就做到了与具体上下文中的句子协调一致。如果换成主动句，即"他们终于七手八脚地把小二黑捆了起来"，虽然基本意思没有变，但由于主语发生了变化，上下文结构就显得不紧凑，因而就是不得体的。

---

① 王希杰. 修辞学通论. 南京：南京大学出版社，1996. 395.

## 四、句子选择的语体偏离和失误

句子的选择必须与语体相适应，这是基本的原则。但这并不是说，表达主体不可越雷池一步。其实，表达主体往往可以根据不同的语用目的，在遵循这个原则的前提下对之作适度的变异。按照语言偏离理论，一定语体下的句子的零度选择是一种常规选择、规范选择。在实际操作中，表达主体完全可以作出偏离选择。

这种偏离选择有两种，一种是特定语体规范下的正偏离选择。也就是有益于提高语言表达效果，更利于叙述、议论、说明、描写、抒情等的艺术化选择。这种选择已由正常交际层面提升到了审美交际层面。语体的正偏离在文学语体中最为常见。比如，作者为了某种修辞的考虑有时也会突破文学语体对句子的规范化要求，而选择其他语体常用的句子。许多作家都不约而同地作了这方面的尝试。王蒙自己就说："小说首先是小说，但它也可以吸收包含诗、戏剧、散文、杂文、相声、争论的因素。"这也许代表了一些作家的语言运用主张。因此，把叙述体与诗体、小说体与档案体、诗体与档案体、诗体与小说体、小说体与公文体等结合在一起的现象并不少见。他们在特定语体的大框架下大胆地移植了其他语体或者说把其他语体渗透在特定语体之中，从而形成了不同语体交织的现象。随着语体的相互融合，作者就依据具体的语体片段去选择与之适应的句子。比如，张贤亮在《绿化树》中就大量地运用了学术科技语体的句子，于坚在长诗《0 档案》中就使用了档案体的笔法，其中便运用了大量的标点空位的短句。如：

明锁　暗锁　抽屉锁　最大的一把是"永固牌"　挂在外面

这些句子毫无生气，冰冷乏味，读来好像是档案室的门锁摆在面前。但在作者构拟的诗歌语文体式中，由于突破了常规，做到了对其移植的语体的适应，所以就能给人一种新奇感，就化腐朽为神奇了，从而收到理想的修辞效果。顾啸在中篇小说《名门望族》中，叙述张五月向家人宣布自己的婚姻大事时就有意识地插入了具有公文语体色彩的一段话：

五月敬告亲友：张氏五月，遵循我国"男大当婚，女大当嫁"之古训，坚持当代恋爱婚姻自由，他人不得从中干涉的原则，为慰老父老母急于择婿的爱女之心，五月本人通过"择优录用"之优选法，已经选定某厂青年姓南名生，为终身伴侣。为此，特向全家发布公告为"订婚凭证"。五月与南生何时何地举行婚礼，目前尚无可奉告。

公告发布人　张五月

为了适应具体语体，作者选用了公文语体中常用的句子：文言句"……之……""为……之""通过……""为此，特……"和长句等。这些文言句、长句的选用，孤立地看是句不"对"体，因为这和小说语体对句子运用的要求不相一致。但是，一旦我们把它置于更高的层面，从整篇小说的需要去观察，就会发现这些公文语体中常用的句子在这里出现显得很别致、很有特色，把张五月的大胆、果断、幽默的形象描写得栩栩如生。做到了对语体的适应，做到了对语体的得体，其效果当然是好的。这就是句子对小说语体的正偏离，对小说语体句子运用规范的超越。

还有一种偏离，那就是负偏离。超越是一种艺术化运用，超越的反面便是句子选择的语体失误，也就是负偏离。语体失误或负偏离，是说所选用的句子违背了语体的规范，与语体不相适应。语体一旦形成，便有一定的保守性和封闭性，因而就排斥"异己"的句子，就尽量地拒绝别类句子。老舍说过，我们用什么话语，是决定我们写什么的。比方说：我们今天要写什么报告，我们就需用简单的、明确的、清楚的语言，不慌不忙，有条有理地去写。光说俏皮话，不会写出一篇好报告。反之：我们要写一篇小说，我们就应当用更活泼更带情感的语言了。老舍是就整个语言运用来说的，从句子修辞学的角度来理解，我们完全可以说句子的选择必须要与一定的语体要求一致，如果句子的选择游离于一定的语体，那就是错误的选择，是句子选择的语体失误。《孔乙己》中，孔乙己所选用的"多乎哉不多也"等之所以受到众人的嘲笑，就是因为他在口头语体中不适宜地插入了文言句，背离了口头语体对句子的规范要求。撇开文学作品不说，就孔乙己来说，他的句子选择就没有做到对语体的得体，是一种选择失误。语体失误在科学语体、公文事务语体中较为常见。比如，写一个寻物启事，单位下发一个通知，国家发布一个命令或公布一个决定，这本属于公文事务语体，没必要也不能够选择文学语体常用的变异句、超常规句、倒装句、夸饰句等，否则便是句子选择的语体失误。口头语体中如果大片段地选用科学语体的句子，那自然是不恰当的，那是对口头语体句子运用规范的负偏离。如：

> 我17点35分离开办公室，就以每秒2.5米的速度到离机场210米面积为100平方米的菜场买菜。那位身高1.65米体重50公斤的女售货员对我说："今天的鸡蛋从母鸡把它生下来到现在只有90个小时，每个重50.2克，你买不买？"我买了1.5公斤鸡蛋、600克盐、50克味精，还买了1.1公斤肥瘦分别为40%和60%的猪肉，8棵大葱，18点30分做直径为6厘米的馅饼吃。（王绍龄主编《言语交际》）

这个例子有三个句子（以句号、问号为标志），是设计出来的一个理想化的语料，是潜在的，现实中人们可能永远不会这样说。但如果它在口语中显性化，那么它就是一种句子选择失误。虽然例中各个句子都做到了精确，从句意上看更适宜于科学语体，但与口头语体允许句子的句意有一定限度的模糊性要求不相一致，没有做到对口头语体句子运用规范的得体。所以，这种句子的选择在口头语体中是应当予以避免的。

综上所述，正如袁晖所说："在句子方面，不同的语体也有不同的色彩。色彩不同，就会形成不同的言语气氛，就会形成不同语体的构成要素。我们说不同语体的区别更明显的是在句子上，在很大程度上是因为句子是形成不同的言语气氛的关键。句子由于成分的组合与次序的不同，就构成了不同的色调和语感。这些句子就成为某个语体的专用成分，以区别于其他语体。即使在同一种句型中，不同语体的结构形式也不相同，这就形成了不同语体的句子专用成分。"① 因此，对句子的选择必须首先考虑语体，在确定了语体之后要注意语体对句子的制约作用。选择过程中应坚持得体性原则，把握好语体的总体规范及局部要求，适宜地作出规范性选择和变异性选择，力求避免句子选择的语体失误，以及由此而造成的修辞语义表达错误。

---

① 袁晖. 语体的通用成分、专用成分和跨体成分. 烟台大学学报（哲学社会科学版），2005（1）：109~113.

# 第四章

文学语体与修辞语义表达

不管出于什么样的目的而创作，为什么人而创作，基于何种原因而创作，作家创作出的小说等文学作品在客观上既具有文学教育作用，也具有情感教育作用，也还有语言教育作用。作家们都会竭尽所能采用各种不同的创作手段来用心经营创作过程，以便写出更多更好、更美的作品。本章从文学语体的角度来描写与阐释修辞语义的表达问题，尤其把精力放在了小说语体修辞语义的描写与阐释上，当然也同样会涉及其他语文体式。主要论述语用偏离及其修辞语义表达、西语移植及其修辞语义表达、语体偏离及其修辞语义表达、叙事小说时间意义的表达、叙事小说空间意义的表达等内容。通过分析，我们可以从中体味到小说话语表达的修辞模式带给读者的修辞意蕴和语义内涵。

# 第一节　语用偏离及其修辞语义表达

文学语体是书卷语体中的重要一类。文学语言处在言语交际的艺术交际层面，对修辞表达的追求主要表现在两个方面。一方面是修辞话语的规范性与合格化，一方面是修辞话语的艺术化与审美性。但无论是表达主体还是接受主体对这两个方面的要求并非是对等的、同等重要的。修辞主体对语言艺术化的期待要远远高于对语言规范化。也就是说，在文学语言中更多地追求的是修辞话语的偏离与超越，但不拒绝语言运用的规范性与合格化。

## 一、超越规范是文学语言的必然存在

文学语言是骚动着的，是不安分的。

文学语言属于言语学的范畴，具有浓重的人文主义性征。与语言学意义上的"稳定性""确切性""逻辑性"相比，文学语言更多地注重"心灵性""游移性""模糊性""直觉性"。正因为如此，文学语言就有些放荡不羁，因此当我们用语言学的法则、定律对之作冷静的知性分析时就会显得苍白无力，众多文学语言现象就会被视为有悖于语法，违反了常规。显然，文学语言与规范语言有时是不一致的，甚至是矛盾的。作为语言研究者，应保持清醒的头脑，不能熟视无睹，不能用语言警察的眼光以先入为主的条条框框去肢解文学语言。那样，只会禁锢文学语言所散发出的艺术光芒。

我们提倡规范语言，我们呼唤语言规范，但是多年来的实践已经证明，文学语言是不可能全部做到规范化的。事实上，在文学作品中，始终是骚动着的语言和规范化的语言共同构筑了文学艺术的语言大厦，而且尤以骚动着的语言为文学语言的主要表现形式。因此，文学艺术的语言魅力并不仅仅体现为具体语境中叠音词语和双声叠韵词语的恰切运用，声调平仄自然，音节整齐匀称，也不仅仅表现为同义句式的取舍和某些积极修辞方式的选择。也就是说，用词的叠床架屋，辞藻的华丽，并不能涵盖文学艺术语言魅力的全部内涵，骚动性语言的存在更能使文学语言活泼生动，异彩纷呈。

## 二、骚动性是学者们和文学家的共同追求

不少文艺理论家、语言学家都立足于审美视角来探讨文学语言，认为文学语言应当对标准语、规范语言作适宜的扭曲变形，使语言"往往可造成超脱寻常文字、寻常文法以至寻常逻辑的新形式"[①]。美国语言学家乔纳森·卡勒认为："文学总要打破嘲弄或避开任何即将公式化的东西或可以直接理解的东西。""总是利用现存的符号，把它们组合起来，并不断赋予它们新的意义"，并"以语言为基础，而它对语言的特殊运用就形成了语言惯例以外的辅助惯例"。[②] 这就是一些语言学家对文学语言的认识和期待。作家更受制于自己的冲动、注意、动机、情绪、情感和意志等意向活动，去追求个性化的文学语言，而这种不同的个性化的文学语言主要就是作家文学创作中对语言规范作出的不同变异。汪曾祺把小说语言小品化，王蒙较多地去设置错位的语言，张承志、邓友梅、陈建功追求小说语言的地域化，王朔更偏爱小说语言的世俗化和调侃性。[③] 何立伟反对用重复仿制品"公共语言"去创作，提倡用创造的、个性的、有表现力的语言，在小说语言上"企图打破一点叙述语言的常规（包括语法），且试将五官的感觉在文字里有密度和有弹性张力的表现，以使之尽量具有可触性、'墨趣'和反刍韵味"。[④] 由此可见，骚动的文学语言既是一些文艺理论家、语言学家所追求的，更是作家文学创作心理冲动和多种艺术手段综合运用的结果。所以我们认为，文学语言不能没有骚动，不能没有变异。没有骚动，没有变异，文学作品便没有个性化的语言，作家便扭曲了自己独特的语言风格，那么文学作品便失去了生命力。

语言运用的得体性是对语用环境的适应度和对语用环境条件的利用度，因此得体性可以说是修辞的最基本追求，当然也是最高要求。用这种理论来阐释骚动的文学语言，并不难推知无论骚动的文学语言多么令人眼花缭乱，让读者通过想象而产生多么美妙无穷的审美趣味和审美价值，但文学语言的骚动并不是随心所欲的，而是在一定原则的统观之下进行的，这个原则便是得体性原则。这可以说是骚动的文学语言所遵循的最高原则。离开了这一原则，所谓的骚动、变异就都失去了审美的基础和保障。所以，鲁枢元曾说，骚动的文学语言完全"是一种浸透了言语活动主体的语言"。[⑤]

① 陈望道. 修辞学发凡. 上海：上海教育出版社，1979.
② 刘云泉. 何立伟小说语言实验的得失. 复旦大学语言文学研究所. 语法修辞论. 杭州：浙江教育出版社，1994.
③ 宗廷虎. 再论汉语修辞学 21 世纪应成"显学"——谈国内出现的良好的学术机遇. 修辞学习，1995（5）.
④ 何立伟. 关于白色鸟. 小说选刊，1985（6）.
⑤ 鲁枢元. 创作心理研究. 郑州：黄河文艺出版社，1985.

比如，王蒙小说话语中无标点语句的反复出现，就是语言的一种骚动。由于没标点，使句子结构纠缠，句界模糊，然而这正是对具体题旨情境的恰切适应，因此就收到了很好的修辞效果。这种适应性的表现之一，就是与现实生活的协调。现实社会生活迫使作家不得不反复使用无标点语句。徐炳昌对王蒙的这一语言变异曾作过较为深入的分析。他说，这种变异、这种骚动是"因为一个纷繁复杂的世界出现在作者的眼前，快速的生活节奏不允许主人公作片刻的停顿，这些地方一口气说下去，这些地方节奏加快，这些地方在意识中是连续的。从而更准确地反映急速跃动，是人物思想活动中的一个客观过程"。①

### 三、文学语言骚动性的表现

文学语言突出的是骚动性，即对语言规范的叛逆和反动。这种骚动表现为词语运用上的变异、句法上的超常配置、语义上的歧义性等一系列非常规用法。文学语言对语言规范的这种叛逆与反动，实际上就表明文学语言超越了语言，突破了规范，走出了一统。

#### （一）词语的变异用法

词语是构成文学艺术语言大厦不可缺少的材料，在文学创作过程中词语运用往往会发生变异。词语的变异用法，是多种多样的。

1. 色彩上的变异

主要表现为把褒义词用作贬义，把贬义词语用作褒义。如孙犁的《荷花淀》中写道：

> 几个女人有点失望，也有些伤心，各人在心里骂着自己的狠心贼。

句中"狠心贼"本是贬义的，在这儿就临时变异，具有褒义色彩。

2. 结构上的变异

主要表现为词语内部语素的变序、增删、拆离、重装与更替。比如：

> 那几天，车滚马腾，天崩地塌，把整个沙市闹得只有沙而没有市。（郭沫若《流亡》）

作者充分利用了修辞手段对"沙市"一词词义实施了转化，"沙"已成了风沙的意思了。

---

① 徐炳昌. 王蒙小说语言新变提要. 扬州师院学报，1989（2）.

3．词性上的变异

主要表现为把甲类用作乙类词。如：

滦平唯恐被俘的老底露了馅，一连几个'他''他'，'他'不出个所以然。（肖栋全《会师前夕》

"他"本是代词，不具有动作性，而例中第三个"他"却变异用作动词，这就是一种词性变异。

4．词义的变异

词语的意义是社会约定俗成的，具有稳固性，但在文学作品中往往可以突破词语的固有意义和词义的规定性而发生偏离，从而使词语固有的语言义脱落代之以一种临时的言语义。这样就使寻常词语得到了艺术化处理。曹禺的《雷雨》中，当描写到鲁侍萍再次出现在周公馆时，周朴园说出了这样的话：

你可以冷静点，现在你我都是有了子女的人。如果你觉得心里委屈，这么大年纪，我们先可以不必哭哭啼啼的。

句中代词"我们"固有的［＋自称］［－单数］语义特征被［＋对称］［＋单数］语义特征取代，"我们"的语义就相当于"你"。这就是一种变异，这就是词义超常规运用，使周朴园的话语更具有吸引力，更耐人寻味，也使这个伪君子形象活脱脱地站在了读者面前。

（二）寻常词语的艺术化

1．小说语文体式中词语的艺术化

在小说语文体式中，本为寻常词语，但在具体语境中被表达主体作了匠心处理，从而使之发生了语用偏离，由寻常词语转而得到了艺术化应用。如：

①柔嘉管制住自己的声音道："请你少说一句，好不好？不能有三天安静的，刚要好了不多几天，又来无事寻事了。"（《围城》）
②英美两国，那时候只想保守中立，中既然不中，立也根本立不住，结果这'中立'变成只求在中国有个立足之地，此外全让给日本人。（《围城》）
③他抗议无用，苏小姐说什么就要什么，他只好服从她善意的独裁。（《围城》）
④阿福不顾坟起的脸，对李梅亭挤眼撇嘴。（《围城》）

其中的"管制""中立""抗议""坟起""独裁"等本是一些常见词语，各有自

修辞语义：描写与阐释

已使用的语体范畴，但在这里都分别得到了艺术化运用，显得颇具灵性。

2. 散文语文体式中词语的艺术化

在散文语文体式中，寻常词语的艺术化运用也相当普遍。在散文语文体式中，寻常词语可以采用复叠形式分别表达相应的语义并呈现不同的修辞效果。比如台湾作家余光中的散文《听听那冷雨》就建构了非常多的复叠修辞文本，彰显了词语运用的超常性并作为这篇散文语言运用的重要特色而存在。"复叠作为一种修辞文本模式，它的建构都是建立在修辞文本建构者（表达者）通过增加刺激物的刺激次数来强化修辞文本接受者的注意来实现其交际目的的心理基础上的"。① 余光中在文中所建构的复叠这一修辞文本具有形式多样化、分布密集化、功能全面化、效果鲜明化等特征。

（1）形式多样化。作为叠字的复叠，有的是语言中固有的，但被作者加以巧妙地运用，如"绿油油""白茫茫"等；有的是作者的独创，如"淋淋漓漓""看看"等。不管是语言中固有的，还是作者的独创，总的来看在形式上呈现出多样化的特征。

第一，XX 复叠式。单音节语言成分以"XX"式为基本的重叠形式，也就是一个音节连续重叠两次，先后出现。这些单音节语言成分，有的是词，有的是语素。它们先后连续出现，便形成了单音节语言成分的复叠修辞文本。如："听听、看看、舔舔、簌簌、凉凉、徐徐、摇摇、沉沉、哗哗、挞挞、纷纷、冷冷"等。

　　　　①听听，那冷雨。
　　　　②她冰冰的纤手在屋顶拂弄着无数的黑键啊灰键，把晌午一下子奏成了黄昏。

其中，"听听""冰冰"便是单音节词"听"和"冰"分别重叠构成的；"徐徐""纷纷"则是语言中固有的构词形式，即以叠音形式构成的，但被作者拿来用以表现自己的思想情感，用以写景和状物。

除了这一基本重叠形式外，单音节语言成分还有变式。其一是"X 一 X"式，如"不能扑进她怀里，被她的裾边扫一扫吧也算是安慰孺慕之情"中的"扫一扫"，其中的"一"读轻声。其二是"X 不 X"式，如"这种感觉，不知道是不是从安东尼奥那里来的"中的"是不是"。这是采用了肯定与否定相叠的形式构成的，其中的"不"读轻声。这两种重叠形式有一个共同的特征，那就是在"XX"中间都分别插入了一个语言成分。

该文中单音节语言成分的以上三种重叠形式共 60 例，其中"XX"式为最多，有58 例，所以我们以它作为单音节语言成分重叠式的类名。"X 一 X""X 不 X"形式各1 例。从词性上看，用以重叠的有名词、动词、形容词、量词、副词、拟声词、区别

---

① 吴礼权. 修辞心理学. 昆明：云南人民出版社，2002.

词等具有不同功能的成分，由此可以看出余先生笔下用以重叠的单音节语言成分在语法性能上的覆盖面之广。

第二，XXYY复叠式。"XXYY"复叠形式是余光中散文《听听那冷雨》中双音节语言成分的基本重叠形式，这也与现代汉语中双音节词重叠形式的基本趋势是一致的，符合双音节词重叠的一般规律。如："远远近近、细细密密、咀咀嚼嚼、间间歇歇、滂滂沛沛、潮潮湿湿、干干爽爽、回回旋旋、虚虚幻幻"等多达23例。从这些用例中可以看出，有些是双音节词的重叠。如"细细密密"就是双音节词"细密"的重叠形式；有些则是作者临时的创造，为了表意的需要而结合具体语境使不同的两个单音节语言成分分别重叠并排列在一起，从而形成"XXYY"复叠形式。如"滂滂沛沛"实际上就是"滂"和"沛"这两个单音节语言成分重叠形式的先后排列。

第三，XYY复叠式。在《听听那冷雨》中，"XYY"式复叠形式共有6例。如："绿油油、湿黏黏、灰蒙蒙、白茫茫、湿漓漓、潮润润"等。其中，有的是运用语言中已有的以叠音后缀为构词形式的词语，如"灰蒙蒙""白茫茫""绿油油"等；有的是词的第二个音节重叠而形成的，如"潮润润"就是重叠了"潮润"的第二个音节"润"构成的；有的则是作者自创的叠音构词形式，如"湿黏黏""湿漓漓"等。这些"XYY"式叠音形式多为形容词性质。

第四，XYXYXY复叠式。这种形式的复叠有1例，即"淅沥淅沥淅沥"。这是把"淅沥"一词重叠了三次而成的。

第五，XXYYZZ复叠式。这种形式有2例，即"清清爽爽新新""细细琐琐屑屑"等。它实际上是双音节语言成分的重叠式和单音节语言成分的重叠式连续出现而成的。前者为"XXYY"和"ZZ"的连用，后者为"XX"和"YYZZ"的连用。类似的例子我们在余光中的其他作品中也可以找到，如《塔》中就有"琐琐屑屑细细碎碎申申诉诉说说"用例，这就更复杂一些。其构成的成分也不限于形容词。

第六，XXYYXX复叠式。该形式有2例，即"轻轻重重轻轻""滴滴点点滴滴"等。这实际上是双音节语言成分"轻重"和"点滴"的复叠式分别和单音节语言成分"轻""滴"的复叠式连续运用而成的。

第七，XXYYXYY复叠式。这种复叠式只有1例，即"忐忐忑忑忐忑忑"等。这是双音节语言成分"忐忑"的"XXYY"复叠式和"XYY"复叠式的连用造成的。

以上复叠式的类型有7种之多，有的虽有1例，但它代表了余光中《听听那冷雨》中运用复叠修辞文本的类型多样化的一种倾向。从中可以看出余光中创造复叠修辞文本的不拘一格和运用的灵活性。也就是说，余光中对复叠修辞文本的构拟并不拘泥于现成的语言规范和人们运用的习惯，而主要是根据语意和自己的意识流动趋势来创造形式多样、色彩斑斓的复叠修辞文本。

（2）分布密集化。余光中对复叠修辞文本十分偏爱，无论是《听听那冷雨》还是其他散文，都为读者构拟了相当多的用例。这与作为诗人的语言观、内心的感受、生活的经历、自身的气质、丰富的联想能力和对语言的娴熟运用能力有着因果关系。尤其是《听听那冷雨》，更让读者领略到了作者构拟复叠修辞文本的高超技能。该文虽仅有 4 000 字左右，但复叠修辞文本却多达 96 例，平均 40 个字左右便有 1 例。其出现频率之高，实属罕见。而且，由于作者的巧妙安排，这些复叠修辞文本又以密集型样态铺排，叠床架屋，让读者大有应接不暇的感觉。它们有时是不同复叠形式的连续运用，有时则是相同的复叠形式在上下语句中反复出现。如：

> 雨来了，最轻的敲打乐敲打这城市，苍茫的屋顶，远远近近，一张张敲过去，古老的琴，那细细密密的节奏，单调里自有一种委婉与亲切，滴滴点点滴滴，似幻似真，若孩时在摇篮里，一曲耳熟的童谣摇摇欲睡，母亲吟哦鼻音与喉音。

在这个不足 100 字的语言片段中，连续运用了 5 个复叠修辞文本，其分布的密集程度是非常高的。其运用的复叠形式就有 3 类："XXYY"式，如"远远近近""细细密密"；"XX"式，如"张张""摇摇"；"XXYYXX"式，如"滴滴点点滴滴"。这些形式不同、样态各异的复叠形式高密度地硬性嵌入作者创设的字里行间，从而形成了一道亮丽的叠音风景线。

（3）功能全面化。《听听那冷雨》中，复叠修辞文本在句法功能上从大的方面看有两种作用，一是单独出现构成句子或复句中的分句；二是出现在单句中作句子成分。例略。

（4）效果鲜明化。上文已经说过，余光中是比较偏爱复叠修辞文本的，但是他在运用的过程中并不是随心所欲的，而是根据具体的语用目的作合理的配置。在创作中，作者运用复叠修辞文本的头脑是非常清醒的。所以，什么时候该用，什么时候不该用，什么时候用哪一种形式的复叠修辞文本，作者都做到了心中有数，做到了得体化的运用。所谓运用的得体化，是说余光中对复叠修辞文本作了恰如其分的处理，使它们与现实相吻合，与表达的思想相一致，与具体的上下文相协调等。正因为做到了得体的运用，文章中虽然有那么多的用例，但读者并不会感觉繁杂多余，相反倒觉得收到了明显的修辞效果。

第一，增强了韵律感受。作者运用复叠修辞文本的主要目的之一就是提高相同词语的出现频率，反复刺激读者的视觉，使大脑产生兴奋中心，并使视觉形象转化为听觉感受，造成反复感受同一音响形式的事实，从而创造鲜明的节奏，增强言语的韵律感。如：

> 不然便是雷雨夜，白烟一般的纱帐里听羯鼓一通又一通，滔天的暴雨滂滂沛沛扑来，强劲的电琵琶忐忑忑忑忑忑忑，弹动屋瓦的惊悸腾腾欲掀起。

例中用“忐忐忑忑忐忑忑”的复叠修辞文本展演了弹奏电琵琶时的境况。在这个复叠修辞文本中作者运用了4个音步音节，造成了“（2+2）+（1+2）”的音步组合模式，语音节奏感非常强烈。类似的用例在文中并不少见。

第二，凸显了真情实感。余光中是一位“右手为诗，左手为文”的著名作家，其散文创作依然承袭了他诗歌创作的惯性，把他诗人的气质与激情带进了散文之中。所以，其散文创作也就追求语言上的自由自在，由此来充分地表达自己的真情实感。在复叠修辞文本的运用上更表现出了这些思想与主张。作者根据自己意识的流动而选择不同形式的复叠修辞文本，把感受与形式紧紧地联系在一起，使之达到完美的和谐与统一，读者很难在其复叠形式中找到破绽。如：

> 听听，那冷雨。看看，那冷雨。嗅嗅闻闻，那冷雨，舔舔吧那冷雨。

复叠的运用使我们感受到了作者似乎是以一种按捺不住的心情急于表达自己对冷雨的体验与感受。作者的描述使听觉、视觉、嗅觉、味觉被充分地调动了起来，几种感官同时并用，相互打通，冷雨的情趣和作者的心理感受溢于言表。

第三，丰满了冷雨形象。冷雨是作者着意描绘的对象，通过对冷雨的全方位的叙写来表达作者的内心感受。对冷雨形象的刻画作者采用了多种语言手段，其中最为鲜明有效的方法便是对复叠修辞文本的巧妙运用。上文所提及的复叠的高频率出现、形式的多样化运用等都丰富了冷雨的形象，再加上与其他修辞文本的恰当配置，使冷雨形象更加生动逼真，栩栩如生。如：

> 雨来了，雨来的时候瓦这么说，片瓦说千亿片瓦说，说轻轻地奏吧沉沉地弹，徐徐地扣吧挞挞地打，间间歇歇敲一个雨季……

作者在描绘冷雨时赋予瓦这个物象以人的思想情感并通过瓦这个物象来畅吟冷雨来时的那种情状。几个复叠修辞文本的先后出现，真实地再现了作者所创制的意境中的冷雨形象。冷雨先是“轻轻”的，蹑手蹑脚的；继而是“沉沉”的，冷静稳健的；接着是“徐徐”的，从容不迫的；再是“挞挞”的，有声有色的；最后是“间间歇歇”的，自由自在的。这仿佛让我们目睹了冷雨从天而降的全过程。冷雨一开始是试探性的，星星点点。随着雨量的加大，又让我们仿佛听到了冷雨的“挞挞”声。又由于是雨季，冷雨并非一直下个不停，而是下下停停，劳逸结合。在整个话语片段中，作者把复叠和比拟、排比等修辞文本糅合在一起，对冷雨作了淋漓尽致的描述和挥发，使得冷雨形象活灵活现，羽翼丰满。

第四，衔接了篇章结构。《听听那冷雨》在结构上的一个突出特征是依靠“听听那冷雨”这个语句作为形式上的纽带来谋篇布局。文章中该语句共用了5次，而且是不连续性出现，应该是间隔性复叠。首先是作为标题而存在，作者紧扣这一标题以及由这一标题所映射出的创作心迹，展开进一步的描写和抒情；行文中运用了 3 次；在文章的最后又用这一语句作结。在整篇文章中多次反复运用"听听那冷雨"除了突出语意外，就是为了通篇文章不同的段落、不同的话题上下衔接，前后语意贯通。这也与李兴阳的研究结论是一致的。李先生认为，反复是篇章衔接的重要手段。[①] 他所说的反复就是本文所讨论的复叠中的一种。正是作者的这种着意安排，使得这篇散文虽在思想与情感方面驰骋于作者有意扩大了的无限的空间和错乱的大跨度的时间范畴，但始终不脱离"听听那冷雨"这个明晰的逻辑思路。因此，当我们阅读和赏析时就能明显地感受到作者行文的脉络和上下文气的一致性。

### （三）句法上的超常配置

陈建民说："基于交际需要的语言变异不仅不妨碍语言的相对稳定，而且有助于语言的新陈代谢，有助于促进语言的发展"，"变异可以分常规变异与超常规变异两种。常规变异是指词语组合符合语法和词汇的使用规则，超常变异是指临时组合的不符合一般语法和词汇的使用规则的语言现象。"[②] 句法上的超常配置应该属于超常变异。一定语句的生成是依据一定的语法规则的，但是文学语言的语句受诸多因素的影响，往往会创造大量的超常现象，使本不该连在一起的词语或语句却恰切地组装了起来。文学创作中，作家在说明某种语义及语义关系时，往往并不像语言规范要求的那样追求统一，寻找一个十全十美的语言形式，而常常是不受规范的局限。有时遵循经济的原则，追求语言运用的经济简洁性，从而使文学语言具有独特的精神风貌。如马致远的小令：

> 枯藤老树昏鸦。小桥流水人家。古道西风瘦马。夕阳西下，断肠人在天涯。

便是典范的例证。前三句用了九个名词，以作者流动的思路和心理观察点把九种不同的景物巧妙地组织在一个画面里，渲染出一派凄凉萧瑟的晚秋气氛，从而含蓄地烘托出人物内心那难以名状的哀愁和失落感。这就是句法上超常配置的效果，其艺术感染力达到了极致。类似的文学语言现象在文学作品中并不少见。王蒙《春之声》中就有这样一段话：

> 自由市场。百货公司。香港电子石英表。豫剧片《卷席筒》。羊肉泡馍。醪糟蛋糕。三节头皮鞋。三片瓦帽子。

---

① 李兴阳. 美言美语缀篇章——篇章的衔接与连贯论析之二. 湖北师范学院学报（哲学社会科学版），2001（3）：46～48.

② 陈建民. 中国语言与中国社会. 广州：广东教育出版社，1999.50.

　　纯粹是不并列的名词性短语句的排列，整段不用一个动词或形容词，不用关联词语。作者运用了电影中的定格手法，使静中显动，从静态的物象中传出了一阵阵热烈的吵吵闹闹声。再如：

　　　　①他再也不会因头发问题而多虑、而失眠、而伤脾、而串气、而喝啤酒也喝不出滋味来。（王蒙《虫影》）
　　　　②李生乃啧啧作响地大嚼大啖，吞下几许口水；又发觉吃出响动亦属不雅，便把声响控制到好处，既吃得香甜吃得忘情吃得感激涕零，又吃得谦恭，吃得忠顺，吃得遵纪守法。（王蒙《满涨的靓汤》）

　　这些例子都是超常规的句子组合。例①中，谓语由"而多虑、而失眠、而伤脾、而串气、而喝啤酒也喝不出滋味来"构成，显然由多个谓语并列而成。由于词语数量增加，句子结构就显得复杂化，句意也就多样化。这就是超常配置带来的魅力。

　　有时，文学语言又违背经济原则，话语主要是人物的话语又废话连篇。有意让人物绕圈说话，重复自己的话，重复别人的话。这些废话，其语义信息量近似于或等于零。但这些废话可以用来很好地刻画人物，显现人物独特性格的一面，也可以使文学语言具有表情作用、保真作用、施礼作用、说明作用。老舍在《龙须沟》中描述这样一个场面：蹬三轮车的丁四一夜未归，第二天一大早，邻居赵老看不下去过来劝解。

　　　　赵老：这是你们丁家的事，按理说我可不该插嘴，不过咱们爷儿们住在街坊啦，总算是看你长大了的，我今儿个可得说几句讨人嫌的话……
　　　　丁四：（颓唐地坐下）赵大爷，您说吧！
　　　　赵老：你昨儿晚干什么去啦？你不知道家里有三口子张着嘴等着你哪？孩子们是你的，你就不惦记着吗？
　　　　丁四：……交完车份儿，就没钱了。
　　　　赵老：……你有钱没钱也应该回家呀，总不照面儿不是一句话啊！

　　其实，赵老的意思用"你昨天晚上没回来是不对的"这一句话就可以概括了，但作者在这儿并没有刻意地追求规范，相反还让人物啰里啰唆地说了一大堆话。这一大堆话对于表达的语意来说，就是废话，就是对语言规范的超越。其根本的作用就是缓和紧张气氛，减少对立情绪，为达意而创造了一个适宜的话语环境。难怪陈原说，有时在特定的语境中就不能够机械地把多余信息完全删去。[①] 文学语言中出于修辞考虑的废话，也是对语言规范的一种超越，是必不可少的。因此，语言规范对废话也就睁

---

① 　陈原. 从现代汉语几个用例分析语言交际的最佳信息和最大效能. 中国语文，1993（5）.

一只眼闭一只眼，任其跳跃，任其在一定条件下自由自在地生成与发展。

### （四）语义的模糊性和多解性

文学语言的骚动还表现在词语、句子层面与内里语意的多义性上，以此来制造歧义。而这正好与语言规范所要求的通过"定义"来消除歧义，使词语、句子意义与近似于数学家所倡导的精确相矛盾。鲁枢元在《超越语言》一书中举例并分析到：他的手头有一本《曾卓抒情诗选》，随手都可以看到这样的句子："忧郁像只小虫，静静地蹲在我的心峰""一簇簇喑哑的丛池沼""扶起这一片呓语的草原""希望的顶点是会笑的坟"……诗人牛汉在评论曾卓的这些诗句时说：这些都是从他骚动的灵魂中辐射出来的光焰，是一种天高地厚的情感，从文学语言学的意义上看，这些"火焰"，这些情感正是凭借语言的歧义性表达出来的。[①] 可见，文学语言（不限于诗歌）是离不开歧义性的，正因为这种歧义性，才使文学语言表达出了新颖、独特的个人情感。歧义使编码者和解码者在解读文学语言时处在不同的语义层面上，从而产生不同的个人联想意义，为语言的多种解释提供了可能性。例如：

> "他这贱骨头打不怕，还要说可怜可怜哩！"
> 花白胡子的人说，"打了这种东西，有什么可怜呢？"
> 康大叔显出看不上他的样子，冷笑着说，"你没有听清我的话；看他神气，是说阿义可怜哩！"
> 听着的人的眼光，忽然有些板滞；话也停顿了。小栓已经吃完饭，吃得满身流汗，头上都冒出蒸气来。
> "阿义可怜———疯话，简直是发了疯了。"花白胡子恍然大悟似的说。
> "发了疯了。"二十多岁的人也恍然大悟的说。
> 店里的坐客，便又现出活气，谈笑起来。小栓也趁着热闹，拼命咳嗽；康大叔走上前，拍他肩膀说：
> "包好！小栓———你不要这么咳。包好！"
> "疯了。"驼背五少爷点着头说。（鲁迅《药》）

这段语篇中，鲁迅故意通过康大叔之口为夏瑜构拟了语义模糊的修辞话语，从而让阿义、康大叔、花白胡子等都琢磨不透革命者夏瑜话语的意思。从上文可知，夏瑜给阿义讲革命道理，说"这大清天下是我们大家的"，阿义不但听不懂，而且反过来还要打他。康大叔也理解不了，反而说不是人话。这种情况下，夏瑜觉得，阿义这帮人连这简单的革命道理都听不懂，实在是可怜。阿义、康大叔、花白胡子都不明白是什么意思，于是就根据各自的认知背景认为夏瑜是在说"阿义可怜"。"阿义可怜"

---

① 鲁枢元. 超越语言—文学言语学刍议. 北京：中国社会科学出版社，1990.43.

只是字面的意思，而康大叔、花白胡子们都完全曲解了夏瑜的本意。语义的曲解，首先源自作者在小说语文体式中构拟了语义模糊的修辞话语，再加上解读者的认知障碍，从而在具体语境下对修辞话语的语义作了不同解读。

**（五）标点符号的艺术化运用**

不同的标点符号作为书面语言表达中重要的辅助性手段各有自己的用法，也各具不同的修辞功能。文学语文体式中常常被作家灵活运用，尽可能使标点符号潜在的修辞功能显性化。本节以《围城》中破折号的使用为例，来论述破折号的艺术化运用问题，从另一个角度来管窥文学语体语言运用的常规与偏离，并由此来观察修辞语义现象。

1. 破折号的使用情况

（1）从标点符号分布情况来看，在《围城》破折号运用的 725 例中，表现在形式上的特征有三：

第一，单用。这是常规用法。从字面上讲，所谓单用是在一个语意片段或一句话内仅出现一个破折号。这一运用形式是主流形式，凸显了《围城》破折号运用的基本趋势，也符合破折号使用的基本规范。例如：

鸿渐，这道理你娘不会懂——女人念了几句书最难驾驭。（《围城》）

第二，双用。在一个语意片段或一句话中前后出现两个破折号，这两个破折号的作用相当于括号，是不可分割的统一体，叫作双用。如：

那女人平时就有一种孤芳自赏、落落难舍的神情——大宴会上没人敷衍的来宾或者喜酒席上过时未嫁的少女所常有的神情——此刻更流露出嫌恶，黑眼睛也遮盖不了。（《围城》）

例中先后出现的两个破折号类似于括号，虽前后出现，间断排列，但它们是相互依存的，因而是双用现象。

第三，连用。连用也就是多用，是在一个语意片段中或一句话中有两个或两个以上的破折号先后出现。三个或三个以上的破折号连用比较容易理解，此不赘述。两个破折号连用与上文的双用在形式上类似，但实质上是相异的。连用时的破折号不是统一体，它们是各自独立的，各自负载着相应的功能。如：

①你想吃川菜，这是最好的四川馆子，跑堂都认识我——唐小姐你务必也赏面子——方先生有兴致也不妨来凑热闹，欢迎得很。（《围城》）
②"不，苏小姐，不，我不敢见你——"不能再遮掩了，低声道："我另

有——"怎么说呢？糟透了！也许同事们全在偷听——"我另外有——有个人。"（《围城》）

（2）从破折号在话语片段中的位置来看，有用在句内的，也有用在句外的。用在句内的有句首、句中、句末三种位置，用在句外的指的是出现在句子与句子之间。当然，破折号究竟应出现在何种位置上，是作者依据表意的需要或出于某种修辞考虑而精心设计的，因此带有更多的叙述主体的意愿。这就是说，破折号的几种位置并非客观上的必然选择。但由于巧妙的设计会增强作品语言的魅力，丰富作品语言的内涵，从而为读者提供无限的鉴赏空间和想象的余地，因此钱钟书为读者展演了破折号的多种分布格局。例如：

①——肯来屈就，学校决不放你们走。（《围城》）
②鹏图总——喜欢多嘴。（《围城》）
③鸿渐……叹气道："校长对你先生，当然是另眼相看了。像我们这种——"（《围城》）

显然例①②③的破折号就分别出现在句首、句中、句末，它们都是句内运用。又如：

④他知道鸿渐已经跟高松年谈过话，忙道："……只希望这事快成功——好让你去专拥有苏小姐。"——"不用提了，我把我的薪水，——好，好，我不，我不！"（《围城》）

例④中第二个破折号即用在两个句子之间，是句外运用。

2. 破折号的修辞功效

除了破折号自身所具有的作用外，钱钟书在《围城》中还依据特定的情境赋予了破折号以临时的修辞功能。主要表现在以下几个方面：

（1）解释与说明。具有解释、说明作用的破折号类似于括号。在作品话语文本中，从话语单位来看，它或是对句中某个词语的注释，或是对整个句子的解说；从语意事实来看，它或是对某个概念的诠释，或是对某个事件的介绍，或是对某个句子句意的分析，或是对原因或结果的追叙性阐述等，不一而足。但无论是哪一种情况，阅读时都应把破折号引入的内容、话语读出来。如：

①这样痴坐了不知多久——也许是几秒钟——开了匣盖……（《围城》）
②我想女人心肠软，请孙小姐走一趟，也许有点门路——这当然是不得已的

下策。(《围城》)

例①中破折号是双用，内中的语句"也许是几秒钟"是对痴坐的时间"多久"的猜测性推定。例②中破折号后的内容是对其前所叙述事件的追述性注解和评价。很显然，在阅读时都要求作出正常的处理，把破折号所引的话语读出来。这样才能全面而准确地把握作者所设置的作品话语。正是由于这些破折号的解释与说明作用，才使话语主体，包括作者和作品人物的语言表达更加细腻，也使读者能透过破折号去很好地理解话语的内涵和说话主体的内心世界。

（2）中断话语。在《围城》中，破折号还可以表示话语的中断。当说话主体正在侃侃而谈或正在表达某个语意时，由于受话者或第三者的介入，或者其他不可预料事件的发生，使得话语突然停止。在表达这一话语场景时，钱钟书优先选用了破折号。例如：

①唐小姐道："方先生，我今天来了有点失望——""失望！你希望些什么？那味道还不够厉害吗？"(《围城》)

②……斜川拉他坐下去，说："别吵！别吵！……鸿渐近来呢，是好像有点反常，男子汉，大丈夫，为一个孩子——"

鸿渐愤然走出咖啡馆，不去听他。(《围城》)

③鸿渐……说："咱们已经断了，断了！听见没有？一次两次来电话干吗？好不要脸，你捣得好鬼！我瞧你一辈子嫁不了人——"忽然发现对方早挂断了……(《围城》)

④辛楣顽皮道："要讲贵人，咱们孙小姐也是贵人，没有她——"李梅亭不等他说完，就敬孙小姐酒。(《围城》)

这四例中破折号都有中断话语的作用。例①中唐小姐正在说话，当说到"失望"时，方鸿渐突然截住了她的话语而自己说下去。例②中由于鸿渐的愤然离去，远离了斜川，也许斜川还在说话，但在空间上鸿渐再听不到斜川的话，这就造成了话语的残缺不全。例③中，对方挂断电话成为鸿渐话语中断的契机，书面上也是用破折号来表示的。例④更为明显，"李梅亭不等他说完，就敬孙小姐酒"这种客观情况使得辛楣的话语无法再说下去，作品中作者就运用破折号来表示辛楣的话还没有说完。

（3）插入作用。插入功能在《围城》中也得到了淋漓尽致的发挥。插入的可以是作者的话语，也可以是作品人物的话语。严格地说，这样的表述是不准确的，因为作品的每一句话都是作者的创造。这里区分作者的话语和作品人物的话语，是为了行文的方便，而且只是在书面上以引号的标示作为界定标准。凡是在引号内插入的话语便是作品人物的话语，凡是引号外插入的话语都是作者的话语。如：

①他（方鸿渐——引者注）还没有回答，丈人说："是啊！我忘了——效成，你去拿那张报来——我收到你的照相，就教文书科王主任起个新闻稿去登报……"（《围城》）

②"……可是欧洲最早的文学作品《荷马史诗》《十年归》*Odyssey* 里——"那老头子的秃顶给这个外国字镇住不敢摇动——"据说就有这东西。至于梅毒——"吕校长连声咳嗽——"更无疑是泊来品洋货……"（《围城》）

例①插入的是作品人物的话语，当丈人正与方鸿渐谈话时，因为需要谈话的道具"报纸"而呼唤效成实施某种行为，从而也使自己的话语暂时中断。例②中的第二个破折号便具有插入作用，它引入的内容是作者的叙述，即作者对那个老头子的秃顶为什么不敢摇动的描述。第四个破折号切入了"吕校长连声咳嗽"，这就使作品话语显得活灵活现，就像真实的话语场景跃然于读者面前。

（4）切换说话对象或话题。当表达者与某个说话对象交谈时，根据需要而作出说话对象或话题的转换，这种情况下作者给出的明显标志就是破折号。如：

辛楣说："……她知道你这样余情未断，还会覆水重收呢——斜川，对不对？——真没有志气！要不要我替你通个消息？"（《围城》）

例中辛楣的说话对象有两次转换。第一次由鸿渐转向斜川，第二次则由斜川转换为鸿渐，这两次说话对象的转换都用破折号来标记。

（5）控制话语的节奏。作品中人物的对话或交谈，必然具有口语语体的特征。然而，人物话语口语的抑扬顿挫不像真实社会话语场景那样直接由语音形式来体现，它需要借助于书面上的文字、标点等手段来再现。钱钟书在《围城》中就注意到了这一点。人物交谈时的声音形象，尤其是声音的延长、停顿等就借助了破折号的帮助。作者充分利用破折号来描述，这就赋予了破折号控制话语节奏的表达功能。如：

①店主拔出嘴里的旱烟筒，劝告道："这不是虫呀，没有关系的，这叫'肉芽'——'肉'——'芽'。（《围城》）
②我——我爱一个人，——爱一个女人另外，懂？（《围城》）
③"谢谢你，我不要什么——"顿一顿——"那么明天见。"（《围城》）

例①就是通过第二个破折号再现店主把"肉"拖长后的声音，由此来表现店主那种小商人的无赖、不讲道理和得意忘形之态。例②中第一个破折号把"我"的声音拖长，活灵活现地表现出"我"在面对苏文纨的爱情时那种想拒绝但又怕伤害对方、想说但又不敢说的矛盾心理。例③中第一个破折号无疑表示了停顿，这由作者的叙述语言"顿一顿"作为证明。《围城》中所运用的破折号主要具有上述五种修辞作用,而且这五种作用有时并不单一显现,而是同时兼具两种或更多种作用的。此不赘述。

3. 破折号使用的理据

从上述的功能分析不难看出,钱钟书并非只是为了用破折号而用破折号,相反完全是出于一定的语用目的和客观上的考虑。

(1)破折号自身的优势和作者的偏爱。在众多标点符号中,在钱钟书看来唯有破折号才能表现上述特殊情境下的修辞作用。所以,钱先生不厌其烦地堆砌性使用破折号。这种高频率、高密度的颇具夸张性的运用在其他小说中极为少见,由此就不难推定钱钟书对破折号的情有独钟。

从书中用例可以看出,用破折号的地方似乎可以用其他标点,如":""、""。""……"等来替换,但仔细分析,就会发现这些标点难以表现作者的意图。在上文的功能分析中,破折号的一种作用是相当于括号的用法,表示注释与解说。但是,括号内的内容是不必读出的,或是无法读出的,读出后就会使原句的句法和语意难以让人接受。而类似括号的破折号内或后的内容是必须读出的,而且这些内容是原文阅读层面必要的补充,否则原句将语意不清或难以真实地再现现实话语场景,难以解读作品语言的真实内涵,包括人物的内心世界、作者的真实意图。","、"。"、"、"虽都有停顿的作用,但和破折号表示停顿或话语中断不同。"。"等的规范用法是出于生理、句法、逻辑等的需要而在句法平面作出的节奏调整。","、"、"表示句中停顿,"。"表示句末停顿。停顿前的句法和语意是说得通的。破折号表示的停顿是受外部环境因素的影响造成的,或者是作品人物的心理作用,或者是作者的修辞语用目的,或者是客观世界突发事件等的影响,从而造成的非常规运用。停顿处可以是句法或语意上的合理位置,比如一个词、短语、句子的结束处,也可以是在某一个音节或字的后面停顿,停顿的位置是不确定的,停顿前后的句法结构也可能是说不通的。如:

①"你自己,我可没有。"(《围城》)
②辛楣释然道:"方——呃——孙小姐,你真好!将来一定是大贤大德的好太太……"(《围城》)

例①中,逗号与句号前的句法语意都是说得通的,是可以成立的。例②中第一个破折号前的成分"方"是不能成立的,第二个破折号前的"呃"是一种副语言,是可以说得通的。"……"表示要说的内容被省略了,是有意为之。而破折号表示话语中断,从作品话语来看则往往是受客观因素的影响而被动中断,不是有意为之。如:

①鸿渐吓得倒退几步道:"柔嘉,你别误会,你听我解释——""我不要听你解释。你欺负我,我从此没有脸见人,你欺负我!"说时又倒下去,两手按眼,

修辞语义:描写与阐释

胸脯一耸一耸的哭。(《围城》)

②Jug! Jug! (五)污泥里——E fango éil mondo! (六)——夜莺歌唱 (七)……

例①中"你听我解释"后的话语没有出现,完全是柔嘉抢着说话造成的,是被动的。例②中的省略号表示的是作者对所引用诗文中(七)以后部分的省略,是主动的。

(2)再现现实话语场景的需要。人是生活在现实之中的。现实生活中人与人的交流与沟通,尤其是面对面的交流受到了诸多语言外的因素的影响,如突发的事件,话语主体当时的心理状况,谈话时的自然环境,第三者的有无及与谈话者关系的亲疏等。在现实生活中,作为谈话主体也许并未察觉到或从理论上分析这些因素对谈话进程、内容、声音等的制约作用。然而,在文学作品中作者是应该对现实话语场景做详细的叙述的,以便读者很好地理解作品。在《围城》中,钱钟书必须得选用一定的手段来再现和置换现实话语场景。依据上文的分析,破折号作为标点符号之一便成为他所选用的众多手段中的非常有效的手段之一。

(3)创造汉语美好形象的需要。王一川认为,汉语形象说到底就是一种修辞性形象。① 汉语形象的审美价值主要在于它在审美——艺术表现上的修辞性价值。汉语形象有四个方面,即语音形象、文法形象、辞格形象和语体形象。在《围城》中,钱钟书充分利用了破折号的表达功能,最大限度地创造了汉语形象之美。《围城》中破折号表现出的汉语形象美主要表现在语音形象和辞格形象两个方面。语音形象方面又体现在节奏上,而节奏的美又表现在声音的拖长和停顿上。作者或者有意拉长句子的音节长度,扩大、膨胀了字际、词际、句际、段际的停顿,变快为慢;或者突然中断语音;或者突然停顿;或者塞进现实口语的声音形象。作者把破折号作为声音处理符,拆解了语言单位,使话语支离破碎,打破了话语尤其是词语、句子的正常秩序,这都会造成特殊的音响效果,使话语多了一层含蓄、委婉,使读者如同身临其境,听到了作品中的人物甚至是作者的心跳、情感、冲动和呼吸。辞格形象美主要体现为造成跳脱修辞格式。陈望道在《修辞学发凡》中明确指出,语言内特殊的情境,例如心思的急转、事象的突出等,有时半路断了语路,这就造成跳脱。从而形成语言上的残缺不全或间断不接。② 钱钟书运用破折号来调整语辞,形成跳脱辞格,使话语描述的情景像电影镜头一样,由这个场面切换到另一个场面,由这一句话转换为另一句话;或像电影蒙太奇手法一样,把句子前后的情境和句子像电影镜头一样利用破折号拼接起来。例如:

---

① 王一川. 汉语形象美学引论. 广州:广东人民出版社,1999.
② 陈望道. 修辞学发凡. 上海:上海教育出版社,1979.

　　"唐小姐，你听我解释——"你'有法解释'，先对我表姐去讲。"方鸿渐平日爱唐小姐聪明，这时候只希望她拙口钝腮，不要这样咄咄逼人。"表姐还告诉我几件关于方先生的事，不知道正确不正确。方先生现在住的周家，听说并不是普通的亲戚，是贵岳家，方先生以前结过婚——"鸿渐要插嘴，唐小姐不愧是律师的女儿，知道法庭上盘问见证的秘诀，不让他分辩——"我不需要解释，是不是岳家？是就好了。你在外国有没有恋爱，我不知道。可是你在回国的船上，就看中一位鲍小姐，要好得寸步不离，对不对？"（《围城》）

　　例中，第一个破折号后方鸿渐的话被唐小姐的话拦腰截断，话语由唐小姐气势逼人地说开去，"这有些像急收而其实非急收，又有些像突接而其实非突接，这是由于别的话语或别的事像横闯出来，岔断了正在说的话，致使岔成了残缺不全或者上下不接"[1]，从而形成跳脱辞格。再加上其他两个破折号的运用及表现出的功能，让读者似乎看到了方鸿渐和唐小姐争吵的场面，听到了他们争吵的声音。作品所描述的话语场景具有很强的真实性、可感性，闭上眼睛其情景还依然历历在目。例中作品话语，形式上虽残缺不全或被割断，但由于作者恰如其分地处理了语言与事实的关系，真实地做到了合情合境，因而也收到了"不完整而有完整以上的情韵，不连接而有连接以上的效力"[2]。而作品话语的意义，我们可以从情境上去推知。被中断的话语也不可以强行补出，若一味地补出，或一味地把被隔断的话语连接在一起，则不能很好地再现人物所处的当时当地的话语场景，也就不能很好地表现作品话语丰富的内涵。这就体现出了标点形象的美。

### （六）无标点语句的巧妙组合

　　一些作家，如刘索拉、莫言、冯骥才、王蒙、汪锡民等在其文学作品尤其是意识流、蒙太奇、心态描写的小说中，或者为了表达作品中人物的心理状态，包括情绪、悲伤、忧愁、喜悦、兴奋等情感；或者为了描述某种生活状态，比如杂乱无章的、乱七八糟的、紊乱糟糕的等生活现实；或者为了再现某个时代的动荡不安、快节奏的工作方式等社会现实，常常利用无标点语句以凸显作品的感染力。比如：

　　①黄土地黑土地盐碱地沙泽地一条大河波浪宽谁不说咱家乡好当了三年游子到头来比谁都爱国——这打开国门把人放出去留洋的政策真棒——有的青年朋友这样对我说。（徐刚《梦巴黎》）

　　②但你不知道谁会买下这些作品谁是这些作品的主人谁会有永远比你更大的权力来掌握这些作品的命运我不知道你更不知道你知道吗？（刘索拉《你别无选择》）

---

① 陈望道. 修辞学发凡. 上海：上海教育出版社，1979.
② 陈望道. 修辞学发凡. 上海：上海教育出版社，1979.

③反正我要嫁人，要嫁就嫁到法国去。在法国搞艺术搞时装巴黎的咖啡巴黎塞纳河上的游船巴黎的夜间更美法国佬玩灯光折射俯射大太阳灯的集束光把那些旧街小巷破墙都照得生机勃勃的书上这么写的。管它什么感情不感情，他不是一根稻草他是一只飞机一只船他说巴黎的马克西姆才是顶真的马克姆，光是头道色拉海鲜鹅肝酱就是 2000 法朗，还有阿尔卑斯山的白峰滑雪山上的旅馆是一间间木屋墅在壁炉前烤小羊腿雪白细嫩的欧洲小羊腿他说中国女人的皮肤好欧洲牛羊肉真嫩妈的王丛蛋怎么中国人和欧洲牛羊肉放在一起他反正喝醉了酒反正都是肉反正这回你老小子跑不掉你要回法国你就带着我……（徐刚《梦巴黎》）

④白道喜欢我因为我学习成绩好黑道亲近我因为我纪律观念差白道艳羡我因为我学习成绩好而纪律观念差黑道敬佩我因为我纪律观念差而学习成绩好。（圆斌《巅峰呼吸》）

这几例来自不同作家的不同文学作品。它们有一个共同点，那就是都在文本中把无标点语句作为一种修辞策略来看待，以此或叙事或议论或说理或列举或抒情。这种修辞策略要求叙述主体或者表达主体如高山流水一般一股脑地把所要表达的全部语义内容倾尽性地表达出来，没有停顿，没有延宕，有的只是令人应接不暇之感和急迫之情。这些无标点语句把一连串镜头、一幅幅画面以及无数的"意"和"象"巧妙地串联在一起，节奏加快了，情感得到了酣畅淋漓的宣泄。它们的存在打乱了本有的结构规则、语义框架，也扰乱了读者的一般阅读习惯，要求读者依据上下文语境对文本重新作出句际界定。当然，从生理上来说似乎让人难以接受，但从作品思想内容的表达和理解方面来看确实是具有无限的思考空间，令人耳目一新。无标点语句的运用让我们看到了文学语体语言骚动性的另一种存在状态。

## 第二节　西语移植及其修辞语义表达

语言上的兼容性为文学语体的语言运用增添了无限的光彩。小说作为文学语体中的重要语文体式之一，其语言运用的多姿多彩更是语言兼容性特征的最为淋漓尽致的表现。西语移植现象是小说修辞文本语言兼容性的具体外化形态之一，也是语体偏离的重要表现之一。所谓的"西语移植"现象，就是在以汉语作为叙述语言的小说修辞文本中，由于主客观上的原因而适时适境地移用西方语言要素或移用以西方语言为叙述语言的语文体式的修辞行为，以及由此所生成的修辞现象。这种现象是由小说语文体式叙述语言的常规样态而发生的正偏离现象，具有积极的修辞意义。如：

①他心里装满女人，研究数理逻辑的时候，看见 aposteriori 那个名词会联想

post – erior，看见×记号会联想到 kiss，亏得他没细读柏拉图的太米谒斯对话（Timaeus），否则他更要对住×记号出神。(《围城》)

②严格讲起来，他们不该叫哲学家 philosophers，该叫'哲学家学家'philo-philosophers。"(《围城》)

《围城》自 1947 年问世以来，已经有多种版本和版次（如汉语本、英译本、德语本、法语本、俄语本等），更有数十次印刷，仅 1991 年 2 月北京第 2 版印数就多达 64 万册。① 基于钱钟书及其《围城》在中国现当代文学史和汉语修辞学史上的研究价值，以《围城》这个小说语文体式的个案作为研究对象是很有普遍意义的。因此，本节将以钱钟书的传世之作《围城》为例，从修辞的角度来解读小说修辞文本中的西语移植现象。

## 一、"西语移植"和"跨语选择"与"语码转换"

对小说修辞文本中西语移植现象进行修辞学分析，首先必须对"西语移植""跨语选择"和"语码转换"这三个概念进行学理上的阐释，以便弄清它们的实质。这是我们界定该类语言运用现象学科属性的基础，也是对其修辞功能和生成原因进行描述和解释的最重要的前提条件。

在笔者所看到的四篇（部）涉及《围城》该类语言现象的相关论著中②，有三篇（部）选择了"语码转换"概念，另一篇采用了"跨语选择"的说法。按照祝畹瑾的解释，所谓的语码转换"是指在同一次对话或交谈中使用两种甚至更多的语言变体"③。根据笔者个人的理解，这"语码转换"可以是不同民族语言之间的转换，如英语和汉语的转换；也可以是某种语言的标准变体和地方变体之间的转换，如现代汉语普通话和现代汉语方言的转换；还可以是行业语言变体之间的转换，如金融行业语言变体和新闻语言变体的转换等。由此不难看出，"语码转换"中"语码"的内涵是复杂的，外延是宽泛的，它包括了不同民族的语言、标准变体、方言、行业语言等；它是社会语言学的一个概念，其观察《围城》该类语言运用现象的视点是社会语言学。据此笔者以为，在探索《围城》小说语文体式中同类语言现象时运用"语码转换"这种说法不太准确，没有真正体现所论对象的实质，从某种意义上说是对《围城》小说语文体式语言运用特征的误读，也是对读者修辞鉴赏活动的误导。

"跨语选择"基本反映了《围城》小说语文体式中该类语言运用现象的状况，但

---

① 钱钟书. 围城. 北京：人民文学出版社，1991.

② 郭熙. 中国社会语言学. 南京：南京大学出版社，1999. 145 ~ 155；申智奇，李悦娥. 论《围城》中的语码转换. 外语与外语教学，2001（4）：18 ~ 20；王全瑞.《围城》语码转换赏析. 社科纵横，1996（5）：70 ~ 73；王进，贺凤霞.《围城》中跨语选择的修辞功能. 语文学刊，2003（5）：60 ~ 61.

③ 祝畹瑾. 社会语言学概论. 长沙：湖南教育出版社，1992. 197.

其视点主要是普遍意义上的"语言",注重的是西语语体,而不是汉语语体学意义上的"小说语文体式";突出了不同语言间的互换和交替,却淡化了修辞和语体的内涵;"选择"更意味着叙述语言的平等,所选语种是不分主次和轻重程度的,这显然与小说《围城》用汉语作为主体叙述语言的本有面貌不相符合。

"西语移植"这个概念是笔者从王一川那里借来的。王一川在论述贾平凹小说的白描式语言时说,"还能依稀听见来自西方的异域语体的声响","这主要是指它在借鉴古典白描的基础上也从西方现代主义或后现代主义语言(语体)吸收了某些东西","中国古典白描在此是与西方现代主义或后现代主义语言杂糅在一起的,意在通过描写人物的复杂的内心冲突而揭示中国人生存方式的'对话性'"①,并认为这是文学语言语体方面的创新。王先生站在文艺美学和哲学的高度,"移植"的是"西语"的精髓;而笔者借用这个概念则是立足于修辞学,"移植"的只是"西语"的外表。根据《围城》语言运用的事实,"西语"仅仅是指汉语以外的西方语言,包括英语、法语、德语等。这就把钱钟书对汉语方言、行业语言、文言等的移植排除在了讨论范围之外。因此,笔者以为"西语移植"这个概念最能够描绘出《围城》该类语言运用现象的全貌,并能够揭示其语言运用的本质。"移植"就意味着将其他语体的语言要素和语文体式移用到本有语体和语文体式之中,这就存在"本"和"末"、"主"与"次"的关系。在《围城》话语修辞文本中,当然是以汉语、以小说语文体式的语言运用特征为"本",以西语、以其他语文体式的语言运用特征为"末",所以"西语"是嫁接于以汉语为叙述语言、以小说语文体式为创作文体的附属产物。

根据以上对"西语移植""跨语选择"和"语码转换"概念的认知,笔者以为它们各有自己特定的内涵,性质是不同的,但它们的表现形式也还有更多的相似之处。如果撇开语体、主次等本质性问题不说,那么就纯粹的不同语种的外在形式来看,三者并无多大区别,都是两种以上语言要素的交互出现,都是语言接触的结果,都有相同的形成原因。但要研究文学语体、小说语文体式中的该类语言运用现象,要探索作为文学语体、小说语文体式的《围城》中的该类语言运用现象,"西语移植"应该是首选概念,因为它代表了研究者看待这种修辞现象的一种修辞观和语言观。

## 二、西语移植现象描述

通过对上述三个概念的辨析,本节也就理直气壮地采用"西语移植"这个概念,来分析以汉语为叙述语言的小说语文体式中的该类语言现象。小说语文体式中,西语移植现象从移植对象的性质来看有两种,一种是西方语言要素的渗透,即西语的声音、词语、短语、句子等语言单位或形式被拿来直接运用于以汉语为主体叙述语言的修辞文本之中;一种是以西方语言作为叙述语言的其他或同类语文体式的直接引用。

---

① 王一川. 汉语形象美学引论. 广州:广东人民出版社,1999. 90.

从移植的手段来看有三种，第一种是句子内部的移植，也就是在同一个句子中依据上下文的具体要求适当夹杂西方语言要素，这些西方语言要素是句子结构中必不可少的建构部件，也是句子语意上的必有成分。否则，句子是说不通的，或者说是对常规句发生的负偏离现象，即病句；第二种是句际间的移植，也就是在以汉语为建构要素的句子与句子之间插入以西语为建构要素的句子。被移入的西语句子是连接上下文汉语句子的中介，是它所处的复句或句群语意表达不可缺少的内容；第三种是语篇之间的移植，也就是在一个大的汉语语意篇章中直接插入临时创拟的以西语为叙述语言的小的篇章或者是直接引用以西语为叙述语言的已有修辞文本。

**（一）语种的移植**

在《围城》25万字的话语修辞文本中，西语移植现象多达151处。移植的西方语种有三种，即英语、法语和德语。其中，以英语为最多，占绝对数量；其次是法语，用量很少；然后是德语，移植的最少。

**（二）语言要素的移植**

《围城》修辞文本中，西方语言要素的渗透在词语、短语、句子等方面都有表现。

**1. 词语要素的移植**

词汇是语言的三大要素之一，词语也常常被作为修辞文本建构的重要修辞语用手段。这里的词语要素包括专有名词、缩略形式、字母词、成语、固定结构等。《围城》修辞文本中共出现102处，是所有被移植的对象中数量最多的一类，这反映了小说语文体式中西语移植现象的主流。我们知道，词汇要素是语言各要素中最活跃的部分，所以西语移植首先就要反映在词语要素的移植上面，这也同语言要素的运用和发展的基本规律相吻合。此不列举。

**2. 短语要素的移植**

短语作为词语的临时组合是四级语法单位之一，在《围城》中共出现12处。它们是叙述主体或表达主体为了表意的需要而临时地把西语单词组合在一起，并被移植到以汉语为叙述语言的《围城》修辞文本之中的。如：

> 他说"very well"二字，声音活像小洋狗在咕噜——"vurry wul"。可惜罗马人无此耳福，否则决不单说R是鼻音的狗字母。当时张先生跟鸿渐拉手，问他是不是天天"go downtown"。（《围城》）

例中的"very well""go downtown"都是短语的移植现象。这是叙述主体即作者钱钟书在文本叙述的过程中嵌入的临时组合而成的西方语言成分。

**3. 句子要素的移植**

这是把句子作为嵌入的单位而形成的西语移植现象，《围城》中出现22处。如：

"Sure! Have a look see!" 张先生打开橱门，请鸿渐赏鉴。(《围城》)

该例嵌入了两个西语句子。从上下文看，这是在张先生用汉语作为表达语言的过程中夹杂到汉语修辞文本之中的西语句子。这两个句子是组成汉语语篇的不可缺少的建构要素，在语意上承上启下，使所在的篇章段落形成一个完整的语意内容。

### (三) 语篇的移植

所谓语篇移植，是说在汉语修辞文本中，嵌入由西语句子组合而成并表达了一个较为完整语意的句群或语意段。《围城》中共有4处。如:

①他见唐小姐，大献殷勤，她厌烦不甚理他。他撇着英国腔向曹元朗说道:
"Dash it! That girl is forget – me – not and touch – me – not in one, a red rose which has somehow turned into the blue flower." 曹元朗赞他语妙天下，他自以为这句话会传到唐小姐耳朵里。可是唐小姐在吃喜酒后第四天，跟她父亲到香港转重庆去了。(《围城》)
②今天是作文的日子，孙小姐进课堂就瞧见黑板上写着:"Beat down Miss S. Miss S. is Japanese enemy!" 学生都含笑期待着。(《围城》)

这两例嵌入的西语成分都是两个或两个以上句子的组合，各自独立形成语意段落，分别表达了一个相对完整的意思。从上下文看，在这里表达主体只是用西语说话，而没有用汉语说话，不存在"西语"和"汉语"的混用问题，它们是小说汉语叙述语言中移植的西语句子的组合，是独立篇章的嵌入，而不是夹杂在表达主体即说话者的汉语句子之中的。如例①实际上就是表达主体用英语说出的一段话，是一个独立的语意段落，但在以汉语作为主体叙述语言的《围城》修辞文本中它是被嵌入的西语成分。

### 三、西语移植的主客观机制

小说修辞文本中西语移植现象的出现并非空穴来风，而是有一定的主客观机制的。在笔者看来，既有文学创作上的美学考虑，也有语言表达上的修辞语用需要，还有客观物理世界的因素存在。

祝畹瑾认为，语码转换的主要起因有四点:(1) 在谈到某个主题时，由于想不起或者缺少适当的表达方式而转用另一种语言;(2) 当不想让在场的某些人知道所讲的内容时，转用他们所不懂的语言;(3) 用转换语码来突出某些话语;(4) 炫耀自己能说几种语言，或者为了迎合对方而转换语码。[1] 如果用这种观点来审视《围城》

---

[1] 祝畹瑾. 社会语言学概论. 长沙: 湖南教育出版社, 1992. 198.

中的西语移植现象，就会发现祝先生的结论是原则性的。显然，祝先生是从社会语言学的角度来宏观考察语码转换的原因的，无疑具有非常浓重的理论色彩，并对具体语境下语码转换原因的探讨具有一定的理论指导意义。申智奇、李悦娥针对《围城》同类现象产生原因的分析与归纳则显得较为具体。他们认为，"影响语码转换的因素有三类：1. 交际参与者，包括参与者的语言知识、身份角色、地位、年龄、经历、受教育程度、性别、对某种语言的看法等等。2. 交际的场景，即交际的时间、地点、场合等。3. 交际过程中涉及的话题及内容"，并认为"语码转换是受参与者、场景、话题三大因素及它们之间相互影响的"①。除了对表述中的语病忽略不计外，笔者对申、李二位的观点基本持赞同的意见。实际上，叙述主体或表达主体身份的不同性、心理需要的复杂性、修辞行为的多样性、话语内容的多变性、其他语境条件的不可预测性等，都可能会成为催生西语移植现象的条件。这也正如郭熙所说，"影响语码转换的因素多种多样，例如社会领域、社会角色关系、语言忠诚、语言优越感或卑下感等等"②。笔者以为对《围城》中西语移植现象生成原因的讨论离不开"语境"这个重要的参考框架，它是我们进行修辞阐释的观察点和立足点。基于此，在讨论《围城》中西语移植现象产生的原因时，以下几个主要因素是不可忽略的。

### （一）叙述主体和表达主体的语言素养

作为叙述主体的钱钟书，学贯中西自不必说。据说他能熟练地运用多种语言，那么在《围城》汉语修辞文本中无论怎么移植英、法、德等语种的语言要素都不会有任何语言上的障碍。这就为西语移植修辞行为和西语移植修辞现象的生成提供了最基本的也是最关键的条件。因此，在《围城》汉语修辞文本中不经意间流入西方语言要素是不足为奇的。如果钱钟书根本不懂西方语言，那么即便想移植西方语言要素，料难以实现愿望；或者即便借用现成的语料，那么剪裁组接的痕迹也是极为明显的，移植的"硬伤"将不可避免，因此读者也就不会欣赏到像现在所看到的西语移植的绝妙之笔。

《围城》中，作为表达主体的说话者在他们的话语修辞文本中移植西方语言要素的，主要有方鸿渐、苏文纨、赵辛楣、孙柔嘉、张吉民、张太太、张小姐、孙家姑母陆太太、鲍小姐、曹元朗、褚慎明、范小姐、三闾大学的大学生等。这些表达主体又可分为三类，一类是留学欧美的大学生，如方鸿渐、赵辛楣等；一类是虽没有留学欧美但也是大学毕业或者正就读于大学，如孙柔嘉、范小姐等；一类是"跟外国人来往

---

① 郭熙. 中国社会语言学. 南京：南京大学出版社，1999. 145～155；申智奇，李悦娥. 论《围城》中的语码转换. 外语与外语教学，2001（4）：18～20；王全瑞.《围城》语码转换赏析. 社科纵横，1996（5）：70～73；王进，贺凤霞.《围城》中跨语选择的修辞功能. 语文学刊，2003（5）：60～61.

② 郭熙. 中国社会语言学. 南京：南京大学出版社，1999. 145～155；申智奇，李悦娥. 论《围城》中的语码转换. 外语与外语教学，2001（4）：18～20；王全瑞.《围城》语码转换赏析. 社科纵横，1996（5）：70～73；王进，贺凤霞.《围城》中跨语选择的修辞功能. 语文学刊，2003（5）：153.

惯了"的商人，如张吉民等。他们的身份各不相同，但都有一个共同点，那就是至少会说或听得懂一种西方语言，这是这些表达主体之间西语移植的又一个必备条件。从《围城》修辞文本可以看出，西语移植现象也就出自于他们之口或者笔下。当他们和不懂西语的表达主体交际时，或者和不懂西语的表达主体之间进行交际时，都毫无例外地没有进行西语移植。比如方鸿渐与其父方老先生之间的言语交际、孙柔嘉与两个妯娌二奶奶三奶奶之间的言谈等都绝对遵循了汉语语体规范的基本要求，并没有出现西语移植的偏离现象。

### （二）上下文（前言后语）的导引

书面上的上下文和口语中的前言后语，尤其是"上文"和"前言"都会使表达者下意识地作出西语移植的选择。这时候的西语移植有两种情况，一种是受对方话语的影响、暗示或引导而被动进行的。也就是说，表达主体由于对方的话语中移植了西方语言要素，自己无意识中便顺着对方的话语说话，或者引用对方话语中的西方语言要素，从而生成"西语"和"汉语"杂拌现象。一种是受对方话语的影响、暗示或引导而主动在语言上向对方靠拢的，后者实际上主要是表达主体受"前言"的导引而表现出的从众心理作用的结果。如：

> "严格讲起来，他们不该叫哲学家 philosophers，该叫'哲学家学家'philophilosophers。"
> 鸿渐说："philophilosophers 这个字很妙，是不是先生用自己头脑想出来的？"
> "这个字是有人在什么书上看见了告诉 Bertie，Bertie 告诉我的。"
> "谁是 Bertie？"（《围城》）

例中，因为褚慎明说话时移植了"philophilosophers""Bertie"这两个西语要素，所以方鸿渐紧接着褚慎明的话语也移植了这两个西语要素。这显然是受褚慎明的影响。

### （三）叙述主体和表达主体的语用目的

写作和说话都有一定的目的和语用需求，作为钱钟书来说移植西语当然是为了更好地表达自己的创作意图，更能够真实地再现彼时彼地的社会生活，更为恰当地揭示作品人物的性格特点等，从而在语言上增强作品的生命力。作为表达主体的人物形象，在具体语境条件下的西语移植目的就更是多种多样，微妙的心态、临时的意愿、内心的潜意识等都会激发表达主体西语移植的热情和对西语要素的热衷。如：

> 到了张家，张先生热闹地欢迎道："Hello！Doctor 方，好久不见！"张先生跟外国人来往惯了，说话有个特征——也许在洋行、青年会、扶轮社等圈子里，这并没有什么奇特——喜欢中国话里夹无谓的英文字。他并无中文难达的新意，需

要借英文来讲；所以他说话里嵌的英文字，还比不得嘴里嵌的金牙，因为金牙不仅妆点，尚可使用，只好比牙缝里嵌的肉屑，表示饭菜吃得好，此外全无用处。他仿美国人读音，维妙维肖，也许鼻音学得太过火了，不像美国人，而像伤风塞鼻子的中国人，他说"very well"二字，声音活像小洋狗在咕噜——"vurry wul"。可惜罗马人无此耳福，否则决不单说 R 是鼻音的狗字母。当时张先生跟鸿渐拉手，问他是不是天天"go downtown"。鸿渐寒喧已毕，瞧玻璃橱里都是碗、瓶、碟子，便说："张先生喜欢收藏磁器？"

"Sure！have a look see！"张先生打开橱门，请鸿渐赏鉴。鸿渐拿了几件，看都是"成化""宣德""康熙"，也不识真假，只好说："这东西很值钱罢？"

"Sure！值不少钱呢，Plent of dough。并且这东西不比书画。买书画买了假的，一文不值，只等于 waste paper。磁器假的，至少还可以盛饭。我有时请外国 friends 吃饭，就用那个康熙窑'油底蓝五彩'大盘做 saladdish，他们都觉得古色古香，菜的味道也有点 old–time。"

方鸿渐道："张先生眼光一定好，不会买假东西。"

张先生大笑道："我不懂什么年代花纹，事情忙，也没工夫翻书研究。可是我有 hunch；看见一件东西，忽然 what d'you call 灵机一动，买来准 O.K.。他们古董掮客都佩服我，我常对他们说：'不用拿假货来 fool 我。O yeah，我姓张的不是 sucher，休想骗我！'"关上橱门，又说："咦，headache——"便揿电铃叫用人。

鸿渐不懂，忙问道："张先生不舒服，是不是？"

张先生惊奇地望着鸿渐道："谁不舒服？你？我？我很好呀！"

鸿渐道："张先生不是说'头痛'么？"

张先生呵呵大笑，一面分付进来的女佣说："快去跟太太小姐说，客人来了，请她们出来。Make it snappy！"说时右手大拇指从中指弹在食指上"啪"的一响。他回过来对鸿渐笑道："headache 是美国话指'太太'而说，不是'头痛'！你没到 States 去过罢！"（《围城》）

该例中，张吉民的西语移植修辞行为具有主动性，而方鸿渐则处于被动状态。从叙述主体作者这个角度来说，之所以让张吉民面对方鸿渐这个尚处在考察中的未来女婿时不厌其烦地移用西语要素，就是为了更好地刻画人物形象；从表达主体张吉民这个角度看，那种居高临下的语气、胸有城府的神情和扬扬得意的心态无不使之具有强烈的西语移植意识。正是通过这些被移植的西语要素，张吉民的炫耀、卖弄、崇洋、社交优越感以及骨子里的商人俗气等性格弱点便被暴露无遗。又如：

"不，苏小姐，不，我不敢见你——"不能再遮饰了，低声道："我另有——"怎么说呢？糟透了！也许同事们全在偷听——"我另外有——有个人。"说完了如释重负。

"什么？我没听清楚。"

鸿渐摇头叹气，急得说抽去了脊骨的法文道："苏小姐，咱们讲法文。我——我爱一个人，——爱一个女人另外，懂？原谅，我求你一千个原谅。"

"你——你这个浑蛋！"苏小姐用中文骂他，声音似乎微颤。(《围城》)

例中表达主体方鸿渐为什么要选用法文？根据上文的交代，方鸿渐主要是担心"同事们全在偷听"，为了保密或为了保全面子起见便要求苏小姐说法文，也就是移植法语要素。这就是在表达主体语用需要的作用之下而产生的西语移植现象。从叙述主体的修辞动机和修辞行为来看，钱钟书移植的确实是法语语句，只不过在这里钱钟书基于对读者有关法语知识的陌生性认知，让表达主体说的是法语，但让读者阅读到的却是汉语修辞文本，这有点类似于同声翻译。

这三个方面只是举例性的，并没有涵盖所有。而且就某一个具体的西语移植现象来说，由于语言表达的复杂性和具体语境条件的多样性，有时并非只是一个原因造成的，而至少是两个以上原因作用的结果，这是应该引起注意的。如本文开篇第二例，除了褚慎明自身的英语水平高这个因素外，那种故作高深、故弄玄虚、弄巧卖乖的心态不能不说也是催生西语移植现象的一个主要动因。因此，在分析西语移植形成的原因时，要尽量地作出综合性判断，不可简单从事。

### 四、西语移植的修辞功能

从修辞的角度来理解，西语移植实际上是一种语用修辞策略，是叙述主体或表达主体基于上述各种各样的因由而采取的较为理想的修辞手段。在言语表达过程中具体的修辞手段可以说是难以穷尽的，按照成说既有语言要素语音、词汇、语法构成的手段，也有语言要素建构而成的辞格、辞趣手段，而西语移植可以说是二者兼备而造成的修辞手段。之所以把它看作一种修辞手段，是因为它蕴含着多种多样的修辞性能和功用。

### （一）注释说明功能

所谓的"注释说明"，是说叙述主体和表达主体因担心读者或接受对象不能理解汉语叙述文本或话语文本中的某些概念、具体语意，或者为了使语意表达更为准确无误，而移植西方语言要素来作注解。根据笔者的分析和统计，具有这种修辞功能的西语移植现象在《围城》中占有很大比例，多达38处。较多的情况下是在汉语叙述文本或汉语话语文本中出现人名、地名以及其他专有名词时，叙述主体或表达主体往往要用西语要素加以说明。如：

①这条法国邮船白拉日隆子爵号（Vicomte de Bragelonne）正向中国开来。（《围城》）

②有人叫她"熟食铺子"（charcuterie），因为只有熟食店会把那许多颜色暖热的肉公开陈列。（《围城》）

③相传爱尔人的不动产（Irish fortune）是奶和屁股。（《围城》）

例中的"Vicomte de Bragelonne""charcuterie""Irish fortune"分别都是对其前专有名词或具有特定含义的语言单位的说明。用汉语和西语共同说明同一个概念，使语意表达更准确更清晰，避免了歧义多解现象的出现。

## （二）保全面子功能

根据布朗和莱文森的面子理论，面子分为消极面子（负面面子）和积极面子（正面面子）。要避免或减少交际者负面面子的损失，就需要采取以回避为基础的负面礼貌策略；为了维护或保全交际者的正面面子，就要采取以接近为基础的正面礼貌策略。① 西语移植实际上就是表达主体为保全面子而采取的一种有效隐性礼貌策略。西语的移植能够表达委婉含蓄的语意，能够起到保全面子的作用。通过暗示、旁敲侧击来达到目的，把真正要表达的意思和情感需求隐藏在西方语言要素之中，让交际对象透过对异质语言的解读来理解话语的内涵。

关于这一点，钱钟书在《围城》中通过表达主体的内心独白作了较为贴切的陈述。钱钟书写到："那天晚上方鸿渐就把信稿子录出来，附在一封短信里，寄给唐小姐。他恨不能用英文写信，因为文言信的语气太生分，白话信的语气容易变成讨人厌的亲热；只有英文信容许他坦白地写'我的亲爱的唐小姐''你的极虔诚的方鸿渐'。这些西文书函的平常称呼在中文里就刺眼肉麻。他深知自己写的其文富有英国人言论自由和美国人宣言独立的精神，不受文法拘束的，不然真想仗外国文来跟唐小姐亲爱，正像政治犯躲在外国租界里活动。"② 方鸿渐之所以想用英文给唐小姐写信，就是看中了英语语体的优势。既能够坦白地写"我的亲爱的唐小姐""你的极虔诚的方鸿渐"，还能够收到委婉含蓄的效果，又不显得唐突冒昧。这当然不失为一种保全自己面子的有效策略。如：

①苏小姐胜利地微笑，低声说："Embrasse–moi！"说着一壁害羞，奇怪自己竟有做傻子的勇气，可是她只敢躲在外国话里命令鸿渐吻自己。（《围城》）

②讲不到几句话，鲍小姐生说："方先生，你教我想起了我的fiancé，你相貌和他像极了！"方鸿渐听了，又害羞，又得意。一个可爱的女人说你像她的未婚

① 李军，宋燕妮. 面子理论在汉文化中的考察. 修辞学习，2004（2）：29～32.
② 王一川. 汉语形象美学引论. 广州：广东人民出版社，1999. 78.

夫，等于表示假使她没订婚，你有资格得她的爱。刻薄鬼也许要这样解释，她已经另有未婚夫了，你可以享受她未婚夫的权利而不必履行跟她结婚的义务。(《围城》)

例中都采用了隐性的暗示性修辞策略，移植的西语成分都具有保全面子的修辞功能。例①中，苏文纨是大家闺秀，又是留学博士，并把自己的爱情看得极为珍贵，不肯轻易施与人。所以，当自己武断地爱上方鸿渐而后者又表现出若即若离的态度时，苏文纨对爱情的表达因为害羞和面子便选择了西语成分，"只敢躲在外国话里命令鸿渐吻自己"。例②中，鲍小姐虽然放荡风流，被戏称为"局部真理"，并"自信很能引诱人，所以极快、极容易地给人引诱了"，但面对极易钩出的方鸿渐依然还是借用西语要素来表达自己的心愿。其中暗含着挑逗等言外之意，让方鸿渐根据自己的体会与感悟而自愿上钩。正因为移植的西语要素具有更多的委婉含蓄之意，使得方氏"又害羞，又得意"。于是便浮想联翩，得出"一个可爱的女人说你像她的未婚夫，等于表示假使她没订婚，你有资格得她的爱。刻薄鬼也许要这样解释，她已经另有未婚夫了，你可以享受她未婚夫的权利而不必履行跟她结婚的义务"的结论，而最终被鲍小姐勾引。因此可以说，鲍小姐西语移植策略的运用是极为成功的，具有双赢的效果：一方面避免了因直接表白而被拒绝带来的被动尴尬局面的出现，保住了自己的面子不受侵犯；另一方面又达到了把方鸿渐当作旅途消遣伴侣的目的。

（三）调侃幽默功能

《围城》语言运用的一大特色就是具有幽默机制，许多时候带有调侃的意味，造成诙谐幽默的效果。西语移植便是叙述主体和表达主题为达到这种效果而采用的重要手段之一。如：

①"胡闹，胡闹！我何尝不知道路上麻烦，只是情面难却呀！她是外国语文系，我是政治系，将来到了学校，她是旁人的 office wife，跟我道不同不相为谋。"(《围城》)

②方鸿渐猜文学不对，教育也不对，猜化学物理全不对，应用张吉民先生的话道："Search me！难道读的是数学？那太利害了！"(《围城》)

拿例②来说，引用张吉民的话纯粹是为了调侃和话语的诙谐幽默，以此来营造和缓的轻松的交际氛围，从而来释放因猜不着对方所学专业而产生的些微尴尬情绪。

（四）标示代替功能

《围城》中西语移植现象的标示代替功能突出地表现在三个方面：第一，叙述主体或表达主体身份的象征，人物性格特征的外在体现记号。第二，代替了汉语的语意。这两点已经在上文有所讨论，此不赘述。第三，缩略形式代替本有形式，用局部代替整体，使语言显得简洁精当。如以下各例。

①一个叫陈士屏，是欧美烟草公司的高等职员，大家唤他 Z．B．，仿佛德文里"有例为证"的缩写。(《围城》)

②鸿渐也冷笑道："我在德国，就知道德国妇女的三 K 运动：Kirche，Kneche，Kinder——"(《围城》)

③SOS 快来！(《围城》)

### （五）突出强调功能

在汉语语言单位之后移植语意完全相同的西方语言要素，用以强调突出汉语语言单位的语意，使之更加明确、显豁。如：

苏小姐道："法国也有这么一句话。不过，不说是鸟笼，说是被围困的城堡 fortresse assiégée，城外的人想冲进去，城里的人想逃出来。鸿渐，是不是?"鸿渐摇头表示不知道。(《围城》)

例中移植的法语成分"fortresse assiégée"就是对其前的汉语成分"被围困的城堡"的进一步交待和特别说明。

### （六）亲和友善功能

移植西语能够协调交际双方的人际关系，加深双方关系的亲密和友善程度，营造良好的交际气氛，创设便于成功交流的人际环境。所以，《围城》中有些被移植的西语要素实际上具有润滑剂的作用。如：

"我这句话是专为你讲的，sonny。孙小姐经过这次旅行并不使你讨厌罢?"辛楣说着，回头望望孙小姐的轿子，转过脸来，呵呵大笑。(《围城》)

该例中，一个西语单词"sonny"既诙谐又随便，表明了赵辛楣和方鸿渐不同寻常的关系，说明经过旅途的艰辛与互助，赵辛楣已经完全抛弃了原来有意无意中设置的"情敌"情结。其亲和友善之情溢于言表。

需要说明的是，以上所论六种修辞功能未必能够反映西语移植的所有功能特征，也并不是任何一个西语移植现象都同时具备的。在具体语境中，有的西语移植现象可能只具备一种功能，也可能具有两种甚至是三种以上的功能。所以，在分析西语移植的功能特征时必须结合具体语境条件，要把具体语境条件作为重要的参考因素。

"西语移植"现象是立足于以汉语作为叙述语言的小说语文体式并从修辞学的角度提出的一个概念。它不同于语码转换，也有别于跨语选择。它是多种因素综合作用的结果，其形成主要基于具体语境条件提供的可能性、叙述主体和表达主体的语言修养及复杂多变的语用目的。有鉴于此，它便具有注释说明、保全面子、调侃幽默、标示代替、突出强调、亲和友善等多种修辞功能。对修辞功能的分析应该以具体语境为参照作出综合性的判断与解读。

## 第三节　语体偏离及其修辞语义表达

小说话语世界在语言的运用上可以说是异彩纷呈、光芒四射。在这狂欢着的语言的背后让我们感受到了小说话语文本所具有的特有语体特征。用语体学的相关理论来分析和研究小说话语世界，不仅有着非常重要的语体学意义，而且还可以在创作实践中为小说语文体式话语的建构提供有意义的启示和理论上的帮助。语体偏离涵盖诸多内容，本节主要讨论小说语文体式的主导语体、语体转化现象及其主客观制导因素。

### 一、主导语体

所谓主导语体，也就是主流语体，即小说话语文本所表现出的基本的语言运用特征体系，是叙述主体无论在什么情况下、处于何种目的来进行文本创作时都必须要考虑和参照的支点，是影响叙述主体语音调整、词语运用、句式选择和辞格创拟的关键性因素。任何话语文本的创作都要有一个明确的主导语体，也就是要"语体先行""体制为先"。"语体先行"是澳门大学程祥徽 1994 年提出的鲜明主张。他认为，特定的人在特定的场合首先考虑的是说得体的话。得体之"体"可以理解为语体之体。个人的一切言语活动首先要符合语体的要求。① "体制为先"是我国文体论的一贯主张。李熙宗认为，体制为先就是指"在运用语言表达思想感情时首先要求确定适应的体式或文体，并根据体式或文体的要求选择和组织语言材料和表达手段，以借助体式和文体的规范有效地提高语言表达效果"② 。前者注重的是语体上位层面的控制，后者侧重的是语体下位层面的阐释，但实际上是一体的，都强调了话语文本创作时"定调子"的重要性。作者作为叙述主体在创作小说时都具有非常清醒的语体意识，具有极强的选择语体和把握语体特征的能力。文学语体当然是作者给小说创作确定的主导语体，小说语文体式当然是小说创作时选择的主导语文体式。

文学语体中小说语文体式的语言运用具有很强的兼容性，是一个相对开放的语言运用特征系统。在语言材料的选用、修辞手段的创拟、语言风格的表现等方面几乎不

---

① 程祥徽. 略论语体风格. 修辞学习，1994（2）：1~3.
② 李熙宗. "语体"和"语文体式". 黎运汉，肖沛雄. 迈向 21 世纪的修辞学研究. 广州：广东人民出版社，2001. 275~287.

受什么限制。正因为如此，作者也就无牵无挂，往往根据自己的创作思路和心理流程以及自己独特的语言运用风格来行文。所以，不同的作家在不同的现实语境下由于不同的语用目的便会对不同的语言材料和语言手段作出不同的处理。这就是一个修辞的过程，也就是对语言项目作出选择的过程。小说语文体式在语言运用上具有这方面的优势和条件，呈现出多样化特点。词语选用方面，力求妥帖，色彩鲜明，并注重词语组配的陌生化、奇特性和分布的得体性；句式选择方面，可以说是不拘一格，文言句式、排比句式、对偶句式、反复句式、长句和短句、传统句式和新兴句式、口语句式和书面语句式、把字句式和被字句式、肯定句式和否定句式等都在运用之列；修辞格式方面，更表现出作者驾轻就熟的能力，比喻、夸张、借代、通感、比拟、排比、反复、对偶、映衬、双关、仿词、设问、反问、顶针、回环、层递、对比、跳脱等无不处在作者选择的视野之内，而且这些修辞格式常常错综分布，单用、连用、兼用、套用各得其所；标点符号方面，既坚持基本的运用规范，又有变异性的处理。也就是说，小说话语文本语言运用的总体特征遵循了小说语文体式语言运用的要求和规范，这是和小说所属主导语体的语言运用特征体系相吻合的。尽管在小说话语文本中存在着下文将论及的其他语体要素、语文体式的转化现象，但正如程祥徽所主张的那样，语体转化现象并不能改变本有语体的本质特征。程祥徽说："语体具有一定程度的稳定性，但又不是绝对封闭的，语体会出现互相吸收、互相渗透的现象。语体的交错通常只发生在语体成分身上，并不是这一整个语体与那一整个语体的交叉错综。也就是说，一种语体容纳了别种语体的成分或者兼具了另一种语体的某些特色，作为整个的语体，它的本质仍旧不变。"① 据观察，小说话语文本中出现的语体转化现象并没有削弱、改变小说语文体式的主导性特征，因此可以说小说话语文本中众多的语体转化实例实际上是对程祥徽上述观点的最有力的论证。

## 二、语体转化的方式

小说话语文本中，语体转化是较为普遍的现象；语体转化的方式也是多种多样的，学界不同学者所说的交叉、渗透、移植、借用、融合等都是语体转化的具体手段。不少学者都对之作过较为充分而又深入的讨论。王德春认为，语体是稳固性和变动性的统一、排斥性和渗透性的统一②。张弓说："各种语体虽然各有独立的特征，但是，他们又互相联系，互相影响，彼此交错，彼此渗透。"③ 黎运汉认为，语体和其他事物一样往往处在既对立又统一的辩证关系之中，"一方面，各类语体以其自身的特点互相区别开来，具有一定的封闭性和排他性；另一方面，语体间又没有不可逾越的

---

① 程祥徽，邓骏捷，张建桦. 语言风格学. 南宁：广西教育出版社，2000.75.
② 王德春. 语体略论. 福州：福建教育出版社，1987.143.
③ 张弓. 现代汉语修辞学. 天津：天津人民出版社，1963.292.

修辞语义：描写与阐释

鸿沟，表现出语体体系的多维的、立体的、动态的特征，语体之间还存在着相互渗透、相互影响的关系"。① 这种语体的相互转化现象在小说语文体式中就更为常见，只不过不同的作者在具体操作时会有不同的表现而已。在实际的语言运用中，作者常常会突破小说语文体式的语言运用常规而作出独具特色的变异运用。这种变异运用的表现之一就是语体转化，而且作者还经常采用不同的手段和方式来体现这种语体转化。关于语体转化的方式，不同的研究者有不同的看法和观点。刘凤玲认为，语体转化的方式主要有渗透式、移植式、融合式等三种②；李嘉耀、李熙宗认为，语体转化可分为两种基本方式：一是语体要素以个别交流方式进行的渗透；二是以语言体式融合方式进行的交叉。③

### （一）语言要素的渗透

作为文学语体中的小说语文体式，在不改变本有的语体特征或语言运用特征的前提下，渗透了其他语体的个别要素或部分要素为本有语体增加了不同的色彩，有意识地造成语体色彩的不协调美。这就是语言要素的渗透，也就是李嘉耀、李熙宗所说的语体要素以个别交流方式进行的渗透。在小说话语文本中就词语语体要素的转化来说，由于小说语体的兼容性特征，使得各个领域、范畴内的语言要素都有被移用的可能。曾毅平说："语言三要素语音、词汇、语法都可以从语体手段的角度去观察，亦即任何一个完整的语音、词汇、语法单位对语体类型来说，都存在适应与不适应的问题。只不过语言单位的语体色彩有程度差别，有的单位语体色彩很强烈，有的更中性一些，可以适用于多种语体。"④ 所以，在文学语体中语言要素的渗透就较为普遍。比如《围城》中语言要素的渗透在这些方面就表现得非常突出，在词语、句式等方面都得到了淋漓尽致的发挥，但最为突出的是词语要素的渗透和移用。

1. 政治、法律、财经类词语的渗透

《围城》中所用的这方面的词语主要有民主国家、公民、政治犯、民主精神、大总统、政治学、候补、审查、独裁、政客、上司、空心的国家柱石、如蒙大赦、治国平天下、大官僚、国体、随员、衙门、捐个官、报条、托孤、阶级意识、政见、愚民政策、朝参、当局、社论、下情、协议离婚、契据、谋杀案、重婚罪、最后审判、上诉、政治家、死刑、口供、有效刑期、著作权、动产、私货、契约、订商约、薄利畅销、公账、虚账、洋行、资本、外汇、国币、国货等等。这些词语都是在作者或作品人物的语言表达中选用的，而且绝大多数是在描写、说明或叙述一般事理的时候运用的。

---

① 黎运汉. 现代汉语语体修辞学. 南宁：广西教育出版社，1989. 465.

② 刘凤玲. 试论语体的交叉. 刘凤玲，曾毅平. 修辞·语体·风格. 香港：香港文化教育出版有限公司，2000. 233～245.

③ 李嘉耀，李熙宗. 实用汉语语法修辞. 上海：复旦大学出版社，1989.

④ 曾毅平. 语言材料语体分化论析. 福建师范大学学报（哲学社会科学版），2008（2）：34～40.

2．外交、军事类词语的渗透

《围城》中选用的这方面的词语主要有抗议、特务、谈判、外交代表、自卫、海军陆战队、登陆、潜水艇、军法、行军、战场、兵法、战败者、志愿军、中日战争、侦察、遣散命令、空城计、机密情报、军国机密、间谍、军事间谍、投弹、首领、"保持实力，作战略上的撤退"、大敌当前、"敌人喘息未定，即予以迎头痛击"、外国租界、前线、老弱残兵、条约、特务机关、军容大振等等。

3．哲学、美术、生物学、医学类词语的渗透

《围城》中选用的这方面的词语主要有真理、局部真理、绝对观念、乐观主义、超时间、直觉主义、数理逻辑、证明完毕、公式、哲学家、适者生存、写意画、蒙娜丽萨、水彩画、蔷薇科木本复叶植物、甲壳类、生物学、痧痘、健胃、蒸汽碌毒、仁丹、鱼肝油、保喉、药丸、补脑、药膏、发汗、万金油、强肺、通便、止痛等等。

4．异语要素的渗透

从语种上看，《围城》中选用的西方语言要素主要是英语要素。如：very well, friends, salad dish, hell, foll, headache, make it snappy 等。其中既有词语，又有句子。它们多是夹杂在汉语语句之中，作为汉语句子中的构成成分而存在。这种渗透在整个《围城》话语文本中不少于150处。这些英语要素的渗透让读者在习惯于纯净单一的汉语语音的叙述结构中冷不防听到异样的音节。这就会引起读者的好奇心和随意注意，而去关注异音的多姿多彩，从而增加了对语言陌生化和新奇性的感受。

5．文言要素和历史词语的渗透

从历时意义上看，《围城》修辞文本中渗透了相当多的文言成分，这些文言成分包括文言性词语和文言句式等。比如：勿必过悲、"过门在即，好事多磨，皆汝无福所致也"、随员、负笈、何须、吾、"丧心不孝，于斯而极"、企羡之余等等。

## （二）语文体式的移植

李熙宗对语文体式有极为深刻的论述，提出了非常独到的见解。李先生认为，语文体式是言语形式的一种，它是在具体运用语言构成言语组织时依照一定的形式把言语组织起来的产物。如果在运用语言时按照小说、诗歌或别的什么形式来表达我们的思想感情时，组成言语结构，那么这种言语结构就具有小说、诗歌或别的什么体式。[①]据此我们可以认定，在小说话语文本中档案体式、日记体式、书信体式、规章制度体式、法律体式、演讲体式、辩论体式、专门科技体式等多种不同的语文体式都可以融入其中，但在不同创作者的不同小说文本中往往会根据需要作出选择性渗透。比如，在《围城》话语文本中，语文体式融合方式的转化主要是书信语文体式、日记语文体式和演讲语文体式等的移植，而日记语文体式的移植被作者作了简单化处理。这些被

---

① 李熙宗．"语体"和"语文体式"．黎运汉，肖沛雄．迈向21世纪的修辞学研究．广州：广东人民出版社，2001．275～287．

移植的语文体式或者是话语片断①，或者是某种语文体式不太规范的完整篇章。

### 三、语体转化的原因探析

小说话语中为什么会有如此众多的语言要素和语文体式的转化现象？根据对小说话语文本相关用例的分析，我们认为语体转化现象的大量出现，既有主观上的原因，又有客观上的原因。这里仅从以下几个方面略作阐释与说明。

#### （一）不同的语用目的

作者对小说语文体式以外的语言要素和语文体式的移植，有多种不同的语用目的。作者是把语体交叉当作一种有效的策略来经营的，以此来增加小说的审美趣味，创设更加令人瞩目的意境，塑造性格各异的人物形象，阐释作者对人世沧桑的态度。王德春也说："为了反映广泛的社会生活和复杂的人物内心世界，艺术语体使用的语言材料极其广泛。除特有的艺术辞藻外，他还从其他语体，特别是谈话语体中吸收大量语料。""其他语体的词语，如古语词、外来词语等也常用来塑造形象和创造气氛。"② 由于目的不同，作者便根据具体情况而选用了不同的语言要素或语文体式。

1. 用以追求含蓄、简约等不同的修辞效果

在小说话语文本中，我们可以毫不费力地感受到其中所充溢着的不同的修辞效果，尤其是有些片断，每读一遍都会令人觉得余味无穷。这些不同的修辞效果的取得就有语体转化的支撑作用。比如为了使话语含蓄、简约，作者便不惜移植文言成分或外国语成分。关于这一点，《围城》中曾不止一次地做过较好的说明："他恨不能用英文写信，因为文言信的语气太生分，白话信的语气容易变成讨人厌的亲热；只有英文信容许他坦白地写'我亲爱的唐小姐''你极虔诚的方鸿渐'。这些英文书函的平常称呼在中文里就刺眼肉麻。他……（笔者省）不然真想仗外国文来跟唐小姐亲爱，正像政治犯躲在外国租界里活动。"英文书信体式的渗透在作品中虽未出现，但从上述的语言表达中可以看出作者的语体观，以及作者对不同语文体式或语言要素的运用功能的深刻认识。也就是说，作者在让人物运用书信语文体式或其他语文体式以及语言要素时是有非常明确的语用目的和语体选择意识的。

2. 用以塑造不同的人物形象

人物的话语最能表现自身的性格特征，作者非常清楚这一点，所以在塑造人物时往往让不同的人物说出不同的话语，选择不同的语言要素或语文体式。比如《围城》中，方鸿渐是一个志大才疏、满腹牢骚、狂妄自大、爱自吹自擂的人，钱钟书在塑造这个人物时就移植了不少其他语体的语言要素，并通过他移植了书信体、演讲体等语文体式，使得这个人物有血有肉，栩栩如生。又如，当在美国银行里做了 20 年买办

---

① 程祥徽，邓骏捷，张建桦. 语言风格学. 南宁：广西教育出版社，2000. 79.

② 王德春，陈瑞端. 语体学. 南宁：广西教育出版社，2000.

的张先生出场时，作者又让他的话语中不时地夹杂英语单词或句子。很显然，这些英语语言要素的移用表现了张先生喜欢卖弄、崇洋、自负和市侩等性格特征。在这里，英语要素的渗透无疑对刻画人物形象起到了不可低估的作用。

3. 用以顺应情节发展的需要

由于作者有极强的语体意识，所以在小说话语文本中对其他语文体式和语言要素的移植，也就充分考虑到了故事情节的发展。如《围城》中对书信语文体式的移植，从语体层面看实际上就是故事情节发展使然。方鸿渐给他父亲方老先生的多封书信，给苏文纨的两封信，给唐晓芙的若干封信；方老先生给方鸿渐的信；赵辛楣给方鸿渐的信等。这多处的书信语文体式的移植除了其他原因外，还有一个重要的因素，那就是小说情节的自然进展情况。小说情节发展到这里，就不得不选择书信语文体式组织话语。

**（二）小说语文体式语言运用上的兼容性**

文学语体是接近口头语体而同科学语体、公文事务语体差别很大的一种语体。黎运汉认为，它的功能是用艺术化形象化的语言，塑造人物形象，反映深邃的历史与浩瀚的社会现实，反映人与人之间纷纭复杂的关系，描绘多姿多彩的大自然，抒发丰富的情怀，寄托人们的理想、愿望、追求，使读者通过它来认识世界，认识自己，从中受到感染、熏陶和教育，并得到一种美的享受。[①] 所以，其正如上文所说在语言运用上就表现出极大的兼容性，表现风格也就比其他各种语体更为多样化。在语言手段方面，可以调动一切修辞手法，充分展现出文学语体表现风格的多样性。小说语文体式作为文学语体中的主要类型更能够反映文学语体的语言运用特征体系的本质和主流。那么，在这样的基本语境下作为小说语文体式渗透、移植其他语体的语言要素或语文体式也就在情理之中了。

**（三）叙述主体拥有的健全知识结构和文学创作能力**

小说作者作为叙述主体所具有的健全知识结构和文学创作能力为其小说创作中语体转化现象的架构提供了不可或缺的条件。比如，钱钟书被称为"文化昆仑"，是学贯中西的学者型作家。坚实的国学功底，深厚的文化积淀，睿智的哲学思辨，熟练的语言技能，达观的处世态度，丰富的生活阅历，所有这一切都为《围城》创作中语体风格的最终形成提供了前提条件。由于钱钟书有极强的运用外国语言的能力，所以在《围城》中就往往情不自禁地把英语单词或语句融入汉语的正常语流之中。即使是对一般事理、情况的说明，或者是作品中人物平时家长里短的交流，作者也往往根据对物理世界的真人真事的观察，借助于文化世界的支持，通过心理世界的联想机制，而把政治、法律、财经、哲学、军事、外交等方面的语言要素和文言词语、文言句式等广泛地运用于小说话语文本的创作之中。这些都是以作者广博的学识为基础的。关于

---

① 黎运汉. 汉语风格学. 广州：广东教育出版社，2000. 379.

这一点，也可以从他平时的言谈举止中得到进一步的证实。杨绛在《记钱钟书与〈围城〉》中曾回忆说："一次我听他在电话里对一位求见的英国女士说：'假如你吃了个鸡蛋觉得不错，何必认识那下蛋的母鸡呢？'"① 这本是日常生活中很平常的言语交流，但钱钟书却用了一个极为精彩的比喻来回答。很显然，这是作者横溢的才华和熟练的语言运用艺术的不经意间的自然流露。

通过以上论述，显然小说话语世界的主导语体是文学语体，具备了小说语文体式的基本语言运用特征，同时由于主观语用上的需要和客观条件上的可能性等制导因素的作用又整体移植了其他语文体式，并渗透了其他语体的语言要素，从而使小说话语文本在保持本有的主流语体特征的前提下，呈现出色彩斑斓的语言风格特征。

## 第四节　叙事小说时间意义的表达

一切修辞活动都是在特定的时间和空间中进行的，修辞行为和话语建构必须同特定的时间相吻合，这是修辞应该遵循的一个基本原则。早在 20 世纪 30 年代，陈望道在提出修辞要适应"题旨情境"的著名论断时，就把"时间"当作了"情境"的一个非常重要的组成要素，列在"六何"中的第五位。他指出，修辞过程中所有的现象便是修辞的现象，同这种现象有关系的具体的事项自然极其复杂；并以为最有关涉的不过六个问题，就是"何故""何事""何人""何地""何时""何如"等"六何"。而所谓的"何时"，"是说认清写说的当时是甚么时候：小之年月，大之时代"② 王希杰认定"时间"是修辞的四个世界中物理世界语境的重要因素，并把它列在第三位。王先生说："物理世界语境由'主体''对象''时间''场景'和'话题'五个因素所构成。"③ 在小说话语中，故事的叙述必须遵循一定的时间规律，这是一条已经被小说家们所认同的创作规则。英国女作家伊丽莎白·鲍温就认为："时间是小说的一个主要组成部分。我认为时间同故事和人物具有同等重要的价值。凡是我能想到的真正懂得、或者本能地懂得小说技巧的作家，很少有人不对时间因素加以戏剧性地利用的。"④ 按照系统论观点，语境是一个由多种要素遵循一定的关联性原则组合而成的多层级系统，而"时间"既是这个复杂系统中的重要建构要素，又是一个不可缺失的子系统即时间意义表达系统，同时也是一种叙事模式即时间意义表达模式。小说话语中的时间意义表达模式是小说修辞文本所建构的庞大语境系统的重要组成部分，小说

---

① 杨绛. 记钱钟书与《围城》. 钱钟书. 围城. 北京：人民文学出版社，1991.
② 陈望道. 修辞学发凡. 上海：上海教育出版社，1997.7 ~ 8.
③ 王希杰. 修辞学通论. 南京：南京大学出版社，1996.329.
④ ［英］伊·鲍温. 小说家的技巧. 中国社会科学院外国文学研究所，吕同六主编. 20 世纪世界小说理论经典（上卷）. 北京：华夏出版社，1995.602.

话语中时间意义表达模式是小说话语叙事的重要模式。

在小说语文体式所建构的话语中，人物的行为和活动、故事的生发与展开等都处在作者所创设的时间意义表达模式之中。对之进行探讨，不仅能够帮助读者确认作品再现故事、事件或现象发生发展的具体时间，而且还能够帮助读者准确解读作品的时代文化内涵，恰当认知具体时间要素对作品叙述结构的重要影响，并能够在修辞学意义上诠释小说话语文本中时间意义表达的系统性特征。本节将以钱钟书的小说《围城》为例来探讨相关问题，以寻求小说话语时间意义表达模式的共性特征。①

## 一、时间意义表达的要素

构成小说话语时间语表达模式的要素当然是指在小说修辞文本中对时间意义表达最具直接影响的显性的和潜在的必要因素。这些要素主要包括时间视点、时间参照点、时间方向、时间量度、时间情状和时间词语等。

### （一）时间视点

时间视点是故事或事件发生发展的线性序列上的时间观察点（记作"$t_1$"），通常称之为"时点"，即时间的位置。也就是考察和衡量故事或事件在"过去—现在—将来"这个时间轴线上所具有的时间情状，并以此为据来选择不同的词语或句子用以准确地表达语意的时候所选择的时间角度，即时间立足点、出发点。时间视点是时间意义表达模式中最为重要的构成条件之一。王希杰把"视点"分为物理视点、文化视点和心理视点三种，并把物理视点叫作客观的视点。② 时间视点应该属于客观的物理视点。

在小说话语中存在着两个言语主体，一个是叙述主体，也就是故事或事件的叙述者或者旁观者，即小说修辞文本的创作者。比如《围城》的作者钱钟书就是叙述主体。一个是表达主体，也就是故事或事件的演绎者或当事人，即小说修辞文本中话语的表达者。比如《围城》中塑造的方鸿渐、苏文纨等人物形象就是表达主体（此处作为接受主体的可能性忽略不计）。言语主体角色的两重性，必然会导致小说修辞文本中时间视点确定的不完全一致性。小说修辞文本中的时间意义表达一般都有两个时间视点，一个是作者即叙述主体的时间视点，一个是表达主体的时间视点。

#### 1. 叙述时间视点

叙述主体的时间视点，我们简称为叙述时间视点（记作"$t_{11}$"）。每部小说都有自己的叙述时间视点。叙述时间视点有两个，一个是作者创作小说修辞文本、讲述故事或叙说事件发生发展的时间观察点，也就是小说修辞文本创作的实际发生时间；一个是所讲述的故事、事件或现象的终结点。这两个时间视点在某些小说中是重合的，因

---

① 孟建安. 小说话语的时间表达系统. 汉语学报，2010（4）：18～27.
② 王希杰. 修辞学通论. 南京：南京大学出版社，1996. 175.

此这类作品实际上就只有一个叙述时间视点；在某些小说中则是完全不同的两个视点。叙述时间视点的确定完全取决于作者的主观创作愿望和实现创作行为的时间。因为小说讲述的故事或事件一般都是先事，所以叙述时间视点应该处在故事终结点或终结点之后的某个时间，我们称之为"零度叙述时间视点"。零度叙述时间视点如图所示：

$$\xrightarrow{\qquad\qquad\qquad\bullet\qquad} T_0$$
$$t_1\ (t_{11})$$

在物理世界时间运动的线性序列（记作"$T_0$"）上，叙述时间视点 $t_{11}$ 可能是几天、几个月，也可能是几年甚至更长的时间，但作为我们设定的时间视点，它只能是一个时点而不是一个时段。比如《围城》的创作始于 1944 年，完成于 1946 年，时间长达两年，这就是小说《围城》的叙述时间视点之一。这"两年"虽然表达了时间的量度，但就小说创作的时间观察角度来看，它只能是作者小说创作时所处的时间位置。而《围城》中所讲述的故事终结于 1939 年冬，所以 1939 年冬作为故事的终结点也就成为另一个叙述时间视点。这两个叙述时间视点就是《围城》的零度叙述时间视点。

2. 表达时间视点

表达主体的时间视点，我们简称为表达时间视点（记作"$t_{12}$"）。它是小说所讲述的故事中，故事的演绎者或当事人言语表达的时间观察点。这个观察点可以在先事之后、当事之中，也可以在后事[①]之前，但一定在叙述时间观察点之前，我们称之为"零度表达时间视点"。零度表达时间视点如图所示：

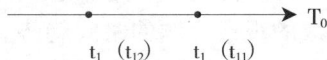

$$\xrightarrow{\qquad\bullet\qquad\qquad\bullet\qquad} T_0$$
$$t_1\ (t_{12})\qquad t_1\ (t_{11})$$

表达时间视点 $t_{12}$ 就是表达主体说话的时间位置，它的零度存在位置是处在叙述主体所描述的故事发生发展的零度时间区域之内，即叙述时间视点和叙述时间参照点之间；其偏离存在位置则会超出设定的零度时间范围，即处在叙述时间视点到叙述时间参照点时间域之外。比如《围城》中，作者设定的零度时间区域是 1937 年夏至 1939年冬，也就是故事发生发展的时间范围。但在追叙正在北平读大学的方鸿渐与方老先

---

① 龚千炎. 现代汉语的时间系统. 世界汉语教学，1994（1）：1~6.

生的书信交往时，表达主体方鸿渐和方老先生的表达时间视点却在作者设定的零度时间区域之外，即1937年之前方鸿渐在北平进大学读书的时候，超出了零度时间区域。

### （二）时间参照点

时间参照点（记作"$t_2$"）就是言语主体说话以及讲述故事或事件发生发展的时间参考点，是时间意义表达模式中另一个最为重要的构成因素。零度时间参照点就在叙述主体设定的故事发生发展的时间区域内，偏离的时间参照点则在这个时间区域之外。如果假定叙述主体的时间参照点为宏观的时间参照点，那么表达主体的时间参照点则为微观的时间参照点。前者是唯一的，后者则是多样化的。也就是说，叙述时间参照点只有一个，而且一般是故事或事件发生的起始点（记作"$t_{20}$"）；而表达时间参照点则不止一个，而且既可以是故事或事件发生发展的起始点，还可以是当事点（记作"$t_{21}$"），即表达时间视点甚至是终止点（记作"$t_{22}$"）。零度时间参照点如图所示：

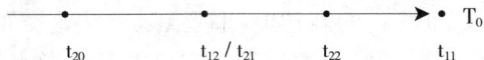

$$\xrightarrow{\quad\bullet\qquad\qquad\bullet\qquad\qquad\bullet\qquad\quad} \bullet\ T_0$$

$$t_{20} \qquad\qquad t_{12}/t_{21} \qquad\qquad t_{22} \qquad\quad t_{11}$$

《围城》中"1937年夏季（七月下旬）"就是叙述时间参照点；而句子"他下船的时候也打过牌"（《围城》第4页）中，"他下船的时候"就是表达时间参照点，这个参照点就在表达主体"说话"时间即当事点之前。此处所论的两个时间参照点都是零度时间参照点。

### （三）时间方向

对于观察者来说，时间是有方向的，或"左视"，或"右视"。[①] 物理时间运动的方向是从右向左滚动，而现实中时钟设置的时针指向则是从左向右滚动。以上图示的时间方向都是从左向右滚动的顺时方向。我们以顺时方向为时间方向参照系。据此我们认为，小说修辞文本中的所谓时间方向，就是叙述主体和表达主体以时间视点为起点、以时间参照点为终点而形成的观察问题的时间趋势。换句话说，时间视点和时间参照点决定了时间的方向。除了时间参照点和时间视点重合这种情况外，二者在时间纬度上出现的顺序只有两种，一种是逆时位置，即时间参照点在时间视点的左侧；一种是顺时位置，即时间参照点在时间视点的右侧。小说修辞文本中，因为故事或事件都是先事，所以叙述主体实际上是对过去故事的回忆或虚构，在时间纬度上是向已经过去的时间看，时间参照点只能在时间视点的左侧，时间方向只能是从右向左，和物理时间运动的方向一致，同时针的顺时方向相反，可称之为"右视"。表达主体处在

---

① 张建理. 汉语时间系统中的"前""后"认知和表达. 浙江大学学报（人文社会科学版），2003（5）：84～91.

故事之中，可以向已经过去的时间（即"左"）看，也可以向未来的时间（即"右"）看。所以，其时间参照点可以在时间视点的左侧，时间方向就是从右向左，即"右视"；也可以在时间视点的右侧，时间方向就是从左向右，即"左视"。时间方向如图所示：

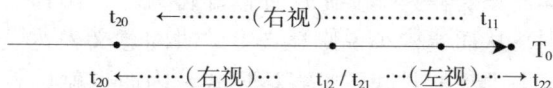

$$t_{20} \quad \longleftarrow\cdots\cdots(右视)\cdots\cdots\cdots t_{11}$$
$$\longrightarrow T_0$$
$$t_{20} \longleftarrow\cdots\cdots(右视)\cdots \quad t_{12}/t_{21} \quad \cdots(左视)\cdots\longrightarrow t_{22}$$

《围城》中，作者就是在1944—1946年的叙述时间视点上从右向左追溯到叙述时间参照点1937年夏，所以其叙述时间方向是"右视"。上文（二）所举例子中，表达主体以说话的时间为表达时间视点，以已然的事件"他下船"发生的时间为表达时间参照点，所以其表达时间方向也是"右视"。而在"曹先生，让我留着仔细看，下星期奉还，好不好"（《围城》第68页）这句话中，表达主体则是以说话的时间为表达时间视点，以未然的事件"奉还"发生的时间为表达时间参照点，所以其表达时间方向为从左向右，即"左视"。

**（四）时间量度**

所谓的时间量度，就是时间的数量，也就是时间视点到时间参照点的距离，通常称之为"时段"。距离近，时间数量就小；距离远，时间数量就大。以《围城》为例，从叙述主体角度看，作品讲述的是1937年夏到1939年冬的故事，时间跨度为两年多，这就是小说《围城》给读者所展示的故事发生发展的时间量度。上文（三）所举例子中表达主体给出的时间量度是，从说话的时间位置到下星期这个时间段。由此可以看出，时间量度的确定完全决定于时间视点和时间参照点这两个要素。

**（五）时间情状**

所谓的时间情状，是指故事或事件发展的时间情形，也就是语法学意义上的时态状况，即经历态、完成态、进行态和将来态等。此处不赘述。

**（六）时间词语**

时间词语简言之就是表示时间的词和语。如"今天""星期一""明天""1937年夏""民国二十六年""这几天""明天十一点""唐代的时候""昨天""到香港的时候"等都表示了时间意义，都是时间词语。时间词语是用来认知、确定和标记时间视点、时间量度、时间参照点、时间情状的重要手段，是小说话语时间意义表达模式不可或缺的建构要素。下文将专门论述，此不多论。

上述时间要素中，时间参照点和时间视点是确定故事、事件或现象发生发展的进度、时间情状、时间方向、时间量度的重要参考点，从这个意义上说这两个时间要素是最为重要的。

## 二、时间意义表达的基本原则

时间要素是静态状况下孤单的个体，只有进入动态的表达系列，才能够运用一定的方法把它们联系起来，激活其性能和功效，建构起相应的时间意义表达模式，从而再现历史或故事的真实。时间意义表达是利用各种时间要素来建构小说话语时间意义表达模式的一种修辞实践。在具体实施这种修辞行为时，作者往往要遵循一定的时间意义表达规律和原则，从而建构小说修辞文本的时间意义表达模式。可以这样说，每部小说都会有自己较为理想的时间意义表达模式，因而也就会表现出不完全相同的时间意义表达特征。但因为都是小说，它们之间就会存在着较多的共性。在建构时间意义表达模式时，较多情况下就会遵循较为一致的时间意义表达原则。就小说《围城》而言，在遵循了汉语时间意义表达的基本顺序原则的前提下，其时间意义表达的基本原则主要体现在以下三个方面。这些原则也是大多数的小说修辞文本时间意义表达所遵循的基本原则。

### （一）坚持宏观时间意义表达的主导性

一般情况下，小说话语都为读者设置了两个层面的时间意义表达序列，即宏观时间意义表达序列和微观时间意义表达序列。

宏观时间意义表达序列是作者所讲述的故事在时间线性序列上的基本走向，也就是小说的总体时间框架。有学者把这种总体时间轴线称之为"宏观时间系统"①。在这个时间序列中，作者设置了多个相对稳定的时间参照点和时间视点。根据上文的分析，钱钟书在《围城》中以创作的时间和故事终结的时间为叙述时间视点，而以故事发生的 1937 年夏为叙述时间参照点。如果将对作品故事发展并没有实际影响作用的叙述时间视点忽略不计的话，那么《围城》的宏观时间意义表达序列的起点应该是 1937 年夏，终点就是 1939 年冬，这是宏观时间意义表达序列的两个端点，其时间域为：［1937 年夏，1939 年冬］。在这个时间域内，作者以方鸿渐的生活轨迹为顺向的时间线索，把多个不同的时间参照点联系在一起，从而勾勒出了作品故事发展的大致时间脉络。其建构的基本时间格局是：1937 年夏（七月下旬）旅欧回国的船上—1937 年 8 月 9 日船到上海以后在挂名岳丈家度过的日子—1938 年 9 月去三闾大学的途中—1938 年 10 月以后三闾大学教书的时候—取道香港的时候—回到上海以后的日子。可以看出，这个基本时间格局是和相应的地域空间格局（参见本章第五节）紧密联系在一起的，这表现出了物理世界时空格局的相生相伴性特征。

微观时间意义表达序列是组成故事线索的各个具体事件在宏观时间意义表达序列上所处的具体时间点及其相互联系。有学者称之为"微观时间系统"②。微观时间意

---

① 郑庆君. 汉语话语研究新探. 长沙：湖南教育出版社，2003. 94.
② 郑庆君. 汉语话语研究新探. 长沙：湖南教育出版社，2003. 94.

义表达序列中，表达时间视点和表达时间参照点很多，从而形成了小说话语微观时间意义表达的错综复杂的系列性特征。比如：

> 鸿渐苦笑着说："都是你那一天灌醉了我，害我生的病。"（《围城》）

例中"那一天"即事件发生的时间，也就是表达主体方鸿渐话语表达的时间参照点；方鸿渐说话的时间点即表达时间视点。它们就是微观时间序列上的两个具体时间点，并被表达主体借助于言语交际双方共知的语境知识，依据某种手段和方法连接在一起，从而表达了一个对双方来说都较为明确的时间概念。

小说话语所建构的时间意义表达模式中，往往要把宏观时间的表达序列和微观时间的表达序列有机地结合在一起。两种时间意义表达序列都是用来表达时间的，但各有侧重。前者更为关注故事发生发展的总体时间脉络，后者更为重视具体事件发生的时间点或时间量度。宏观时间意义表达序列是"纲"，决定了微观时间意义表达序列；微观时间意义表达序列是"目"，服从于宏观时间意义表达序列。"纲举目张"，"纲"是根本，"目"是枝叶，"目"围绕着"纲"来组织。微观时间意义表达序列是在宏观时间意义表达序列的调控之下选择相应的词语建构而成的。正是由于宏观时间意义表达序列的纲领性作用，才使微观时间意义表达序列显得有条不紊。

**（二）坚持零度时间意义表达的首位性**

根据上文的分析，我们设定了零度时间视点、零度时间参照点、零度时间区域和偏离时间视点、偏离时间参照点等概念。对这些时间概念所包含的时间意义的表达是有主有次的，并不处在同等的地位上。小说修辞文本中，一般是以零度时间的表达为主，以偏离时间的表达为次。之所以如此，主要在于作者在进行小说创作时一般都遵循时间意义表达的基本规律，并努力适应读者的正常接受心理和鉴赏习惯，以及受制于小说中故事发展的自然时间顺序的主导性影响。比如《围城》中，作者根据自己对母语时间意义表达模式的已有认知程度，把故事放在一个设定好的时间区域内来展开。所以，故事、事件、人物的活动等一般都是在这个零度时间区域内完成的。这是时间意义表达模式的主要部分。但由于作者刻画人物的需要和表达主体的某种心理需求等因素的制约作用，以及小说语文体式的兼容性特征，叙述主体和表达主体又可以突破零度时间的限定而作偏离时间的表达。对零度时间区域以前或以后的事情的回忆和追叙，其时间内涵就处在偏离时间区域，这时候的时间意义表达就是偏离时间意义表达。对于叙述主体来说，只存在右视偏离时间意义表达一种情况，且在理论上其时间量度具有相对有限性；对于表达主体来说，则有右视和左视两种偏离时间意义表达的可能性，而且右视偏离时间的表达在理论上其时间量度具有相对有限性，左视偏离时间意义表达在理论上其时间量度则具有相对无限性。比如《围城》中，对方鸿渐在欧洲留学时的故事的叙写，其时间意义表达就属于偏离时间意义表达。这是叙述主体的偏离时间意义表达。根据文本的叙述来推定，其偏离的时间量度当在 1933 年夏到 1937 年夏（七月下旬）之间，即有限的四年时间。但这不是作品故事发展的主体时间走向，而只是对故事主流时间趋势的有益补充，所以相对于零度时间意义表达来说，偏离时间意义表达是小说时间意义表达模式的次要部分。

### （三）坚持准确性与模糊性表达的有机统一性

现实语言生活中，人们对时间的表达也遵循了这一原则，这是小说话语时间意义表达做到准确性与模糊性相统一的现实根据。我们知道，小说是对现实生活的再创造，物理世界时间意义表达的真实性状况必然会反映在小说修辞文本之中，因此完全是准确性的时间意义表达或完全是模糊性的时间意义表达都是不可能的，也都缺乏现实语言生活的基础。而且从言语交际角度来看，做到时间意义表达的绝对准确或绝对模糊并不都会产生更好的表达效果和接受效果，相反有时还会对修辞效果产生负面值的影响，造成言语交际的短路现象。基于此，坚持时间意义表达的准确性与模糊性的有机统一，实际上是做到了对小说语文体式语言要求的适应与得体，也是小说话语时间意义表达的必然选择。作者常常会根据故事线索的具体发展状况、事件发生的具体时间位置，以及作者自身和表达主体表意的需要，结合具体的语言环境，选用合理的时间意义表达手段和方式，作出得体的时间意义表达。准确的时间意义表达当然要用精确的时间意义表达手段，模糊的时间意义表达自然要用含糊的时间意义表达手段。如：

精确的时间意义表达手段：

> 下午　昨天　六个月　十点钟　本月十三日下午四时
> 今天　四年　第六天　二十分钟　九月二十日

含糊的时间意义表达手段：

> 生阿丑的时候　一星期前　民国二十六年秋　明天一早　已经
> 十五六岁　四点多钟　到香港前一天下午　从前　马上

小说话语中正是做到了时间意义表达的准确性与模糊性的统一，才使故事情节在时间运动的常规状态下正常展开，使表达主体和接受主体在对时间认知的自然情况下进行言语交际。如：

> 家里住近十天，已过端午，三闾大学毫无音信，鸿渐开始焦急。一天清早，专差送封信来，是赵辛楣写的，说昨天到点金银行相访未晤，今天下午四时后有暇请来舍一谈，要事面告。（《围城》）

该语言片段的前半段，是写方鸿渐在家里等待三间大学的聘请消息的，没有必要把时间写得那么具体和精确，所以作者就选用了"近十天""已过端午""开始"等词语作了模糊的时间意义表达。后半段写了赵辛楣的来信情况，然而信是不期而至的，所以在时间上只能是模糊的，"一天清早"就是一种模糊的表达。信中表达主体为了说明事情的真实性，又选用了"昨天"这个较为精确的时间意义表达手段；为了表白自己的诚意，又以"今天下午四时"这个更为精确的时间作为"来舍一谈"的最早时间参照点。例中的时间意义表达就做到了准确性与模糊性的有机统一，该准确时就准确，该模糊时就模糊，给读者一个非常清晰明白的时间概念。

### 三、时间意义表达的常规手段和基本关联方法

小说修辞文本的时间意义表达要凭借一定的常规表达手段，这是时间意义表达的基础，但仅仅如此还不够。与此同时，还必须得采用相应的基本表达方法，才能够使不同的时间意义表达手段联系在一起，组成时间意义表达链条，进而建构起更加严密的小说话语时间意义表达模式。

#### （一）时间意义表达的常规手段

时间的常规表达手段是指能够负载某种时间意义的语言物质载体，是标记时间视点、时间参照点、时间方向、时间情状、时间量度等的语言形式。常见的主要有时间词语、参照性词语、动态助词等三种。

1. 时间词语

包括时间名词、时间副词、具有时间意义的短语等。如上文（二）（三）中所举例子，均属此类。它们包括用以记载朝代、时代、时期、年度、季节、月份、天、钟点、分、秒等不同时点和时段的时间词语。如"民国时期""阴历新年""十一点钟左右""五六百年来""太平时候""二十分钟"等。

2. 参照性词语

所谓参照性词语，是说这些词语本身并不表示时间，但在具体的上下文中却是确定时间的必不可少的参照点。这些参照性词语往往是表示个别事件或现象发生发展状况的词语，以及表明事件发展先后顺序的连接性词语。比如"生阿丑的时候""到香港前""他刚起床，唐家包车夫送来一个纸包"中，"生阿丑""到香港""他刚起床"这些词语的组合都表示了某种现象的发生，但它们又都是表达者话语时间意义表达的参照点。它们属于熊伟明先生所说的"特表时间"[①]范畴。表明事件发展先后顺序的连接性词语，如"起先，然后""开始，后来"等。

3. 动态助词

动态助词如"着""了""过"等。熊伟明把文学作品中的时间分为"统指时间"

① 熊伟明. 文学作品中时间表达的语用考察. 修辞学习，2004（2）：33~37.

和"特表时间"两大类①，谨慎而又明确地界定了文学作品中时间的"表达法式"。但从熊先生的论述来看，并没有把"动态助词"算作是时间意义表达的重要常规手段，似乎也把时间副词排除在时间意义表达的常规手段范围之外。这样的处理似乎简单化了一点，没有囊括文学作品中比较重要的时间意义表达常规手段。动态助词主要是用以表示事件、动作所处的时间情状的，并不表示确切的时间意义（即"概念意义"），所以它们总是附着在动词性成分的后面，而且有时还需要时间名词、时间副词同时出现，才能表达更为准确的时间情状。应该说这种时间意义表达手段所表示的时间情状是明确的，但其输出的具体时间意义却是不好把握的。尽管如此，由于它是时间情状的直接体现者，所以也应该算作重要的时间意义表达常规手段。

小说话语的时间意义表达模式中，可以只运用上述三种时间意义表达常规手段中的一种，也可以同时运用两种或三种。用例从略。

**（二）时间关联的基本方法**

时间意义表达的基本方法是连接时间意义表达手段的常见的必要关联方式。也就是说，小说修辞文本中采用一些必要措施把表示时间意义的词语有机地联系在一起，使时间意义表达手段上下、前后连贯一气，并使之具有物理世界时间运动的顺序性或心理世界时间运动的有序性，从而建构起句际和篇章的内在逻辑关系。动态助词时间意义表达手段总是要附着在动词或动词性成分之后，并常常同相应的时间词语相呼应，这是它在篇章中出现的稳定性连贯方法，不再多论。下面主要对其他两种时间意义表达手段的连接方法作较为详细的描述。郑庆君通过对《骆驼祥子》时间意义表达模式的考察，认为微观时间系统有对比法、连续法和背景法三种方法，并对内部具体方法作了描写性说明。② 郑博士的结论拓宽了笔者的思路和视野。这里根据对《围城》用例的分析并参考郑博士及其他学者提供的方法，提出并论证小说话语时间意义表达手段的如下几种常见的关联方法。

1. 说明性关联

就是用多个相同或不同的时间意义表达手段来解释说明同一个时间参照点或时间视点等时间意义的方法。这种连接方法的核心支点就在于时间意义的"同一"性。如：

> 这是七月下旬，合中国旧历的三伏，一年最热的时候。（《围城》）

例句中逗号隔开的三段在时间意义上相互地注释和解说，篇章上就是依靠这"相同的时间意义"联系在了一起。

---

① 熊伟明. 文学作品中时间表达的语用考察. 修辞学习，2004（2）：33~37.
② 郑庆君. 汉语话语研究新探. 长沙：湖南教育出版社，2003.24.

2. 顺接关联

就是根据故事、事件或现象发生发展的基本逻辑顺序把时间意义表达手段联系起来的方法。这种连接方法的核心支点就在于物理时间运动的规律性和心理时间运用的合理性。其代表性时间表述模式如："起先，接着，后来"；"早上，中午，晚上""昨天，今天，明天""现在，将来"等。如：

　　鸿渐道："妙极了！我正要去理发。咱们理完发，摆渡到香港上山瞧瞧，下了山我请你吃饭，饭后到浅水湾喝茶，晚上看电影，好不好？"（《围城》）

该例中，"我正要去理发""咱们理完发""摆渡到香港""上山瞧瞧""下了山""我请你吃饭""饭后""晚上"都是时间意义表达的常规手段，或是时间词语，或是参照性词语，或是动态助词。它们的关联就是以话语表达的时间点为表达时间视点，依据事件发生的先后顺序为时间链条，从左到右，顺时排列，从而形成逻辑严密的时间意义表达篇章。

3. 对比关联

就是通过把相同或不同的时间放在同一个话语片断中进行比较来连接时间意义表达手段的方法。郑庆君把这种关联方法分为"异时对比"和"同时对比"两种①。比较常见的时间表述模式如："刚才，现在""有时候，有时候""在……的时候，在……的时候""一向，现在""一边，一边""同时"等。前四个属于一类，都是异时对比的关联模式；最后两个是同时对比的关联模式。其中"刚才，现在"类似乎与顺接关联相同。实际上，对比关联注重的是横向时间上的比较性，而顺接关联则侧重于纵向时间的连续性，所以二者是形式有同而性质相异的两种时间关联方法。如：

　　孙太太鼻孔朝天，出冷气道："方先生！他下船的时候也打过牌。现在他忙着追求鲍小姐，当然分不出工夫来。"（《围城》）

例中"他下船的时候"和"现在"就是异时对比，强调了不同时间内所发生的不同的事情。

4. 回指和顺指关联

就是用相应的词语尤其是指示代词对时间进行逆向右视或顺向左视连接的方法。逆向右视的连接就是回指，顺向左视的连接就是顺指。回指是对表达时间视点与已然时间参照点的连接，顺指是对表达时间视点和未来时间参照点的连接。常用的连接词语如"那时候""当时""一向""昨天""明天""有一年""明年的这个时候""过

---

① 郑庆君. 汉语话语研究新探. 长沙：湖南教育出版社，2003. 96～115.

几天"等。如：

①昨天孙先生跟他讲赌钱手运不好，他还笑呢。(《围城》)
②你明天下午来不来呀？(《围城》)

例①中，说话的时间就是时间视点，"昨天"就是时间参照点，"昨天"和表达时间视点的连接就是逆向右视连接；例②中，说话的时间就是时间视点，"明天下午"是时间参照点，"明天下午"和表达时间视点的连接就是顺向左视连接。

### 5. 空间转换关联

实体空间和表示空间的词语本身并不表示时间，但在叙事的过程中由于语言环境的参与作用，实体空间场景的转换实际上成为时间延续的参照点。空间场景的转换让读者感受到了时间的流动，所以空间场景的转换自然也就成为时间关联的基本方法之一。比如《围城》对宏观空间场景的叙述脉络：留欧回国的船上—香港—上海—本县方鸿渐老家—上海—去三闾大学的途中—三闾大学—香港—上海。这就是小说的主人公方鸿渐走过的大致空间场景，也是故事发生发展的实体空间场景。这些不同的空间点形成了《围城》的主流空间序列或空间链条。因为时间与空间的紧密关联性，所以这一空间场景序列实际上也关联了故事进展的不同时间点，反映了故事进展的常规时间顺序。在这个宏观空间场景序列中，具体空间场景点的转换也同样具有关联时间的作用。比如《围城》在描写到方鸿渐从欧洲留学回到家乡时的空间场景的转换：本县火车站—从火车站回家的途中—在家里—茶馆—本县省立中学。这是由宏观空间场景序列上的微观空间场景点建构的空间场景链条，无疑也是在本县方鸿渐老家这个空间场景中事件发生发展的时间顺序的重要关联方式。

### 四、时间意义表达模式的性能与功效

小说话语时间意义表达模式的性能和功效是多方面的，不仅在语言学或者修辞学意义上给出了时间意义表达的系统性特征，让读者认知到了叙述主体话语建构过程中经营时间意义表达网络的良苦用心，更为重要的是让读者感知到了小说修辞文本以外的能够帮助恰当解读作品内涵的不可忽视的作用。

#### （一）能够反映故事所赖以存在的社会背景，揭示作者的审美情趣和价值取向

虽然有不少小说的故事是虚构的，但从某种意义上说小说所叙述的故事或事件实际上就是对现实生活的再现，是作者采用一定的创作手段对现实生活的再创造。它来源于生活，但不等于生活本身，也不是现实生活本原的复制品。它渗透了作者对人生的态度、对现实生活的价值判断和作者自身的审美心理、审美情趣和审美意向。正因为如此，作者常常把故事放置到一个较大的社会时代背景之下，设置一个宏观的时间意义表达序列，让故事的消解者根据社会时代的真实可靠性来体味故事发生的社会和

时代文化内涵，品评作者的审美观念和创作意图。比如钱钟书把《围城》的故事设定在1937年夏到1939年冬这个零度时间区域内。这两年正是抗日战争的前两年，内忧外患，中华民族处在极为危险的关头。不少有志之士为了民族的解放与荣辱，冲锋陷阵，投身到轰轰烈烈的抗日民族运动之中，而国民政府却以重庆为陪都，试图将政府置身于世外桃源。这就是小说《围城》故事的当事者所处的社会现实。作者所刻画的以方鸿渐为代表的知识分子众生相与当时的社会现实需求难以协调。他们没有融入社会现实的主潮流之中，没有把民族的兴亡作为自己义不容辞的责任和义务。相反，还采取了对社会的冷漠和对现实的逃避态度。在前线吃紧、民族危亡的紧要关头，他们却沉溺于多角的情爱和性爱之中相互争风吃醋，并在平时的生活和工作中钩心斗角、相轻相贱，尤其是方鸿渐更是在游戏人生。作者把故事的当事者及其对生活的态度同当时的社会现实放在一起，更为鲜明地凸现了作者对"方鸿渐们"的嘲讽态度，以及对社会现实的冷静思考。正如作者在该书《序》中所言："在这本书里，我想写现代中国某一部分社会、某一类人物。写这类人，我没忘记他们是人类，只是人类，具有无毛两足动物的基本根性。"这就足以说明作者钱钟书的主要创作意图和健康的价值取向。这就是小说时间意义表达模式作为一种叙事模式所提供的极为重要的信息。毫无疑问，读者通过对小说时间意义表达模式的认知，犹如把自己置身于那个纷乱不堪的忍辱负重的年代，面对的是一群"无毛两足动物"。这无疑会加深对小说社会内涵的综合知解，必然能帮助读者很好地把握作品的历史和现实意义，并准确解读作者的创作意图，提升对作品内涵的审美情趣。

（二）能够标示故事、事件或现象发生的具体时间，凸显其可感知性

在小说话语的时间意义表达模式中，众多的时间视点、时间参照点、时间方向、时间情状、时间量度以各种不同的手段和方法连接在一起，从而标示了个别现象或事件发生的具体时间，凸现了事件或现象的可感知程度。读者通过对微观时间意义表达序列的知觉，直逼具体事件在时间意义表达模式中所在的时间方位，通过时间线索了解事件的真相，感知事件在时间纬度上的连续性和时间距离的远近，以及在小说故事中作用的大小。

（三）能够衔接小说修辞文本的上下文，突出叙述结构的逻辑关联性

时间意义表达模式中的时间意义表达手段及其关联方法，不仅连接了小说故事、事件或现象发生的时间，使故事、事件或现象发生发展的时间顺序呈现出规则性，而且还具有衔接小说修辞文本的功能。从这个意义上说，小说话语的时间意义表达模式作为小说叙述结构的重要建构方式之一，正是由于时间意义表达模式的作用，让读者看到了小说叙述结构连贯方式的多样化，以及小说叙述结构在时间纬度上的逻辑关联性。正如上文论述的那样，《围城》小说话语首先建构了宏观的时间意义表达序列，故事情节主要就在作者所设定的零度时间区域内的各个时间视点和时间参照点展开，而小说在时间意义上也就依赖于这些时间视点和时间参照点来布局谋篇。从具体的时

间意义上说，微观时间意义表达序列是宏观时间意义表达序列的一部分，其各个构成要素处在宏观时间意义表达序列的相应位置上。小说故事中具体的事件或现象就发生在微观时间意义表达序列的不同的时间点上。而小说修辞文本对微观时间的表述和连接，正是对依照宏观时间意义表达序列建构的叙述模式的充实和追加。以微观时间点建构的语句、句群、语意段落和小的篇章，在服从于小说创作意图和整体写作思路与结构框架的前提下，前后、上下有机地衔接在一起，其在时间纬度上的逻辑关联性就更为明显、更为直接、更为具体。

由上可知，小说话语的时间意义表达模式是依据作者的创作意图以及故事、事件或现象发生的时间顺序，凭借时间意义表达的某种手段，按照一定的关联方法，把各种不同的时间要素有机地联系在一起建构而成的。它的性能与功效不仅体现在语言学或修辞学范畴之内，更为重要的是还表现在对小说叙述结构以及小说文本之外作品内涵的解读作用上。

## 第五节　叙事小说空间意义的表达

不少小说评论家已经注意到了空间在小说话语中的重要性。比如，巴赫金就把小说中的"场所"概括为道路、城堡、沙龙、门坎四大空间形象，并突出了空间的叙事意义。① 巴赫金的"场所"实际上只是小说话语语境系统中空间范畴的重要概念之一。当我们撇开小说话题走进语言学领地，就会发现"这边风景也不差"。有很多语言学家和修辞学家立足于语言本体与修辞运用，阐释了空间及空间语言表达的系统性特征。从修辞学的角度来看，空间是语境的重要构成要素。任何修辞活动都是在特定的空间中进行的，修辞行为和话语建构必须同特定的空间相吻合，这也是修辞应该遵循的一个基本原则。陈望道在提出并论证修辞要适应"题旨情境"这一重要的理论主张时，就把"地点"当作了"情境"的重要组成部分，列在"六何"中的第四位。他指出，修辞过程中最有关涉的不过六个问题，就是"何故""何事""何人""何地""何时""何如"等"六何"。而所谓的"何地"，"是说认清写说者当时在甚么地方：在城市还是在乡村之类"。② 王希杰认定"场景"是修辞的四个世界中物理世界语境的重要因素，并把它列在第四位。他说："物理世界语境由'主体''对象''时间''场景'和'话题'五个因素所构成。"③ 巴赫金的"场所"，陈望道的"地方"，王希杰的"场景"，可能各有侧重，但实际上是一回事，都是指构成语境系统的

---

① ［苏］米·巴赫金. 巴赫金全集（第三卷）. 钱中文译. 石家庄：河北教育出版社，1998.

② 陈望道. 修辞学发凡. 上海：上海教育出版社，1997.7～8.

③ 王希杰. 修辞学通论. 南京：南京大学出版社，1996.329.

空间子系统中的一个必不可少的"地点"要素。

在小说话语的叙事模式中，空间意义表达模式和时间意义表达模式一样占据着举足轻重的地位。虽然空间是三维的、立体的，时间是一维的、线性的，但由于人物形象的在场和故事发生发展的必然性要求，使得空间和时间紧密地捆绑在了一起。空间得以在一定的时间轴线上转换，时间得以在特定的空间内流动。在空间叙事和时间叙事的小说话语中，空间和时间既相互联系相互渗透，但又各自是一个独立的系统。在像《围城》这样的小说话语中，人们一般把空间分割为现实空间、文化空间和心理空间，本节在表述的过程中虽也涉及文化空间和心理空间，但最主要的讨论对象是《围城》类小说话语所再现的物理空间及其表达模式。

## 一、空间意义表达模式的建构要素

方经民认为，对语言学来说空间有三种，即物理空间、认知空间和语言空间。人们永远生活在三维的空间世界里，并且随时通过各种感知器官认知周围的世界，判明物体的空间关系，以引导自己的行动。每种语言都有一套能够完整表达各种方位关系的方位词系统，都有一套能够适应于描写各种空间关系的句法结构。人们利用这些方位词和相关句式可以组织各种各样的句子对所感知到的认知空间世界图景加以描写、叙述或说明。① 小说话语的空间意义表达模式，实际上就是在小说话语背景下叙述主体和表达主体运用语言的各种要素，对所认知到或设置的现实物理空间及其相互关联性的语言再现和语言描述网络。而要对这个网络作出较为全面而又深入细致的梳理，首先就必须得弄清小说话语空间意义表达模式的相关构成要素。

根据对《围城》修辞文本的考察，不难看出钱钟书是在同时苦心经营着空间和时间两种叙事形式，《围城》正是其最终创作出的空间叙事和时间叙事并置小说的典范。作者在作品中所精心打造的空间容器是精致的，容量是适宜的，构件是完好的。撇开"围城"等意象所隐喻的文化空间意义不说，就其修辞的物理世界内所涉及的现实空间、认知空间要素主要有如下几种。

### （一）空间区域

就是作品主要人物在场和故事发生发展的地理学意义上的地点有机地联系在一起所形成的地区范围序列。有学者把这一类以作品主人公活动的主要空间为轴线，按照主要活动的空间变换所构筑的空间范围称之为"宏观空间系统"②。我们称之为"空间区域"或者"宏观空间序列"。不同的空间叙事小说，叙述主体往往要根据小说表意的需要再现和设置空间区域，所以在不同作家或同一作家的不同作品中空间区域未必就完全一样。《围城》所设置的空间区域并不复杂，主要是以方鸿渐的出场、在场

---

① 方经民. 汉语空间方位参照的认知结构. 世界汉语教学，1999（4）：32~38.
② 郑庆君. 汉语话语研究新探. 长沙：湖南教育出版社，2003.118.

和退场为链条把不同的空间点连接在一起而形成的。如果把叙述主体再现和设置的人物所在的场地与故事所在的场所焊接而成的空间链条称作零度空间区域的话，那么就应该把叙述主体和表达主体追叙和插叙中所关涉的零度空间区域以外的人物在场和故事在场称作偏离的空间区域点。

据此，不难得出《围城》叙事的零度空间区域就是：回国途中（印度洋 — 香港1）— 本县乡里 — 上海1 — 去三闾大学的途中 — 三闾大学 — 香港2 — 上海2。我们选择这些空间地点作为零度空间区域参照点，就是因为故事的起始点就在留欧学生回国途中的印度洋上，而人物的首次出场也就是在印度洋行驶着的船舱上；"本县乡里""上海1""去三闾大学的途中""三闾大学""香港1/2"都是人物和故事发展的常规地点；"上海2"则是人物在场、退场和故事终结的常规地点。人物的活动、故事的发生发展和终结主要就在这个零度的空间区域内进行。

而《围城》叙事的偏离空间区域点则是：方鸿渐在国内读大学的北平；方鸿渐留学欧洲的相关国家等。这些空间区域点只是叙述主体或表达主体所追叙的人物和故事所在的彼时场地，而不是此时场地。它们分别与零度空间区域有着某种关联性，但彼此之间并没有直接的关系，因此还不能形成一个具有直接内在关联性的偏离的空间区域链条。所以，只能称之为偏离空间区域点。偏离的空间区域点不是人物活动的主要战场，也不是故事发生、发展和终结的主要空间区域，而只是次要的起辅助作用的空间区域点。

**（二）空间范围**

就是具体事件或人物活动所在的特定的空间位置和空间场合。空间范围可分为两种，一种是空间位置，一种是空间场合。空间位置与空间场合的区别在于空间容量的大小，空间容量大的我们称之为空间位置，空间容量小的我们称之为空间场合，其实本质上并没有区别。所以，从空间容量来说，有时空间场合就是空间位置，二者是一致的；有时空间场合包含于空间位置，这时二者是不一致的。

1. 空间位置

就是具体事件或人物活动所在的较大的空间地点。上文所描述的空间区域或宏观空间序列中的每一个空间视点和参照点实际上就是一个空间位置。这个空间本身也是一个由众多空间场合构筑而成的微观空间序列，有学者称为"微观空间系统"。① 如《围城》所建构的宏观空间序列上，"回国途中""本县乡里""三闾大学"等就分别都是一个微观的空间序列。具体的故事、事件，就分别都是在这些特定的空间范围内发生、发展并结束的；不同的人物活动，也分别都是在这些空间范围内进行的。比如"本县乡里"这个空间范围又由本县火车站、方鸿渐家里、本县省立中学等众多不同的空间场合组接建构而成。

---

① 郑庆君. 汉语话语研究新探. 长沙：湖南教育出版社，2003. 118.

2. 空间场合

就是特定的事件或特定的人物活动所在的更为具体的空间场所和所依附的更为具体的空间状态。空间意义表达模式中，空间范围比较小的空间视点和空间参照点其实也是空间场合。在每一个微观空间序列的每一个"点"上，都有可能会存在许多不同的空间场合。这些空间场合的外延是狭小的，但其内涵是丰富的。它们直接影响和制约着人物的活动，并对故事或事件的发生、发展与终结起着微观调控的作用。比如在本县省立中学这个空间场合，"学校礼堂""讲台""座位""记录席""台下"等就体现了较为丰富的空间内涵。而空间场合中的人物情状、环境布置等因素的参与，使得空间场合的空间意义更加突出。杨梦菲、刘绍信认为，《围城》现实场景主要集中于"客堂"（客厅）、"馆子"（饭局）、"学堂"等空间场合。① 在笔者看来，除了这三个空间场合外还有"船上""车里"这两个空间场合是不可忽视的。因为有相当多的故事情节或事件，实际上是在回国和去三闾大学的船上，以及去三闾大学的车中发生、发展并终结的。书中用了较多的篇幅来叙述和描绘发生在船上和车中的事情更证明了这一点。只不过"客堂"（客厅）、"馆子"（饭局）、"学堂"等空间场合永远是静势空间；"船上"和"车里"这两类空间场合相对于自身来说是静势空间，相对于地球上的其他参照物来说是动势空间。

（三）空间视点

方经民认为："观察点是叙述者在表达方位参照时所选择的心理视点，即预设的观察者的位置和角度。"② 李建军认为："视点乃是小说家为了展开叙述或为了读者更好地审视小说形象体系所选择的角度及由此形成的视域。"③ 据此，我们认为空间视点就是叙述主体和表达主体用以观察问题的空间立足点，以及为了更好地让读者审视小说形象体系所选择的空间角度及由此形成的空间视域。这个空间立足点或空间视域的空间范围可以很大，大到一个国家甚至是整个地球；也可以很小，小到一个具体的场合或物体。上文所论述的空间范围、空间场合等都可以作为空间视点。比如，"本县省立中学"这个空间场合中"学校礼堂"内的"讲台"就可以作为空间视点。实际上，《围城》空间意义表达模式中就是把它作为空间视点来处理的。比如"吕校长这时候嗓子都咳破了，到鸿渐讲完，台下拍手倒还有劲"，例中的"台下"就是以"讲台上"作为空间视点而显现出的空间方向。对于叙述主体来说，其空间视点是空间外视点，立足于这个视点可以总揽小说人物活动或故事发生的所有空间区域，得到的是整体空间感。对于表达主体来说，其空间视点是空间内视点，立足于这个视点可以看到人物活动或故事发生的具体空间场合，得到的是局部空间感。

---

① 杨梦菲，刘绍信. 《围城》的空间叙事. 北方论丛，2003（5）：106～111.
② 方经民. 汉语空间方位参照的认知结构. 世界汉语教学，1999（4）：32～38.
③ 李建军. 小说修辞研究. 北京：中国人民大学出版社，2003.105.

### （四）空间参照点

空间参照表就是叙述主体和表达主体所讲述的故事或事件向某种空间方向发生发展的空间参考点，也就是方经民所说的方位参照。方经民把方位参照定义为："叙述者选择观察点，利用方位词跟相关的方向参照点、位置参照点的关系确定空间或时间的方位辖域。"[①] 他认为，方位参照的参照点有两个：一个是位置参照点，一个是方向参照点。位置参照点是运用方位参照定位时选择的参照点，方向参照点是运用方位参照定向时选择的参照点。[②] 上述空间范围、空间场合、某种物体等空间要素都可以被叙述主体和表达主体当作空间参照点。空间参照点也可以是很大的空间区域或范围，也可以是很小的空间区域或范围，甚至可以是一个场景或物体。如上文说到的"讲台下"这个空间方向的表达，就是以学校礼堂内空间视点"讲台"以外的受众所在的空间位置作为空间参照点的。

### （五）空间方向

就是以空间视点为起点、以空间参照点为终点而形成的观察问题的空间趋向，以及物理空间移动的走向。空间视点和空间参照点的位置排列顺序和空间认知状况决定了空间方向。所以，空间方向不仅是一种认知的结构，而且也反映了空间地点之间的关系。如上文的"讲台下"这个空间方向，就是以空间视点"讲台"作为起始点，以空间参照点受众所在的空间位置作为终止点，形成的"上下"语义范畴内的空间方向，是一种垂直方向。《围城》空间意义表达模式中的空间方向同汉语的空间方向具有完全一致性，有垂直方向、水平方向、辐射方向和泛方向等几种空间方向。[③]

### （六）空间量度

李宇明认为"空间量"是"量"范畴的一个次范畴，并把空间量定义为"计量事物的长度（包括长短、高低、深浅、远近、粗细等）、面积、体积（包括容积）以及事物间距离的量范畴"[④]。空间量度与空间范围的大小、距离的远近等有着非常直接的关系。所以，测算空间量度时空间视点和空间参照点距离的远近依然是重要的标准。小说话语的空间意义表达模式中，空间量度也是一个非常重要的构成要素，这在《围城》中得到了较为详尽的体现。

## 二、空间要素的表达手段及其关联方式

### （一）表达手段

就是用以标记空间区域、空间范围、空间视点、空间参照点、空间量度、空间方

---

① 方经民. 论方位参照的构成要素. （东京）中国语学，第 240 号，1993.
② 方经民. 汉语空间方位参照的认知结构. 世界汉语教学，1999（4）：32～38.
③ 方经民. 汉语空间方位参照的认知结构. 世界汉语教学，1999（4）：32～38.
④ 李宇明. 论量范畴. 语言研究，1999（2）：12～21.

向等空间要素的语言单位，也就是用以表达小说话语的空间要素的常规手段。它自身既是空间要素概念，又是标识空间要素的手段。通常有如下空间标识词语或表达手段：

1. 处所性词语

包括处所名词、专有名词、物质名词、普通名词、指示代词等都可以作为空间要素的标识词语。如"红海、印度洋、船舱、中国、香港、这儿、那儿、这里、那里"等在《围城》中都分别实现了标识空间要素的功能，或表示空间视点，或表示空间参照点，或表示空间区域。

2. 方位性词语

包括方位词、方位短语、方位性定心词语、方位性联合短语等都可以用来表示空间方向。如"上、下、前、后、左、右、之前、之后、前排、旁边、附近、周围、中间、前面、从左到右、从右到左、由上到下、由下到上、从内到外、从外到内"等都表示了一定的空间方向。《围城》中用到的有"上、下、前、后、巴勒斯坦的死海里、甲板上、前排、旁边、附近、周围"等。

3. 趋向性动词

包括"来、去、进、进来、出去"等。趋向动词虽不直接表示方向，但实际上都含有一定的方向性。因为在这些趋向动词中预设有空间视点、空间参照点和空间移动要素，所以在小说修辞文本中叙述主体和表达主体常常把它们作为空间意义表达的重要手段，接受主体也常常借此来判断空间移动的方向。如："方鸿渐那时候宛如隆冬早晨起床的人，好容易用最大努力跳出被窝，只有熬着冷穿衣下床，断无缩回去道理。"（《围城》）例中趋向动词"出""下""回去"等都表示了动作行为的方向，也表示了空间移动的方向。以"出"为例，它所预设的空间视点是"被窝"，空间参照点是被窝以外的空间，空间移动的方向是由内向外。

4. 空间量度词语

按照李宇明的观点，空间量词、空间量标指词语和具有标指功能的其他词语都可以用来表示空间量。① 比如"公里、平方米、指头、立方米、面积、距离、远近、大小、大、小、宽、高、远、见方、离、距离、相距、相隔"等量词、形容词、副词就是经常用以表示空间量的词语。《围城》中如"间""平方寸""三四步""远远""较远""团""线""高""小孔"等也都是用以表示空间量度的词语。

**（二）关联方式**

所有的空间要素只有借助于一定的关联方式联系在一起，才能形成一个有机的整体空间形象，构筑起故事发生、发展和终结的空间场景链条，使读者看到人物活动和生存的空间区域以及故事发生的空间场合，从而建构小说修辞文本的较为严密的空间

---

① 李宇明. 论量范畴. 语言研究，1999（2）：12～21.

语言表达序列和层次感较强的空间意义表达模式。在空间叙事形式的小说修辞文本中尤其如此，所以空间要素的关联是非常重要的，而优化的关联方式的选取和组配更是作家空间意义表达所关注的。通过对《围城》的观察和归纳，我们发现钱钟书所采用的关联方式比较多。这里仅举要者论述如下。

1. 人物关联

就是通过人物把不同的空间位置、空间场合等空间要素联系在一起的关联方式。这种人物关联的方式主要依靠人物尤其是主要人物活动的连续性而把变换中的不同的空间场地串联在一起。《围城》中，宏观空间序列的形成依靠的就是小说主人公方鸿渐的出场、在场、退场作为关联线索的。方鸿渐的生活轨迹就是首先出现在回国途中的船上，回到本县乡里稍作停留后，又来到上海，之后受邀去三间大学，到三间大学一年后，又取道香港回到上海。船上、本县乡里、上海、车里、三间大学、香港等几个空间位置是方鸿渐的主要活动空间。正是方鸿渐的在场才把这几个空间点顺理成章地连接在一起。在微观空间序列中，人物同样也是非常重要的关联方式。比如在“上海 1”这个空间范围内，方鸿渐的活动空间主要是挂名岳丈家、办公室、苏文纨家、唐晓芙家、馆子内。在语言表达中，这几个空间要素的关联同样是方鸿渐这个人物在起着关键性作用。当然，在微观空间序列中其他人物也都具有关联的作用，只不过由于方鸿渐在小说中的核心地位，他们的作用不如方鸿渐大。

2. 事件关联

就是通过事件或故事情节的进展状况把不同的空间位置等空间要素联系在一起的关联方式。这种事件关联方式的关联作用主要依赖于事件或故事发生发展的连续性。由于事件或故事并不在同一个空间地点内结束，随着事件或故事发展的空间转化，使得不同的空间地点先后出现并有机地联系在一起。事件关联和人物关联方式往往是同现的，这与有人物才有故事的一般道理相吻合。比如《围城》第三章中，叙述主体在描述方鸿渐了断与苏文纨的爱情这件事情时，方鸿渐居住的岳丈家、办公室、苏文纨家这三个空间地点靠的就是事件发展的顺序关联在一起的。当然，其中也有人物的在场，但相比较而言还是“事件”起着重要作用。

3. 并置性关联

由于叙述主体或表达主体的某种语用需求，在同一单位时间内使不同的空间地点在文本叙述的语言线性序列上先后出现，但这些空间地点彼此之间并没有顺序性。这样的关联就是并置性关联。并置性关联方式下，常常是对不同空间地点上所发生的不同事情或存在的不同情况的并列性说明。如：

> 方鸿渐洗了澡，回到舱里，躺下又坐起来，打消已起的念头仿佛跟女人怀孕要打胎一样的难受，也许鲍小姐那句话并无用意，去了自讨没趣；甲板上在装货，走廊里有两个巡逻的侍者防闲人混下来，难保不给他们瞧见。(《围城》)

例中，叙述主体同时说明了三个不同空间内的事情，空间要素"舱里""甲板上""走廊里"在修辞文本中的连接就是一种并置性关联。

4. 预设性关联

就是空间视点或空间参照点等空间要素在语言的线性序列中没有出现，而是由叙述主体或表达主体预设而存在的。比如"到码头下车，方鸿渐和鲍小姐落在后面"（《围城》）这句话，"后面"这个空间要素并不是孤立的，它是相对于"前面"而言的，但句法结构中"前面"是缺失的。这种状况下，由显性的空间要素"后面"就可以推知表达主体已经预设了空间要素"前面"。空间要素"后面"与"前面"的连接就是我们所说的预设性关联。

5. 照应性关联

就是利用上下文的关系，使先后出现的空间要素前后呼应、相互映照的关联方式。这种关联在上文中有前词相"呼"，在下文中有后词相"应"。或是表示相同空间位置的相同空间词语的先后出现，或是表示相同空间位置的不同空间词语的先后出现，总之是有呼有应，上递下接。在小说修辞文本中，相互照应的空间要素可能就在同一个句子中，也可能在同一个语言片断中，还有可能在不同的句子、语言片断，甚至是不同的章节内。《围城》中照应性关联也是常用的一种关联方式。

      ①假使她从帆布躺椅上站起来，会见得身段瘦削，也许轮廓的线条太硬，像方头钢笔划成的。（《围城》）
      ②回头看见苏小姐孙太太两张空椅子，侥幸方才烟卷的事没落在她们眼里。（《围城》）

例中"帆布躺椅""空椅子"是用事物来代表空间位置的，二者不处在同一个语言片断，从文本叙述篇幅来看相隔达 11 页之多。上文提到"帆布躺椅上"这个空间，下文又对之进行回指，这就是一种照应性关联。

6. 联想性关联

就是根据表意的需要，依靠叙述主体或表达主体心理联想机制的作用，把相关的空间要素串联在一起的方式。这往往是在追叙或回忆已然事件时对彼时的空间要素的关联。如《围城》中，当叙述主体插入方鸿渐在欧洲留学时的事情时，就牵连出了北平、欧洲、伦敦、巴黎、柏林、纽约等空间地点。这就是一种联想性关联。

其实，在小说修辞文本中空间要素的关联方式有不少时候并不是单一化的，而是两种以上的关联方式并用。这就使得小说的空间要素之间又增加了相互关联的通道，使得空间要素的语言表达也更为严密，从而使小说所建构的空间意义表达模式具有更加丰富的内涵。

### 三、空间意义表达的基本原则

空间要素是空间范畴的概念，代表了客观存在着的物理空间的现实状况。在小说话语中，作者要根据创作思路，通过自己精心的运作，依靠语言的功能，把它们有机地联系在一起，进入语言表达的动态层面，才能够激活其性能和功效，建构起相应的空间意义表达模式，从而再现历史或故事的真实。也就是说，空间意义表达实际上是从空间的物理世界阶段走到了空间的语言世界、文化世界和心理世界阶段。显然，空间意义表达是在叙述主体或表达主体对物理空间状况认知的基础上，利用各种空间标识手段来建构小说话语空间意义表达模式的一种修辞实践，因此带有一定的主观色彩。在具体实施这种修辞行为时，不同的作者往往要遵循自己所设定的空间意义表达原则，和读者建立空间意义表达的某种契约关系，来建构各不相同的小说话语的空间意义表达模式。就小说《围城》而言，在遵循汉语空间意义表达的基本规律的前提下，其空间意义表达主要遵循了三个原则。这些原则也是大多数的同类小说修辞文本空间意义表达所遵循的原则。

#### （一）层次性原则

所谓层次性原则，就是指小说话语空间意义表达模式的建构，不是以平面化的空间链条为唯一的思路，而是带有明显的层级观念；在空间范畴内以散点串联为轴线，以焦点透视为重心，层层套叠，散点连贯中有焦点透视，焦点透视中又有散点连贯，从而来建构空间意义表达模式。根据《围城》修辞文本所建构的空间意义表达模式，这里举例性地图示如下：

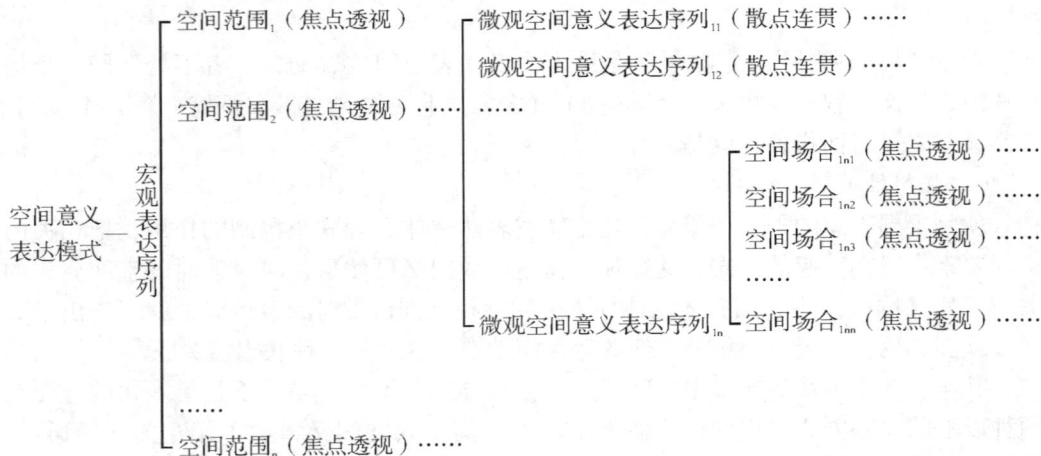

由上图可以看出，首先要建构一个宏观空间意义表达序列（第一层次上的"散点

连贯"），在这一序列的不同的空间范围（第二层次上的"空间焦点"）内又有不同的微观空间意义表达序列（第三层次上的"散点连贯"）；在这些不同的微观空间意义表达序列中又有不同的空间场合（第四层次上的"空间焦点"）。依次层层推进，直到空间意义表达模式建构行为的终结。在坚持层次性原则的前提下，空间视点、空间参照点、空间场合、空间方向、空间量度等空间要素都可能会处在空间意义表达模式的不同层面上。

钱钟书在《围城》中坚持了层次性原则，为读者建构了一个具有很强空间层次感的空间意义表达模式。如上文分析，《围城》空间意义表达模式的第一层是一个宏观的空间意义表达序列，即"回国途中（印度洋 — 香港 1）— 本县乡里 — 上海 1 — 去三闾大学的途中 — 三闾大学 — 香港 2 — 上海 2"，也就是散点连贯；第二层则是对每一个空间焦点的透视，即如"上海 1"等；第三层次上，每个空间焦点又分别是一个微观空间序列，即如"上海 1"实际上是由空间场合"客堂""办公室""馆子"等散点连贯而成的；第四层上的"客堂"等则分别又是不同的空间焦点，而且它们自身又有可能还是不同的更小的空间序列。这样层层相连，层层相衔接，由此建构了《围城》较为严密的空间意义表达模式。

**（二）主次分明原则**

所谓主次分明原则，就是根据故事情节发展的需要和语意表达的需要，对空间意义表达的处理做到有主有次、详略分明。一般来说，某个空间或空间区域在整个空间意义表达模式中具有空间意义上的引领性作用，那么作者就会把这个空间或空间区域作为主要的空间意义表达对象。在小说话语中，一般来说具有导引作用的空间或空间区域常常是人物活动或事件发生、进展的主要场地。比如《红楼梦》中的"大观园"就是具有导引作用的空间场地，它是曹雪芹描述的主要空间场合，同时也是故事发生的主要地点。在《围城》中，钱钟书很好地坚持了空间意义表达的主导性原则。根据上文的分析，钱钟书根据方鸿渐的生活轨迹和活动情况，首先设定了一个零度空间意义表达区域，这个零度空间意义表达区域就具有空间意义上的导向性作用。人物的生活工作、谈情说爱、嬉笑怒骂等都在这个空间区域内得到了淋漓尽致的叙写和描述。方鸿渐首次从漂浮在印度洋海面上的船舱里出场，这是小说设定的空间主线的起始点。接着，随着方鸿渐活动空间的转移，在语言表达层面上又把香港 1、本县乡里、上海 1、去三闾大学的途中、三闾大学、香港 2、上海 2 等主要空间地点串联了起来。这一宏观的空间序列，既是人物的主要活动空间和故事发展的主要空间，也是作者的重点表达空间。在对空间场合的表达中，作者更多地关注客堂、学堂、馆子、船上、车中。就"客堂"来说，有方老先生"大"家的、方鸿渐"小"家的、苏文纨家的、赵辛楣家的、汪处厚家的、张吉民家的、岳丈家的、刘东方家的客堂等；就"学堂"来说，有三闾大学、本县省立中学和欧洲的大学学堂；就"馆子"来说，有香港的、上海的、去三闾大学途中的馆子等；就船上来说，既有留学回国的船上，又有去三闾大学的船上；就"车中"来说，既有去三闾大学的车中，又有在上海生活时送方鸿渐回家的车中。这些都是作者所要表达的具有主导作用的特定的空间。零度空间区域以外的其他空间点则是次要的空间意义表达对象。比如留学欧洲之前方鸿渐读大学的北平，欧洲留学期间的巴黎、柏林、伦敦，赵辛楣离开三闾大学后所到的重庆，苏文纨结婚后生活的重庆等在作者建构的空间意义表达模式中都处在非常次要的位置，都被作者作了轻描淡写的处理，一笔带过，点到为止。零度空间区域内的空间场合的表达也有主次之分。比如苏文纨家的客堂出现的频率要高一些，而刘东方家的客堂仅出现一次。这实际上就是以主要人物的活动空间转移和故事发生的空间变化为主线来进行空间意义表达的。

（三）顺序性原则

所谓顺序性原则，就是指空间意义的表达要有条不紊地进行，体现出空间意义表达的有序性。《围城》中空间意义表达的顺序性原则，主要表现为四个分原则：

1. 以物理空间转移的顺序为参照

就是按照人物或故事、事件所在空间的正常顺时变换作为空间意义表达顺序的参照。这是汉语空间意义表达的常规，空间叙事小说的空间意义表达一般也都遵循这条规则。《围城》作为空间叙事小说的典范更是如此。上文所谈到的宏观空间意义表达序列，其实就是根据人物出场、在场、退场和故事发生、发展、终结的过程中异时空间位置和空间场合的转移顺序进行空间意义表达的；即便在空间焦点透视过程中的微观空间序列中，空间意义表达的顺序也基本上是如此。比如：

> 鸿渐道："妙极了！我正要去理发。咱们理完发，摆渡到香港上山瞧瞧，下了山我请你吃饭，饭后到浅水湾喝茶，晚上看电影，好不好？"（《围城》）

这是船到香港以后方鸿渐对苏文纨说的话。句中涉及或预设了"理发店""山上""山下饭馆""浅水湾""电影院"等几个具体的空间场合。对这些空间场合的表达依据的就是表达主体预期的活动空间转换的先后顺序，也就是遵循了物理空间转移的顺序原则。

2. 以语意重心的表达为参照

就是根据叙述主体或表达主体语意表达的重要性来决定空间意义表达的顺序。在空间方向的表达方面，如果说话者语意表达的重点在于"远方"，那么空间方向的表达就会由远而近；反之，则会由近而远。在空间场合的表达方面，如果某个空间场合是语意表达的重点，那么就会把这个空间场合放在优先表达的位置。比如"到码头下车，方鸿渐和鲍小姐落在后面"。这句话中，作者要强调的是落在后面的方鸿渐和鲍小姐，所以在表达时就优先把空间位置"后面"表达了出来；而"前面"这个空间场合干脆以预设的方式出现，在语言上形成一个空位，仅仅在叙述文本的下文隔了两个自然段之后才作了说明。这实际上是突出了语意在空间意义表达中的重要作用。

3. 空间方向表达的顺序原则

方向本身就意味着顺序的存在。空间方向的表达中，空间视点和空间参照点的确定是至关重要的，而空间视点和空间参照点的确定又取决于叙述主体或表达主体的语意表达以及人物活动和事件发生的空间状况。由此形成了上文所说的垂直方向、水平方向、辐射方向和泛方向等各不相同的空间方向。根据观察，《围城》中的空间方向表达顺序和汉语空间方向的表达顺序具有一致性，只是在具体语境下的空间方向表达略有不同而已。此不赘述。

4. 空间量度表达的顺序原则

这里的空间量度主要指的是空间距离的远近和范围的大小。就《围城》修辞文本来看，从空间范围的大小来说，总的空间意义表达框架是由小的空间地点先后出现，形成一个宏观空间序列，即人物活动和故事进展的大致空间区域；在空间范围或地点的具体描写中，依然是和汉语的空间意义表达习惯是一致的，那就是基本上遵循了由大到小的顺序。就空间距离的远近来说，表达时或由远而近，或由近而远。如《围城》第三章第 94 到 96 页中，其空间量度的表达顺序是：上海 — 苏文纨家中 — 园里 — 六角小亭子里。空间范围就是由大到小，只不过在叙述文本空间框架的总体设计下，处在空间范围最大一端的"上海"在本句中没有出现而已。虽然在该句中语言上是缺失的，但它依然是存在的，这种表述显然是把全书的空间框架作为参照的。又如：

①十点钟，甲板上只有三五对男女，都躲在灯光照不到的黑影里喁喁情话。（《围城》）

②孙先生道："明天找个旅馆，睡它个几天几晚不醒，船上的机器闹得很，我睡不舒服。"（《围城》）

例①中，空间范围的表达顺序就是由大到小，"黑影里"只是"甲板上"的一部分，"甲板上"的空间范围大于"黑影里"；例②中，空间距离的表达顺序是由远而近，"旅馆"当在未知的远离表达主体的地方，而"船上"则是表达主体所在的位置。

## 四、空间意义表达模式的性能与功效

正如小说话语时间意义表达模式的性能和功效是多方面的一样，小说空间意义表达模式的性能与功效也不是单一的。小说把空间作为叙事的形式或手段，在精心营造的较为理想的空间意义表达模式中讲述故事并展现人物形象的性格特征，突出了空间及空间意义表达的重要地位。就《围城》而言，其所建构的空间意义表达模式的作用主要表现在以下几个方面。

**（一）用以衔接小说的篇章结构**

《围城》以空间叙事和时间叙事相结合的形式来进行文本创作，使得空间意义表达模式在文本叙述结构上的作用不容忽视。空间意义表达模式中的空间意义表达手段及其关联方法，除了具有连接小说故事、事件或现象发生的空间场合，使故事、事件或现象发生发展的空间顺序呈现出规则性作用外，还具有衔接小说篇章结构的功能。正如上文所论述的那样，《围城》首先建构了宏观的空间意义表达序列，故事情节主要就在作者所设定的零度空间区域内的各个空间范围和场合内展开，而小说在空间意义上就是通过空间标识词语、空间意义表达手段和空间关联方式来考虑整个叙述结构和篇章结构的。从具体的空间意义上说，宏观空间意义表达序列涵盖了微观空间意义表达序列，小说故事中具体的事件或现象主要就发生在微观空间意义表达序列的不同的空间点上。而小说修辞文本对微观空间点的表述和连接，正是对依照宏观空间意义表达序列所建构的叙述模式的充实和追加。以微观空间点创造出的语句、句群、语意段落和小的篇章，不仅是小说创作意图、整体写作思路与文本结构框架的直接体现，而且还是小说微观衔接技巧在空间意义上的非常重要的表现形态。

**（二）用以再现故事的真实性**

故事都是在一定的空间场地发生的，不管这个空间场地是虚构的还是真实的。因为作者对小说创作具有全知权，所以作者完全有资格有权力去处置人物的活动空间和故事或事件发生发展的空间。正因为如此，建构一个较为理想的空间意义表达模式对再现故事或事件的真实性是至关重要的。《围城》的空间意义表达模式中，设置了两种空间：一是真正的现实空间，比如"上海""香港""宁波""吉安"等都是现实中的真实的地理空间或地点；一是虚构的假定空间，比如三闾大学、苏文纨的客堂、赵辛楣的客堂等。而且，在《围城》中真实的空间是主要的，虚构的空间则是次要的。正是在这种真真假假、虚虚实实的空间描写中，缩短了小说空间同读者之间的外在距离，把读者直接带入了故事和人物存在的现场，从而产生了空间的具体感和真实感。读者就可以随着小说空间和时间的变换与流动，沿着人物的空间走向和故事的进展线索，去领略小说修辞文本的丰富意蕴。

**（三）用以凸显人物形象的性格特征**

小说话语所建构的空间意义表达模式为作品中的人物演绎动人的故事提供了具有内在联系性的空间网络。人物形象的不同性格特征在这个空间网络中得到了充分的体现，使读者看到了人物形象在性格特征上的多重性和完整性。比如，方鸿渐在不同的空间场合出场会有不同的性格表现，而《围城》所设置的空间意义表达模式为方鸿渐全面展示其性格特征提供了空间上的可能性。方鸿渐在苏文纨家这个空间场合内，面对苏文纨时，表现得更多的是对苏文纨爱情的内冷外热；面对唐小姐时，表现得更多的是谈笑风生，展示口才，以博得唐小姐的注意与好感；面对赵辛楣时，表现得更多的是斗嘴斗智。当方鸿渐出现在方老先生这个大"家"的空间场合时，表现更多的则是孝顺、矜持、言听计从等。不同的空间场合所表现出的功能是不完全一样的。正如杨梦菲、刘绍信所分析的那样，《围城》中的空间位置客堂、饭局、学堂的功能虽不尽相同，"客堂"叙述的是男女故事，"饭局"展示的是无意义的众语喧哗，"学堂"则是装模作样的治学场景，但对之用叙述时间加以排列，则正是不同时间下人物情绪变化、性格不同侧面的空间表现，种种空间场景都是人物人性展示的舞台。① 这就较为深入地说明了小说空间意义表达模式在人物性格塑造方面的重要性。

### （四）用以折射厚重的文化内涵

上文已经说过，我们这里所谓的空间仅限于物理空间，但由于物理空间与文化空间并非完全割裂，它们之间总会有程度不等的关联性，所以也会涉及文化空间问题。从另外一个角度来考虑，《围城》中给读者设置了城市和乡村两个不同的空间范围。"城市"包括上海、香港、三闾大学等，"乡村"就是指本县乡里。"城市"和"乡村"既是两个不同的物理空间范围，又是作者创造的两种不同的文化空间意象。"城市"代表着文明进步的程度，"乡村"代表着落后愚昧的程度。"城市"和"乡村"两种不同的文化观念相互碰撞，既有矛盾性又具一致性，相互纠葛在一起，难解难分，而人物正是在这两种文化的夹缝地带生存、繁衍生息，从而使读者看到了彼时彼地我国社会文化的现实。所以，在《围城》小说修辞文本中，读者在"城市"看到的大多是：谈情说爱，争风吃醋；说诗论道，自我炫耀；猜忌拆台，卑鄙龌龊。在"乡村"，读者看到的大多是：宗族家规，婚丧嫁娶，代际差异，妯娌矛盾。显然，"城市"带有更多的现代"文明"色彩，而"乡村"则带有更多的传统"文化"意味。这正是小说空间意义表达模式所折射出的社会文化内涵。

空间叙事小说突出了空间意义表达的重要性，因此都会建构一个较为理想的空间意义表达模式。在《围城》类小说修辞文本中同样建构了一个富有特色的空间意义表达模式。② 这个空间意义表达模式的本质内涵主要表现在空间意义表达模式的构成要素、空间概念的标识手段、空间意义表达的关联方式、空间意义表达的基本原则，以及空间意义表达模式的性能与功效等不同侧面所表现出的综合性特征上。

## 第六节　小说语体议论性修辞文本及其修辞语义表达

关于语文体式，李熙宗先生曾经作过专门而又深刻的讨论。李先生认为，"语文体式是言语形式的一种，它是在具体运用语言构成言语组织时依照一定的形式把言语

---

① 杨梦菲，刘绍信.《围城》的空间叙事. 北方论丛，2003（5）：106~111.
② 孟建安. 小说话语空间表达的修辞解读. 当代修辞学，2012（2）：82~90.

组织起来的产物"，"是一个立足于语言本位而形成的揭示语言成品（书面可称为文本）语言结构形式特征的概念，是指语文表达上组织语言文字而形成的'结构方式'和'格局''样式'；是具体运用语言构建语言组织时，受语言运用相关因素制约对语言材料进行选择并依一定形式组合而成的具有整体性和个性特征的言语结构形式规范"。① 据此可以推知，语文体式是语体在低一个层级上而形成的语言运用形式规范。如果把这种语言运用形式规范和小说、散文、诗歌、剧本、信函等对接起来用以表达语意内容、沟通思想情感而组成言语结构，那么这种言语结构便毫无疑问地会具备小说、散文、诗歌、剧本、信函等体式的特征。对于小说这种文体来说，从语体学意义上来看就是小说语文体式。在小说话语世界，作者主要给读者讲述在特定的时间和特定的空间内所发生的故事。作者以特有的眼光从不同的维度上对物理世界作富有广度的扫描和更具深度的透视，向读者展示作者对人性、对人生、对社会、对爱情、对婚姻、对职业等的更为深入的思考和价值评判，由此在一定程度上折射出了故事背后的社会现状和时代文化内涵。作者往往具有非常清醒的语体意识，自觉而巧妙地把议论性修辞文本和叙述性修辞文本融为一体，充分展示驾驭文本创作的非凡能力和语言运用的娴熟技巧，以实现由虚拟文本样态到现实文本样态的修辞转化。本文拟从修辞学的角度就小说语文体式中议论性修辞文本的相关问题作学理上的阐释和事实上的论证。

## 一、"二分"修辞文本之契约关系

按照《现代汉语词典》的解释，"契约"意为"证明出卖、抵押、租赁等关系的文书"。② 本文借用过来，喻指在文学作品创作过程中，叙述主体（即作者）在非常清醒的语体意识支配之下，在作品中直接或间接地同读者（即鉴赏者）达成的关于修辞文本建构模式的共识或默契。这种共识或默契，实际上就是要求创作者与鉴赏者之间形成一种文本意义上的合作关系或者叫契约关系。也就是说，创作者凭借着个人的创作风格和语言运用的个性，受制于个人文学创作的意图，而自觉主动地选择某种模式的修辞文本建构方式；鉴赏者在解读作品的过程中，则要淡化自己的鉴赏习惯，自觉不自觉地适应于创作者所选择的修辞文本建构模式，从而来品评玩味作品所经营的意境、所讲述的故事、所传递的思想、所塑造的人物。这就表明，修辞文本契约关系的确定或达成，从某种意义上说是作者一厢情愿的事情，是作者面对所有的读者而采取的一种文本自觉行为，因此作者始终处在主动性的、主导性的地位，而鉴赏者则始终处在被动性的、从属性的地位。作者采用什么样的文本建构模式，创作出什么样的

① 李熙宗."语体"和"语文体式".黎运汉，肖沛雄.迈向21世纪的修辞学研究.广州：广东人民出版社，2001.275~287.

② 中国社会科学院语言研究所词典编辑室编.现代汉语词典.北京：商务印书馆，2002.1004.

修辞文本样态，解读者就只能对这种文本建构模式和修辞文本样态作出相应的认知、反应与接受，别无其他选择。因此，要解读作品，读者只有最大限度地去适应作者的创作意图、适应作者的文本选择策略、适应作者所建构的修辞文本模式，才有可能更接近于作者所输出信息的最大值，才有可能较好地把握作品、理解作品、欣赏作品。其实每一位创作者都为读者设定了一定的修辞文本建构模式，都在试图同读者达成某种文本建构的契约关系。在现当代文学史上，鲁迅应该说是最为明显最为突出的作家之一。《阿Q正传》在"序"中用大量的篇幅不厌其烦地对阿Q的姓氏、名字、籍贯等进行考释①，由此而建构相应的修辞文本模式；《狂人日记》以狂人的视角运用狂人的话语来建构修辞文本模式，都形成了不同于一般文学作品的语言运用特征体系，从而打造出了一种别致、有意味的修辞文本样态。这就是作者鲁迅自觉地向读者拿出的文本契约，读者只有适应、顺从，形成认同感并与作者达成某种广泛的共识，才能够真正地阐释作品、理解作者。如果读者不认同作者的这种文本建构方式及由此而形成的修辞文本样态，那么最终的结果只能是要么放弃对作品的解读，要么不能很好地理解作品，甚至是误解、歪曲作品。所以，从这个意义上说，读者与作者在文本模式上达成某种契约关系是非常重要的。虽然这种契约关系不具有法律学意义，与法律学意义上的"契约""合同"等有着质的区别，但它确实是作者和读者都必须遵守的文本创作与文本解读的关系原则。因为这种契约关系实际上是作者向读者展示的修辞文本的一种基本调子，也是语言运用的基本调子或主旋律，所以在同一部作品中作者一旦确定了文本意义上的某种契约关系，一般情况下就不能随意地变更或违反。

作者在小说中给出一种非常别致的修辞文本模式。换句话说，那就是与读者有约在先，建立了一种关于文本建构模式的契约关系。这实际上就是"二分"修辞文本的叙事策略。在这种契约关系中，作者是主导性的，具有选择创拟修辞文本的决定权；读者是被动性的，唯一可做的就是努力地去适应这种契约关系。小说语文体式中所建构的修辞文本，大致来看可分为"议论性修辞文本"和"叙述性修辞文本"两种具体样式。前者是以作者或作品人物为视角来分析评价故事、人物的，后者讲述的则是以主人公为中心的故事。

## 二、议论性修辞文本和叙述性修辞文本

正是基于上述的认识和观点，笔者认为有些作者在小说语文体式中对修辞文本的处理采用"二分"的手段，并把通过"二分"而成的议论性修辞文本和叙述性修辞文本融为一体，从而为读者提供了一种特殊的修辞文本样态。那么，作者是怎样把议论性修辞文本和叙述性修辞文本巧妙地融为一体的呢？或者说，这两种修辞文本之间又是一种什么关系才使得它们在同一部作品中共存而相得益彰的呢？

---

① 曹禧修. 论《阿Q正传·序》及其文本叙事策略. 齐齐哈尔大学学报，2003（4）：4~7.

在叙述学中有"插入本文"或者叫"旁本文"和"本文"或者叫"正本文"的说法。插入性本文的作用主要就是对作品中的故事、人物、事件等即本文或叫正本文进行分析、评价和阐释。它不是或大多不纯粹是故事的一部分，有的是游离于故事之外的，有的则是故事的组成部分。所以，马云把这种插入性本文分为叙事的和非叙事的两种，叙事的插入本文有一个故事框架；非叙事的插入本文没有故事讲述，其内容是与本文若即若离的各种材料。① 笔者所谓的"议论性修辞文本"应该说是这种插入性本文的一部分，即非叙事的那一部分以及一部分独白性和对话性修辞文本。这种修辞文本往往是智人智语，是作者智性的外化体现，具有更多的议论性特征，更注重的是主观性、经验性和主体的心理感受。叙述学意义上的"本文"或叫"正本文"主要是讲述故事、叙述事件、塑造人物的那一部分，也就是再现故事真实性的基本承载体。因此，笔者所谓的"叙述性修辞文本"实际上大致等同于叙述学中的"本文"或"正本文"。它是作者情感的外化形式，更多地注重故事的完整性、客观性和现实性。它主要包括了描写性修辞文本、一部分对话性修辞文本和一部分独白性修辞文本。

根据以上对"议论性修辞文本"和"叙述性修辞文本"内涵的认知和界定，不难看出小说话语"二分"修辞文本之间的相互关系。修辞学研究的重要对象之一就是内容与形式的关系问题，所以下面主要从文本内容和文本布局形式两个方面阐释议论性修辞文本和叙述性修辞文本之间的关系。

（一）从修辞文本所表达的内容看，议论性修辞文本和叙述性修辞文本之间既相互依存又有相互对立

作者是要把"二分"修辞文本作为叙事策略或者叫修辞策略，用议论性修辞文本来输出心理世界的经验，用叙述性修辞文本来再现物理世界的现实，因此二者之间既互为视点又相互冲突。② 正是"二分"修辞文本在内容上的相互依存性关系，才使得二者之间巧妙地融为一体，在相当多的时候难以彼此分割，保持一定程度上的相容性；正是因为二者之间的对立性关系，才使得它们在内容上又各自相互独立，保持一定程度上的排他性。

其一，以议论性修辞文本所持有的价值观来阐释和评价叙述性修辞文本所叙述的故事。议论性修辞文本所关涉的内容是基于物理世界并在心理联想机制的作用之下而发出的感慨和产生的看法。这种感慨和看法的阐释与表白缘于叙述性修辞文本所讲述的故事，因故事而生发出议论。也就是说，物理世界是心理世界的基础，叙述性修辞文本是议论性修辞文本赖以存在的前提。这些感慨和看法，从文本输出的形式上看有的直接来自于作者的心理世界，有的则来自于作品中人物的心理世界。当然，说到底

---

① 马云. 钱钟书小说的本文与插入本文. 河北师范大学学报（社会科学版），1999（2）：70～78.
② 马云. 钱钟书小说的本文与插入本文. 河北师范大学学报（社会科学版），1999（2）：70～78.

还都是来自于作者的心理世界，只不过有的是由作者直接表达出来的，有的则是由作品中的人物表达出来的。就其具体内容而言，可以说论及物理世界的方方面面，有关于政治的、外交的、礼仪的、人性的、人生的、文学的、哲学的、语言的、爱情的、婚姻的、职业的、教育的等各个方面的分析、议论和价值评判。

其二，以叙述性修辞文本所讲述的故事来验证议论性修辞文本所持有的价值观。作者或人物的心理世界是丰富多彩的，这些经验来自于物理世界，但还要回归到物理世界中去，用物理世界来验证心理世界的可重复性，并由此来获得理性经验最大值的可靠性和正确性。作者所设定的故事或现实就具有这种功能，作品中的人物也具有这种作用。所以，从修辞学角度来说，读者所看到的相当一部分的议论性修辞文本所宣示的经验就是为了得到叙述性修辞文本所描写的物理世界的验证而存在的。比如在《围城》中，为了验证委婉含蓄表达策略的可行性，在文本中作者就不止一次地让作品中的人物方鸿渐、苏文纨等先后登场，通过独白等方式直接对话语修辞策略作出选择，并使之产生了相应的修辞效果。方鸿渐给父亲写信运用文言笔法、方鸿渐希望运用英文给唐小姐写信、方鸿渐直接要求苏小姐选用法语说话等都是叙述性修辞文本所再现的物理世界对心理世界相关理性经验的论证。马云较好地阐释了"现实"与"经验"的这种验证与阐释关系，他认为："人物的视野从现实到经验，又从经验到现实，做了一个跨越古今的大扫描。现实是经验的镜子，经验也是现实的镜子，互相映照。现实是荒诞的，所以经验也是荒诞的，经验是荒诞的，所以现实也是荒诞的，互为因果。荒诞的现实必然抽象出荒诞的经验，荒诞经验必然导出荒诞的现实。"[①] 因为经验与现实之间具有很大的一致性，经验得到了现实的有力支持，所以这时也就忽略了经验的错误性和现实的荒诞性，但小说却能给错误的经验以合理的事实论证。

其三，议论性修辞文本所持有的价值观与叙述性修辞文本所讲述的故事之间的对立。虽然在不少情况下心理世界和物理世界可以相互验证与阐释，议论性修辞文本对叙述性修辞文本中故事的进展、人物的塑造、主题的升华等都具有非常重要的作用，但由于叙述主体（即作者）的言语表达中充满了智慧、讽刺和戏谑，这就使得叙述主体先验于人物，使人物和人物的行为较多时候处在被诠释的地位，所以小说话语中依然存在着不能相互验证和阐释的可能性。也就是说，"二分"修辞文本之间在内容上存在着对立与不一致性。这种对立与不一致性主要表现为心理世界与物理世界的矛盾性，用心理世界的论断难以调和与物理世界的不协调性，用物理世界的真实性难以给心理世界提供事实上的论据。所以，当用心理世界的价值观去评判物理世界的事件或现象时就会出现问题，故事中的人物处处被设置了障碍，就会到处碰壁。比如在《围城》中，方鸿渐是一个感受颇多、心理世界相当丰富的人物，但他的经验常常与现实发生抵牾。性爱的作弄、恋爱的挫折、无"情"的征服、人情的淡漠、友情的悲凉、

---

① 马云. 钱钟书小说的本文与插入本文. 河北师范大学学报（社会科学版），1999（2）：70～78.

人际的龌龊、婚姻的不爽、家庭的郁闷、职业的动荡等，一个个打击接踵而至，远非夸夸其谈的心理世界那么简单化、理想化，而这些都是心理世界与物理世界的冲突所致。

**（二）从修辞文本的结构布局上看，议论性修辞文本和叙述性修辞文本之间是一种夹叙夹议的关系**

"夹叙夹议"有两层含义，一种是指议论性修辞文本和叙述性修辞文本先后间断出现，一种则是指在叙述性修辞文本中又夹杂有议论性修辞文本的成分。通常情况下，小说语文体式中叙述性修辞文本是主体，议论性修辞文本是附属，由此就构成了小说话语所达成的契约关系下的修辞文本样态。就第二种情况而言，本节上文用"大致"一词，就意味着叙述性修辞文本与正本文并不能画等号，其中也还含有议论性话语片断，也就是属于议论性修辞文本的成分。比如作品中人物的语言表达和独白应该属于叙述性修辞文本，但其中也不乏议论性成分，有应该归属于议论性修辞文本的东西。由此可以看出，议论性修辞文本有独立于故事之外的，也有作为故事的一部分的。或者说，与叙述性修辞文本有重合的部分，也有相离的部分。可以省略的，又不影响故事的完整性、语言表达的畅通性和小说结构的合理性的，就是游离于故事之外的议论性修辞文本，这种议论性修辞文本也可以叫作纯粹的议论性修辞文本；不可以省略的，就是作为故事或叙述性修辞文本的一部分的议论性修辞文本，这种修辞文本也可以叫作多功能的议论性修辞文本。这就更表明了议论性修辞文本与叙述性修辞文本在文本布局方面某种程度上的不可分割性。所以说，议论性修辞文本和叙述性修辞文本之间并非是简单的相加关系，而是把"阐释与验证"作为纽带，形成的是一种加而合的关系。依然以《围城》为例，其中较多的时候，比如人物的登场、角色关系的说明、爱情的解读、教育和政治关系的阐释等，往往就是运用夹叙夹议的文本结构形式来安排议论性修辞文本和叙述性修辞文本的。如曹元朗品评苏文纨的扇头小诗时，根据物理世界的背景知识"方鸿渐认识德文跟自己差不多，并且是中国文学系学生，更不会高明"，由此进入到心理世界而生发出一段关于学生与学生、学生与老师之间关系的宏论："因为大学里，理科学生瞧不起文科学生，外国语文系学生瞧不起中国文学系学生，中国文学系学生瞧不起哲学系学生，哲学系学生瞧不起社会学系学生，社会学系学生瞧不起教育学系学生，教育学系学生没有谁可以给他们瞧不起，只能瞧不起本系的先生。"这一段应该算是典型的议论性修辞文本，它就插入在叙述性修辞文本之中，把叙述性修辞文本拦腰斩断，书面上用破折号作为标识。它是那种可以省略的议论性修辞文本，省略后上下文照样可以很好地衔接在一起，语篇是畅通的，语意是明白的，文本结构是完整的。正是因为这种现象的存在，才使读者看到了一般小说修辞文本中较少能够看到的文本布局形式。所以，笔者认为小说话语中议论性修辞文本和叙述性修辞文本之间在文本形式上是一种若即若离、叙中有议、夹叙夹议的关系。

### 三、议论性修辞文本的建构策略

在小说话语世界中，作者作为修辞主体具有非常清醒的语体意识①，自觉遵守了小说语文体式的语言运用范式，根据故事发展、人物塑造、表情达意等的需要而适宜选择语言材料进行言语输出和言语输入，从而设计谋划相应的修辞策略。从修辞学的角度考虑，作者与读者达成"二分"修辞文本的契约关系本身就是一种言语表达的修辞策略选择。议论性修辞文本的建构实际上就是一种表达策略或修辞艺术。这种修辞策略具体表现在议论模式的选择、建构手段的运用和修辞技巧的调配等三个方面。

#### （一）议论模式的选择

议论性修辞文本重在议论，就是要通过旁白、注解、阐释、评价等形式把作者、人物对现实世界中的人、事、物等的心理感受一股脑地表达出来，以获得一种精神上的超越和心理上的痛快感。议论性话语的表达从其阐释的方式来看主要有三种选择。

1. 前导式

就是在叙述性修辞文本所讲述的故事、事件、现象之前，有意安排的对现实世界的预测性、引导性的感受和看法，由此对读者起到一种解读上的导向性作用，引导读者按照作者或人物的心理感受来看待现实世界。如："据说'女朋友'就是'情人'的学名，说起来庄严些，正像玫瑰花在生物学上叫'蔷薇科木本复叶植物'，或者休妻的法律学术语是'协议离婚'。"（《围城》）作者首先选择植物学和法律学术语作为喻体创拟出两个比喻，把自己经验世界中关于"女朋友"和"情人"的认知和评价阐释出来，由此来引导读者理解"女朋友"和"情人"有着质的不同。这种不同就好像"玫瑰花"在生物学上叫"蔷薇科木本复叶植物"，"休妻"在法律学上叫"协议离婚"一样。

2. 同步式

就是在叙述性修辞文本讲述故事、事件、现象的过程中，有意安排的用以表达对现实世界的感受和看法的修辞文本。这种议论性修辞文本具有同步解说功能，一边叙述故事，一边议论故事，阐释对故事的感受，由此对读者起到一种解读上的同步诠释作用，从而引导读者按照作者或人物的心理感受来看待现实世界。如："那女人平日就有一种孤芳自赏、落落难舍的神情——大宴会上没人敷衍的来宾或喜酒席上过时未嫁的少女所常有的神情——此刻更流露出嫌恶，黑眼睛也遮盖不了。"（《围城》）该例就是同步式议论性修辞文本。作者在描写苏文纨那种"孤芳自赏、落落难舍的神情"时，顺势插入了自己关于这种"神情"的态度和认识，用形象的手法向读者解说这究竟是一种什么样的神情。这就会引导读者在了解人物形象性格特征的同时，进一步深入地吃透"神情"的内涵。

---

① 丁金国. 语体意识及其培育. 当代修辞学，2010（6）：31~38.

### 3．结论式

就是在叙述性修辞文本所讲述的故事、事件、现象之后，有意安排的表达对现实世界的感受和看法的修辞文本。这种议论性修辞文本具有总结性功能，是在叙述故事或事件之后，才议论和评价故事或事件，总结性地论说对故事或事件的感受，由此对读者起到一种解读上的后续性总括作用，从而引导读者把自己的心理感受归并到作者或人物的心理感受上来。《围城》结尾处写到："这个时间落伍的计时机无意中包涵对人生的讽刺和感伤，深于一切语言、一切啼笑。"这就是结论式或总结式的议论性话语。其目的就是为了告诉读者方鸿渐家祖传的老钟所具有的象征意义。由于作者处在极度的兴奋状态，便迫不及待地把自己对"钟"的感受和赋予"钟"的特殊意义都和盘托出，为读者作了结论性说明和评价。

### （二）建构手段的运用

议论性修辞文本的建构手段有很多，包括修辞格式、句子和句群等。这里仅就句子和句群建构手段作简要说明。

#### 1．句子手段

就是采用单个的句子来建构议论性修辞文本。句子可以是单句，也可以是复句。如上文"（一）3"中关于"钟"的象征意义的议论，就是采用单句手段建构而成的。

#### 2．句群手段

就是采用句子复合手段来建构议论性修辞文本。这种句子的复合常常是表达一个中心意思的话语片断，也就是议论性话语片断。其特点是：有一个明确的表意中心；有两个以上的句子（包括单句和复句）；这两个以上的句子之间又有一定的意义联系；不止一个语调。如下文"（三）1"中在评价赵辛楣对自认为是情敌的方鸿渐的态度时所发的议论，就是采用句群手段建构而成的。

### （三）修辞技巧的调配

修辞技巧的调配就是各种不同的修辞方法、修辞手段等技巧的综合利用与巧妙配置。

#### 1．修辞方法的利用

修辞方法是认知世界的方式和手段之一，不少小说家都驾轻就熟地运用了这种方法和手段。比如，钱钟书本就偏爱这种手段，尤其是在《围城》中对比喻的运用更是达到了登峰造极的地步，表现出了"泛"比喻化的倾向。其议论性修辞文本选用的最有效的表达策略就是广泛地运用比喻修辞格式。这些比喻的喻体大多都蕴含了典故、风俗、文化，往往是被作者浓缩了的关于人生的智慧和社会的经验。所以，把比喻作为议论性修辞文本的表达策略不仅具有生动性、形象性，而且充满了智慧和才气，更为重要的是能够很好地诠释自己对现实世界的看法。比如："他的傲慢无礼，是学墨索里尼和希特勒接见小国外交代表开谈判时的态度。他想用这种独裁者的威风，压倒和吓退鸿渐，给鸿渐顶了一句，他倒不好像意国统领的拍桌大吼，或德国元首的扬拳示威。幸而他知道外交家的秘诀，一时对答不来，把嘴里抽的烟卷作为遮掩的烟幕。苏小姐忙问他战事怎样，他便背诵刚做好的一篇社论，眼里仍没有方鸿渐，但又提防着他，恰像慰问害传染病者的人对细菌的态度。"（《围城》）这段议论性修辞文本纯粹由比喻修辞手法构成，连续运用了几个比喻，把比喻作为认知世界的方式来对待。由此来评价赵辛楣对自认为是情敌的方鸿渐的态度，就好像是重大外交活动中大国对小国的那种居高临下的姿态和生活中慰问传染病人的人对细菌的态度。前者重在评论赵辛楣的傲慢无礼，后者重在论说赵辛楣的小心提防。比喻贴切到位，议论恰到好处。其实，除了比喻之外，在不同的小说话语世界还运用了比拟、夸张、借代、通感、反复、别解、仿拟、婉曲等各种不同的修辞手法来建构议论性修辞文本。

2. **语言表述上的不厌其烦**

语言表达上的繁复、语意内容上的重复啰唆是任何性质和任何语体的言语表达都忌讳和力避的。但有时为了语意表达的需要，作家往往会有意犯忌，化腐朽为神奇。比如，钱钟书不仅不反对这种情况的发生和存在，相反还在有意识地加以宣扬，甚至还把这种现象作为自己建构议论性修辞文本的重要修辞策略。对同样一件事情或现象，往往是不厌其烦地进行评价或阐释，一而再再而三地类比，喧宾夺主似地纠缠不放。似乎是要把经验世界中关于这种现象的所有感受都表达出来，并以此来延宕鉴赏者的阅读速度，使之滞留在同一个话题上反复琢磨回味作者话语的真实意图。上文所分析到的议论性修辞文本中比喻的反复运用，其实就是一种不厌其烦的表达。又如，《围城》中为了三闾大学校长高松年的出场，作者对"老科学家"一词的考释，更是反反复复、连篇累牍，根本就不计较言语表达的冗长与啰唆。作者写到："三闾大学校长高松年是位老科学家。这'老'字的位置非常为难，可以形容科学，也可以形容科学家。不幸的是，科学家跟科学大不相同，科学家像酒，愈老愈可贵，而科学像女人，老了便不值钱。将来国文法发展完备，总有一天可以明白地分开'老的科学家'和'老科学的家'，或者说'科学老家'和'老科学家'。现在还早呢，不妨笼统称呼。"（《围城》）这段纯粹的议论性修辞文本是独立于故事之外的，与故事情节的发展并没有更为直接的关系。作者运用别解和比喻等修辞方式不厌其烦地解释"老科学家"，大有纠缠着不放的态势，但这并不是为了解释而解释，而是要承载作者所宣泄的情绪，是对高松年式的以"老科学家"自居，但实际上并无真才实学而只善于玩弄权术的学痞们的讽刺与调侃。因此，钱钟书在议论性修辞文本中的这种不厌其烦修辞策略的选择，已经不处在语言规范化层面，而是已经上升到了语言艺术化层面。这种在语言规范化层面看来是错误的、不恰当的表述、负偏离的修辞现象，在语言艺术化层面则是一种得体的、艺术化的表述、正偏离的修辞现象。

**四、议论性修辞文本的修辞功效**

小说语文体式中，作者之所以建构议论性修辞文本，使之高频率地与读者见面，除了作者具有高深的语言文化修养、丰富的社会人生经验和明确的修辞语用目的之外，还与这种修辞文本的特有修辞功能有着密不可分的关系。客观上，议论性修辞文本所具有的修辞潜能，作者自身所具有的各种有利条件，都可能会为小说话语增添无限的活力，这为议论性修辞文本的建构提供了极大的可能性；主观上，作者明确的创作意图、修辞目的，又催生了议论性修辞文本的最优先选择和成功建构。议论性修辞文本的修辞功效表现在很多方面，这里仅就以下三个方面作简要论述。

（一）有助于塑造人物形象

比如在《围城》中，作者的创作目的非常明确，那就是："在这本书里，我想写现代中国某一部分社会、某一类人物。写这类人，我没忘记他们是人类，只是人类，具有无毛两足动物的基本根性。"① 基于这种创作目的，小说塑造了方鸿渐、赵辛楣、苏文纨、孙柔嘉、高松年等众多的人物形象。这些人物在性格上各不相同，但大多都存在有共同的基本根性，那就是虚伪、浅薄、自私、狂妄、卑劣、好卖弄。所以，他们也都成为作者要着意刻画与嘲讽的对象，而议论性修辞文本的恰切建构无疑会有助于人物形象的塑造。通过议论性修辞文本，由作者和人物站出来直接或间接地面对所描写的对象，为读者作注解和旁白。比如《围城》第七章开篇用了近 1 000 字的篇幅对汪处厚的胡子作了夹叙夹议式的描述与评论。由一般人的胡子到汪处厚的胡子，再到大帅的胡子，又回到汪处厚的胡子；由胡子的外形引发出胡子的性能，由胡子的性能又联想到人物生活中的喜怒哀乐，由胡子的变化联想到人物的兴衰。胡子成了人物官运是否亨通、婚姻是否成功的一个意象，由此来描写出汪处厚内心的微妙变化。作者就是要依据其渊博的学养和高超的语言技能，凭借着健全的心理联想机制，通过议论性修辞文本的建构使人物形象更加丰满，更加具有人性化。作者是要在对胡子的议论之中把汪处厚的卑鄙、自私、虚荣、献媚等个性特征充分地展示出来，读者也能在这种议论性的修辞文本中去诠释人物、认识人物、接受人物。所以可以这样说，在人物形象的刻画上，叙述性修辞文本的作用是重要的，而议论性修辞文本的建构也是功不可没的。

（二）有助于用理性经验来透视物理世界

作者往往以全知的视角，人物往往以限知的视角，运用已有的理性经验来知觉眼前的现实情况或客观现象，由此来阐发自己关于这些现象或事件的心理感受，从而建构出相应的议论性修辞文本。这些议论性修辞文本的最大特色之一就是，用理性经验来透视物理世界，用心理世界来解剖现实事件，用人物或作者的心理感受来注解客观现象。因此可以毫不夸张地说，议论性修辞文本中的议论实际上都是作者或人物浓缩的理性经验的释放，是对物理世界的适度的回归。在作者看来，离开了理性经验，就难以很好地透视、准确地知解物理世界。正因为如此，有些作者便对议论性修辞文本

---

① 钱钟书. 围城. 北京：人民文学出版社，2001.

情有独钟。比如《围城》中，一方面是人物的泛论，如方鸿渐关于"爱情"与"性欲"关系的辨正等；另一方面则是作者自己直接站出来发表看法，如对"老科学家"的反复考释等，无不是对物理世界的解剖和透视。议论性修辞文本的建构为消解作者或人物的这些理性经验提供了最有利的条件。再如《红楼梦》第二回"贾夫人仙逝扬州城，冷子兴演说荣国府"中，当贾雨村听冷子兴说到贾宝玉衔玉落草这件事时，作者就赋予了贾雨村大发议论的权力。贾雨村说："天地生人，除大仁大恶两种，余者皆无大异。若大仁者，则应运而生；大恶者，则应劫而生。运生世治，劫生世危。尧、舜、禹、汤、文、武、周、召、孔、孟、董、韩、周、程、张、朱，皆应运而生者。蚩尤、共工、桀纣、始皇、王莽、曹操、桓温、安禄山、秦桧等，皆应劫而生者。大仁者，修治天下；大恶者，挠乱天下。……"（限于篇幅，余文略）这段将近600字的议论性修辞文本皆出自贾雨村之口。作者就是要通过贾雨村之口不厌其烦地发表对贾宝玉衔玉落草的长篇宏论，把自己对衔玉落草一事的观点、看法和理性经验明白无误地阐发出来，以告诉读者并由此而直接引导读者沿着自己的思路去思考。

### （三）有助于幽默嘲讽风格的形成

幽默嘲讽是小说语文体式语言风格的基本格调之一。现当代文学史上，鲁迅、老舍、巴金、王蒙、张承志、贾平凹、何立伟、余华、苏童等作家在其小说创作中，都有对幽默诙谐语言风格的追求。鲁迅他们尤其是先锋派作家更注重通过建构议论性修辞文本来形成这一语言基调，从而营造小说话语幽默诙谐、冷嘲热讽的语言氛围。在议论性修辞文本中，涉及的内容和对象是多种多样的，大到政治外交，小至生活琐事；纯洁至神圣的爱情，肮脏到卑劣的尔虞我诈。总之，凡是可以认知到的，似乎都在嘲讽之列，都有可能成为搞笑的对象。如《围城》中，有对妻子不忠的议论，有对师生关系的戏谑，有对人物心理的褒贬，有对博士文凭的调侃，有对爱情婚姻的思辨，也有对职业工作的见解等。不管对象是什么，作者都始终不忘智慧能量的释放，经意不经意间幽默一把，讽刺一番，调侃一回，凸显出作者内心的幽默机智和对社会人生的独特心理感受。比如："这辆车久历风尘，该庆古稀高寿，可是抗战时期，未便退休。机器是没有脾气癖性的，而这辆车倚老卖老，修炼成桀骜不驯、怪僻难测的性格，有时标致像大官僚，有时别扭像小女郎，汽车夫那些粗人休想驾驭了解。"（《围城》）这段关于一辆破车的描述就插入了作者的主观态度和评价。例中运用了比拟、比喻等修辞方法，从不同的侧面反复纠缠、不厌其烦地议论，详尽地描写出这辆车的"倚老卖老""桀骜不驯""怪僻难测""像大官僚式的标致""小女郎式的别扭"。这样不惜笔墨的议论，其实就是为了让读者感悟到这辆破车的"破旧"及其难以驾驭。作者的智慧和幽默感充溢其中，使得修辞文本荡漾着诙谐与幽默之气息。王蒙作为当代文坛上的著名作家通过建构议论性修辞文本来形成幽默嘲讽的语言风格更具有典型性和代表性。为了实现戏谑、嘲讽的修辞目的，王蒙在其较多的小说创作中就经常性地采用多样化的修辞手段来建构议论性修辞文本，由此而奠定了小说话语幽默讽刺的语言运用特色。例如："面对十目所视十手所指，钱文不能不感到人民的伟大与自己的渺小，人民的充实与自己的空虚，人民的光明与自己的阴暗，人民的苦口婆心与自己的自甘堕落，人民的热烈与自己的凄凉。总之，人民是沸腾的大海而自己是瑟缩的秋虫，人民是历史的主人而自己是历史的垃圾，人民是火红的太阳而自己是见不得阳光的魑魅魍魉……"（王蒙《失态的季节》）从这段采用排比、反复、比喻、对比等修辞手段建构的议论性修辞文本可以看出，作者全然不顾作品中的角色钱文此时此刻是什么样的心理状况，完全以全知全觉的姿态出现，一厢情愿地越俎代疱以钱文代言人的身份直接站出来大发一通议论，由此而把自己对钱文生存环境的内心感受一股脑地发泄出来，酣畅淋漓，给人以急迫的紧张感。在语言基本格调上，处处都散发出冷嘲热讽的味道。正如王一川所说，这一段话"用排比反复地、忠实地还原和渲染钱文心中'人民'与'自己'的对比，使读者既为钱文的不合理生存境遇而深深叹息，也对这种'政治空话'和'空话政治'报以冷嘲热讽"[1]。这就是议论性修辞文本所带来的修辞效应。

### 五、议论性修辞文本之辨正

对小说语文体式中的议论性修辞文本，有两种截然不同的声音：一种是赞许的声音，一种是否定的声音。赞许者认为，这种修辞文本能够激活小说话语的修辞潜能，提升作品的审美情趣和艺术品位；否定者认为，这些议论性修辞文本降低了作品的艺术价值，削弱了小说的艺术魅力，破坏了读者审美情趣的完整性。对同样的修辞文本有不同的意见是正常的，这正是学术研究的常态。问题的关键不在于有分歧，而在于是否能够用一种学术的态度来对待这种分歧现象。

笔者以为，应该运用辩证的观点一分为二地对待小说语文体式中的议论性修辞文本。一味地赞许或一味地否定，都是不应该提倡的。根据上文的分析，作者把议论性修辞文本作为一种优先选择的修辞策略，并赋予其特殊的修辞功能，充分调动自己驾驭语言的能力，从而来讲述故事、刻画人物、释放感受等，无疑具有美好的初衷和愿望。这是值得称道的。而在一定语用目的支配之下建构的议论性修辞文本，如果能够很好地表达作者的创作意图，得体地诠释物理世界的故事或事件，那么这样的议论性修辞文本是值得肯定的；否则，则是应该加以否定的。比如由于议论性文本篇幅过长，超过了读者可以接受的极限，进而中断了小说故事的基本情节，甚至彻底偏离了故事情节的基本需求，使得故事情节支离破碎、七零八落，出现硬伤，并由此而分散了读者的注意力，那恐怕是得不偿失的事情。这样的议论性修辞文本便不能与叙述性修辞文本有机地结合在一起，也难以做到夹叙夹议。那么，这种不但不增值相反还会降低表达效果的议论性修辞文本只能算败笔，也有违于小说语文体式的基本范式要

---

① 王一川. 汉语形象美学引论. 广州：广东人民出版社，1999. 185.

求。因此，这样的议论性修辞文本不要也罢。这就要求我们，在评鉴小说中的议论性修辞文本时不能感情用事，应该运用辩证的方法，坚持具有可操作性的标准，寻找出强有力的学理支持和事实支撑，从而作出动态的、合理的、理智的解释。只有这样，才是坚持了修辞批评的原则和精神，才能够更加接近于议论性修辞文本的本真。

# 第五章

广告语体与修辞语义表达

随着改革开放的进一步深入，广告已经家喻户晓。人们早已经习惯于从广告中获取相关商品、劳务、文娱、社会、公益等方面的信息。广告由最初的新鲜事物而逐步发展成为当下人们日常生活的重要组成部分。广告作为一种为了特定目的，通过一定的媒介公开而广泛地向公众传递信息等的大众传播手段①，不仅仅给广告商带来了丰厚的红利，而且也成为人们传播信息和接收信息的重要渠道。由于较长时期以来人们对这种语义表达程式的广泛应用，已经逐渐形成了自己特有的稳定性的系列性语言运用特征，因此广告语体作为语言的一种功能变体早已经为大家所接受。由于广告语体的特定性要求，其修辞语义的使用和表达便呈现出特有的规定性。

## 第一节　广告语体规约修辞语义的使用

广告语体由于其自身基本属性的限制，对修辞语义的使用也有着比较特定的规约性。这种规约性主要体现为规制了客观真实修辞语义的使用、准确严谨修辞语义的使用、简洁明了修辞语义的使用、模糊修辞语义的使用等等。

### 一、规约客观真实修辞语义的使用

在广告语体中，广告的内容很多，但就通常所谓商品广告来说，是要通过报刊、电视、广播、网络等不同的媒体把商品的有关信息向选定的对象进行传播或宣传，以实现经济效益的最大化。虽然广告语言有一定程度的新奇性、独特性、丰富性和辞彩性，但是这些都必须是以商品真实可靠为前提的。广告条例中明确规定，广告内容必须明白，实事求是，不得以任何形式弄虚作假，蒙骗或欺骗用户和消费者。所以，真实客观是广告的生命，也是商品取信于消费者的重要条件，是商品得以促销产生效益的基本保证。正如黎运汉、盛永生所说："广告必须真实地向公众传播信息，才能接近公众，才能产生说服力和感染力，才有可能实现广告的诉求目的。"② 在广告语体中，要反映商品的基本特质，就必须做到修辞语义是客观的、真实的。例如：

①除了钞票，承印一切。（某印刷公司广告）
②这种手表走得不太准确，二十四小时会慢 24 秒，请君购买时要深思。（某种手表广告）

例①中，利用排除法把印钞票排除在承印范围之外，既突出了印刷公司的承印能

---

① 黎运汉. 公关语言学（修订版）. 广州：暨南大学出版社，2004. 375.
② 黎运汉，盛永生. 汉语语体修辞. 广州：暨南大学出版社，2009. 319.

力强大、设备精良、技术过硬，也强调了法律的严肃性。承印钞票是要经过公权机关的批准，得到许可才是合法的。因此，这则广告是以一种实事求是的态度来表达修辞语义的，修辞语义符合客观实际，没有欺骗合作者之嫌。例②中，打破一般广告语言的思维惯性，不直接说手表的质量多么好，而相反却一反常态，说手表走得不太准，二十四小时会慢 24 秒。态度诚恳，有啥说啥，不隐瞒缺点，不粉饰质量问题，给人一种真实可靠的感觉。仔细一想就会发现，这表面上是在说手表的不足，但实际上是在夸手表的优点和质量高。当然，这样的表达方式依然也是在对手表质量有充分认知的前提下进行修辞创新。正因为如此，修辞语义的真实性、客观性才得以最贴切的体现。

### 二、规约准确严谨修辞语义的使用

在广告语体中，无论是营销广告，还是服务广告；无论是招聘广告，还是形象广告；无论是宣传广告，还是公益广告，虽各有自己的修辞语义应用要求，但有一个主要的共同的规约，那就是追求修辞语义的严谨性和准确性。尤其是营销广告，对产品质料、技术水平、价格档次、规格尺寸、品种类型、生产地点、有效时间、基本特性等的介绍，都必须做到客观真实，以追求修辞语义的准确无误。例如《江南晚报》的招聘广告：

> 机遇就在面前
> 一天卖报 250 份，每月可挣 630 元。
> 如果你待岗、待业，流动售报会给你意想不到的丰厚收入。
> 如果你刚退休，流动售报使你生活更加充实。
> 江南晚报发行部诚聘流动售报员若干名，实行弹性工作制，多劳多得。
> 收入：基本劳务费＋售报奖励
> 欢迎有意者 10 月 25 日至 11 月 15 日前往中山路 118 号江南晚报发行部面洽，请随身携带有效身份证件，联系电话：2726624。

这份广告属于公文事务语体中的招聘广告。语义表达实事求是，不夸大，不缩小，不用夸饰性词语，不作描绘性分析。其中，每天要完成的基本工作量，应该得到的基本酬金，面谈时间、地点、联系电话、注意事项等的叙述和说明，都详细周到，客观真实，准确无误。

### 三、规约简洁明了修辞语义的使用

在广告语体中，有不少广告语在短小精悍的语篇中清楚明白地表达了广告商的诉求。基于时间、空间、广告费用等的考量，广告制作者必须要用精炼通俗的语言来表达简洁明了的修辞语义，所以简明是广告语言应用的一个基本原则，也是广告语修辞语义表达的基本原则之一。因此，广告语言要努力做到修辞语义通俗明白，一看就懂，不艰涩，不隐晦。例如：

家电广告：

> 聪明电视听我的！（长虹 CIRI 语音智能电视广告语）
> 健康、舒适环境的引领者（盾安中央空调广告语）
> 变频真功夫，我选奥克斯（奥克斯空调广告语）
> 款款"神州"，万家追求（神州热水器广告词）
> 中国人的生活，中国人的美菱（美菱冰箱广告词）
> 家有三洋，冬暖夏凉（三洋空调广告词）
> 让我们做得更好！（飞利浦广告语）
> 众里寻他千百度，想要几度就几度（伊莱克斯冰箱广告语）
> 生活原来可以更美的（美的广告语）

公益广告：

> 汇聚爱心　播撒希望（希望工程公益广告词）
> 开车不喝酒　喝酒不开车（交通安全公益广告）
> 发展再生能源，保护生态环境（环保公益广告语）
> 文明让城市更美丽（公益广告语）
> 遵守信号灯，安全伴人生！（交通公益广告词）
> 遵守交通法规，争做文明市民（交通公益广告词）
> 凝聚产生力量，团结诞生希望（团结就是力量广告词）

汽车广告：

> 拥有桑塔纳，走遍天下都不怕（桑塔纳轿车广告词）
> 坐红旗车，走中国路（红旗轿车广告语）
> 超乎你想象的高度　低于你期望的价格（猎豹广告语）
> 激活新力量　新雅阁　新力量　新登场（雅阁）
> 拥有不一样的心境　就有不一样的历程（丰田 PRADO 普拉多广告语）
> 突破领域界限的结晶之作（丰田 LAND CRUISER 200 兰德酷路泽广告语）
> 体验世界品质，纵情自我风尚（丰田 YARIS 雅力仕广告语）
> 随心　随行（丰田 VIOS 威驰广告语）

科技先驱　启动未来（丰田 PRIUS 普锐斯广告语）
从零出发　是大勇气　更是大智慧（丰田 COROLLA 花冠广告语）
为您成就卓越（丰田 CAMRY 凯美瑞广告语）
直面挑战　迈向成功（丰田 REIZ 锐志广告语）
和谐为道　欲达则达（丰田 CROWN 皇冠广告语）
应变自如　释放由心（丰田 RAV4 广告语）

这些都是非常有名的广告语，都起到了很好的宣传作用和广告作用，收到了相应宣传效果和广告效果。显而易见，这些广告用语并不复杂，多结合广告实体的基本特性和广告目的来设计广告语言。如果忽略不计这些广告语言中出现的语病，可以说都做到了表达简洁精炼，表意清楚明白，语句都具有高度的概括性。像交通公益广告词"遵守信号灯，安全伴人生""遵守交通法规，争做文明市民"，广而告之者的用意非常明显，就是要人们遵守交通规则，确保人身安全，争做文明市民。在广告语中，广告者的意图、心愿、目的等都通过简短的修辞话语用肯定、提醒、感叹的语气表达了出来，情真意切；修辞语义的表达清清楚楚明明白白，直截了当。

### 四、规约模糊修辞语义的使用

在广告语体中，除了规约准确严谨修辞语义的使用之外，还规约着模糊修辞语义的使用。模糊修辞语义显然是语言意义的修辞化，是在表达过程中对语言意义的模糊化处理。我们知道，语言意义自身存在着准确性问题，也存在着模糊性问题。但为了表达的需要，无论是准确的语言意义还是模糊的语言意义，都可以在特定语体中被模糊化。模糊化本身就是语言意义的一种修辞化。广告语体虽然追求修辞语义的准确严谨，但出于某种修辞考虑和特殊需要，同样也有对模糊修辞语义的应用。比如：

①戴世界最薄的博士伦，看前程更清晰、更光明。（博士伦眼镜广告）
②功课终于做完了，真累哟！如果能有一瓶乐百氏奶……（乐百氏饮料广告）
③你会像阳光一般明媚。（阳光衬衫广告）
④掌声响起，回味你的深情。恒久的关怀和温馨，悉心的爱护和保养，无论掌声是否响起，草珊瑚含片都一往情深，清爽在喉，滋润在心。（草珊瑚含片广告）
⑤北京同仁堂特产，高级营养补酒琼浆，增强体质之佳酿，延年益寿之妙品。（北京同仁堂营养补酒广告）

这些用例都不同程度地使用了或者说表达了模糊的修辞语义。例中，"最""薄"

"更""清晰""光明""累""明媚""深情""恒久""温馨""悉心""情深""清爽""高级""佳酿""妙品"等词语的意义都只是给受众一个大致的模糊的语义信息，而不能给受众提供非常准确甚至是精确的语义内容。这是广告语体中修辞语义表达的应有之义，由此来提高广告语言的艺术魅力。由于词语意义的模糊性，由此带来的句子修辞语义也是模糊的。比如"你会像阳光一般明媚"，利用谐音关系把自然界的"阳光"与商品品牌"阳光"勾连在一起，整个句子输出的修辞语义是模糊的，但这并不影响广告核心修辞语义的准确性和严谨性。因此，受众依然能从中获取有价值的商品信息。

## 第二节　广告语体制约修辞语义的表达

修辞语义的表达受到了语体的限制，在不同的语体中用以表达修辞语义的策略、手段和方法既有共性也会有较大不同。广告语体作为一种新兴语体，在表达修辞语义时为了满足受众的好奇心并激发受众对广告对象信息的浓厚兴趣，除了常规表达外，往往还会采用多种多样的新颖的表达方式。这些表达方式既有词语运用方面的，也有句子、辞格创造方面的，也还有语篇、程式构拟方面的。广告语体规制着修辞语义表达方式的构拟与选择。

### 一、应用异变的词语表达修辞语义

这里所谓的词语应该包括一般意义上的词语和语素，同时也涵盖成语、歇后语、惯用语、俗语等固定结构。无论是通常意义上的词语还是固定结构，在使用的过程中它们都有自己的常规用法，也就是社会群体成员都共同认可的基本使用规律。在广告语体中，当用词语来表达具体的个性化的情境中的修辞语义时，作为修辞主体的广告制作者往往会打破词语应用的常规以求广告语言修辞效果的最大化。夏中华认为："同一般应用文相比，广告的语言运用表现出极大的灵活多变性。出于创新的目的，人们在运用语言制作广告时，常常对原有用法加以突破和发展，产生一些特殊的变异用法，这是广告中的必然现象，是广告语言艺术化的要求所在。由此产生的一些新语言现象也是广告规律的自然体现。"[①] 所以，在广告语体中词语的变异应用不仅仅成为修辞主体用以表达修辞语义的重要修辞策略，而且也无疑被作为重要的修辞手段而加以广泛的运用。

在广告语体中应用变异的词语，意味着词语的词义、色彩、功能等都随着广告制作者的主观意愿而发生变异，打破了它们本来的使用规律。"从艺术语言的语言形式

---

① 夏中华. 试论广告的语言变异运用. 语言文字应用, 1995（1）: 56～60.

来看，它可分为词语的语音变异、词语的义位变异、词性类属变异、词语的组合和搭配变异、词语色彩变异等"①。色彩方面，在具体广告用语中会在褒义、贬义、中性之间转换。或由褒义变贬义，或由贬义变褒义；或由中性变异为褒义，或者由中性变异为贬义；或由褒义变异为中性，或由贬义变异为中性。词义方面，会在对语境条件充分利用的前提下，左转右移，被临时赋予新的语义内涵。功能方面，词语的词性也就会发生修辞化转移，在名、动、形等词语之间进行相互转化。固定结构也会突破结构上的稳定性和意义上的凝固化用法而发生变异。不管词语的哪个方面发生了变异，也不管发生了什么样的变异，往往是综合性的变异，而且更为重要的是要遵循一条基本原则，那就是要紧紧地围绕着修辞语义的表达来进行。例如：

①趁早下班，请勿痘留。（某化妆品广告语）
②不打不相识。（某品牌打字机广告语）
③路遥知马力，日久见跃进。（跃进牌汽车广告语）
④谁能惩治腐败？（新飞牌电冰箱广告语）
⑤我最恨眠安宁口服液，它破坏了我的不眠之夜。（眠安宁口服液广告语）
⑥人让人，让出一份和谐；人让车，让出一份平安；车让车，让出一份秩序；车让人，让出一份礼貌。（昆明市道路公益广告语）
⑦唯"鹅"独尊（鹅牌汗衫广告语）
⑧一毛不拔（梁新记牙刷广告语）
⑨天下第一厚皮（上海鹤鸣鞋帽商店广告）
⑩百衣百顺（蒸汽电熨斗广告语）
⑪文明你的语言，优雅你的举止。（文明用语公益广告）

在这些广告语中，一些关键词语的词义、色彩、功能、结构等发生了变异，从而为表达修辞语义提供了更为有效的途径。上例①中，作为化妆品广告语，采用替换的方法，借助于音同音近的关系，分别把通常意义上的上下班之"班"、在某处逗留之"逗"更替为"斑驳"之"斑"、"痘疮"之"痘"。这一替换，其实就是"斑""痘"在广告语体的具体语境条件下的临时应用，词义也就随之发生了修辞化变异。例④当"惩治"和"腐败"搭配时，人们首先想到的是与堕落的人或者黑暗的社会现象作斗争。这和通常人们所理解的基本义"陈旧、堕落、黑暗、混乱"等有着较大区别。作为新飞牌电冰箱的广告语，广告制作者则充分利用"腐败"词义的多义性这一条件，故意使"惩治"和"腐败"组合，促使受众打破对该框架意义的惯常理解，而使"腐败"的意义定格在"腐烂"意义上。这样，就使"腐败"和新飞牌电冰箱的除臭

---

① 骆小所. 艺术语言学. 昆明：云南人民出版社，1992.

功能对接在一起了。例⑥中，"和谐""平安""礼貌"等本是形容词，具备形容词的语法特征。但是在该例中受到上下文"一份""秩序"等词语的约束，词性都发生了变异而转化为名词，由此来表达特定的修辞语义。例⑧"一毛不拔"本是具有贬义色彩的成语，用来形容小气、吝啬、爱财如命。但在梁新记牙刷广告中，使用的却是字面意义，由此彰显了产品的质量之高，意思是梁新记牙刷质量特别好，经久耐用，也不会掉一根毛。显然，"一毛不拔"不再具有贬义性，而相反色彩已经发生了根本性变化，由贬而褒了。例⑩"百衣百顺"显然是利用了谐音条件改变了成语"百依百顺"的构成成分，结合蒸汽电熨斗的基本功能把"依"替换为"衣"了，这样整个成语的结构和意义也就发生了变化。例⑪"文明你的语言，优雅你的举止"中，"文明""优雅"本为形容词，在这里词性都发生了变异，都临时被用作动词并且带了宾语。余例同理。

## 二、创造陌生的句子表达修辞语义

在广告语体中，构拟陌生的句子就意味着突破了词语组合的基本语法规则，超越了词语搭配的基本语义规范，掺杂一些符号、公式、字母等非语言要素，由此而形成有别于常规的具有新奇性的句子。这种句子以非常态出现，"似是而非"，打破了人们句法语义组合的惯常思维，瓦解受众的习惯性反应，由熟悉的句法语义组合形式而变换成为少见的甚至没有看到过的句法语义组合形式，让人耳目一新。通过异样的句法语义组合形式来表达相应的修辞语义，在语言上以达到出奇制胜的目的，并由此来刺激受众的神经，呼唤和强化受众的消费意识、公益意识、服务意识等。例如：

①1＋1＝2，一棵树＋一棵树＝一片森林（环保公益广告）
②没有规矩不成□○。（某纪检成果展广告语）
③今年二十，明年十八（白丽美容香皂）
④请大家告诉大家。（台湾生生皮鞋广告）
⑤一切操作，一触 OK！（台湾某洗衣机广告）

如果对例①这个句子作一个解读的话，那么意思就是说：人们的一般常识中，数量是积少成多的。从纯粹数学意义上看，两个 1 相加就等于 2，那么由此演绎一棵树和一棵树相加就等于两棵树。但是如果我们爱惜每一棵树的话，那么一棵树和一棵树相加就不等于数学意义上的两棵树，而是等于无限棵树，等于一片森林。显然，这则广告语把数学中众所周知的数式应用到句子的构拟之中，并在下文创新思维把广告对象"树"代入数式，形成了一种独特的异样的陌生化的语句，来表达广告者的广告意图，由此来突出一棵树的重要性。例②中，借用了习惯用语"没有规矩不成方圆"作为广告语，但是在借用的过程中又把"方圆"两个字更替为符号"□○"。这种改造很有创意，十分新奇，也很形象。这是把视觉符号与听觉符号进行了有意识转换，从而化抽象为具体、化熟悉为陌生。修辞语义清楚明白，收到了很好的效果。例③这则广告语已经被全社会所认可，可以说已经成为社会语言生活的一部分了。从字面上看，今年二十明年十八显然是违背了客观现实的真实性，背离了正常的逻辑事理，违反了话语表达的质的准则。这在修辞上是一种矛盾表达法。广告制作者就是要通过看似矛盾、纯属谎言的陌生化句子，来凸显深层的修辞语义蕴含。那就是用以强化白丽牌香皂的功效之高，在夸张中显现出广告语的艺术魅力。例④中，广告制作者采用同语反复的句子构造方式，在主语和宾语位置上应用相同的词语"大家"。这种非正常的句子构造，更加表现了人们对生生皮鞋的感知力。所表现的修辞语义显豁：主语上的"大家"是众多穿过生生皮鞋的受众，宾语上的"大家"是尚未穿过生生皮鞋的众多受众，广告语以语义反常搭配的句子提醒尚未穿过生生皮鞋的受众，要买皮鞋就买生生皮鞋。为什么要买生生皮鞋？答案不言而喻，那是因为众多穿过生生皮鞋的消费者都心照不宣地认为这种皮鞋穿起来舒适，质量有保证，是好皮鞋，所以才异口同声地向大家推荐。这就加强了宣传的力度，扩大了广告的宣传效应。例⑤把英语单词"OK"移植到汉语广告文案之中，一个"OK"涵盖了许多内容：该牌子的洗衣机操作简单、方便，只要按一下键钮就完成了所有操作，不费事不费力。这种句子融入了异语符号，从而使广告语显得新奇陌生，而且简洁明了。

### 三、构拟百态的辞格表达修辞语义

在广告语体中广泛运用修辞格式来表达修辞语义，这是不争的事实。为什么要采用百态的修辞格式？道理很简单，那就是要通过运用众多修辞格式来实现良好的广告效果。我们知道，修辞格式是为了提高语言表达效果而采用的较为稳定的比较特殊的表达手段。从整体上来看，修辞格式具有直观性、形象性、独特性、新奇性、具体性、多解性、综合性、抒情性、叙事性、描写性、模糊性、简明性、真实性等艺术化特质，而这些正符合广告商、广告制作者的最基本的广告诉求和广告意图。因此，广告语体常常把多样化的修辞格式加以综合调整与平衡而作为修辞语义表达的重要表达手段和表达方法。可以说对偶、排比、比拟、比喻、双关、婉曲、引用、反问、双关、拈连、讳饰、借代、飞白、回环、反复、映衬、对比、移就、顶真、换算、反语、婉曲、通感、仿拟、错综、夸张、层递、警策、设问等修辞格式都可能会被单独或者综合应用到广告语中，以此来强化广告效应。例如：

①多么可爱的小草，你忍心践踏它吗？（某大学内环保公益广告）
②火一样的热情，波司登羽绒服（波斯登羽绒服广告语）
③每一粒都在向你致敬（粮食公司广告语）
④遗臭万年（王致和臭豆腐广告语）

⑤车到山前必有路，有路必有丰田车（丰田汽车广告语）

⑥穿出健康、穿出温情。（浙江康恩贝公司伊洁康抗菌保健巾）

例①构拟了反问辞格，用反问来强化广告语的修辞语义，即不能践踏可爱的小草。例②这则广告采用比喻辞格把穿上羽绒服带来的温暖比喻成像烤火一样温暖，生动形象。例③这则广告采用比拟辞格赋予粮食以人的情感，对粮食作拟人化处理，让粮食向人致敬，引发受众深入思考粮食所具有的灵性。例④则是采用了夸张和反语双重辞格，并把受众耳熟能详的成语运用作广告语。一方面无限夸大王致和臭豆腐之臭，达到了遗臭万年的程度；另一方面又反其道而行之，正是因为臭之极，所以才能为消费者所认可，这不仅和商品"臭豆腐"的"臭"吻合，而且更为重要的是用"臭"来反衬王致和臭豆腐之香、质量之高，突出了产品的不同一般。例⑤采用回环修辞格式，把前后语句组织成穿梭一样的结构形式，用以表达不同事物间的有机联系，形成循环往复的语义关系。广告语第一句开头的词语为"车"，第二句末尾的词语也是"车"；第一句末尾的词语是"有路"，第二句开头的词语也是"有路"。由此，上下语句在结构上就焊接在一起，前后勾连上下衔接，用以突出丰田汽车的质量是无与伦比的。只要车能开到山前，就一定会有路开通；只要是有路的地方，就必然会有丰田汽车的存在。不难推知，丰田汽车因为性能好、质量高，才敢并完全能够做到见山开路，汽车质量可见一斑。例⑥中，"穿出健康""穿出温情"这样的搭配显然是违背规范的。从语言规范化层面看属于语法病例，也即句法上的动宾搭配不当；从修辞层面看属于修辞语义病象，上下词语违背了语义搭配规范。按照人们的一般理解，我们可以说"穿衣服"，但不能说"穿健康""穿温情"。但广告制作者就是利用了这种打破常规的搭配，试图造成一种效果，以趋异求新凸显修辞语义。这种辞格就是所谓的拈连，也就是利用上下文的关系或者受众共知的条件，把用于"衣服"上的词语"穿"顺势地用在了表示人的身体状况和思想情感的"健康""温情"上。其修辞语义就是：穿（戴）浙江康恩贝公司生产的伊洁康抗菌保健巾可以保您身体健康，情意浓浓。

### 四、建构多变的语篇表达修辞语义

广告语体的语篇是多变的，字数可多可少，篇幅可长可短，结构可繁可简，而不是整齐划一的。究其原因主要在以下几个方面：其一，用来广而告之的对象是多种多样的，在广告制作上就需要根据广告实体的不同来设计相应的语篇；其二，广告商、广告制作者的广告诉求存在着区别，因而对语篇的构拟也就存在着不同；其三，广告商、广告制作者对广告语言应用和修辞语义表达有着自己的独特思考和追求，因此往往就会根据自己的主观愿望来构拟语篇。例如：

①见异思迁（深圳 MEC 工业有限公司）

②新一代的选择。（百事可乐广告语）

③我爱纳爱斯水晶皂。（纳爱斯水晶皂广告语）

④我的地盘我做主。（中国移动动感地带广告语）

⑤亚洲牌、美声牌皮鞋令女士们足下生辉。（上海亚洲皮鞋厂广告语）

⑥爱我，追我，千万别吻我。（交通安全广告）

⑦胃痛、胃酸、胃胀，您需要斯达舒胶囊。它能有效抑制胃酸分泌，促进溃疡面愈合，缓解胃动不适。（斯达舒胶囊）

⑧如果你问我，这世界上最重要的一部车是什么？那绝不是你在路上能看到的。

30 年前，我 5 岁，那一夜，我发高烧，村里没有医院。爸爸背着我，翻过山，越过河，从村里到医院。爸爸的汗水，湿遍了整个肩膀。我觉得，这世界上最重要的一部车是爸爸的肩膀。

今天，我买了一部车，我第一个想说的是："阿爸，我载你来走走，好吗？"中华汽车，永远向爸爸的肩膀看齐。（中华汽车广告）

⑨妈妈没时间换取我的成长

推动摇篮的手就是统治世界的手，也是最舍不得享受的手。

1/4 的妈妈没有表：

不是买不起，只是她们认为待在家里忙家务，戴不戴都无所谓，何不把钱省下来做家用。

2/4 的手表是旧表、老表：

妈妈的手表至少有一半以上是旧表、老表，有的是结婚前的，有的甚至是小女儿嫌旧不要的……她们舍不得享受。即使是旧的，她们也认为是蛮好的。

3/4 的妈妈还要戴表：

向伟大的妈妈致敬，别再让母亲辛苦的手空着。本公司为庆祝母亲节，特请星辰手表厂提供最适合母亲佩戴的女装手表 5 000 只，即日起到 5 月 11 日止，以特别优惠价供应，欢迎子女们陪同母亲前来选购，送给母亲一分意外惊喜。（台湾星辰表广告）

这些广告语篇幅各异，字数不等，篇章结构也不尽相同。例①是由一个成语构成的语篇，仅有 4 个字。例②是由一个前定式偏正短语构成的，仅有 6 个字。例③是由一个主谓句构成的，仅有 8 个字。例④是由一个主谓谓语句构成的，仅有 7 个字。例⑤是由一个使令句构成的，有 16 个字。例⑥是由复句构成的，内涵有转折关系，仅仅 9 个字。例⑦是由两个具有因果关系的句子构成的语段形成的语篇，有 37 个字。例⑧例⑨则是较为完整的语篇，分别有 160 字、170 字左右，而且完全按照语篇构拟的基本要求来草拟的。比如例⑨，开篇引出妈妈，并由妈妈引出妈妈的手，再引出妈妈手上表的有无，以及要让妈妈戴表的意愿，并最终把广告诉求落实在呼吁子女们要在母亲节给妈妈送一份惊喜。整个语篇层层相扣，摆事实，动之以情，以求广告效果的最大化。广告语篇幅的长短，字数的多少，结构的复杂与否，都与广告诉求紧密相连，并结合广告实体作出合理的安排，从而使修辞语义的表达不多余不减少，以求做到恰到好处。

### 五、移植不同的语文体式表达修辞语义

黎运汉说："广告语体是指为了适应广告传播领域、广告目的、任务和内容的需要而运用全民语言所形成的言语特点综合体。"① 作为一种新兴的语体，广告语体一直持较为开放的态度，正像文学语体一样可以包容众多不同的语文体式。换句话说，不管是何种语文体式，只要能够帮助广告者实现最大化的广告效应就可以移植过来为广告语篇的构拟服务。袁晖、李熙宗认为："人们常见的广告，从篇章体式看，其范围包括布告体、格式体、简介体、新闻体、论说体、小说体、戏剧体、诗歌体、词典体、电报体等，几乎每一种文章体式都可以用于做广告。这其中也包括许多以独具中国民族特色的其他文体如古典诗词、民歌、戏曲、相声、快板、山东琴书、顺口溜、童谣等形式出现的广告语"②。

比如有些广告借用了诗词语文体式。这是说广告语体舍弃了固有的言语表达特征而直接借用了诗、词体式，把广告体式移植在诗、词体式中，用诗、词体式来代替广告体式。这种诗词体式的借用现象主要是充分利用了仿拟等修辞格式来创制。这种情况下，广告语言文本的语言应用就表现出诗、词体式的语言运用特征体系，就要考虑押韵、平仄等问题。③ 例如：

> ①衣带渐宽终不悔，常忆宁红减肥茶。（江西修水茶厂广告）
> ②如烟，似雾；玉洁，冰清。
> 飘飘然使您如入仙境，
> 甜蜜蜜伴君梦。
> 借问蓬莱何处寻？
> 就在那"荷花"帐中！（"荷花牌"蚊帐广告）

例①显然是仿造诗句"衣带渐宽终不悔，为伊消得人憔悴"而形成的。第一句完

---

① 黎运汉，盛永生. 汉语语体修辞. 广州：暨南大学出版社，2009. 317.
② 袁晖，李熙宗. 汉语语体概论. 北京：商务印书馆，2005. 409～410.
③ 孟建安. 手机短信话语文本的语体学分析. 修辞学习，2004（4）.

全照搬原诗歌的诗句，第二句则用含有商品名"宁红减肥茶"的诗句代替"为伊消得人憔悴"。用诗歌体式表达广告诉求显得别致，不同一般，给人耳目一新之感。例②采用了词体来行文，使广告语篇具有词体的范式。在措辞中综合使用了比喻、对偶、设喻、设问等修辞格式以及叠音词，使得该广告的语言呈现出藻丽繁丰、形象错落的特点，并造成了朦胧的意境。修辞语义虽然具有一定的模糊性，但在模糊中体味到了荷花牌蚊帐的功能和作用。

又如运用散文体式来表达思想情感，把广告体式移植到散文体式中，用散文体式代替广告体式。以散文的形式，运用富有节奏感、浓浓情意的描绘性语言把商品信息、劳务信息、情感信息融为一体，由此来表达修辞语义。这种情况下，广告文本的语言运用就表现出散文体式的语言运用特征。往往运用优美的韵律、华丽的词辞、多样化的句式、繁丰的修辞格式等不同的语言手段来表达丰富的情感和表达主体内心的感受。① 例如一则宣传蒙古民族乐器马头琴的广告文稿片断：

③马头琴是表现力很强的弓擦弦乐，既可伴奏又可独奏，也适于自拉自唱。音域宽广、音色深沉，浑厚的马头琴声，如泣如诉，特别善于表达忧伤、哀怨的情感，让人闻声落泪。它还富有浓厚的草原生活气息，舒缓的节奏展现了辽阔无垠的草原上那安静的蒙古包和……羊群；激越的旋律犹如暴风骤雨、万马奔腾；明快响亮的乐章使人想到风和日丽溪水旁，挤奶姑娘正与彪悍的驯马手悄悄细语。古老的马头琴伴随蒙古族的游牧生活，走过千余年的历程，已经与蒙古族的生活密不可分。难怪有人说：对于草原的描述，一首马头琴的旋律，远比画家的色彩和诗人的诗句更加传神。

这个广告文案片段就是采用散文的写法来行文的。节奏鲜明，富有动感；用词华美，辞彩横生；语句长短，舒展有余。字里行间都讲述着马头琴的故事，散发着对马头琴的无比赞誉之情和深深的爱意。这就为下文的广告诉求做了很好的铺垫。

有时在创制广告时还会借用书信体式。例如：

④亲爱的扣眼：

你好，我是纽扣，你记得我们已经有多久没在一起了？尽管每天都能见到你的倩影，但肥嘟嘟的肚皮横亘在你我之间，让我们有如牛郎与织女般地不幸。不过在此告诉你一个好消息：主人决定极力促成我们的相聚，相信主人在食用了 Diploma 脱脂奶粉后，我们不久就可以天长地久，永不分离。（Diploma 脱脂奶粉平面广告文案）

---

① 孟建安. 手机短信话语文本的语体学分析. 修辞学习，2004（4）.

该广告文案基本上是采用书信体来行文,像书信体一样建构广告文案篇章程式。使用称呼语"亲爱的扣眼"起头,然后问候、自我介绍、回忆往事、倾诉思念之苦,再把得到的好消息告诉对方。似乎是在给自己心爱的对象写信,倾诉自己内心的相思之苦,期盼相会的时日。与此同时,采用比拟、比喻等修辞手法,把肚皮脂肪比作大山一般横亘,把纽扣、扣眼拟作一对情人,用幽默的笔法暗示 Diploma 脱脂奶粉的减肥功效。

# 第六章

词语运用及其修辞语义衍生

## 第一节　概　说

### 一、词语运用与词语修辞

词语的运用离不开具体语境和特定语体。哪些词语常用于哪些语体，哪些词语只能用于哪些特定的语体，哪些词语通用于各种语体，都特别有讲究，都注重词语的锤炼。通常教科书认为，词语的锤炼主要在声音、意义和色彩等方面做足功课即可。其实，不管从哪个方面加以锤炼，目的还是为了怎么样才能更好地表达修辞语义。因此在言语交际过程中，要根据语境和语体来精心选择词语。这既有助于词语的恰切运用，也有助于合理表达和理解修辞语义。正是因为语境和语体的作用，使得词语本有的理性义发生语义上的变化，有些词语会被赋予临时性的语境意义，从而使修辞表达显得更加富有魅力和无限的想象空间。陈光磊认为，修辞语义分析的重心无疑是对"语言的抽象意义进入话语文章在表达上的具体变换作出分析。所以，也许'语义表达变换性的分析'的提法更能显示这种方法的实际内容和效用。这种方法，要对具体表达中的同义、反义、歧义、转义（如比喻义、借代义、象征义……）等等转换或变通的手段作出分析，从而寻找和把握语面意义和情意内容（即一般所谓'辞面'与'辞里'）之间的关系，对话语文章作出正确的修辞理解与修辞评价"。陈先生的主张对我们分析具体语境和特定语体中词语运用及其修辞语义表达问题具有特别重要的指导意义。

词语作为修辞语义表达不可缺少的材料，一旦被运用到言语交际活动之中，也就由静态而转化为动态。词语的语言义便随着语境和语体的制约而有所变化，从而形成修辞语义。无论是日常交际层面，还是社会交际层面，抑或是艺术交际层面，词语运用都存在着常规运用和超常规运用。常规运用也就是消极修辞范畴的词语应用，超常规运用就是突破规范的积极修辞范畴的词语应用。

为了更好地表达修辞语义，修辞主体常常利用具体语境提供的条件以及特定语体语言运用规范的制约与影响作用，采用众多不同的修辞手段来适宜应用相应的词语，以实现既有的修辞愿望和修辞目的。就词语的超常应用来说，其变异的形式是多种多样的，但有一点是不变的，那就是一切形式的构拟和创造都是为了更好地表达修辞语义。比如，像色彩意义的修辞化变通，像词语内部结构上的修辞变异，像语言意义的修辞化变通，像词语语音形象的设计等都是如此。

词语色彩意义的临时变化是具体语境和特定语体语言表达中经常可以看到的修辞语义现象。例如：

①几个女人有点失望，也有些伤心，各人在心里骂着自己的狠心贼。（孙犁的《荷花淀》）

句中"狠心贼"本是贬义的，由于语境的作用力在这里就临时发生了变异，具有褒义色彩，属于正话反说。这显然是在具体语境和文学语体中色彩意义上的变异，正属于词语修辞的重要内涵。除了贬义褒义化外，色彩意义的修辞化变通还会表现为把贬义词语中性化，把褒义词语贬义化或者中性化，中性词语贬义化或者褒义化。

词语结构上的变异，主要表现为词语内部语素的变序、增删、拆离、重装与更替，由此来表达具体语境和特定语体规制下的修辞语义。比如：

①那几天，车滚马腾，天崩地塌，把整个沙市闹得只有沙而没有市。（郭沫若《流亡》）
②……英美两国，那时候只想保守中立，中既然不中，立也根本立不住，结果这"中立"变成只求在中国有个立足之地，此外全让给日本人。（《围城》）

例①中，作者充分利用了修辞手段对"沙市"一词进行了拆离，从而使修辞语义有了转化，"沙"已成了"风沙"的意思了。例②中，"中立"一词被拆解了，语义也由语言意义"处于对立的双方之间，不倾向于任何一方"而修辞化为"在中国有个立足之地"，语义发生了重大变化。

有些词语在具体语境和特定语体中被赋予了临时意义，或者衍生出了新的内涵，原有的语言意义发生了偏离。看例子：

①不知赵姥姥讲了什么，竟然把奶奶"劫持"到大街上，一直逛到天黑才回去。（航鹰《宝匣》）
②柔嘉管制住自己的声音道："请你少说一句，好不好？不能有三天安静的，刚要好了不多几天，又来无事寻事了。"（《围城》）
③他抗议无用，苏小姐说什么就要什么，他只好服从她善意的独裁。（《围城》）
④阿福不顾坎起的脸，对李梅亭挤眼撇嘴。（《围城》）
⑤我绝不会错，这真是一匹小野猪！它还在咦咦嗡嗡的叫！不止一个，大约是三位，或者是四位，就在我的棚外边嚼那红薯皮。（沈从文《猎野猪的故事》）

例①中，"劫持"的语言意义是"要挟、挟持"，但在该例中的实际修辞语义则是"软磨硬缠地带走"，带有更多的戏谑性和撒娇的情趣，是充满着善意的。这种意义的获取，显然是修辞主体在具体语境与特定语体中对"劫持"语言义"智力和武力结合起来的抢夺"的修辞化变通所致，由此来强化突出说服奶奶上街的难度之大。例

②中，"管制"的语言意义是"强制管理""对犯罪分子实行强制管束，是我国刑法规定的一种主刑"。但在这个语境中，显然不是这样的意思。这里把军事领域的专用词语移用到口头语体中，大词小用，输出的修辞语义是"控制"，这就与语言意义相差甚远。例③中的"抗议""独裁"也是一样，分别是"反对""霸道"的意思。这是把一般用于政论语体的词语用到了口头语体中，来表达修辞语义的。例④中"坟"的语言意义是"坟墓"，但在这里则是指"像坟一样鼓起"，词性也由名词转化为动词。例⑤是沈从文在《猎野猪的故事》中所塑造的一个女佣人宋妈说的话。她在讲故事时用"位"来和"野猪"组配，形成该修辞话语，表达了特定的修辞语义。按照语法规范，"位"不可以与"野猪"搭配的，而只能和"人"组合。显然，宋妈的这句话是错误的，属于语法上的搭配不当。但是，在这样具体的上下文中，由于语境提供的帮助，使得这种错误的组合不仅没有消极的作用，不仅不会影响修辞语义的表达，相反还有助于修辞语义的表达，对修辞语义的输出还是非常有利的。根据作品所给予的故事情节以及上下文语境不难发现，在这个状态下，宋妈潜意识里一直有一种摆脱下等人身份的心理在作怪，所以在修辞语义表达过程中，就试图学着上等人说话的习惯与风格来组词造句，以证明自己也是一个上等人，也是一个有文化教养的人。但是，毕竟受到了自己文化水平的限制，她在表达修辞语义时又矫枉过正了，把本来只能用于人身上的量词"位"也用到了野猪的身上。

### 二、研究着力点

词语修辞内涵相当丰富，运用词语表达修辞语义时也有非常多可以讨论的问题。我们的目的不在于作系统化探索，也不在于建构系统性的词语修辞理论，因此也就没必要也不可能面面俱到。本章主要通过对人称代词、量词、成语、人名、行酒令、詈语等在具体语境和特定语体中的构拟以及运用，从描写与阐释两个方面作较为详细的考察与分析，以管窥词语在实际应用中所衍生出的修辞语义。这些词语的意义都是应用在具体语境和特定语体中的，是动态情况下衍生出的具体意义、情境意义，带有浓厚的修辞色彩，也就是我们所谓的词语所表达的修辞语义，而不是静态的孤立的具有普遍性的语言意义。

# 第二节　人称代词"数"与"人称"语义的修辞化

汉语的人称代词都蕴含有"数"和"人称"范畴，这就形成了单数与复数的互补对立，自称、对称和他称的对立。为了更清楚起见，我们把人称代词的语义特征分别描述如下①：

我：[＋代词]　[＋自称]　[＋单数]

我们：[＋代词]　[＋自称]　[－单数]

咱：[＋代词]　[＋自称]　[＋单数]　[＋口头语体]

咱们：[＋代词]　[＋自称]　[－单数]　[＋口头语体]

你：[＋代词]　[＋对称]　[＋单数]

你们：[＋代词]　[＋对称]　[－单数]

他：[＋代词]　[＋他称]　[＋单数]　[＋男性]

他们：[＋代词]　[＋他称]　[－单数]　[＋男性]

她：[＋代词]　[＋他称]　[＋单数]　[－男性]

她们：[＋代词]　[＋他称]　[－单数]　[－男性]

### 一、人称代词变异转化的实质

上述人称代词的语义特征是社会约定俗成的，具有稳固性，但是在文学语体和口头语体的具体语言运用环境中，人称代词往往可以突破特定的"数"和"人称"的规定性发生变异②转化，"数"和"人称"由常规用法转化为非常规用法。这种变异转化多是出于某种修辞的目的。张炼强说："而由于彼此在身份上有尊卑之分，在关系上有亲疏之别，在感情上有爱恶的差异，在性格上有谦和与高傲的不同，以至于说话的场合，说话的情绪的不同，人称代词的使用，不可避免地出现带有修辞色彩的现象。可以说，人称代词的变换，正是基于这种修辞的需要而产生的。"③譬如，把对称代词变异转化用作自称代词，这主要是把说话者自己放在听话者的地位上，把说话者自己的遭遇感受放在听话者身上，以此来增加感人或说服人的力量。而把他称代词变异转化用作自称代词，则是把说话者自身隐去，把要触及"我"的事放在了第三人身上，好像发生的一切与自己无关。这比直接说"我"更能打动人心。这些可以说是形成人称代词变异转化的心理动因。

人称代词的变异转化属于修辞学范畴。它实际上是寻常词语的艺术化运用。就是说，出于某种修辞目的，表达者赋予人称代词一种临时的言语义（即语境义），使得固有的语言义脱落。因此，一旦离开了某种语境，人称代词便不具有该语境下的意

———————————

① 本节只讨论文中所列的人称代词，其余的不予分析。

② 由于"人称"的变化，相应地也会导致性别语义特征的变化。为行文方便，[＋/－男性]的变化忽略不计。

③ 张炼强. 人称代词的变换. 中国语文，1982（3）.

修辞语义：描写与阐释

义。人称代词在变异转化前后的修辞作用是不同的，但在句法分布中的功能始终保持不变。因此，所谓人称代词的变异转化是以达到某种修辞效果为目的，在一定语境中使人称代词固有的"数"和（或）"人称"语义特征消失，获取一种适合于该语境的临时的"数"和（或）"人称"语义特征，从而具有临时的"数"和（或）"人称"意义的修辞现象。这就是人称代词"数"和（或）"人称"的转化现象。

## 二、"数"的变异转化

### （一）单数变异转化为复数

尤其是在文学语体的具体情境中，单数三身代词［＋单数］语义特征脱落，临时获得［－单数］（即［＋复数］）语义特征，从而使单数人称代词临时具有复数意义。如：

①再看这些负伤的弟兄们，有些本可以不死的，却因为药品不够，我们毫无办法，只好眼巴巴地看着他死去……①（田汉）

②你方代表提出的方案是可以考虑的。

③形势有利于我，不利于敌。

④他两个本是一流子……（袁静）

⑤就咱俩去？（老舍）

拿例⑤说，"咱"固有的［＋单数］语义特征临时被［－单数］所取代，使"咱"临时具有复数"咱们"的意义。其他例句中的单数人称代词都应理解为相应的复数意义。

### （二）复数变异转化为单数

复数三身代词在具体语境中，［－单数］语义特征临时被［＋单数］取代，从而临时具有单数意义。如：

①我和我们那口子一块来给你们道喜。（丛维熙）

②你好不讲道理！我没撵你，你们撵开我啦！（《当代》1987 年第 1 期第 67 页）

例①中，"我们"由复数变异转化用为单数，实指"我"。例②中，由上文可以推知复数"你们"相当于单数"你"。

---

① 本节例中省略号均系笔者所为。

### 三、"人称"的变异转化

三身代词在具体语境中固有的"人称"意义消失，临时获取别的"人称"意义或"泛称"意义。

#### （一）自称变异转化为对称

自称代词固有的［＋自称］义临时被［＋对称］义取代，使自称代词的实际意义相当于对称代词。如：

> ①记者问厂长："咱们厂有多少工人？"
> ②……要知道你年轻……不会咱就学，向那些老庄稼筋学。（李准）

例①中自称代词"咱们"的［＋自称］义消失，在句中具有［＋对称］义，"咱们"相当于对称代词"你们"。例②同理，"咱"实指"你"。因此，例中"咱"的语义分析应该是：［＋代词］［＋对称］［＋单数］［＋口头语体］。

#### （二）对称变异转化为自称或他称

对称代词固有的［＋对称］义临时被［＋自称］或［＋他称］义取代，使对称代词实际上与自称或他称代词等同。如：

> ①石青嫂子不禁黯然地说："家乡没田没地，早就养活不起我们了，不然的话，哪个还想赖在这个地方？"
> "你不是还有亲戚本家吗？"
> "十多年了，你晓得他们还在不在？你这样叫化子似的回去，他们才爱理你哩！"（艾芜）
> ②他临死会想到什么呢？你是不是想到党？想到你的祖国，你的亲人？（杨朔）

例①的后三个"你"实指说话者即石青嫂子自己，语义上相当于自称代词"我"。例②中的对称代词"你"，实际语义与上文的他称代词"他"等同。

#### （三）他称变异转化为自称或对称

他称代词固有的［＋他称］义被［＋自称］或［＋对称］义取代，临时称代义实际上与自称或对称代词等同。如：

> ①凤姐道：……就说我年轻，原没见过世面，谁叫大爷错委了他呢。（曹雪芹《红楼梦》）
> ②……遥想你在"南边"或也已醒来，但我想，因为她明白，一定也即睡

着。（鲁迅）

拿例②说，这是鲁迅给许广平信中的一句话。例中"她"不是鲁迅、许广平之外的第三者，而是指代许广平的。"她"的［＋他称］义已不存在，临时具有［＋对称］义，所以"她"实际上相当于对称代词"你"。

**（四）三身代词的泛称化**

三身代词变异转化为泛指［＋自称］［＋对称］［＋他称］语义特征，实际上指明了三身代词所称代的人都是有定的、确指的，但在一定语境条件下，三身代词的确指义会临时被泛指化。就是说，自称、对称、他称代词不再分别具有［＋自称］［＋对称］［＋他称］语义特征，而都被［＋泛称］语义特征取代。这种泛指化，一方面表现为虚指，另一方面表现为任指。如：

①我们大家也就你一言我一语说连队上的事。（刘白羽）
②……起来你看看我我看看你……（刘白羽）
③你如果跟着宇宙航行家一起坐火箭去高空探索……你就会发现……（高士其）

例①②中的人称代词"我""你"的指称对象都是虚化的，并不分别确指第一人称、第二人称。它们在句中只起区别不同人的作用，其人称意义是一致的，都应描写为［＋泛称］。例③中，"你"固有的［＋对称］义消失，临时具有［＋泛称］义，所以在句中并不确指第二人称，而是指任何人。

**四、"数"与"人称"的共变**

上文二、三中所说，分别是三身代词"数"和"人称"的变异转化，但语言运用中并不这么单一化，还存在有大量的共变现象。就是说，"数"和"人称"会同时发生变异转化。如：

①咱们别哭，妈妈出去就回来。
②周朴园：你可以冷静点现在你我都是有子女的人。如果你觉得心里有委屈，这么大年纪，我们先可以不必哭哭啼啼的。（曹禺《雷雨》）
③刚要告辞，只见奶子抱大姐儿出来，笑说："王老爷也瞧瞧我们。"（曹雪芹《红楼梦》）

例①②中，复数自称代词"咱们""我们"固有的［＋自称］［－单数］语义特征都临时被［＋对称］［＋单数］取代，都相当于单数对称代词"你"。例③中，"我们"不再具有自称和复数意义，而是变异转化用作单数他称代词"她"（指大姐儿）。

### 五、实现变异转化的条件

#### （一）"数"变异转化的条件分析

句中出现在某人称代词前或后的，足以表明该人称代词是单数还是复数的关键词语，是人称代词实现"数"变异转化的必有上下文语境条件。表达者通过这些词语使人称代词具有临时的"数"的意义。拿"二（一）"中的例子来说，例①中"他"复数意义（即"他们"）的获得，是从上文"这些负伤的弟兄""有些"等关键词语的复数意义比附来的。例②中，"你"的复数意义（即"你们"）是被其后的集合性名词"方"所具有的复数意义同化造成的。例⑤中，"咱"由于受其后的具有复数意义的数词"俩"的影响，才临时具有复数"咱们"的意义。从"二（一）"所举例子可以看出，单数变异转化为复数时，单数人称代词后常常是：

其一，与人称代词构成偏正关系的具有复数意义的集合性名词，如"方""校""处"等；

其二，与人称代词构成同位复指关系的具有复数意义的数词或数量词，如"俩""两个""四个"等。

在"二（二）"的例子中，例①的复数自称代词"我们"受后面"那口子"单数意义的限制，自身的［＋复数］义消失，临时具有［＋单数］义。例②中，复数"你们"临时具有单数"你"的意义，显然是由上文的"你"的单数意义决定的。

#### （二）人称变异转化的条件分析

句中出现在某人称代词前或后的，足以能够显示该人称代词是自称、对称还是他称的关键性词语，是实现"人称"变异转化的必有上下文语境条件。拿"三（一）"的例②说，由于受上文"你"对称意义的制约，自称代词"咱"在句中只能理解为对称代词"你"。"三（二）"例②中，对称代词"你"由于被上文他称代词"他"同化，也临时具有［＋他称］语义特征。"三（三）"的例①中，"他"临时具有自称代词"我"的意义这是受上文"我"自称意义的制约形成的。

与此同时，"人称"的变异转化还可借助于修辞手段形成特殊的句式来实现。这主要适用于人称泛指变异转化。常见的是借助于顶真、回环、对举形式。除"三（四）"的例子外，又如：

①不多一会，屋里，院里，你的嘴对我的耳朵我的嘴对他的耳朵……（赵树理）

②大家你抱抱我，我抱抱你，快活得眼泪都下来了。（袁静）

③大家你一句，我一句的，唠起来了。（周波）

④这样你来我往互相报复，仇恨越来越深，疙瘩越结越大。（马烽）

例①是把三身代词"我""你""他"分别放在句中相应位置上，表示了同一动作行为的传递性，形成一种环环相扣的句式，使得确指的人称泛指化。例②是人称代词"我""你"分别置于中相应位置，表示了动作行为的相互性，形成一种循环往复的回环句式，使得各自确指的人称意义变为泛指意义。例③④则是，对称代词"你"自称代词"我"在句中先后出现，形成对举形式，临时用作泛指意义。

"数"和"人称"共变的条件如同"五（一）"和"五（二）"所说，不再赘述。

# 第三节　成语的变异应用及其修辞语义表达

按照成说，所谓的成语是指人们长期以来习用的、简洁精辟的定型短语或短句。如"胸有成竹""成也萧何，败也萧何""承上启下""风声鹤唳"等等。实际语言表达的过程中，由于语体、修辞目的、话语环境等的不同，这些定型化的语言成分往往会被表达者利用多种不同的手段进行变异改造或变异转化运用。这种修辞意义上的变异转化运用在文学语体（尤其是小说语文体式、剧本语文体式、散文语文体式）、广告语体、手机短信用语等话语修辞文本中挥发到了极致。

本节主要以钱钟书的小说《围城》为例从修辞学角度来阐释小说语文体式中成语变异转化运用的实质、变异转化的样态以及变异转化的理据，并由此而阐释这种变异应用对修辞语义表达的影响。

## 一、变异转化实质

要讨论成语变异转化运用的相关问题，首先就应该努力廓清成语的常规运用范畴和偏离运用范畴，并在此前提下界定成语变异转化运用的实质。

### （一）常规运用

成语运用的常规是长期以来沿袭下来的成语的惯常用法，具有意义的整体性、结构的凝固化、风格的典雅性等特征，这就是成语的运用规范，即成语的操作零度形式。王希杰说："所谓操作零度，就是最一般的常规的规范的形式，中性的不带有任何修辞色彩的形式。它看得见也摸得着，便于研究者和学习者把握和操作。它是相对稳定的，是整个语言社会所公认的。"[①] 成语的操作零度突出地表现在成语自身结构的定型化、自身意义的整体性、风格的典雅性，以及同相关词语搭配的合格性与合理性等方面。看下列成语：

孤芳自赏　落落难舍　小心翼翼　宽宏大度　淋漓尽致　深明大义

---

① 王希杰. 修辞学通论. 南京：南京大学出版社，1996.

视若无睹　无微不至　苦尽甘来　寸步不离　百端待举　一触即发

这些成语自身都有特定的结构和固定的意义。运用时，在结构上就不去任意地改动、抽换、增减其中的构成成分，坚持运用本有形式；在意义上，并不去对构成成分的意义进行简单相加，而是从构成成分的意义组合中抽象出成语的整体意义，概括出新的意义；在与其他词语搭配时应该坚持一定的语法规则和语义搭配的规范。这就是成语的操作零度形式，或者叫作成语的运用常规。比如：

那女人平日就有一种孤芳自赏、落落难合的神情。(《围城》)

"孤芳自赏"，成语词典解释为：独特的香花自我欣赏，比喻不肖随波逐流或自命清高不凡。"落落难合"成语词典解释为：形容人的性格孤僻或见解独立，很难与人合得来。① 这就是这两个成语的固有意义，而且从构成上看，它们各自都有稳定的构成成分和固定的构成方式。人们在运用的过程中一般不去拆解其结构成分，不去望文生义，并注重它们常有的搭配对象，做到语法上合格，语义上合理，语用上合体。例中成语"孤芳自赏""落落难合"运用的就是本有形式和固有意义，并且满足了与下文"神情"一词组合的规范性与合理性要求。这就是这两个成语的常规运用。该例属于成语的常规运用范畴，也就是正常表达层面上的语言规范化范畴。

**（二）偏离运用**

偏离是对常规即操作零度形式的破坏。王希杰认为，偏离有两种：一种是好的积极的正面值的偏离，叫正偏离；一种是坏的不好的反面的消极的负面值的偏离，叫作负偏离。② 根据这一语言偏离理论，成语运用的偏离是指对成语运用常规发生的偏差。这种偏差有两种，一种是违背了成语运用的规范，是成语操作零度以下的偏差，即负偏离；一种是突破了常规，是成语操作零度以上的偏差，即正偏离。

负偏离是成语运用的失误，是语言运用病例的一种，是规范修辞学的重要研究对象之一，属于病态修辞或病象修辞。它包括滥用、乱改、错用、望文生义、形近混用、褒贬不当等现象。③ 如：

*①张老师无所不至地关怀学生。
*②这件真叫我啼笑都皆非。

① 朱祖延. 汉语成语大辞典. 郑州：河南人民出版社，1985.
② 王希杰. 修辞学通论. 南京：南京大学出版社，1996.
③ 孟建安. 汉语病句修辞. 北京：中国文联出版社，2000.

例①中，"无所不至"与"无微不至"形式相近，但这两个成语的意思是不相同的。"无所不至"的意思是没有达不到的地方，后也指没有什么事是做不出的（多指坏事）；"无微不至"的意思是即使很细微地方，也没有照顾不到的，现多指待人细心周到。① 由于这两个成语的外在形式十分接近，再加上不太了解它们的真实含意，本该运用成语"无微不至"却错用为成语"无所不至"。这就是成语的错误运用，或者叫作成语的负偏离运用。例②中，忽视了成语"啼笑皆非"结构上的稳态性特征，而随意地在其固有形态中塞进了一个不必要的成分"都"，这就不仅使得原有形式显得臃肿多余，而且更造成了语意上的重复啰唆。

正偏离是对成语运用常规即操作零度的超越和突破，是成语运用的艺术化样态。如：

> 方鸿渐同舱的客人早收拾好东西，鸿渐还躺着，想跟鲍小姐后会无期，无论如何，要周到礼貌的送行。（《围城》）

例中作者用一个语意相反的构成成分"无"替换了本有形式中的"有"。"后会无期"就是成语"后会有期"的变异转化运用，也就是正偏离形式。这种变异转化运用是和故事中的客观实际相吻合的。在从欧洲回国的途中，放荡不羁的鲍小姐本就是为了消遣才同方鸿渐交往的，"谈不上心和灵魂"，而且在船到香港之前就已经身心收拾整洁，做好了同未婚夫相见的准备，甚至没有同方鸿渐说声"再见"的意思，所以当她在香港下船后，自然不存在和方鸿渐"后会有期"的约定。因而，这里作者对成语"后会有期"的本有形态稍微作了变动处理。这种变异转化运用不但不是运用的失误，相反还使语意表达更加准确、贴切，做到了与物理世界的真实性相一致，也比运用其他形式更为简洁明了。这就是对常规的正偏离运用。

（三）变异转化的属性

通过以上学理上的解读，不难看出成语的变异转化运用不是对成语操作零度发生的负偏离现象，不属于正常表达层面上的语言失误范畴。因为它虽然偏离了常规，但并没有对语意的表达和理解制造障碍，相反还具有非常积极的修辞功效。正因为如此，我们说成语的变异转化运用实际上是表达者为提高语言表达效果，在清醒的语用意识支配之下，充分利用各种有效的修辞手段和其他修辞条件，对成语的固有形式、本有意义、特有色彩和运用常规作出的艺术化处理。所以，成语的变异转化运用是对成语运用常规发生的正偏离现象，应该属于审美表达层面上的语言艺术化范畴。

---

① 朱祖延. 汉语成语大辞典. 郑州：河南人民出版社，1985.

## 二、变异转化样态

在《围城》小说语文体式中，成语的变异转化运用是被作者当作一种积极有效的修辞手段来对待的。正因为如此，作者在深刻地认知汉语成语本质属性的基础上，充分利用了语境等因素的互补优势，采取多种不同的修辞手段，来分化、整合、别解、移用成语，从而生成了多种不同的变异转化样态。

### （一）变"形"

所谓"变形"，就是在一定的语境条件下利用不同的手段改变成语固有的结构成分和结构形式，从而生成的成语的正偏离样态。这种对"形"的偏离和变异在《围城》成语的运用中为数不少。其具体的表现形式主要有以下几种：

### 1. 更替

更替就是用其他语言成分替换成语中的个别固有语言成分，更多的时候是采用仿拟修辞方式来完成这种修辞行为。这种对构成成分的替换，在结构上严格参照成语的固有构成方式，充分考虑语音相谐、语意相关（相近/相反）等多种不同的因素。如《围城》中的用例：

| | | |
|---|---|---|
| 东凑西挪/东倒西歪 | 自惭寡陋/自惭形秽 | 一脉相延/一脉相承 |
| 无事生风/无事生非 | 万目睽睽/众目睽睽 | 千谢万谢/千恩万谢 |
| 念念不释/念念不忘 | 坐立不定/坐立不安 | 此作彼继/此起彼伏 |
| 品学兼备/品学兼优 | 接一连二/接二连三 | 千中捡一/百里挑一 |
| 成算在雄/成竹在胸 | 百端待理/百端待举 | 言出令从/言听计从 |
| 一无所能/一无所有 | 郁闷不乐/郁郁不乐 | 触目伤心/触目惊心 |
| 感恩不尽/感激不尽 | 情面难却/情不可却 | 百无是处/百无一是 |
| 载蠕载袅/载歌载舞 | 投笔焚稿/投笔从戎 | |
| 赔了夫人又折朋/赔了夫人又折兵 | | |

"/"前为变形用法，"/"后为本有形式。变形用法大多是对本有形式的仿造，注重本有形式结构的定形性特征，在保持本有构造方式不变的前提下适当更换构成成分。如例中的变形用法"万目睽睽"，用"万"替代了本有形式"众目睽睽"中的"众"，基本语意变化不大，只是在修辞效果上更加突出了公开的程度之重；基本结构也没有发生变化，依然保持了原来的主谓构造方式。又如，"载蠕载袅"是对成语"载歌载舞"的仿造，"赔了夫人又折朋"是对成语"赔了夫人又折兵"的仿用。"载蠕载袅""赔了夫人又折朋"等由于是表达不同意义的成分的替换，所以虽然本有结构形式没变，但语意已经发生了较大的变化。看这三个变异转化成语在《围城》中的具体语用分布状况：

①我忽然想，就是我自己结婚行礼，在万目睽睽之下，也免不了想个被抓获的扒手。(《围城》)

②肉上一条蛆虫从腻睡里惊醒，载蠕载袅，李梅亭眼快，见了恶心，向这条蛆远远地尖了嘴做个指示记号道："这要不得！"(《围城》)

③你既然不肯结婚，连内助也没有，真是"赔了夫人又折朋"。(《围城》)

### 2. 换序

所谓"换序"，就是在不改变基本语意的前提下调换成语构成成分的本有顺序。或由前置后，或由后置前等。如：

①下午两点多钟，两人回来，头垂气丧，筋疲力尽，说中小学校全疏散下乡，什么人都找不到。(《围城》)

②新楣笑道："不是众叛亲离，是你们自己离亲叛众。"(《围城》)

例中"头垂气丧""离亲叛众"就分别是成语"垂头丧气""丧气垂头"和"众叛亲离"的变异转化用法。其中的构成成分没变，基本结构框架没变，基本语意没变，但构成成分的顺序发生了变化。

### 3. 省形

所谓"省形"，就是在不改变基本语意的前提下，利用藏词、借代修辞手段或者省略成语中某些固有的构成成分而对成语作出的变异转化运用。如《围城》中的用例：

不堪/不堪入目　花烛/洞房花烛　宽大/宽宏大量
斩截/斩钉截铁　咄咄/咄咄逼人　油嘴/油嘴滑舌
搬是非/搬弄是非　囫囵吞/囫囵吞枣　一再而三/一而再，再而三
刀斩乱麻/快刀斩乱麻　失马安置非福/塞翁失马，安知非福

"/"前为变异转化用法，"/"后为本有形式。由于具体语境条件的补充作用，变异转化用法虽然是本有形式的藏词、借代用法或省略形式，但并不影响语意的表达和意义的理解。如例：

他又怕又羞，忙把肩膀耸开高松年的手，高松年看清是赵辛楣，也放了手，嘴里说："岂有此理！不堪！"(《围城》)

根据上下文的交代，作为三闾大学校长的高松年因为对汪太太的态度暧昧，所以

当在夜色里看到赵辛楣和汪太太两个人"扭做一团"时，不免心生醋意，所以便会不由自主地说出"不堪入目"的夸饰性话语。但当他突然意识到自己身为一校之长，并且"吃醋也没有份儿"的时候，便改变了原来的言语计划，兴味索然地省去了成语的后半部分"入目"，使得成语"不堪入目"以省略形式出现。但读者不难推知，"不堪"是成语"不堪入目"的省形。其中的"入目"被隐藏，仅用部分构成成分"不堪"来代指成语的原形"不堪入目"。这就是对成语常规形态的非常典型的变异转化运用。

4．拆用

所谓"拆用"，就是根据表达的需要，利用添加、嵌入等手段，在成语的本有形式中植入临时性语言成分。拆用造成的事实是，或者基本语意不变，或者改变基本语意，或者基本结构方式不变，或者改变基本结构方式。如《围城》中的用例：

> 天机还不可泄漏　深沉不可测/深不可测
> 天下无敌手　家丑不但不能外扬，（而且不能内扬）

5．错综

所谓"错综"，就是根据表达的需要利用上述两种以上的手段生成的成语运用的综合变异转化现象。如：

> 忽然记起唐朝有名的寒瘦诗人贾岛也是圆脸肥短身材，曹元朗未可貌相。（《围城》）

例中，"曹元朗不可貌相"实际上就是成语"人不可貌相，海水不可斗量"的变异转化用法。这种变异转化采用了两种手段，一是省形，省去了"海水不可斗量"这一部分；一是替换，用"曹元朗"替换了本有成分"人"。除此之外，《围城》中"临考抱佛脚""急时抱佛脚""另抱佛脚"等都是多种手段综合运用而生成的成语变异转化现象。

（二）变"义"

任何成语的意义都具有整体性，在运用和解读时往往要透过其表层意义来认知其实际意义。只有这样，才有助于语意的表达和理解，否则就会造成语意表达和理解上的短路现象。在小说修辞文本中，表达者有时会有意识地把成语的外在形式作为凭借，利用"望文生义"、错解本意、反解其意、赋予新意等手段，使成语丧失实际意义，从而使语言表达获得异样效果。《围城》中成语的变"义"运用多为"望文生义"，仅取其字面意义而舍弃其实际意义。如：

①表姐的车夫看见方先生，奇怪你过门不入，他告诉了表姐，表姐又告诉我。(《围城》)

②但是为了二十五岁的新夫人，也不能一毛不拔，于是剃去两缕，剩中间一撮，又因为这一撮不够浓，修削成电影明星式的一线。(《围城》)

成语"过门不入"的实际意义是：形容一心工作，公而忘私。例句①的语意与"一心工作，公而忘私"毫无关系，很显然这里运用的是其字面意义，即表层意义。例②中，结合上下文不难推知，成语"一毛不拔"用的也是字面意义，并没有吝啬自私的意义。

**（三）变"色"**

不少成语都有其固定的色彩意义，或褒或贬，或庄或谐，或喜或恶，这些色彩意义当然是长期以来人们在运用的过程中形成的规约性色彩意义，个人不能随意改变。否则，就不能正常表达说写者的情感色彩，也不能让人准确把握。但在小说语言表达过程中，叙述主体或者是表达主体出于不同的语用需要，有时会对成语的本有色彩意义作出不同的解读，或褒义贬用，或贬义褒用，或中性褒用（贬用），或喜义恶用，或恶义喜用，或庄义谐用，或谐义庄用，从而改变了成语的本有色彩意义。如：

①方鸿渐出了苏家，自觉已成春天的一部分，沆瀣一气，不是两个小时前的春天门外汉了。(《围城》)

②李梅亭这两日切切私讲的话，比一年来向学生的谆谆训导还多。(《围城》)

③不料学生大多数对自己的卷子深藏若虚，不肯拿出来献丑。(《围城》)

成语"沆瀣一气"比喻臭味相投的人结合在一起，具有贬义色彩。但在例①中，贬义色彩消失了，转而被赋予了诙谐的感情色彩。"切切私讲"实际上是成语"窃窃私语"的变形用法，在色彩上是中性的。但在例②中却具有贬义色彩，用以嘲讽李梅亭背后议论别人的行为。成语"深藏若虚"比喻人有知识才能但不爱在人面前表现，具有褒义色彩。但在例中，则是反话正说，褒义贬化，用以戏说、讽喻学生因试卷错误而产生的强撑面子的怕羞心态。

**（四）变"用"**

所谓的变"用"，就是改变成语在句子中的习惯性分布特征，作出超常规的配置，使成语的运用陌生化。或大"词"小用，或小"词"大用，或违反常理，或跨范畴"错"配，这些都属于变用范畴。如：

①"没兴一齐来"，来就是了，索性让运气坏得它一个无微不至。(《围城》)

②而且他并不是老实安分的不通，他是仗势欺人，有恃无恐的不通，不通的

来头大。(《围城》)

成语"无微不至"指待人细心周到，常常与"关心""关怀""照顾"等词语组合，这是常规用法；而例①中却让它与"坏运气"相连，这种搭配出人意料，是对常规配置的超越和突破。成语"老实安分""仗势欺人""有恃无恐"具有贬义色彩，常规搭配对象是人；而例②中采用比拟手法，使曹元朗《拼盘姘伴》诗中的文句不通被赋予了人的情感，话语中显示出了被讽喻对象曹元朗的自负心理，而且语句还凸显出了调皮、幽默的效果。

### 三、变异转化理据

成语的变异转化运用源于一定的修辞理据。所谓的修辞理据，是指成语变异转化用法赖以形成的基础和根据，是表达者得以实现成语变异转化运用的前提条件。表达者充分利用这些前提条件为成语的变异转化运用培植了丰厚的土壤，并为进一步解释成语的变异转化运用提供了强有力的支持。成语变异转化运用的修辞理据既有主观上的，也有客观上的；既有语言内的，也有语言外的。这里择其要者综合论述如下：

#### （一）语言条件的利用

语言条件包括语音形式、结构方式、语义内涵等，它们是成语得以变异转化运用的重要凭借和纽带。根据上文的描述，成语的变异转化运用离不开成语的本有形式作为参照。比如，要作出变形运用，必须充分考虑原形的固有结构方式和构成成分，这是变形的本原，舍此便无变形可言。有时，会借助于音同音近的关系作出变异转化处理。如：

辛楣还说："现在才明白为什么外国人要说'杀时间'（kill time），打下课铃以前那几分钟的难过！真恨不能把它一刀两段。"(《围城》)

例中"一刀两段"显然是对成语"一刀两断"的变形处理。这里，表达者就运用了"段"与"断"语音上的相同关系，以及成语"一刀两断"本有的结构方式这些语言上的条件，使得变异转化运用十分顺畅和便利。类似的用例还有很多，此不赘言。

当然，对语言条件的利用离不开表达者对语言的熟知程度，尤其是对汉语成语的结构、语音、意义及其运用常规的把握。这一点在《围城》中表现得尤为突出。钱钟书作为学者型作家，学养深厚，语言功底扎实，对成语的变异转化运用自然是驾轻就熟，不在话下。由于对汉语成语的特性了如指掌，所以《围城》中在自觉遵循成语的一般运用规律的基础上，利用成语自身的语言条件便创造出了多种多样的变异转化样态。

## （二）语境因素的参与

成语的变异转化运用离不开语境因素的参与，尤其是上下文语境因素的支持。在这种情况下，表达者对语境条件的认知就显得特别重要。看得见的显性的语境因素，以及看不见的潜性的语境因素，都是表达者必须认知的对象。只有多纬度地认知各种不同的语境因素，才能够较为全面地把握并能够很好地利用语境因素，从而为成语的变异转化运用提供更为广阔的空间。小说语文体式中成语的变异转化运用更是如此。所以说，语境认知是充分利用语境条件对成语作出变异转化运用的重要一步，是不可或缺的重要的修辞活动。《围城》中的用例便是不争的事实。如：

①他听从她的话，写信给方遯翁。柔嘉看了信稿子，嫌措词不够明白恳挚，要他重写，还说："怎么你们父子间这样客气，一点不亲热的？我跟我爸爸写信从不起稿子！"他像初次发表作品的文人给人批评了一顿，气得要投笔焚稿，不肯再写。（《围城》）

②鸿渐"咄咄"道："那里来的话！真是神经过敏。"（《围城》）

例①中"投笔焚稿"显然是成语"投笔从戎"的变形。而这种变异转化运用是在作者充分认知到上文语境条件的前提下进行的。方鸿渐和孙柔嘉要在香港结婚，但手中没钱，于是便写信向远在千里之外的父亲求救。由于方鸿渐先写草稿，且措辞委婉客气，引起孙柔嘉的不满和嘲讽，使得方鸿渐非常生气。这就是背景知识，这就是上文的语境条件。正是由于作者很好地利用了这些语境条件，所以在下文中就依照成语"投笔从戎"的结构形式，临时地仿拟出"投笔焚稿"这种变形用法。承上文"稿子"的引领，又有比喻的铺垫，用"焚稿"替换"从戎"，上下连贯，自然平实，没有丝毫的雕琢痕迹。例②中，"咄咄"是成语"咄咄逼人"的藏词形式，作者为什么要拦腰斩断成语的完全形式呢？根据小说上文的交代，孙柔嘉是一个颇有城府、十分好强的知识女性，"千方百计"地同方鸿渐结了婚，并在上海依仗姑母的关系为方鸿渐谋到了一份工作。方鸿渐虽"雄心勃勃"，但终是一事无成，失恋继以失业，再加上家庭生活带来的烦躁不安，所以在孙柔嘉面前虽苦爱面子，但却又是男人气短。钱钟书用"咄咄"来描绘方鸿渐说话时的声高而气短，就非常真实地刻画出了人物的性格特征。如果运用"咄咄逼人"这个完全形式，就不能切中方鸿渐性格的关键性弱点。追根溯源，可以看出这个成语的变异转化运用是以充分挖掘语境资源为前提的。

## （三）语意表达的需要

小说创作的目的除了审美层面的欣赏之外，那就是通过故事达到育人、说理、警示等目的。小说中，表达者对语言的变异转化运用，不管是为了言语表达样式的与众不同，也不管是为了追求语言运用的陌生化效果，还是为了其他语言艺术化的考虑，有一个基本的目标是必须要达到的，那就是要满足语意表达的基本需求。形式是为内容服务的，如果连所要表达的基本语意都不能说明白，那么即使再好再华美的语句，也只能是一件漂亮的语言外装。

所以，在一个语言片断中究竟有没有必要对成语进行变异转化运用，语意表达的需要是首先要考虑的重要因素之一。《围城》中成语的变异转化运用就突出了这一点。作者常常根据语意表达的需要对成语作出变异转化处理，并注意成语变异转化形态的适宜性与得体性。如：

> ①大学校长分文科出身和理科出身两类。文科出身的人轻易做不到这位子的。做到了也不以为荣，准是干政治碰壁下野，仕而不优则学，借诗书之泽，弦诵之声来休养身心。（《围城》）
>
> ②分别时还是好好的，为什么重见面变得这样生分？这时候他的心理，仿佛临考抱佛脚的学生睡了一晚，发现自以为温熟的功课，还是生的，只好撒谎说，到上海不多几天，特来拜访。（《围城》）

例①中，"仕而不优则学"显然是"仕而优则学，学而优则仕"的变形。作者之所以在原形上添加一个否定性词语"不"，这与所要表达的语意有密不可分的关系。这一段话的意思就是在说文科出身的人在仕途上很难做"大"，便借助诗书来修养身心。因此作者便顺理成章地借用语言中已有的成语并加以改造，创拟出成语的变异转化样态来表达自己要说的意思。成语的变异转化形式既熟悉又陌生，表达的语意准确而又得当。例②中，"临考抱佛脚"是成语"平时不烧香，临时抱佛脚"的错综变异转化样态，是用省形和添加手段造成的。根据整个句子的语意，作者是运用学生考试作比来说明方鸿渐与苏小姐重逢时的生分和关系的淡漠，所以这里遵循经济的原则并根据喻体的语意省去成语的前半部分，用"考"来替换"时"，完全符合语意表达的要求，使这个比喻所蕴含的意义更能够说明本来（本体）的意义。

成语的变异转化运用是文学语体尤其是小说语文体式、剧本语文体式、散文语文体式中常见的一种修辞现象，从修辞学角度界定其属性、描述其表现形态，探究其修辞理据，无疑会对成语的运用及其学理说明具有积极的意义。

## 第四节　数词复用形式及其模糊语义分析

这里所谓模糊量与"概数""大概的数量""约量"① 意义相同，只是称谓不同而

---

① 这三种说法分别见刘月华等著《实用现代汉语语法》、丁声树《现代汉语语法讲话》、吕叔湘《中国文法要略》。

已，其内涵也是指说话人不知道、不愿意或无须说出准确的数目，只是说出一个大概的数目。① 这个大概数目，表现出的关于事物的"量"是变量，是不确定的、模糊的。显然，模糊义是数词在具体语境和特定语体中的产物，属于修辞语义范畴。

现代汉语中，有下面一些与量有关的现象。例如：

①这一担够咱家烧三五天的。

②只盼望换个百儿八十的，恰好够买一辆车的。（丁声树《现代汉语语法讲话》例句）

③一坐就是五六个钟头。

④我去个一二十天就回来。

⑤教室里有八十人左右。

⑥参加大会的大约有五十人。

⑦几十个人还抬不动一根木棒？

这类句子多出现在口头语言和文学语体中。它们告诉我们的事物的"量"都有一定的模糊性。如上例①"三五天"是"三天"呢，还是"五天"呢，或者既非"三天"也非"五天"呢？很难判断到底是哪个准确的数量，而只能在一定语境中体会。但体会出的量，也是不准确的、模糊的。从这些例句，我们可以发现，有的例句用了表示大概数量的词语"大约""左右""几"等，如上例⑤⑥⑦；有的例句没有用这些词，只是借助于纯粹的数词，根据数词的组合形式来表达模糊量的，如上例①②③④。据此，我们认为这些现象以两种形式存在：

Ⅰ "大概 + 数词"类

Ⅱ "数词 + 数词"类

Ⅰ类比较简单不作说明，本节主要对Ⅱ类即数词复用形式的内部构成特点及其模糊语义作具体描述。

数词复用表现出来的量有一定的不稳定性，语义模糊。这种表达式的基本构成形式就是"数词 + 数词"。依据数词与数词的组合形式，把这种形式分为以下几种格式。

## 一、"X + D"式

数词复用表达式最常见的格式是"X + D"式（X、D代表相邻两个数词。X表示数目小的数词，D表示数目大的数词），这种相邻两数相连格式，所表达的模糊量比

---

① 刘月华等. 实用现代汉语语法. 北京：外语教学与研究出版社，1983.

较接近于确数。例如：

> ①后来，搞了七八年，"知青"都不年轻了。（张贤亮《肖尔布拉克》）
> ②不过青年们也这样热心，却是近二三年才有的事。（丁声树《现代汉语语法讲话》例句）
> ③他留心到村里至少有四五幢这种款式。（李杭育《沙灶遗风》）
> ④前者他不能偷，后者他不能赶，空吆喝了三四年，竟一事无成。（王戈《树上的鸟》）
> ⑤我带过许多人，也捎过三四岁，四五岁的孩子。（张贤亮《肖尔布拉克》）
> ⑥破老汉只带着个七、八岁的小女孩过。（史铁生《我的遥远的清平湾》）

观察这些例句，首先感到的"量"是捉摸不定的，是模糊的。如例①至少有三种解释：A. 搞了七年；B. 搞了八年；C. 搞了七年到八年。事实上，这三种语义我们一个也不能确定，这些语义是模糊的，表现出的量也是模糊的。其他例句与此相同。构成这种格式的数词都是系数词。不难看出，汉语系数词从"一"到"九"都可以两两相连构成"X＋D"式，表达模糊的数量。但应注意的是，"一"和"两"、"两"和"三"相连时，"两"不能是"二"。比较下面的说法：

> ①去玩一两天就行了——＊去玩一二天就行了。
> ②学习两三个钟头再说玩——＊学习二三个钟头再说玩。

例①②的前半部分都成立，做到了言文统一；后半部分是不成立的，原因就在于它们没有做到言文统一，也与口语表达的习惯不一致，而且也是数词"二"在运用中的局限性所决定的。

"X＋D"式中，X与D之间有时加了标点符号（一般为顿号），最多的时候是不加标点。加了标点的还可以复原，其意义不变。如上例⑥"七、八岁"，"七"与"八"之间加了顿号，但也可以省略顿号成为"七八岁"，其语义并不因为顿号的消失而发生变化。

## 二、"X＋0＋D"式

有时，X和D两个数词不相邻，就构成一种"X＋0＋D"式（0读作"零"）。例如：

> ①三五年我还去不成。
> ②这一担够咱烧三五天的。（李杭育《沙灶遗风》）

③我停个五七天就去拜访您。
④要研究这一问题，得个五七年时间。

其中的"三五""五七"之间分别少了数词"四""六"。这种结构方式比较固定，是约定俗成的结果。一般不能随便改换其中的数词。例如：可以说"三五天""五七天"等，但不能说"一三天""六九人"等。这就是说构成这一格式的数词只能是"三""五""七"这三个系数词，而且只能是"三"和"五"结合，"五"和"七"结合。就意念上看，表现出的量也不尽相等。这要根据一定的语境去分析。如上例①就表明在比较短的时间内不能干什么或能干什么，就"量"来说是时间短、少，而④例则表示时间长、多。就"三五"格式而言，还可以变换成"三 A 五 B"（A 指"三""五"之间的成分，B 指"五"后面的成分）。例如：

他才二十岁，三年五载可以学成一身本事。

## 三、"D + X"式

与"X + D"式相对的是"D + X"式（这里，D 和 X 既可以是系数词，也可以是位数词，D 和 X 可以不相邻）。组成这一格式的数词也比较固定，趋于凝固，而且不是任何数词都可以构成"D + X"式。最常见的"三""两"（不是"二"）"八""十""百""千""万"等几个数词可以构成"D + X"式。例如：

①真正的铜墙铁壁是什么？是群众，是千百万真心实意地拥护革命的群众。（丁声树《现代汉语语法讲话》例句）
②这庙总有百十年了。（丁声树《现代汉语语法讲话》例句）
③他只盼望着换个百儿八十的，恰好够买一辆车的。（丁声树《现代汉语语法讲话》例句）
④隔着千儿八百里，也得喊得叫人听见。（丁声树《现代汉语语法讲话》例句）
⑤我去三两天就回来了。
⑥十年八年，说不定就成了一个场了。（石定《公路从门前过》）
⑦这不是三天两日，而是长年累月的早起哩。（彭见明《那山 那人 那狗》）
⑧这不是三言两语可以解释清楚的。

上列语言事实给我们如下启示：
第一，"D + X"式中，如果 D 和 X 是相邻的两个数词，那么只有"三"和"两"可以构成"D + X"式。表示的"量"一般含有"少"意，如上例⑤就表示去的时间短。而且，"三两"式可以转换为"D＋A＋X＋B"式，如上例⑦⑧中的"三天两日""三言两语"即是。而"D＋A＋X＋B"也可以说成"D＋X＋B"，如"三天两日""三言两语"还可以复原为"三两日""三两言"形式，表现出的模糊量相同。

第二，"十"和"八"不能直接构成"D＋X"式，只有以"D＋A＋X＋B"式出现。如例⑥可以说"十年八年"，但不能说"十八年"，否则与原意不符。而且也不能像"百儿八十"那样结合，说成"十儿八"，这种说法在形式上说不通。

第三，"千"与"百"、"百"与"八十"、"万"与"八千"的结合也比较定型。一般是构成"D儿X"式。这样就形成了"百儿八十""千儿八百""万儿八千"等说法。如上例③④即是。

第四，还有比较定型的"千百万""百十"等形式。它们一般不能再加入其他成分。结构紧凑，趋于凝固。如上例①②。

### 四、"WX"式

还应提到的是"系数词"（记作 X）和"位数词"（记作 W）组合而成的格式。其最基本的结构不外有两种：

A. 系数词＋位数词（"X＋W"）

B. 位数词＋系数词（"W＋X"）

例如：

①居乡的人儿都是从小就说婆婆家，还有十一二岁就给人家当童养的。（吕叔湘《中国文法要略》例句）

②全是十七、八岁的姑娘小伙子。

③我二十七八岁那阵子。（张贤亮《肖尔布拉克》）

④你也该考虑结婚啦，都二十六、七，奔三十的啦。（张贤亮《肖尔布拉克》）

⑤车开到海拔三、四千米高的天山。（张贤亮《肖尔布拉克》）

⑥有人活了五、六十岁，平平安安。（张贤亮《肖尔布拉克》）

⑦我们班有七、八十个人。

⑧这次上街花了二三十元钱。

其中，例①②③④就是"位数词＋系数词"的具体化形态；⑤⑥⑦⑧则是"系数词＋位数词"的具体表现。"位数词＋系数词"类，说出一个整体再说出两个零数，所表达的模糊量要和确数接近，如上例②，"十七、八岁"中的"十七"与"十八"之间只相差"一"；而"系数词＋位数词"类，只说出两个整数，不说零数，这两个整数所表达的模糊量要和确数相差较大。如上例⑥"五、六十岁"中的"五十"与"六十"悬殊就大，相差"十"。

## 第五节　人名构拟及其修辞语义蕴含①

人名作为专有名词本无实际意义，只具有指称性，用以指代所指称的人。比如"孟建安"这个名字，就是一种符号，是用来指称现实世界孟建安这个人的，本身并没有具体内涵。人名用字（词）是汉语词汇的一部分，父母（或别的尊辈）在为子女取名时，抉择取舍之间，往往又受着特定的心理因素、时代环境、文化背景等语境条件的制约与影响，由此而使人名蕴含了相当多不同的社会文化意义。人名所蕴含的社会文化意义因人而异，各不相同，需要命名者或者研究者作进一步解读才能得以明朗化，而不是靠人名用字（词）本身来呈现的。人名所蕴含的社会文化意义，在我们看来其实就是所谓的修辞语义。

我国汉民族在长期的封建社会里，受儒家思想影响最大，封建宗法观念最强，因而在为晚辈取名时，往往受到儒家思想的制约，名字蕴含的修辞语义带着浓重的封建思想色彩。长期的封建社会里，汉族尊辈为孩子取名时，严守尊讳的原则，既讳父系血统尊辈名字中用过的字，又讳母系血统尊辈名字中用过的字，甚至外姓近邻，平日以尊辈相称者，也尽可能予以避讳，以免在邻里之间为名字问题发生纠纷和不快。在人们的思想中，触犯避讳原则，使儿孙与长辈同名，就是把儿孙与长辈置于同辈份之列，因而就是对长辈的亵渎。儒家的"长幼之节，不可废也"，正是这种取名原则的心理依据，也是人名修辞语义形成的心理文化基础。汉族人名，特别是农村人名在具体应用中所蕴含的修辞语义具有浓重的社会文化色彩，折射出了特定社会时代环境下的不同文化内涵。

### 一、按辈定字，以明亲疏

孔丘、孟轲的后代，用先辈早已制定的字为子孙取名，因而孔孟两姓，长幼有序，辈分井然，不必赘述。汉族聚居地，大凡家族制度存在的地方，为晚辈取名，同辈份之间，往往用定字之法。这种定字之名，若为单字名时，同辈份之间，取部首相同的字。如《红楼梦》中的贾敬、贾赦、贾政、贾敏；贾珍、贾琏、贾珠、贾环、贾瑞等。若为双字名时，所定之字其位置又有两种情况：或在前，或在后。在前者，如"廷"字辈，可以有"廷弼""廷鹏""廷润""廷栋"等名字；在后者，如"民"字辈，可以有"安民""化民""兴民""兆民"等名字。所定之字，从感情色彩方面看，或褒义或中性，断无贬义之词，"忠""孝""义""礼""文""明""德""化"

---

①　本节由本书作者与柳金殿副教授合作而成，曾以《人名与社会文化》为题发表于《汉语学习》1994 年第 1 期。特此说明并向柳金殿先生致谢。

等字常被采用。还有一种情况，其方法与上述稍有不同，比如弟兄四人，以"林"字命名，按照年龄大小，称呼为"大林""二林""三林""四林"。这种方法一般用于同胞兄弟之间，起初以乳名方式出现，但成年后并未更易，一直沿用。

上述定字之法，在实践中，虽有用字方面的雅俗文野之别，但目的是一致的，均为别辈分、明亲疏。中国封建社会以自然血缘关系形成的宗法制度，将每个人置于特定的位置之上，就像一根链条上的某一环扣一样，不可更易。那时一个人在家族中的辈分、嫡庶地位和他在政治、经济上的权益密不可分，因而一向为人们所看重。这种取名方式的社会文化心理，遵循的正是这一原则。唯其如此，这种取名方式排他性很强，其他宗族晚辈取名时，要有意识地趋异，形成差别。

### 二、成龙成凤，期望殷切

封建社会以小农经济为特点，以家庭为社会单位，讲究的是子承父业，代代相传，因而父辈望子成龙心理甚重，期望家庭在儿孙手中兴旺昌盛，从而光宗耀祖，显赫门楣。这种心理在为孩子取名时，表现得非常突出。望子富贵者，往往以"福""禄""贵""升""达""运""祥""瑞""顺""昌""兴""发财""聚财""满仓"命名子孙；教诲儿女怎样做人者，往往以"忠""孝""义""礼""文""良""贤""明""勤""俭""谦""恭""耕""读"等字为子孙取名；把儿女视为掌上明珠者，则以"金""玉""珠""宝"等字命名男孩，以"兰""桂""梅""竹""芬""芳"等字命名女孩。此类名字可以说是父母为子女绘制的人生蓝图，父母对子女的无限期望尽在其中，其修辞语义都是向善的、美好的。

### 三、渴求生子，香火有继

儒家的"不孝有三，无后为大"，在汉族中影响深远。多女无子的父母常常深以为憾，好像犯了罪一样，食不甘味，压力沉重。他们为求生子，卜卦算命，求神拜佛自不必说，还常常在为孩子取名时，流露出求子若渴的心情。当连连生女而儿子却杳然之时，便把生下的女儿取名为"改""换""盼""停""拉弟""招弟"等。在这种特定语境条件作用下，"改""换"是改性别、换性别之意，由女孩儿改为男孩儿；"盼"就是希望下一胎是男孩子；"停"则是意味着不要再生女孩儿，女孩儿就此停下来；"拉弟""招弟"更为直接，直言不讳地要把弟弟拉过来、招过来。可见，这些名字的修辞语义就是要神灵保佑，改改性别，生个男孩儿。按照封建宗法制度，女性无权继承父业，只有男性才能顶门立户，继承家产，岁时祭日，以香火祭拜祖宗亡灵。这种封建宗法观念，根深蒂固，至今还在侵蚀着亿万个父母的心，以至于成为计划生育的大敌。所以，这类人名其修辞语义带有浓重的传统意识。

### 四、忧心忡忡，唯恐夭折

基于宗法继承观念，男孩较少的家庭，父母深惧其幼年早夭，不能成人。这种心理在数世单传家庭以及那些虽屡屡生子但常常夭折的家庭，尤为常见。他们在为儿子取名时，挖空心思，或明或暗，寄情寓意，祷告神灵，保佑儿子成人。这种取名方式，又分几种情况：

第一，把儿子称为"保根""留根""铁蛋""钢蛋""结实""刺猬""拴紧""拴柱""金锁""银锁"等，意思是谁也休想夺走我的儿子。你想毁坏他吗？他是"铁蛋""钢蛋""结实"；你想伤害他吗？他是"刺猬""圪针"，伤不了他，还可能自己倒霉；你想抢走、窃去吗？他被"拴紧""锁"上了。像这样命硬的男孩子就是阎王爷都觉得不能、不愿索取性命，何况其他人更不想伤害他。由此，儿子就会得到保护而不受到伤害。

第二，给儿子取名为"石头""砖头""坷垃""狗剩""狗丢""赖狗""憨子""傻子""马虎""迷糊""扔""丢"等。这种以贱物贬词取名的方式，其心理基础是相信神灵存在，祈祷神灵保佑，晓示阎罗不必纠缠，委婉隐曲地表达对孩子的殊爱与珍惜。请阎王判官们想想：这孩子像"石头""坷垃"，有什么稀罕？连"狗"碰上都不愿吃他，将他"剩"下，"丢"在一边，真是粪土不如。他是"赖狗""憨子""傻子"，"丢""扔"都不足惜。阴曹地府的阎王判官们，别打他们的主意，还是另挑好的去吧！男孩少的家庭，还有以"妮子""妞"等女性名字为男孩取名的，也是娇惯之意。封建社会本是重男轻女，如今用女名称谓男孩，形式上就有了贬斥轻贱之意，然而内心深处实际上是怜爱娇宠之情，深恐其有不测，不能成人。

### 五、迷信命相，卜卦取名

汉族群众，特别是农村，多受命相之说影响。为使孩子健康成长，避免夭折，常请命相先生卜卦算命，作为孩子取名的依据。命相先生以阴阳五行相生相克之说，遵从缺金补金，缺木补木，缺水补水，缺土补土的原则，为孩子取名提出建议。比如：命中缺水，则以"水"以及带"水"字旁的字（如：泉、河、池、江、海）取名。命中缺金，则以"金"以及带"金"字旁的字（如：鑫、锡、钦、铎）取名。用这种比较严肃的方式，先卜卦后取名，时间可能在孩子有了乳名之后，因而卜算结果当乳名与命相之说相悖时。孩子的尊辈便另取新名取代乳名，此后便终生不废。任何事物都是发展变化着的，尊辈为孩子取名的心理，也在发生着变化。这种变化与社会的巨大变化密不可分。新中国成立后，封建经济制度解体，一种完全崭新的新型思想文化在社会上居于支配地位，从而使人们的思想道德观念，发生了深刻变化。这种变化反映在为孩子取名上，便呈现出一些新的特点。

### （一）单字名增多

尤其是改革开放之初，单字名急剧增加。如"丹""娜""洁""博""莉""菲""斐""琳""珊""曼""茵""静"等。单字名增多和人们文化水准的提高以及按辈定字的做法已失去存在价值有关。就总体而言，随着时代的进步，人们的文化水准也在不断地提高，是历史上任何时代所不能相比的。文化水准较高的父母，为子女取名时往往讲究名字的意义美好，音节和谐，而单字名与姓氏搭配起来，易于做到这一点。另外，双字名比较适合按辈定字，但随着封建个体经济解体，在取名上按辈定字以明亲疏的做法，已无坚持的必要，从而也使双字名减少了许多。

### （二）称颂名字增多

带封建文化色彩的名字大大减少，称颂美好事物的名字屡屡可见。新中国成立初、"文革"期间"解放""建国""胜利""光明""红旗""跃进""丰收""爱党""拥军""卫东""向东"等，这些名字记录着新中国成立以来历史发展的进程，是对美好事物的称颂和纪念。"真""善""美""良""明""刚""强""坚""毅""伟""杰""志""达"等名字，寄寓着父母对儿女的期望之情，希望儿女的人品和前途像这些字的意义那样。如"解放""建国""胜利""光明"等名字，显然是新中国成立初期的人名用字，带有非常明显的时代气息，都寄托着父母对祖国解放的无限深情，对祖国伟大建设事业的无限期待。

### （三）高雅名字增多

以贱物贬词取名者，成为罕例，追求洒脱、高雅的名字呈发展趋势。如："柳青""朱丹""杨柳""王珏""高远""宁静""赵明""陈星""张帆""葛唱""尤雅""薛飞""苗得雨"等名字，音节和谐、搭配自然、意蕴含蓄。如"柳青""杨柳""薛飞"等与自然现象联系在一起，利用音同音近关系，取其洒脱高雅、清新自然之意。"王珏"则是三块玉组合在一起，出淤泥而不染，取洁白如玉、高贵清纯、冰清玉洁之意。

### （四）译名用字增多

借用外国译名用字，按照汉语习惯加以使用。尤其是20世纪80年代改革开放以来，"娜""莎""娅""莉""丝""丽娜""丽莎"等外国译名用字常常用来为女孩儿取名所用，或单用，或组成双字名，如"丽娜""红娜""丽莎""晓娅""星娅""雪莉""丽丝"等。随着国际之间文化交流日趋频繁，外国文学作品和影视片子大量进入中国，一些外国人名渐渐为人们所熟悉。父母为子女取名时，有的人避同求异，另辟蹊径，以求新奇，于是便想到了外国女性译名，从而使外国译名用字在中国人名中多了起来。

## 第六节　行酒令词语及其修辞语义表达

　　划拳行酒行为是一种特殊的言语交际行为。这种交际行为局限在特定的交际场景里，交际地点相对固定。按交际社团的规约，交际时有声语言和手指语同现。两者对"0～10"内数字的选择，有声语言随意性比较大，手指语则有相对的封闭性，于是呈现出一定的配合规则。当甲乙交际双方的手指语指示的数字之和与交际甲方的有声语言所说数字相同时，则甲方为胜；反之亦然。若交际双方有声语言所说数字相同时，那么交际双方手指语指示的数字之和不管是否与有声语言中的数字相等，双方胜负不分，应继续实施划拳行为。与这种特殊的言语交际行为相伴生存的交际话语，是一种特殊的交际话语，即行酒令。它是语言在特定社群中的一种社会变体。它有着不同于其他语言变体的修辞语义特征，也有自己特殊的言语交际效应。行酒令作为一种语言应用现象尽管是特殊的，但却是存在的。对之加以探讨，不仅仅有助于我们了解行酒令的内部特征，还使我们体会到汉人尤其是北方人划拳行酒时运用语言的心理因素以及文化因素，还可帮助我们体验这种语言变体在交际时给社群成员带来的愉悦，以及对调和社群内部关系所起到的积极效应。

### 一、采用修辞格式来表达修辞语义

　　在以划拳行酒言语交际行为为基本核心行为的社群中，交际者是面对面进行交际的。交际双方同时是发话者，又同时是话语的接受者。其交际的直接目的是让对方多喝酒。因此，交际者使用的语言项目集中地体现在有声语言和手指语对"0～10"这一数集内的任何一个数字的取舍上。据了解，河南、山东、安徽等省有代表性的生动说法。比如：

河南、山东、安徽三省用例示表

|  | 河南省 | 山东省 | 安徽省 |
|---|---|---|---|
| 0 | 宝拳　宝　不伸 | 不伸　不到 | 没有　宝拳 |
| 1 |  | 老幺 | 一定高升 |
| 2 | 好好　哥俩好　俩好 | 两好 | 爷俩好　两好 |
| 3 | 桃园　三桃园　桃园 | 桃园　三桃园 | 桃园结义　三桃园　三桃园　结义 |
| 4 | 四季发财 | 四喜临门 | 四喜临门 |
| 5 | 五魁首　魁五首 | 五魁首 | 五魁首 |

（续表）

| | 河南省 | 山东省 | 安徽省 |
|---|---|---|---|
| 6 | 顺 | 顺当 | 大顺 |
| 7 | 巧七板　巧　巧七 | 巧　巧七 | 巧里发财 |
| 8 | 八大仙　八仙过海 | | 八大仙 |
| 9 | 快九　长有　九长有 | 九快　升高 | 长寿 |
| 10 | 全到　全家福　满堂红 | 宝一对 | 十全十美 |

　　社群成员对"0～10"中的每个数字都可以简单地用相应的数词来体现，也可以用形象、生动的语句（语词）来替代。行酒令的生动性突出地表现在修辞格式的运用上。

**（一）"反复"辞格创拟及其修辞语义分析**

　　一种是交际者用有声言语表达某一数字时，不止一次地使用某一语词，比如"八、八""六、六、六"等。语词和语词之间有轻微的语音间隔，反复地说相同的语词，渗透了交际者对所说数字的肯定程度，从而对交际对方施加影响，以加快交际行为的速度，增加语言节奏的鲜明性。

　　另一种反复是出现在交际者的多个有声语言片断中。交际双方有声言语和手指语都同时出现一次，甲方有声言语运用了"全家福"或其他语句，这一次言语交际行为即告完毕。接着又进行第二次、第三次言语交际行为，甲方还是说了"全家福"或其他语句。这种反复，两个语句间隔时间相对延长，但收到了同样的修辞效果。

　　与上面两种反复不同的还有一种语义反复。它不是通过复叠语句体现的，而是连续使用表达相同语义的不同表达形式，从而使语义复叠。譬如说，要表达数字"3"，可以在前后几次的交际行为中分别使用"三桃园""桃园结义""桃园"等不同的语句。语句形式不同，负载的"数"意义相等。这种反复偏重于语义，而非偏重于形式。

　　不管是何种形式的反复，都能通过反复刺激感官达到反复强调、加强语气等修辞效果。同时，也考虑到了交际者的心理承受能力，使形显与意藏统一起来，对交际者友好关系的进一步升华起了催化作用。一是交际者与交际对象存在着某种权势关系。交际双方胜负不分时或居于尊长、领导等权势地位的交际者处于被动局面时，交际的另一方往往复迭语句，在认为对方没有误解的前提下适可而止地给对方提供赢酒的机会，以示对对方的尊重、谦让或关照。二是交际者之间没有权势关系，交际一方在某种情形下也可复用语句，以照顾交际双方的情绪和心理。这些当然是出于礼貌，是为了照顾对方的情绪，是为了考虑对方的心理，是为了营造友好的交际氛围。

**（二）"双关"辞格创拟及其修辞语义分析**

　　行酒令中运用的双关多为语义上的双关。也就是说，交际者在交际过程中，借助于具体生动的语词或社群成员都熟知的背景知识，来暗示语句在这特定的交际场景里产生的羡余信息。如上表中的数"2"，用"俩好""哥俩好""爷俩好"来替代；"10"往往说成"全家福""满堂红"；"8"说成"八仙过海"。有的语句已经出现了要表达的数字；有的语句根本没有出现，这就要求社群成员依据熟知的背景知识透过字面意义去理解行酒令内蕴的真实意义。运用这种形象生动语句来映射自然数字的交际者，往往是对划拳行酒交际行为谙熟的人。语句中的双关，不仅使包括交际者在内的所有社群成员体会到了语句的真实内涵，也同样使交际处于一种友好、礼貌的氛围中，缩短了交际双方的心理距离，促使双方关系进一步向"热"点发展，对交际者共同完成划拳行酒交际行为大有裨益，有利于良好人际关系的建立。

### （三）"衬字"辞格创拟及其修辞语义分析

交际者在交际时，有时使用一些衬字。如"六哇六""二呀二""零啊零"等。这些衬字一般为语气词。它们的运用不是出于生理上的需要，而完全是为了适应特殊的语用环境去调整音节、延长声音，以加强表达效果，强调肯定的语气。

## 二、行酒令输出的禁忌语义

划拳行酒交际行为就是以喝酒为直接目的，为调和交际者的某种关系而实施的一种言语交际行为。交际者常常对自然语言进行过滤或选择，使交际语言不含杂质，追求语言的纯净化和向善性，不带贬义色彩。这就使得交际气氛更加活跃、热烈。

### （一）人为的禁忌

这种禁忌不是指人们通常理解的粗俗的、带有不尊重、侮辱性的话语。它们没有褒贬之分，但也属于禁忌的成分。社群成员为了达到某种效果，随意规定了社群成员都不能说的语词作为避讳话语，常见的是与"酒"有关的几个词语"酒""干""喝""吃""猜"等。按社群的规约，全体成员在交际过程中不能说出这些语词或其中的某个（或几个）语词。如果要表达这些语词所要表达的意思，就必须选择汉语中其他足够显现这些语词意义的语词，也可以用态势语来表达。这些禁忌语在社群中暗示了社群成员的主观态度和对违禁者的某种期待。那些粗心的社群成员甚至是大部分社群成员会不止一次地"上当"，无意识地说出这些语词，从而被判以罚酒或者给予其他善意的处罚，从而渲染气氛使社群内充满欢声笑语，加上来自社群其他成员的监督声，划拳行酒言语交际场景的活泼度得到了大大提高。

### （二）来自传统文化的禁忌

除了有声语言中对粗俗的不礼貌的话语进行筛选以外，还注意避免手指语中的禁忌成分的出现。手指语和有声语言在交际中以一比一的等值出现。二者按一定规则配合，交际行为才能协调一致。但在用手指语体现某一数字时，是大有讲究的。交际过程中不允许手指语禁忌成分的出现，是汉人的固有文化经验的再现。在河南人的意识中，"食指"单独伸出时通常称为"狗拇指"，有视交际对方像狗一样之嫌；"小拇指"被视之为"小人""小气""地位卑贱",有不尊重侮辱对方的意味。这些都是不友好的表示。如果交际者无意使用了手指语中的禁忌成分,一般来说交际者会主动道歉。汉族人的这种文化心理使手指语带有贬义色彩的成分趋于零。交际者心情舒畅,永远保持和谐角色,竭力配合,以达到划拳行酒言语交际的目的。

### 三、行酒令以简短精练为其基本修辞特征

特定的言语交际场景规定了交际者使用的语句多为简短、精练的非完全句,辅助以交际者不同的语音变化和手指语,使交际者显得灵活、动态感强。交际者交际时只是对"0~10"这十一个自然数字的表达,也限定了用以呈现这些数字的语句的数量是相当有限的。这些句子一般不超过五个音节,约定俗成,可以适当增减变化。一些熟练的交际者有时故意对音强、音长等进行调整,从而造成声音忽高忽低,忽长忽短,语句节奏跌宕起伏,错落有致。还有的交际者把有限的语句编成顺口溜,韵随意转,同音相应,给人以和谐悦耳的美感。既突出了数的概念,又烘托了划拳行酒言语交际行为的场景。

## 第七节 詈语构拟及其修辞语义表达[①]

詈语(说脏话)是语言的污垢和语言纯净化的障物,然而作为修辞语义现象的一种负样态,它的生成和存在自然有其合理性,它的使用也有一定的凭借。各个地域的詈语是以其特有的面貌表现出来,并作为这个区域内群体的言语行为方式得到群内交际者的承认和传承的。从地域概念出发兼及民族文化的共性,用社会文化的眼光来扫描汉民族尤其是中原一带的脏话,目的不在于对脏话作僧侣化的描写,而是着意来揭示詈语背后所蕴含着的深层社会文化意义,即在社会文化层面反映出的修辞语义。

### 一、詈语形成的现实根据

一个民族的文化心态应该说共处在同一个层面之上,可是由于受到多种社会规范的制约,实质上人们的心理情绪并不纯然一统化。地理区域便是约束民族文化心理的重要因素之一。由于不同的地区在自然地理环境和社会历史上各具有特殊性,因此不同的区域就会形成不同的风俗习惯、风土人情。中原一带特有的文化氛围和民风民俗,使得人们在交往中创造出了许许多多程度轻重不同的脏话,并能根据具体的情境作出适宜的取舍。

---

① 本节由本专著作者与柳金殿先生合作而成,并曾以《詈语与社会文化》为题发表于《修辞学习》1997年第5期。特此说明并向柳金殿先生致谢。

**（一）依据牲畜确定选择相应的脏话**

如说对方是"狗""鳖""兔孙""龟孙"等，这些词语所代表的东西都是喂养的牲口或其他动物。它们没有人的灵性。拿"狗"来说，它是人可以随意打骂的对象。其作用就是为主人看守门户，"狗"这种特性决定了它并非什么尊贵之物。而用来指称这些牲畜的词语便被赋予了一定的社会文化含义，带有贬义色彩。用它们骂人，以显示出自己与对方不属于同类。自己是人，对方不是人，是牲畜一样的东西。是牲畜便不是人生人养的，只能是牲畜生牲养的，进而累及对方的父母乃至祖宗都不是人。

**（二）依据人体部位使用相应的脏话**

组成人体的各个部位本无任何感情色彩，但一旦注入一定的文化心理血液，作为脏话就有点绘色绘声绘色。

第一，取生殖器名称作为脏话。生殖器是最为神秘和圣洁的，尤其是女性绝不允许别人进行语言上的侮辱，以保证自身名誉上的贞洁。这也是汉人传统伦理观念和社会道德规范在人们灵魂深处的积淀。用生殖器名称骂人则正抓住了人们的这种心理，在语言上找到了刺激源，便分别用女性或者男性生殖器名称同其他相应语词构成脏话。

第二，用人体其他部位的名称作为脏话。如"不要脸""娘哩腿""屁话"等。其中有的采用了修辞上的委婉说法，说到羞处便采取回避态度，语言上用其他词语代替。像"不要脸"这句骂人话，人们根据共知的背景知识，完全能够理解其真正内涵，即某人生活作风有问题，在男女关系方面令人不齿。

**（三）依据生理或心理缺陷使用相应的脏话**

像"秃子""瘸子""神经病"等，都是以对方的某种生理或心理残病为内容的。由于个人的生理或心理缺陷，社会文化心理往往从各个不同的角度对之有所观照，这已经是一种社会压力，自身也就多多少少会产生社交自卑感和社交恐惧感。正因为这种不健康的人际交往心理，在语言项目的选用上往往尽可能不触及一切与自己生理、心理缺陷相关的语词。骂人者在这方面则处于优势地位，故意矮人面前说矮话，使对方更感无地自容。比如骂对方"神经病"，就等于说对方神经不正常、言行怪异、心理有问题。这就是"神经病"在特定语境中所表现出的修辞语义，是"神经病"语言意义的修辞化变异，由此而形成的社会文化含义。

**二、詈语形成的心理动因**

据社会心理学家的研究成果，目的和动机是一种内部刺激源，是个人行为的直接原因。它不单单为个人指出目标，还为个人行为提供力量，并使个人明确其行为的意义。[①] 骂人作为一种个人行为也各有动机，为了实现预期的骂人目的，骂人者往往要有意控制自己的言语行为，有效地选择脏话，以求收到应有的效果。

---

① 时蓉华. 社会心理学. 上海：上海人民出版社，1986. 78.

234

（一）以语言报复为目的

这主要是指气愤之极时，总想骂个痛快，以发泄内心淤积的怨气，求得心理的某种补偿或从心理上击败对方。这种情形下，追求的是激怒对方，把人骂"死"，所以施事骂人行为时慷慨激昂，语气加重，用词激烈，往往选用一些最有力度、程度最重的脏话，甚至是具有暴力倾向的脏话。如骂对方是"杂种""破鞋""绝户头""断子绝孙""婊子养的"等等。"杂种"一词犹如说对方是私生子一样，表明对方是其母亲与许多男性胡乱交媾后所生。一方面骂了对方，另一方面又骂了对方的父母。"破鞋"是比喻对方像别人穿过的鞋子一样破烂，暗含对方（女性）是不贞洁的，与众多男性发生性行为，不再具有传统文化所赞誉的传统美德。"绝户头"则应了中国人"不孝有三，无后为大"的封建伦理思想。骂对方断了香火，没有人传宗接代，是对祖宗的最大不孝，这正击中了汉族人心理的致命弱点。

（二）以戏谑为目的

姑嫂、嫂弟之间特别是具有融洽人际关系的非亲属之间，有时以相互取笑逗乐为目的，相互骂人、说脏话。追求的效果是开心、幽默，显示自己的智慧。但在文化生活比较缺乏的农村，人们追求的娱乐层次是比较低的。他们往往以脏话为美，甚至话越粗俗，越显示出美。相互取笑时说些不堪入耳的话，如"王八蛋""戴绿帽子"等是很普通的。有时还会用某种特殊的语调，说一些让对方原本难以接受的脏话，如"骚货""杂种"等，但在这种动机下，相互间并无恶意，因而彼此也不在乎说了什么脏话。由于人际关系亲密，交际双方在使用这些招呼语时都已经淡化、虚化了"骚货""杂种"等的实在意义，语言意义发生了修辞变异，而被临时赋予特定的修辞语义。这种修辞语义就是表示友好、表示戏谑逗乐，因而并不再具备骂人的意义。

（三）没有任何明显动机

这种情况下，交谈时使用脏话只是一种语言习惯，虽满口脏话，但并不是存心骂人。如"kao 哇咱不去了""你说的管个屁用"等。武汉话中，更是有较多的脏话，如"婊子养的""你个龟儿子"等，但这些脏话在一般情况下已经失去了骂人的意味。不过，不是任何人任何时候说话都如此。一般是同性交谈过程，尤其是关系较好的男性交谈时最为常见。异性交谈时，只有在嫂子与小叔子、邻里以嫂子与弟弟相称的男女之间夹杂这类脏话时，彼此才不会感到有何不适。如果不是嫂弟关系，则双方都会注意避免这类脏话的出现。男女双方总会对自己的言语进行过滤和筛选，力争使之纯净化。之所以如此，是由于社会文化心理对性别角色规定了很不相同的语言态度和语言使用规范。

三、詈语的选用

中原地带詈语的选用很有意思，说话者要根据自己的角色身份选取适宜的脏话，同时还要注意选用适用于被骂对象身份的脏话。

1. 辈分的不同对詈语的选择

中原地带，不同的辈分在脏话使用上是不完全相同的。一个家族之中，祖父辈骂孙子辈时可以使用"龟孙""兔孙子""您奶奶哩 bi"等脏话。这样去骂符合中原地带的言语行为方式和文化心理，因此没有人觉得不妥。但如果骂孙子辈是"龟儿子""鳖娃""妈哩个 bi"，则会受到周边伙伴和周围观众的指责，引起晚辈们的不满。这样的老人会被视为不通情达理、不会做人的人。父辈骂儿女辈，用"兔崽子""鳖娃"等脏话，也同样不会有人表示不满；若用"兔孙""鳖孙"之类的脏话，则会受到长辈的训斥和谩骂。可见，代与代之间对脏话存在着一个选择的问题，而不是信口开河、随意乱骂的。代际之别决定了人们选用不同的脏话去骂人。当然，非亲属之间在愤怒时骂人，似乎没有这种限制。

2. 文化修养的不同决定了詈语的选用

日常生活中，什么人在骂，用什么话在骂等，都往往与个人的文化修养密切相关，脏话的生成和使用都程度不同地受到了交际者文化修养的制约。脏话大多出自文化修养较差的人口中，这类人入乡随俗，说话粗糙，出口成"脏"，往往把脏话作为平衡心理或取笑逗乐的工具。

有时骂得越难听越显示出自己有能耐，越技高一筹。因此一些难听的脏话，在他们看来并不是多么丑陋。当然，这决不意味着文化修养较高的人就不骂人，不说脏话。人在极度愤怒时往往会怒不择言，于是脏话也就难免脱口而出。即使再高尚的、文雅的、有修养的人，在气头上也会骂声"混帐""混蛋""妈的"等。总的来看，文化修养越差，受教育越少的人，脏话的使用率越高，面也越广，也越难听；文化修养越高，受教育的程度越深，话语中的脏话越少，脏话的"文明"度也越高。

3. 性别的不同决定了詈语的选用

社会文化心理对不同的性别角色赋予了不同的角色心理，同时也对其语言使用提出了不同的要求。在脏话的取舍上，男女存在着不完全相同的选择倾向。男性说话随便，也不在乎脏话是否不堪入耳，于是常取人体生殖器名称或其他最"脏"的脏话骂人。女性特别是未婚女性，潜意识中总希望在语言的使用上满足社会文化心理的要求。一些太"脏"的詈语难以启齿，所以常常选用一些语意较轻一点或委婉一点的脏话。从另一个角度看，中原一带的脏话，有的就是为了骂女性而存在的，如"破鞋""养汉子""婊子"等；有些则是专门骂男性的，如"王八蛋""绝户头"等；有些既适用于男性，也适用于女性，如"妈哩 bi""放屁""他妈的"等。例如，"绝户头"是在诅咒男人断子绝孙，没有嗣子。这显然是渗透了"不孝有三、无后为大"的传统文化思想。用这种话语骂男人，必然会使男人无地自容，在众人面前抬不起头，失去男人应有的尊严。

# 第七章

句子修辞及其修辞语义衍生

## 第一节 概 说

### 一、句子修辞

句子是由词构成的能够表达一定意思的具有表述功能的语法单位。汉语有丰富多彩的句子资源，存在着有着多样化的句式。这些句子可以从不同角度进行描写与阐释。比如可以从这样几个角度作类型化区分：从风格上看，有传统句式和新兴句式之分；从句子来源上看，有白话句式和文言句式之分；从排列次序上看，有常式句、变式句之分；从结构是否复杂上看，有长句和短句之分；从句子的结构特征看，有单句和复句之分；从使用场合看，有口语句式和书面语句式之分；从结构是否整齐上看，有整句和散句之分；从句子判断形式看，有肯定句和否定句之分；从主动与被动与否看，有主动句与被动句之分；从语气上看，又有陈述句、疑问句、感叹句和祈使句之分；从句子局部结构特征上看，有"把"字句、"被"字句、存现句、双宾句、连谓句、主谓短语作宾句、兼语句之分，等等。

其实，如果再进一步细化，还可以继续进行分类。这些不同类别的多样化句式，也就是同义句式，它们在修辞语义表达过程中各自具有不尽相同的作用。通常有所谓"一样话百样说"的说法，这种说法实际上告诉我们，作为修辞主体在坚持修辞原则的前提下，是可以根据具体语境和特定语体对同义句式作出选择的。这里仅列举几例作简要说明。

①"地下印刷所"被破获后，沙皇的宪警把上面的正屋和披屋都放火烧了。（茅盾《梯俾利斯的地下印刷所》）（"被"字句，"把"字句）

②我正被这迷网紧罩着，沉入幻景时，一阵姑娘的欢歌，从田间猛然腾起。（曹靖华《前沿风光无限好》）（"被"字句）

③坚持就是胜利！（感叹句）

④老颛，快让我支配于你！（《女神之再生》，见《沫若诗集》）（兼语句）

⑤他能批判地接受前人的科学遗产，利用其中一切有用的东西，敢于怀疑古人的陈腐学说，敢于推翻前人的错误结论，表现了古今杰出的科学家所共有的刻苦钻研、坚持真理的精神。（初中《语文》第五册）（陈述句、肯定句）

⑥老颛，你是否还想保存你的老命？（《郭沫若全集》）（疑问句）

⑦祖冲之批判地接受前一代的科学遗产，利用其中一切有用的东西……

敢于怀疑古人的陈腐学说，敢于推翻前人的错误结论，他的这种高尚品质，不正是古往今来一切杰出科学家所共有的品质吗！（《祖冲之》，见《中国古代科

学家》)（反问句）

⑧立党为公，执政为民。权为民所用，情为民所系，利为民所谋。爱国守法、明礼诚信、团结友善、勤俭自强、敬业奉献。（整句）

⑨左边的园修复了，右边的园开放了。有客自海上来，有客自异乡来。塔更挺拔，桥更洗练，寺更幽凝，河更闹热，石径好吟诗，帆船应入画。而重重叠叠的假山，传至今天还要继续传下去的是你的匠心真情、是你的参差坎坷的魅力。（王蒙《苏州赋》）（散句）

⑩今天，这里有没有特务？你站出来！是好汉的站出来！你出来讲！凭什么要杀死李先生？（厉声，热烈的掌声）杀死了人，又不敢承认，还要诬蔑人，说什么"桃色事件"，说什么共产党杀共产党，无耻啊！（热烈的掌声）这是某某集团的无耻，恰是李先生的光荣！李先生在昆明被暗杀，是李先生留给昆明的光荣！也是昆明人的光荣！（鼓掌）（闻一多《最后一次的讲演》）（短句，散句）

以上这些句子是相应句式在具体语境和特定语体中的具体化表现，都是修辞主体为了围绕着修辞语义的得体表达而作出的修辞选择。这些句子、句式表层结构形式不尽同，修辞效果不一，深层语义有别，由此可以组建不同的修辞语篇，可以塑造多种多样的表现风格，从而表达不同的修辞语义，完成不同的交际任务。但是，不管是哪种句子和句式，都必须要结合具体语境和特定语体才会有意义，才能发挥其应有的作用。语境与语体规约着句子和句式的构拟与创造，也就是要在具体语境和特定语体中来炼句。文学家都非常注重炼句，试图把修辞语义表达得更清楚、更明白、更得体一点。著名散文家朱自清就特别重视炼句，在《欧游杂记自序》里就谈过他的切身体验："……'是'字句，'有'字句，'在'字句安排最难。显示景物间的关系，短不了这三种句法；可是老用这一套，谁耐烦！再说这三种句子都显示静态，也够沉闷的。"朱自清还特别对"楼上正中一间大会议厅""楼上正中是一间大会议厅""楼上正中有一间大会议厅""一间大会议厅在楼上的正中"等句子、句式进行了比较分析。在朱自清看来，第一个句子能"盼望给读者整个的印象，或者说更具体的印象"，而其他三个句子都是静态的，显得沉闷老套，缺乏鲜活感和动态感。这就是朱自清对这三个句子的修辞评价。在具体使用过程中，相信朱自清会作出相应的修辞选择。

那么，在修辞语义表达过程中该如何来构拟和选择不同的句子和句式呢？有学者提出了三个原则：其一，根据表达的目的和表达的内容；其二，根据不同句式的修辞功能；其三，根据语境，主要是上下文语境。① 除了这三条外，笔者再加一条，那就是还必须要考虑特定语体规制的要求。

---

① 黄伯荣，廖序东. 现代汉语（增订五版）下册. 北京：高等教育出版社，2011. 183.

## 二、研究着力点

本章所谓的句子是一个广义的概念，不仅仅包括了通常人们意识中所谓的句子，还包括了类句子，也就是在具体语境中和特定语体下由词组合而成的用以表达修辞语义的构式。汉语的句子是无限的，句式也是多样化的。一个修辞语义可以用多种不同的句子和句式来表达，而一种句子和句式也可以表达多个不同的修辞语义。要很好地表达修辞语义，必须认真地锤炼句子、句式，选取使用更能表达某个修辞语义的那个句子、句式。因此，对它们的构造特征及其修辞语义进行分析，熟悉它们在具体语境和特定语体中的基本用法就显得十分重要。言语交际过程中，由于具体语境和特定语体的积极参与，必然会生成相对无限的活灵活现的修辞话语，由此也便生成相对无限的活生生的修辞语义。从句式方面看，这些修辞话语必然存在着构造问题，而在句式构造过程中便有修辞语义衍生问题。本章不面面俱到，主要对言语交际中生成的较为特殊的修辞话语在句子和句式构造及其修辞语义衍生方面作案例性分析，试图描绘出句子和句式构造及其修辞语义的狂欢图景。主要讨论指人名词与"他们"组成的修辞构式、"芝麻大的官"及相类修辞构式、表达肯定命题的否定形式、一种"又"字句、同义句式及其修辞选择等内容，由此来观察、描写和阐释相关修辞语义现象。

# 第二节　指人名词与"他们"组成的修辞构式

在文学语体和口头语体中，我们不难看到或听到如下语言事实：

①这二位不是小周他们，而是从郁县来的。（映泉）
②小嫂从此变得沉默寡言，她不再和任何女孩子接近，当然包括苗青她们。
（苏童）

例中"小周她们""苗青她们"分别是由指人的名词"小周""苗青"与第三人称代词"他/她们"组合造成的结构。本节拟从语义、句法、语用三个平面对这类结构作出分析，以便弄清这种修辞构式的修辞语义构造特征，把这类结构记作"N＋他们"。下文讨论，有时直接使用"N"或"N＋他们"结构。

## 一、名词 N 的语义特征

分析"N＋他们"结构的语义，实际上就是要揭示指人的名词 N 的语义特征，以及指人的名词 N 与第三人称代词"他们"之间的语义关系。在"N＋他们"结构中，"他们"是常项，"N"是变项，不管"N"怎么出现，"他们"总是恒定不变的。那么，具备何种语义特征的指人的名词才可以进入"N＋他们"结构呢？为了弄清这一点，就有必要把指人的名词分别代入"N＋他们"结构作较为全面的考察。陆俭明在《由指人的名词自相组合造成的偏正结构》一文中，把指人的名词归为 4 类 6 组①。这为我们考察指人的名词提供了最直接最可靠的依据。我们在陆先生归类的基础上把指人的名词分为 4 类 7 组：

> A　名姓 a　如：李刚　张老
>
> 　　名姓 b　如：志华　建国
>
> B　名职 a　如：主席　厂长
>
> 　　名职 b　如：司机　打字员
>
> C　名亲 a　如：爸爸　老师
>
> 　　名亲 b　如：同学　朋友
>
> D　名代　如：我　我们

把以上 4 类 7 组指人的名词依次代入"N＋他们"结构，便形成如下组合。如例：

> 李刚他们　　张老他们
>
> 志华他们　　建国他们
>
> ？主席他们　？厂长他们
>
> ？司机他们　？打字员他们
>
> ？爸爸他们　？老师他们
>
> ＊同学他们　＊朋友他们
>
> ＊我他们　　＊我们他们

A 类指人姓名的名姓 a、名姓 b 都可以与"他们"组合造成"N＋他们"结构。B 类中名职 a、名职 b 和 C 类中名亲 a 是否可以进入"N＋他们"结构存有疑问。C 类中名亲 b 和 D 类指人名词名代都不能与"他们"组合造成"N＋他们"结构。这三种情况的存在都与指人的名词的语义特征有关。

A 类指人的名词都是每个人的姓名，是开放类名词，难以穷尽。它们各自所指称的都是独一无二的，所指对象都是确定的，因而都具有［＋人］［＋确指］［＋称名］语义特征。

B 类是用职务、职业称代人的姓名的。具有相同职务、职业的人很多。比如，"主席"一职就可以是不止一个人担任，"司机"也可以是很多人担当。所以，在离

---

① 陆俭明. 由指人的名词自相组合造成的偏正结构. 中国语言学报，1985（2）.

开一定语境的前提下，难以推定"主席""司机"是指哪个人。只有在具体的语境中，言语表达主体和接受主体双方都知道"主席""司机"是确指的某个人时，"主席""司机"才可以进入"N＋他们"结构。如"主席他们来了"。这时的"主席"似同于"我们的主席"，"主席他们"似同于"我们的主席他们"。显然，"我们的主席"是确指的，并非指所有担任主席一职的人。因此，当B类指人的名词可以进入"N＋他们"结构时，指人的名词的语义特征也是［＋人］［＋确指］［＋称名］。

C类指人的名词中，名亲a是用亲属称谓词或其他称谓词称代人的姓名的。名亲a与"他们"组合也存在两种情况：当"爸爸""老师"等所指不定时，"N＋他们"结构不能成立；当"爸爸""老师"等所指确定时，"N＋他们"结构才可以成立。比如，"爸爸他们已经去了上海"中"爸爸"所指是表达者和理解者双方共知或共有的，类似于"我（我们）的爸爸已经去了上海"。这种情况下，指人的名词也具备［＋人］［＋确指］［＋称名］语义特征。C类指人的名词中，名亲b是具有协同关系的指人的名词。也就是说，这类词本身就蕴含有人与人之间的某种关系。比如，"同学"就含有人与人之间的关系意义，它所指不定。如果要让"同学"所指确定，就必须在其前加上限定性成分。因而，说"同学他们来了"不成立，而说"我同学他们来了"就能够成立。C类名亲b的语义特征是［＋人］［－确定］［＋称名］。

D类指人的名词都是代词，而"N＋他们"结构中"他们"也是代词。当把D类指人名词名代代入"N＋他们"结构时，语言上造成了"代词＋代词"形式。这不符合现代汉语的语法规范，而且更为重要的是名代所指难以确定，不具有［＋确指］语义特征。所以，名代不可以进入"N＋他们"结构。

由上分析可知，在"N＋他们"结构中，指人的名词N必须具备［＋人］［＋确指］［＋称名］语义特征。

在"N＋他们"结构中，指人的名词N语义所指是"他们"的一部分，也就是说"N"包含在"他们"之中，"他们"包含了"N"。"他们"与指人的名词之间语义上是包含与被包含、整体与部分的关系。如"小张他们"中，"小张"是"他们"中的一分子，是部分；"他们"包含了"小张"，是整体。

## 二、语义构造

### （一）关于指人的名词N的数量

在"N＋他们"结构中，指人的名词N一般只有一个。也就是说，只有一个指人名词与"他们"组合。如：

> ①想到这里，她又在担心着湖里的铁道队刘洪他们了。（知侠）
> ②"宝宝"都上山了，老通宝他们还是担把汗。（茅盾）

例中"N+他们"结构内分别只存在一个名词"刘洪""老通宝"。

只存在一个指人名词的"N+他们"结构是常见的，但并不是"N+他们"结构的全部实例。就是说，"N+他们"结构中，"N"可以是两个或以上的指人名词及其组合。这有语言事实证明如下：

③你就不能去跟着佛红、秋红他们吗？（苏童）

④老通宝和阿四他们惬着腰慢慢地从这到那边，又从那边磲到这边。（茅盾）

例③中，"N"是"锦红""秋红"两个指人。例④中，"N"是"老通宝""阿四"两个指词。

从理论上说，上文所列名姓 a、名姓 b 和［+确指］语义特征的名职 a、名职 b、名亲 a 内部的指人名词，都可以自相组合再与"他们"组合造成"N+他们"结构。可码化为：

$$（N_1 + N_2 + N_3 + \cdots Nn）+ 他们$$

如：小伟、东山、志华、燕子他们

这5组中的各组内的一个或两个（含两个）以上的指人名词也可以同其他组的任何一个（含两个）以上指人名词组合，然后再与"他们"组合造成"N+他们"结构。我们把 A 类名姓 a、名姓 b，B 类名职 a、名职 b，C 类名亲 a 分别记作 Aa、Ab、Ba、Bb、Ca，其结构模式如下：

$$[（Aa_1 + Aa_2 + \cdots Aa_n）+（Ab_1 + Ab_2 + \cdots Ab_n）+（Ba_1 + Ba_2 + \cdots Ba_n）+（Bb_1 + Bb_2 + \cdots Bb_n）+（Ca_1 + Ca_2 + \cdots Ca_n）] + 他们$$

由此我们推定汉语中指人名词与"他们"组合造成的结构的数量：

设　$Aa_1 + Aa_2 + \cdots Aa_n = m_1$

$Ab_1 + Ab_2 + \cdots Ab_n = m_2$

$Ba_1 + Ba_2 + \cdots Ba_n = m_3$

$Bb_1 + Bb_2 + \cdots Bb_n = m_4$

$Ca_1 + Ca_2 + \cdots Ca_n = m_5$

$m_1 + m_2 + m_3 + m_4 + m_5 = m$

则　$C_m^1 + C_m^2 + C_m^3 \cdots C_m^m = 2^m - 1$

$C_m^1 + C_m^2 + C_m^3 \cdots C_m^m = 2^m - 1$ 是我们推算指人的名词组合量的数学式。用该数学式推算的指人的名词组合的数量，实际上也就是指人名词与"他们"组合造成的"N+他们"结构的量。

但从收集到的语料看，还没有发现三个或三以上同组或不同组内指人名词与"他们"组合成的"N＋他们"结构。因而，我们只能从理论推知它们的存在，实际上它们是潜性的，尚未显性化。之所以不能显性化，与使用"N＋他们"去表意时的语用目的有关。这一点将在下面讨论。

（二）关于"N＋他们"的语义关系

不管 N 是一个指人名词还是两个以上指人名词的组合，"N"与"他们"组合造成的"N＋他们"结构都应该含有同位复指关系。指人名词是"他们"中的一部分，在某种意义上与"他们"构成同位复指关系。同时，指人名词"N"又修饰限制了"他们"，又具有区别意义的作用，所以"N＋他们"结构又是限定关系，合起来即为同位型限定关系。如：

⑤他还有许多话跟戴老师他们说。（张天翼）

⑥这些幸运的人儿惟恐看了荷花他们一眼，或者交谈半句就传染了晦气来！（茅盾）

⑦开完会，队长他们都下地了，办公室里只有会计在结帐。（知侠）

⑧老通宝他们的茧子虽然走上好的货色，却也被茧厂挑剩下了那么一筐，不肯收买。（茅盾）

例⑤中指人名词"戴老师"就是"他们"中的一个个体，具有称代"他们"的作用，同时又有区别的作用。"戴老师他们"与"王老师他们""李老师他们"之所以不同，就是由指人名词 N 有不同造成的，所以"戴老师"又有限定"他们"的作用。因而，"戴老师他们"是同位限定关系。其他同理。

### 三、修辞语用价值

指人的名词与"他们"组合造成的结构，在运用中受到了语体和一定的语用目的的制约。这种结构一般用于小说、戏剧等文学语体和口头语体，尤其是在人物的对话和作者客观叙述中经常运用。正如上文所述，"N＋他们"结构中，有的是隐性的，显性化的可能性不大，这就与表达者的心理、语用目的大有关系。当表达者不愿、不必或不能说出所涉及的全部的人时，或为了追求、实现某种语用目的时，才把称代所涉及的所有人中某一个人或某几个人的名词提出来作为代表与"他们"组合。如果让几个甚至十几个、几十个人的名词在同一个"N＋他们"结构中出现，就没有必要，也不可能，而且也失去了使用"N＋他们"结构的实际意义。如：

李华、四海、大山、张云天、姐姐、校长、司机他们都到了。

这句话本身没有什么问题，但这样烦琐的表达式说起来费事，听起来不顺耳，在语言上也是一种浪费，因而难以让人接受。

## 第三节　"芝麻大的官"及相类修辞构式

所谓"芝麻大的官"及相类结构是指这种偏正短语：

碗口粗的树干/苹果圆的脸蛋/芝麻大的官/蜜桃甜的歌喉

为了叙述的方便，我们用 N 标记这类结构中的名词，这类结构中的第一个名词"芝麻""碗口""苹果""蜜桃"等就标记为 $N_1$，第二个名词"树干""脸蛋""官""歌喉"等就标记为 $N_2$；用 A 标记这类结构中的形容词。由此我们把这类结构码化为"$N_1A$ 的 $N_2$"。本节要讨论的是这类结构的内部构成情况，并在此基础上分析该结构的修辞语义性征。

### 一、关于形容词

#### （一）形容词的选择
什么样的形容词能够进入该修辞结构，受到了句法和语义的制约。如果我们把与数量有关的形容词，如"大""小"等称为计量形容词，把与数量无关的形容词，如"圆""红"等称为非计量形容词的话，那么计量形容词进入这一格式时受到的限制就比较多，而非计量形容词受到的限制就比较少。

现代汉语中的计量形容词，除上述"大""小"外，还有"多""少""高""低""长""短""宽""窄""远""近"等。这里随意抽去几个嵌入该框架，便形成如下事实：

　　甲　桌子高的人
　　　　筷子长的蛇
　　　　铜钱厚的灰
　　　　拳头大的甜瓜
　　　　案板宽的脊背
　　　　海水深的情谊
　　乙　＊桌子低的人
　　　　＊筷子短的蛇
　　　　＊铜钱薄的灰

          *拳头小的甜瓜
          *案板窄的脊背
          *海水浅的情谊
   丙   桌子高低的人
        筷子长短的蛇
        铜钱厚薄的灰（?）
        拳头大小的甜瓜
        案板宽窄的脊背（?）
        海水深浅的情谊（?）

    很显然，甲组是合格的，乙组是不合格的，丙组有的可以成立，有的成立与否一时难以敲定。由此观之，能够进入该结构的计量形容词，是具有积极意义，表示程度高、数量大的形容词，如"大""多""高""长""重""深""粗""远"等，这是最为明显的倾向。具有消极意义的，表示程度低、数量小的计量形容词不能进入该格式，如"小""低""短""轻""浅""细""近"等。但当计量形容词互为反义词结合在一起形成"大小""高低""粗细"等时，有的又可以进入，但较之甲组说法不很普遍。非计量形容词只要满足了 $N_1$ 与 $N_2$ 的要求，都可以嵌入该格式。如：

       樱桃红的小嘴/锅底黑的脸/刀子利的嘴/笔杆直的身段

    例中"红""黑""利""直"都是与数量无关的非计量形容词，它们各自满足了自己所在修辞结构的语义及语义与事实的关系的要求，因此各例都是合格的。

**（二）形容词词义的理解**

    缑瑞隆（1986）认为，能够进入" $N_1$ A 的 $N_2$ "格式的计量形容词，都是无标记单位。就是说："其意义已不再是表某种性状的程度高，而是包括了有标志单位物意义，也可以表示低程度，原来存在的反义关系消失了（或叫被中和了）。"[①] 如"桌子高的他"，在句子"桌子高的他已经二十五岁了"中，无标志单位"高"表示"低"的意思；在句子"桌子高的他才三岁"中，无标志单位"高"是自身的意义，即"高"意。这是把"名+形"放在了一定的修辞结构中去理解形容词的词义的。我们完全肯定缑的这一观点。此外，还需补充说明的是，在静态条件下计量形容词实际上就有三种理解倾向（注意：这里说的是理解倾向，而不是全部）：

    一是形容词只能理解为自身的意义。这种情况下，形容词词义的理解受到了所代表的客观事物的影响。如"海水深的情谊"中，"深"只能是"深（厚）"意，不可

---

    ① 缑瑞隆. 语境和形容词的有无标记单位. 汉语学习，1986（5）.

能是"深"的反义词"浅"的意思。"深"之所以理解为自身的意义，就是受到了"海水"词义的影响。因为根据常识，人们都知道海水是很深的。此外，像"泰山重的礼物""马大的个子"等中的形容词的词义都有这种理解倾向。这些"N₁A 的 N₂"用例都具有夸饰色彩，用以表示程度高、数量大。

二是形容词只能理解为反义。这种情况下，形容词的词义理解也同样受到了第一个名词的限制。如"芝麻大的官"中的"大"，通常情况下都理解为"小"的意思。这主要是从"芝麻"的形体小比附而来的，也具有夸饰色彩，极言程度浅、数量小。现实中，恐怕没有人把这种"大"理解为"大"自身的意义。其他的，如"屁大的事"等都有这种理解倾向。

三是形容词同时理解为自身的意义及其反义。此时形容词词义的理解也受到了第一个名词的影响，这种情形下往往是对情况的客观说明，不具有夸饰色彩。如"豆大的汗珠"，是说汗珠有豆子大小，没有主观评价，所以例中"大"是"大小"意。因此，此时的形容词都可以是无标记单位和有标记单位同现。如"拳头大小的苹果""豆子大小的汗珠""筷子长短的蛇"等。

非计量形容词进入该修辞结构都是有标记单位，即只能理解为自身的意义，不可以理解为相反或相对的意义。如"刀子利的嘴""锅底黑的脸""笔杆直的腰"等。例中"利"只能是锋利之意，不可能是"钝"意；"黑"只能是"黑"意，不可能是"白"意；"直"只能是"直"意，不可能是"弯"意。

## 二、关于名词

名词在该修辞结构中表现为 N₁ 和 N₂。能够进入该框架的 N₁ 和 N₂ 必须是代表了两种不同质的事物。一般来说，N₁ 是具体名词，如"树""碗口""拳头""刀子"等，它们都代表了具体的事物；N₂ 既可以是具体名词，如"汗珠""腰""树干"，也可以是抽象名词，如"情谊""友谊""心肠""心意""速度"等，由此便可形成"碗口粗的树""拳头大的苹果"等等。表示同类事物的 N₁ 与 N₂ 不能出现在该式中，否则句法结构式是不能成立的。如"书本大的书本""柱子粗的柱子"等，这些说法在现实语言中是不存在的。

与此同时，N₁ 与 N₂ 必须具有可比性或可喻性，这种可比性和可喻性由形容词来体现。如"书本大的录音机"中，N₁"书本"与 N₂"录音机"是不同质的事物，但它们在"大小"这个语义范畴上具有可比性。也就是说，名词"录音机"的大小度可以用书本的大小来衡量，二者在形容大小上可以作比，于是借助于计量形容词"大"衔接在一起。如果名词 N₁ 与 N₂ 没有可比性或可喻性，则不能出现在该格式中。如"苹果长的蛇"这一偏正短语之所以是错误的，是因为 N₁"苹果"和 N₂"蛇"在长短语义范畴上没有可比之处。经验告诉我们，苹果是圆的，蛇是长的，二者在长度上不可比较，因此用表示长度意义的计量形容词去衔接形成的句子是无法让人接受的。

### 三、关于 $N_1A$ 的性质

从结构关系看，$N_1$ 句法指向的焦点是形容词 A，从而形成前状式偏正短语。张炼强说，语法中修辞反映强的，在构词中有，句法中也有①，也就是说语法中内含着修辞的因素。$N_1A$ 就蕴含了比喻、夸饰的修辞因素。只不过有的偏重于形式，有的偏重于实质。$N_1A$ 有点类似于构词法中的"笔直""雪白""瓦蓝"等，都是采用全式比喻的省略形式构成的，意为"像（跟）$N_1$ 一样的 A"。比如"水桶粗的腰"中，"水桶"描绘了"腰"粗细的具体程度，有夸饰色彩。意为"像（跟）水桶一样粗的腰"。"水桶"与"粗"是状心关系。因此，都可以作以下扩展，原格式基本语意不变，句法关系不变。如：

> 柳条粗的腰——像柳条一样粗的腰
> ——像柳条粗的腰
> ——柳条一样粗的腰
> 刀子利的嘴——像刀子一样利的嘴
> ——像刀子利的嘴
> ——刀子一样利的嘴

从功能上看，根据以上分析，带有明显的比喻与夸饰色彩。而且我们知道，一个结构的功能特征取决于核心成分的性质。该框架的核心成分是形容词，所以该框架的整个体功能相当于形容词。在该式中 $N_1A$ 叙述了的性质，作了定语成分。如"西瓜大的脑袋"中"西瓜大"就修饰了"脑袋"作了定语。

### 四、关于该结构的修辞语义特征

#### （一）语义特征

"芝麻大的官"这一类结构的显性语法特征是定心式偏正关系。就是说，以名词 $N_2$ 为核心，借助于结构助词"的"，前边连接了作定语的 $N_1A$。所呈示出的语义关系，表现为第二个名词 $N_2$ 是被描写的对象，是关系中心语；$N_1A$ 是用来描写第二个名词 $N_2$ 的。如"铜铃大的眼睛"中"眼睛"就是"铜铃大"的描绘对象，整个结构意为"眼睛如铜铃一样大"。又如：

> ①有些女人的预算里还有一面蛋圆的洋镜。（叶圣陶）
> ②女人端出乌黑的蒸干菜和松花黄的米饭，热蓬蓬冒烟。（鲁迅）

---

① 张炼强. 试探语法中的修辞反映——兼谈语法修辞结合问题. 修辞学习，1988.

③碗口粗的柏树就稀罕的不得了。（史铁生）

④他把瓶底厚的眼镜片扔到了地上。

### （二）修辞特征

上文已经提及，"芝麻大的官"这一类结构带有比喻的色彩，实际上它就是一个没有比喻词的定心式比喻①，只不过这种比喻是本体在后作了中心语，喻体在前和相似点一起作了修饰语。其中，第二个名词是本体，第一个名词是喻体，形容词为相似点。因此，这类格式可以转变为明喻，形成"像 N₁ 一样 A"，如上例①中"蛋圆形的洋镜"即可转化为"洋镜像蛋一样圆"。该格式除了具有一般比喻的生动、形象等修辞效果外，还具有信息量大、表意周密等效果。如上例①中，"蛋圆的洋镜"就蕴含了两个信息：A. 洋镜是圆的；B. 洋镜如蛋一样圆。而且，"蛋圆的洋镜"作为一个板块出现在句子中，避免了语言上的重复与啰唆，其内部蕴含有说明与被说明的语义关系，对顺畅地叙事、尽情地抒情等都大有裨益。如果在不减少信息量的前提下把这个句子改为：

有些女人的预算里还有一面洋镜，这面洋镜像蛋一样圆。

这样改动，语意没变，但句子显得冗长、松散、无气势，而且叙述起来也十分别扭，远没有原句畅达、有力、简洁。

综上所述，"芝麻大的官"这类修辞结构是具有名词功能的前定式偏正结构，具有形象、生动、信息量大、便于叙述等修辞效果。能够进入该结构框架的形容词可以是计量形容词，也可以是非计量形容词。能够进入该结构框架的名词必须是代表不同质的事物，而且这两类不同质的事物具有可比性或可喻性。

## 第四节  表达肯定命题的否定形式

### 一、否定形式与否定句式

肯定意义的否定性表达显然是立足于内容与形式的矛盾表达法，但这里主要论述双重否定，也就是表达肯定命题的否定句式的生成性转化问题。讨论汉语表达肯定命题的否定句式，就必然要涉及否定形式。汉语中究竟有些什么样的否定形式，弄清这一点是认识表达肯定命题的否定句式的本质特征和界定这种句式的范围的前提，也是

---

① 孟建安. 略论定心式比喻. 池州师专学报，1995（4）.

描述这种句式的形式构造的基础。因此，撇开否定形式一味地就事论事，是不可能解决根本性问题的。

我们知道，与句子相对立的语义单位是命题，命题有肯定和否定两种性质。如果暂不考虑命题的性质，我们可以从自然语言中提取出一个"绝对命题"（记作"P"）。绝对命题加上相应的肯定形式（记作"Y"），则构成肯定命题（即 P + Y = PY）；同理，绝对命题加上相应的否定形式（记作"N"），则构成否定命题（即 P + N = PN）。自然语言中，只存在"肯定"和"否定"两种命题，绝对命题只是我们提取的结果，事实上它并不存在。但是，它可以帮助我们进行语言分析，把汉语的肯定形式和否定形式分离出来。因为：

既然　　$P + Y = PY$

　　　　$P + N = PN$

那么　　$PY - P = Y$

　　　　$PN - P = N$

如果接受这一观点，那么我们自然可以推出汉语的肯定形式是"零"（$Y = \phi$），即"零形式"。例如（表1）：

表 1　汉语肯定形式的形式标记

| 肯定命题（PY） | 绝对命题（P） | 肯定形式（Y） |
|---|---|---|
| 他看书 | 他看书 | $\phi$ |
| 李洋是北京人 | 李洋是北京人 | $\phi$ |

从表1可以看出，汉语的肯定形式并没有绝对的形式标记。但是，汉语的否定形式是有形式上的记号的。例如（表2）：

表 2　汉语否定形式的形式标记

| 否定命题（PN） | 绝对命题（P） | 否定形式（N） |
|---|---|---|
| 他没有看书 | 他看书 | 没有 |
| 李洋不是北京人 | 李洋是北京人 | 不 |

表2显示，"没有""不"等否定性词语都是否定形式。这种否定形式是采用词汇手段构成的，是汉语的一般意义上的否定形式（记作"$N_1$"）。除表中所列外，还有"无""不必""未必""非""否认""别""没"等具有否定意义的否定性词语，也都可以构成 $N_1$ 类否定形式。从这些否定性词语自身的语法性质看，可把 $N_1$ 类否定形

式分为两类：

（1）由否定性副词构成的。如：不、没、没有、难免、别、非、未、不必、不用（甭）等。

（2）由否定性动词构成的。如：没、没有、否认、否定等。

从表2不难看出，含有"不""没有"等否定性词语的句子都表达了否定命题，但是还有并不含有否定性词语的句子，也同样可以用来表达否定命题。例如（表3）：

表3　汉语特殊否定形式的形式标记

| 否定命题（PN） | 绝对命题（P） | 否定形式（N） |
| --- | --- | --- |
| 岂能这样做？ | 能这样做 | 反问语气 |
| 他难道是李洋吗？ | 他是李洋 | 反问语气 |

表3否定命题一栏中的例句，都不含有"不""没有"等否定性词语，但都表达了否定命题。根据表中所做的减法，这些句子之所以表达否定命题，是因为它们都含有一个共同的构成项——反问语气。这个"反问语气"在句中具有否定作用。据此，我们认为反问语气是采用语气手段构成的一种否定形式，相对于用词汇手段构成的否定形式来说，它是一种特殊的否定形式（记作"$N_2$"）。一般来说，绝对命题可以直接表达肯定命题，绝对命题加上相应的否定形式则表达否定命题。但语言运用中，有的句子含有否定形式，表达的却是肯定命题。例如：

①你不会不知道。（欧阳山）
②谁能否认地球是绕着太阳转的？

这两例的共同特征是用两个否定形式表达了一个肯定命题，语义上表达了一个肯定意义。本节所说的表达肯定命题的否定句式就是指这一类。

## 二、表达肯定命题的否定句式的实质

根据上文的分析和语言事实，含有一个否定形式（$N_1$或$N_2$）的句子都表达一个否定命题，从语义上说表达一个否定意义，从而构成一个单重的否定句式。那么，依据数理逻辑从理论上去推测，含有两个否定形式的句子都应该表达一个肯定命题，语义上都表达肯定意义，从而构成一个双重的否定句式，即汉语表达肯定命题的否定句式。但汉语的事实并不完全如此。如：

①田静不知道你没去。

②杨珊没有看书没有看报。

这两例尽管都含有两个否定形式，但显然都没有表达肯定命题，都没有表达肯定意义，因此都不是我们所说的表达肯定命题的否定句式。

那么，如何确认表达肯定命题的否定句式呢？这就需要弄清它的本质特征。表达肯定命题的否定句式是用两个否定形式表达一个肯定意义的否定句式。"含有两个否定形式"是构成表达肯定命题的否定句式的形式上的必要条件；"表达一个肯定意义"则规定了两个否定形式之间是否定之否定的逻辑语义关系，而不是简单相加的关系。本节例①②之所以不是表达肯定命题的否定句式，正是因为各例的两个否定形式之间不是否定之否定的关系，而是简单相加的关系，没有表达一个肯定意义。

### 三、表达肯定命题的否定句式的范围

基于对表达肯定命题的否定句式的上述认识，我们认为下列情况均属表达肯定命题的否定句式的范围。

其一，含有一个否定性词语的反问句。有人不把这类反问句看作表达肯定命题的否定句式，原因是其中只含有一个否定词。[①] 但根据我们的理解，反问句中只要含有一个否定副词或一个否定性动词，都构成表达肯定命题的否定句式。道理很明显，否定性词语是一个否定形式，表示了一次否定，表达了一个否定意义；反问语气也是一个否定形式，也表示了一次否定。反问语气这个否定形式语义指向的范围是含有 $N_1$ 类否定形式的寄托体，而语义重心指向了 $N_1$ 类否定形式，造成了否定之否定，表达了一个肯定意义。如：

①难道我不想结婚么？（欧阳山）
②还不是和你们一样！（秦牧）

例①中，"不"先否定了"我想结婚"，构成了一次否定，而"反问语气"又一次否定了"我不想结婚"，构成了第二次否定，表达了一个肯定意义，即"我想结婚"。宗廷虎等认为，这类句子以否定的形式提问，则答案必定是肯定的内容。[②] 林文金则干脆说，这是"否定词再加上反问语气的双重否定"。[③] 这就进一步证明了含有 $N_1$ 类否定形式的反问句的否定之否定性质。例②书面上是感叹号，标示了感叹语气，但实际上这是反问语气的弱化形式，是"还不是和你们一样吗"的变化形态。因此，

---

① 符达维. 对双重否定的几点探讨. 福建论坛（文史哲版），1986（6）.
② 宗廷虎等. 修辞新论. 上海：上海教育出版社，1988. 32.
③ 林文金. 关于双重否定的几个问题. 福建论坛（文史哲版），1984（3）.

例②类依然应按反问句对待，它同例①一样也应归属到表达肯定命题的否定句式范围之内。

其二，一个否定形式语义限制的范围是含有另一个否定形式的一部分，语义焦点指向另一个否定形式的否定句。例如：

①你别不来。
②断没有不通知的道理。（欧阳山）

例①中，否定形式"别"语义上否定的范围是含有另一个否定形式"不"的"不来"，否定的焦点是"不"。连续两次否定，表达了肯定意义，即"你得来"。例②同理。

其三，一个否定形式语义上否定了自身的连带成分，形成的语义整体又否定了含有另一个否定形式的部分，从而造成的否定句。例如：

①县城我也不是不认识路。（李国文）
②可也不该不尊重老人家呀！（赵树理）

拿例①来说，第一个"不"修饰了判断动词"是"，语义上否定了"是"。"不是"作为一个整体语义限制的范围是含有另一个否定形式"不"的"不认识路"。第一个"不"语义指向的重心是第二个"不"，构成了否定之否定，表达了肯定意义，即：县城我认识路。

其四，一个否定形式语义限制范围和语义指向重心均是另一个否定形式的否定句。例如：

①谁也不否认这件事的真实性。
②高歌不无嫉妒地说。（李国文）
③……无不遭受磨难和挫折。（李国文）

例①中，"不"句法上修饰了"否认"，语义上也同时指向"否认"，意为"承认"，从而使该句表达了肯定意义。例②"不"与"无"之间不能插进其他成分，是一种固定的表达形式，相当于汉语的一个词。"不无"可以看作是两个否定形式的凝固化现象。"不"语义上与"无"有直接关系，构成了否定之否定。例③理同例②。

其五，两个否定形式语义均指向各自的连带成分，但二者之间具有假言性肯定语义关系的紧缩性否定句。例如：

①她……不吐不快。(茅盾)
②……这本领我非学不可。(赵树理)
③没叫到时不要来。(秦牧)

有人把这类句子排除在表达肯定命题的否定句式之外，原因是两个否定形式否定的不是同一事物或同一意思。① 这类紧缩性否定句中的一部分，两个否定形式否定的确实不是同一事物，如上例③，但两次否定后构成的整体语义是肯定的。只不过这种肯定的整体语义要运用一定的逻辑规则去推演，要靠人的辩证思维去理解。因此，它们还应算表达肯定命题的否定句式。

为了方便讨论，把这类句子中第一个否定形式及其连带成分叫 A 项，把第二个否定形式及其连带成分叫 B 项。从原句字面看，讲话人是说 A 是 B 的充分条件，根据形式逻辑规则，如果 A 是 B 的充分条件，那么非 A 必是非 B 的必要条件。据此对上例（1）分析如下：

　　a. 不吐不快　b.（只有）吐出来（才）快活
　　　A　B　　　　非A　　　　　非B

看 a 句，"不吐不快" 就是 "如果不吐出来就不快活"。从字面上讲，A 是 B 的充分条件，即是说 "不吐不快" 蕴含有充分条件假言关系。看对比句 b，由上文得知，非 A 是非 B 的必要条件，可见 b 句蕴含有必要条件假言关系。因此，我们说 a 句和 b 句蕴含了两个不同条件的同一假言关系，但最终都表达了一个肯定意义。a 句和 b 句分别用否定和肯定形式表达了同一种肯定意义，所以我们认为 a 句和 b 句表层的表达形式和里层的肯定意义之间有着共同的逻辑基础。鉴于 a 句连续出现了两个否定形式，又表达了一个假言性的肯定意义，因此这类句子都属于表达肯定命题的否定句式范围。

### 四、表达肯定命题的否定句式的形式描述

据上文析取出的两类否定形式，可把表达肯定命题的否定句式分为两大类。

其一，由两个否定性词语连用造成的表达肯定命题的否定句式。根据否定性词语自身的性质，又可把这类否定句式作以下三个方面的阐述。

第一，连用两个否定副词造成的。例如：

①为了面子，不得不这样做。(茅盾)

---

① 符达维. 对双重否定的几点探讨. 福建论坛（文史哲版），1986（6）.

②你不会不知道。（欧阳山）

③你不是一个不懂事的孩子。（茅盾）

④你做老父的可不要拿不定主意，误了她的前程。（秦牧）

这四例所含的 $N_1$ 类否定形式都是否定副词"不"。各例连用两个"不"构成了两次否定，表达了肯定意义。例①②中，两个否定副词"不"之间插入相应的非实体动词，构成的表达肯定命题的否定句式在形式上紧凑，在语义上相当于一个副词或助动词的意义。如例中的"不得不"就相当于"只好""一定"，"不会不"就相当于"会""应该"。如果两个否定副词之间出现了实体动词或实体词性成分，该类否定句式的结构形式就会变得松散，语义上也难以和某个词语的意义相对应。如上例③④。

这类表达肯定命题的否定句式，有的还以紧缩句形式出现，两个 $N_1$ 类否定形式及其连带成分之间没有语音上的间隔，使句子前后形成一个整体，表达一个肯定意义。如：

①没有叫到时不要来。（秦牧）

②她……不吐不快。（茅盾）

此类否定句式都可以分离成一般的复句。例②可分离成"她……如果不吐出来，就不快活"。其具体的构造特征已在上文作了详细阐述。因此，从这个意义上说例中 $N_1$ 类否定形式，即否定副词就相当于复句中的关联词语，它除了具有否定的意义外，还有关联的作用。与此二例类似的。又如：

①他们非要我按不可。（李国文）

②她知道人和厂非有她不行。（老舍）

例中"非""不"都是否定副词，由它们构成的表达肯定命题的否定句式内部的语义构成及逻辑条件与上例完全相同。但应注意的是，"非……不"格式中"不"及其连带成分有脱落现象。如：

①那明星未必非要娶她。（李国文）

②可是俺婆婆，非叫我再去看看他，有什么看头啊。（孙犁）

例中的"不"及其连带成分都没出现，但是这种脱落不是任意的，而是有条件的。一般来说，如果"非"后是谓词性成分，"不"及其连带成分才可以隐去，如上例①②；如果"非"否定的是体词性成分，则不能脱落。又如：

①非你不可。（非你）
②做这种桌子非松木不行。（做这种桌子非松木）

例中"非"否定的成分"你""松木"都是体词性成分，"不可""不行"脱落后分别形成的"非你""做这种桌子非松木"就不能成立，就是我们所谓的负偏离现象。

第二，连用两个否定性动词造成的。例如：

①没有歌声的集会是没有的。（吴伯箫）

例中 $N_1$ 类否定形式"没有"是否定性动词。两个"没有"组合构成否定句式。表达了肯定意义，即：是集会都有歌声。

第三，连用一个否定副词和一个否定性动词造成的。例如：

①决不会没有钱的……（方志敏）
②这样做不是没有代价的。（秦牧）

各例中的否定形式都属 $N_1$ 类，其中"不"为否定副词，"没有"是否定性动词。拿例①说，否定副词"不"和否定性动词"没有"连用造成了否定之否定关系，表达了"一定有钱"这一肯定意义。

其二，由一个否定性词语和一个反问语气连用造成的表达肯定命题的否定句式。这类又有两种模式：

第一，由反问语气和否定副词连用造成的。如：

①还有谁呢？还不是那个曹德旺么？（欧阳山）
②"兵过如剃"，谁不知道！（秦牧）

例中都含有由否定副词构成的 $N_1$ 类否定形式，同时又含有由反问语气构成的 $N_2$ 类否定形式，从而构成了表达肯定命题的否定句式。例①中，作为 $N_2$ 类否定形式的反问语气，否定了含有 $N_1$ 类否定形式"不"的结构体"还不是那个曹德旺"，语义指向的焦点是"不"，从而表达了一个肯定意义，即：是那个曹德旺。例②同理。

第二，由反问语气和否定性动词连用造成的。如：

①谁能否定这一事实呢？
②……像你当大官的人会没有钱！（方志敏）

例①中，"否定"是否定性动词，属 $N_1$ 类否定形式，它和全句的反问语气连用造成了否定之否定语义关系，使整个句子具有肯定意义，即"谁都肯定这一事实"。例②中，否定性动词"没有"和反问语气的弱化形式——感叹语气连用，也造成了否定之否定关系。

### 五、表达肯定命题的否定句式的修辞价值

表达肯定意义是表达肯定命题的否定句式的基本语用功能。在这个基本语用功能的前提下，表达肯定命题的否定句式又主要表现为四种语用目的。

#### （一）用以强化肯定的语气

汉语的一个肯定意义，可以用肯定形式去表达，也可以用否定形式去表达，也就是要对同义手段作出选择，但是二者表达的语意在肯定的程度上不大一样。前者只是一般的肯定，后者因为它有毫无例外、排除其他可能的意味，所以口气可能更强硬，可能更坚定有力。因此，在具体的语言实践中往往用表达肯定命题的否定句式来强化肯定的语气。比较：

　　①古往今来，每一场真正的革命，都是大大推动社会生产力发展的。（黄伯荣、廖序东）
　　②古往今来，没有一场真正的革命，不是大大推动社会生产力发展的。（黄伯荣、廖序东）

例①是肯定形式，只表达了一般的肯定意义。例②是表达肯定命题的否定句式，不光表达了肯定意义，而且还使这个肯定意义得以加强。两例相比，例②更有力度，更能强化肯定的程度。

#### （二）用以表达委婉的语意

部分表达肯定命题的否定句式还可以用来表达委婉的语意，使话语含蓄，留有余地。如：

　　①我们不能不感谢那些地质勘探队。（杨朔）
　　②我想我自己也不会没有特务嫌疑。（欧阳山）

如果把两例都改为一般的肯定句，就失去了委婉的语气，就显得太直接、太生硬。例①有商量的语气，这是由句中"不能不"造成的。例②中，整个句子有猜度的语气，就比用肯定句"我想我自己有特务嫌疑"委婉。

#### （三）用以表达周遍性的意义

有些表达肯定命题的否定句式有点类似逻辑学中的全称判断，可用来表达周遍性

的肯定意义。如：

>①没有一句不带刺的。（茅盾）
>②世界上没有不美的花朵。

例①是说"每一句都带刺"。例②是说"世界上的花朵都美"，都具有周遍性意义。

**（四）用以表达让步、申辩等语意**

表达肯定命题的否定句还可以用以表达让步、申辩等语意。例如：

>①不是我不希望合作，不愿合作，而是我无法继续合作。（茅盾）
>②不是我自己不现实，是他们太霸道了。

例中"不是"除有否定意义外，还有一个不可忽视的作用，那就是和另一个分句的有效词语，如"而是""是"等形成对举，使得句中的双重否定形式具有让步、申辩色彩，用以说明、补充另一个分句的语意。如例①中，作为表达肯定命题的否定句式，即第一分句就有申述、辩解的功用，语意重心在第二分句。例②同理。以上这些语用功能并不是每个表达肯定命题的否定句式都全部具备的。除否定形式外，在具体运用时还要充分利用构成表达肯定命题的否定句式的其他有效成分来体现其具体的语用价值。

综上所论，表达肯定命题的否定句式是汉语口语和文学语体中经常使用的一种句式。这种句式与肯定句一样表达了肯定意义，但因为又有不同于肯定句的语用修辞功能、风格色彩和表达效果，因而在具体运用中就有一个选择的问题。同一个肯定的意义，是用肯定句去表达，还是用表达肯定命题的否定句式去表达，实际上就是修辞同义手段选择问题。这就要求表达者善于坚持修辞的原则，依据具体语境和特定语体条件作出恰当的取舍，以做到修辞选择的最大适应与得体。

## 第五节　一种"又"字句的修辞语义分析

本节所讨论的"又"字句，仅限于由表示重复的副词"又"修饰动谓语造成的句子。例如：

>①午饭之后，卫老婆子又来。（鲁迅）
>②福旦又笑了。（映泉）
>③这个人昨天来了，今天又来。（吕叔湘用例）

## 一、"又"字句的蕴含

上列例句告诉我们，"又"字句（记作 $S_又$）可以单独出现，如例①；也可与相关语句（记作 $S_1$）同，如例③。从语义与事实的关系看，只有先有 $S_1$，才可能有 $S_又$，可见 $S_1$ 是 $S_又$ 存在的必要前提。依照充分条件假言判断，有 P 就必有 q；而没有 P，是否有 q 不确定，就说 P 蕴含 q。那么：

> 他们又去了　（以前）他们去过
> 有 $S_又$　必然 $S_1$
> 没有 $S_又$　有/没有 $S_1$
> 亦即 $S_又 \rightarrow$ 　$S_1$（→表蕴含）

$S_又$ 导出 $S_1$ 无须外在条件的帮助。所以，无论 $S_1$ 是显性的还是潜性的，人们在使用 $S_又$ 时语义上蕴含着 $S_1$ 的存在。据此，我们完全可以把 $S_又$ 所存在的语句序列记作：$S =（S_1）S_又$。

## 二、"又"字句的语义理解

要满足"又"字句的语义理解，须对副词"又"的语义指向作出分析。而剖析"又"的语义指向问题，又得涉及 $S_又$ 的主要构成项主体、客体、动词。经考察，在有的（$S_1$）$S_又$ 序列中，动词都是常项，这意思是说动词在（$S_1$）$S_又$ 序列中是同一个动词，表示了同一作行为；主体与客体在有些（$S_1$）$S_又$ 序列中是常项，在有些（$S_1$）$S_又$ 序列中是变项。这就使得"又"语指向不尽相同，$S_又$ 也便有不同语义解释。

### （一）"又"语义指向动词

主体、客体（或无"客体"）都是常项，"又"语义指向动词。如：

> ①鸡又叫了。(映泉)
> ②现在政策好又让她开馆子旅店了。(映泉)
> ③徒弟们又端了一次"二白的"。(李贯通)

例①中，主体"鸡"在 $S_又$ 和蕴含的 $S_1$ 中同指一有生命物，是常项，句中没有客体。"又"语义顺向指动词谓语"叫"，表示"叫"这种动作不止一次发生。例②中，主体隐含，可补出"镇上""乡领导"等，但不限于这些。客体"她" $S_又$ 和蕴含的 $S_1$ 中指同一个人。主体和客体都是常项，"又"语义顺后指动词"让"。例③中，主体"徒弟们"和客体"二白的"在 $S_又$ 和蕴含的 $S_1$ 中分别指相同的人和物，都是常项，"又"语义指向动词"端"。由这些例子可以推知，主、客体（或无"客体"）、动词都是常项时，"又"语义指向动词，"又"句的语义理解只能是："主体不止一次地怎么样（客体）"。如上例①说"鸡不止一次地叫"。

**（二）"又"语义指向客体**

主体为常项，客体为变项，"又"语义指向客体。如：

①他又打了一个姓王的。

主体"他"在（$S_1$）$S_又$序列中指同一人，客体"姓王的"在（$S_1$）$S_又$序列中并非是同一个人，因为上例的意思绝对不是说同一个姓王的不止一次被他打过。试比较：

①a 他又打了一个姓王的。
①b 一个姓王的又被他打了。

例①a 是说，他原来打过一个姓王的，现在又打了一个姓王的，就是说不止一个姓王的被他打了。例①b 是说，一个姓王的被他打过一次之后又被他打了一次，就是说同一姓王的不止一次地被他打了。因此，句中"又"句法上修饰了动词"打"，语义上却顺向后指变项客体"姓王的"。由此可以推知，"又"语义指向变项客体时，"又"字句的语义理解只能是：主体把不止一个客体怎么样了。

**（三）"又"语义指向主体**

主体为变项，客体（或无"客体"）为常项，"又"语义指向主体。如：

①哥哥找了你一趟，我又找了你一趟。（吕叔湘用例）
②这儿又来了一位练气功的。

例①中，$S_又$和$S_1$的主体分别是"我"和"哥哥"，不是同一个人，是变项。"又"语义逆向前指$S_又$中的主体"我"，表示不止一个人找，即"哥哥"和"我"都找了你。例②中，主体"练气功的"在$S_又$和蕴含的$S_1$中也不是指同一个人，理同上文二（二）用例。"又来"尽管有动作重复之意，但"来"这个动作不是同一个主体发出的。"又"语义顺向后指"练气功的"，主要用来指明练气功的人不止一个。由此可以推知，当"又"语义指向变项主体时，"又"字句的语义理解只能是：不止一个主体怎么样了（客体）。如上例①是说，不止一个人找了你。

**三、"又"字句的语用价值分析**

"又"字句永远用作后续句（即使$S_1$不出现，它也具有后续的表达作用），不能用作先行句，否则句子便不能成立。如：

①（小王昨天去过了，）今天又去了。
②小王今天又去了，昨天去过了。

其具体的语用价值主要体现在以下三个方面：

**（一）用于可以反复的动作或事件**

只用于可以反复的动作或事件，不用于不能反复的动作或事件。如：

①冯老汉又催了催。（李贯通）
②她从此又在鲁镇做女工了。（鲁迅）
 ＊③李大海又死了。
 ＊④第一次世界大战又爆发了。

例①中，"催"所代表的动作行为是可以重复的，$S_又$表明"催"这种动作行为不止一次发生。例②中"她在鲁镇做女工"这件事也是可以反复出现的，$S_又$表明"她"不止一次"在鲁镇做女工"。例③并不蕴含 $S_1$ 即"李大海死过"。人死不能复生，现实中不存在一个人死了一次再死一次的事实，语义与事实有矛盾。也就是说，"死"这种动作不可以反复，所以句子便不能成立。例④中，第一次世界大战结束后，再爆发的只能是第二次世界大战，而不是第一次世界大战的再续。就是说，"第一次世界大战爆发"这件事是不可以重复出现的，所以句子是站不住脚的。

**（二）多用于已然，少用于未然**

主要用以表示已然行为或事件，也可用以表示未然行为或事件

前者表明，动作行为或事件在说话时期之前已经发生。如：

①茶社的门又一次关闭。（贾平凹）
②又过了许多日子。（王蒙）

这两例便属于此类。$S_又$ 蕴含的动作行为或事件发生的时间与说话时间的关系，可用下面的时间轴来显示。

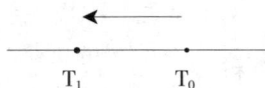

图①

图①中 $T_0$ 为叙述（说话）时点，$T_1$ 为动作行为或事件发生的时间。$S_又$ 表明在叙述时间之前的某个时间点 $T_1$ 上，动作行为或事件已经发生，$T_1$ 早于 $T_0$，就是说动作行为或事件发生的时间先于说话的时间。所以，$S_又$ 所表示的动作行为或事件是已然的。这也可以从 $S_又$ 常常出现的表示过去时间意义的"昨天""已经"等词语上得到进一步证明。如"他昨天又去北京了"中，"他又去北京"这件事就是在说话时间之前发生的，例中时间词"昨天"也证明了这一点。用以表示未然的动作行为或事件时，则表明动作行为或事件在说话时间之后才会发生。如：

①又要锁大门了。
②冬天一到，我和爷爷又该背起猎枪上山了。（吕叔湘用例）

这类 $S_又$ 中，副词"又"后往往有"要""该""将""会"等词语，暗含原来有过这类行为或事件，照例还应该会有这类行为或事件，但这类行业或事件尚未发生。这 $S_又$ 所表现出的时间意义与说话时间的关系，可图示为：

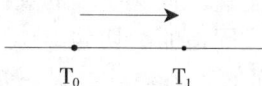

图②

照例应该发生或出现的行为和事件，一定在叙述时点 $T_0$ 之后未来的某一时间点 $T_1$ 上发生或出现。图②显示，$T_1$ 晚于 $T_0$，亦即动作发生或事件出现的时间晚于说话的时间。拿例①来说，按惯例或规定到了某个时间，就要锁大门。说话者据此说出"又要锁大门"这句话，但"锁大门"这件事在说话时还未成为现实，是一种未然的事件。句中"要"表示了未来时间意义，就证明了"锁大门"这件事还未变为现实。

**（三）用于主观评价**

也可用以表示说话者对不止一次发生或出现的动作和情况的主观评价。有的句子还带有较强的不满、厌烦情绪。这时的"又"语音上需重读。如：

①你怎么又来了？
②你又没有洗澡。

这两例主观评价味很浓，说话者带有明显的厌烦情绪。拿例①来说，你已经来过了，你也不嫌烦，你又来了。表示了说话者对"你"来的次数多感到不满，并带有批评的意味。

## 第六节　语义同构及其修辞选择

以"中国特色"与"有中国特色""具有中国特色"表达式为例，来讨论同义修辞现象的语义表现及其修辞选择问题。内容涉及这三种表达式的历时演变、修辞语义的不同，以及修辞语义选择问题。

### 一、三种表达式的历史演变及其语义分析

自 20 世纪 80 年代初以来，在中国大陆改革开放的大语境之下，人们对与"中国特色"相关的语意的表达存在着两类主要的修辞选择倾向。其一，选用"有中国特色"和"具有中国特色"这两种具体的表述样式；其二，选用"中国特色"这种表达方式。

我们不讨论政治层面的问题，而是关注这两类三种表达式语义的区别及其在修辞选择上的语用特征以及在修辞转化上所表现出来的历时性特征。从修辞学的角度来考察，这两类表述方式的选择实际上就是同义手段的选择。按照学界对"同义手段"作出的界定，"就是某一个零度形式同他的一切偏离形式（包括正偏离和负偏离、显偏离和潜偏离）的总和，它们之间的关系模式、关系矩阵、关系网络"。① 也就是说，同义手段实际上就是表达一个基本相同的语意，但在风格色彩、修辞功能、表达效果等方面存在细微差别的一些词语、句式和修辞格式等。这些词语、句式和修辞格式等之间具有同义关系，共同构成了一个同义手段聚合体。在它们中间，既有零度形式（即规范形式），也有偏离形式；在某个共时平面上，既有显性的，也有潜性的。上述表达同样语意的两类三种表述方式因为具有同义关系，是处在不同时间平面上的同义手段，所以就构成了一个同义手段场，即"中国特色"同义手段场。

在第一类中，"有中国特色"和"具有中国特色"这两种表述样式在其他附加意义和修辞色彩等方面是有区别的，但在理性意义上几乎是等值的，因此它们之间也是同义手段关系。理由：（1）从所蕴含的理性意义上说，按照《现代汉语词典》的解释，"有"具备了九个义项：①表示领有（跟"无""没"相对）。②表示存在。③表示估量和比较。④表示发生或出现。⑤表示多，大。⑥泛指，跟"某"的作用相近。⑦用在"人、时候、地方"前面，表示一部分。⑧用在某些动词的前面组成套语，表示客气。⑨〈书〉前缀，用在某些朝代名称的前面。② 而在"有中国特色"框架中，"有"具备了义项①和②的意义，即表示"领有"和"存在"；"具有"词典解释为

---

① 王希杰. 修辞学通论. 南京：南京大学出版社，1996. 260.
② 中国社会科学院语言研究所词典编辑室. 现代汉语词典. 北京：商务印书馆，2002. 1526.

"有"（多用于抽象事物）①，在框架"具有中国特色"中和"有"一样表示"领有"和"存在"的意思；又因为"中国特色"在两个框架中意义上的恒定不变性，"有中国特色"和"具有中国特色"两种表述式就表达了完全相同的意义。（2）从句法表层的结构方式来看，"有""具有"都是动词，与名词性偏正短语"中国特色"之间是动宾关系。因此，这两种表达式的结构关系是一致的。（3）从共时层面上看，改革开放的初期，在还没有正式提出"有中国特色"这个论断之前，"有中国特色"和"具有中国特色"都是潜在的修辞现象、潜性的同义手段。而在"有中国特色"被第一次提出并被广大民众接受的同时，也就由潜性的表达式而转换为显性的表达式。从修辞学的角度考虑，"有中国特色"是一种正式的官方语言，适应于官方文件和宣传材料等，所以应该看作是最为规范的表达形式即零度形式。相应地，"具有中国特色"这个表达式也开始由潜性而显性，并在新闻媒体、社会上和理论性文章中流行。这两种表达式在 20 年的时间内同时并存，都具有相当强的生命力。"具有中国特色"是"有中国特色"的另一种表达样式，也是非常不错的表达式，因此应视为对零度形式的偏离，即正偏离形式。（4）从语音形象上看，这两种表达式存在着不同。"有中国特色"是［1 +（2 + 2）］的音节结构形式，更适合于书面表达；"具有中国特色"是［2 +（2 + 2）］的音节结构形式，更适合于口说。以上所论后两个方面的不完全相同，并不影响它们对相同语意的准确表达，所以它们虽然有细微的"异"，却有较大的"同"，二者之间依然是同"质"的。

上述用例告诉我们，"中国特色"与"有中国特色""具有中国特色"表达了相同的基本语意，构成了同义关系，因此两类三种表述方式是同义手段。只不过，在 20 世纪 80 年代初（1982 年）至 21 世纪初（2002 年）这 20 年的时间内，"有中国特色""具有中国特色"是显性的，而"中国特色"则是潜性的。从 2002 年至今，"中国特色"则由潜性转化为显性，"中国特色"成为官方话语，是规范的表达式，是修辞的零度；而"有中国特色"则由官方话语转化为非官方话语，从修辞上来看也就由零度形式转化为偏离形式。这样在表达"中国特色"这个语意时，现阶段内在民众中实际上这两类三种表述式同时并存，都成为显性的修辞现象。随着社会的发展，如果"有中国特色""具有中国特色"这两种表达式失去了社会语用条件的支持，一定时间以后就可能会由显性而转化为潜性。就现阶段共时平面上看，"中国特色"是零度形式，"有中国特色""具有中国特色"则都是正偏离的形式。它们之间的细微差别突出地表现在：（1）从构成成分上看，"中国特色"去掉了动词性成分"有""具有"，结构更加简洁。（2）从结构形式和语法功能上看，"中国特色"是偏正关系，具有名词的功能；"有中国特色""具有中国特色"则是动宾关系，具有动词的功能。（3）从表意和修辞功能上看，"中国特色"所输出的语意信息更加丰富准确，语气更加坚定有

---

① 中国社会科学院语言研究所词典编辑室. 现代汉语词典. 北京：商务印书馆，2002. 684.

力，更加符合物理世界的真实性，表明所描写的对象具有"中国特色"全部的属性特征；"有中国特色""具有中国特色"表示所描写的对象则只是部分地具有"中国特色"的属性特征，同时还具有非"中国特色"的性质。如果从所输出的政治语意信息上分析，则意味更加深长。动词"有""具有"的存在与否，反映了中国社会现实生活的变化。因此，与"具有中国特色""有中国特色"表达式相比，"中国特色"分量更充足，寓意更集中，内涵更完整。可见，这两类不同的修辞表达方式，在句意上并非纯粹是一样话百样说的问题，它们之间还具有鲜明的层级性，有层层推进的意思，内涵是在逐步得以丰富的。

根据上文分析，这两类不同的表达式在历时层面上凸显了广大人民群众对中国现实与社会性质的认可程度。立足于修辞学范畴来看，官方和民间修辞主体先后分别作出两类三种不同的修辞选择，是有其特定的语用环境作为参照的，是可以在修辞的物理世界、心理世界和文化世界得到充分而有力的论证的。在物理世界内，二三十年来全国人民进行"中国特色"现代化建设所取得的举世瞩目的成就，是其形成并得以广泛运用的客观制导因素；在心理世界内，国家的心理期望和民众对社会、政治的热情关注是其形成并得以广泛运用的心理动因和心理机制；在文化世界内，和谐、奋进的社会时代氛围，是其形成并得以广泛运用的不可或缺的前提。总之，"有中国特色""具有中国特色""中国特色"这两类三种不同表达式的形成和运用，反映了物理世界的真实性，保持了与文化世界的协调性，体现了心理世界的可接受性。一句话，这些同义手段的生成与选择是得到了语言层面和非语言层面因素的强有力支持的。

## 二、三种表达式语义的泛化及其应用

正是因为有着生成与运用的丰厚土壤，这两类三种精炼的表达方式多少年来一直得以广泛的运用。其运用的范围和领域，已经从政治领域迅速扩展、延伸到了中国社会的各个层面，而且又都可以广泛地适应于各种语体。这从一个侧面表现出了这三种表达式所具有的强大生命力和极强的生成能力。在新浪网上（2005年4月18日下午3点）我们分别点击了"具有中国特色""有中国特色""中国特色"三个关键词，得出了如下数据：

"具有中国特色"：84 300 条

"有中国特色"：100 969 条

"中国特色"：275 455 条

由这些数据可以看出它们在政治、经济和日常生活中的使用状况。举例如下：

①坚定不移地走具有中国特色的经济道路！

②过具有中国特色的生日！

③建设有中国特色的诚信体系初探。

④有中国特色的表演。
⑤中国特色的足球规律。

由这些用例推知，这两类三种同义表达形式已经从官方性话语领域进入公众性话语领域，已经从政治性话语领域延伸为生活性话语领域。这使我们看到了这三种同义手段运用范围之宽广，涵盖内容之全面，语义转化和泛化之迅速。它们已经由最初本有的"把马克思、列宁主义与中国实际相结合"这种严肃的政治内涵扩展、衍生出了极为丰富的其他社会文化含义和评价功能。这种意义上的引申，自然是与中国社会的和谐、民主、宽松环境等大气候密切相关。正因为如此，这三种同义手段有不少时候也被当作修辞的策略而用以达到批评、嘲讽、诙谐、调侃的修辞效果。比如：

①中国特色的发言是这样的：上级讲完了，下级讲时，他会说"我来谈一点体会"；下级讲完了，上级讲时，他会说"我来强调几点"；同级的则会说"我来补充几点"。
②学术苍蝇与中国特色的茅坑。
③有中国特色的谎话。

这些用例中，"具有中国特色""有中国特色""中国特色"的语意内涵与本有的语意内涵相差甚远，但却颇具浓厚的情趣和令人咀嚼的意味。

那么，从修辞层面上说，由表达式"有中国特色""具有中国特色"到表达式"中国特色"的变化实际上是修辞主体的一种自觉修辞行为。由"具有中国特色"和"有中国特色"两种形式的并存，到与"中国特色"三种形式并存的变化过程，实际上就是同义手段的选择过程，也就是修辞主体进行修辞活动的过程。从中央到地方，从官方到民间，从领导到群众，修辞主体都是在把话语运用的语言环境作为重要的参考框架，从而作出得体性选择的。

一样话可以百样说，同样的意思在不同语境中可以用不同的语言样式来表达，这实际上就是同义手段的选择问题。"具有中国特色""有中国特色""中国特色"这两类三种不同的表达式就是在特定的语用环境下先后生成并被广泛运用的同义手段。它们在外在形式上经历了潜性与显性、零度与偏离的转化，在语意内容上则是逐渐地深化并迅速地被转化和泛化，在说话和写作中对它们的不同运用实际上就是相同语意表达的不同修辞选择。

# 第八章

辞格构拟与修辞语义表达

## 第一节 概 说

### 一、修辞格式是修辞语义表达的重要手段

江西卫视"金牌调解"这一档节目，有一个宣传广告："有问题来调解，来调解没问题。"这句话并不怎么奇异，也没有多少新鲜感，应该说是一句平常话。但是，其表达的修辞语义是清楚明白的，其修辞效果也是突出的。为什么？就是因为这句话采用了一种修辞策略，通过构拟回环这种修辞格式来表达修辞语义。这句广告语完全符合回环的构拟特征，那就是把前后语句组织成穿梭一样循环往复的形式，用以表达不同事物之间的有机联系。具体地说，就是在词语基本相同情况下，巧妙地调配它们，从"问题"到"调解"，又从"调解"再到"问题"，由此构成语句间的回环往复关系。这个整齐匀称的回环语句，揭示了"有问题"与"没问题"之间的辩证关系，使修辞语义的表达更加精辟并富有情趣。

同样的，有一则有关理财的宣传广告："你不理财，财不理你。"这则广告仅有8个字，但其中蕴含了较为丰富的修辞内涵，所表达的修辞语义也是明白无误的。第一，采用了回环修辞格式。把第一句"你不理财"4个字的顺序作了调整造出第二句话，使上下语句首尾相接，由"你"到"财"，又由"财"回到"你"，从而使两个句子之间形成了循环往复的关系。第二，构拟了比拟修辞格式。"财"不是人，不具备人的灵性，是不会"搭理"人的，但是这则广告语却赋予"财"以人的情感，把"财"人格化了，这就是一种修辞化变通。第三，构拟了拈连修辞格式。利用上下文的关系把用于"财"的动词"理"顺势用在了"人"的身上。第四，正是因为拈连格和比拟格的应用，使得"理"的语义发生了修辞化变通。在广告语体规制下，借助于上下文语境的帮助，"理"由"管理"的意思修辞化为"搭理"的意思。第五，这则广告语篇幅短小，所表达的修辞语义简洁明了，风格上更是直截了当，完全口语化。

最近的新闻热点之一就是"丝绸之路""海上丝绸之路"的高调开启。按照历史事实以及词典的解释，"丝绸之路"是指古代横贯亚洲的交通道路，是西汉以后把我国大量的丝和丝织品由今天的西安经甘肃、新疆，越过葱岭，运往西亚、欧洲各国。"海上丝绸之路"则是指明代郑和率领庞大的船队出使西洋，打通东南亚、南亚等地沿海各国的海上交通要道。打通这一交通要道的主要目的就是用国内陶瓷、丝绸、钱币等换取国外的香料、染料等奇珍。所以，在历史上"丝绸之路""海上丝绸之路"更多的是经济领域的一个概念。但是，在当下当我们重新开启"丝绸之路""海上丝绸之路"时，已经不再仅仅是历史上的经济概念了，而是被赋予了更多新的内涵。

"丝绸之路"用以代指中国与历史上丝绸之路沿线西亚、中亚、欧洲等地各国之间在政治、文化、经济等诸多方面要建立的国家关系网络。"海上丝绸之路"则是用以代指中国与东南亚、南亚等地沿海各国之间在政治、文化、经济等诸多方面要建立的国家关系网络。这就是在我国进入 21 世纪的今天这种特殊语境下，赋予"丝绸之路""海上丝绸之路"的修辞语义。这种语义的输出与表达靠的主要就是借代辞格的构拟和应用。例中，用"丝绸之路""海上丝绸之路"的历史事实来转喻新的国际形势下，中国与历史上"丝绸之路""海上丝绸之路"沿线各国之间的新型国家关系网络。本体"沿线各国之间的新型国家关系网络"与借体"丝绸之路""海上丝绸之路"依赖于修辞主体的关联性联想，把现实环境与历史事件关联起来，用具体代抽象，用历史转喻现实，由此来表达特定的修辞语义。那就是要以"丝绸"为纽带，在政治、文化、经济等领域，重新把历史上陆路和海上丝绸之路沿线各国联系起来，以构建新的国家关系。这样，用换名的修辞手段把抽象的国家关系具体化、形象化，收到了形象突出、特点鲜明、具体生动的修辞效果。可见，借代作为一种辞格手段在修辞语义表达过程中无疑起着非常重要的作用。

以上各例说明，修辞语义表达效果的好坏与修辞格式的运用有着极其密切的关系。修辞语义表达效果的获取主要就是得益于具体语境和特定语体规制下表达某种修辞语义时对修辞格式的巧妙构拟和得体运用。

关于修辞格式的内涵，众家虽各有所论，但基本的特征学界早有定论。比如黎运汉先生在《汉语修辞学》（2010 年 8 月第 2 版）中就指出："修辞格是在长期的言语交际过程中逐渐定型的，为了适应修辞主体的审美追求和语体需要而运用的，功能上具有特定的修辞效果，结构上具有特殊的组合关系和聚合关系，语用上具有特别的偏离性和变异性的表达模式。"由此可见修辞格式的基本特质。修辞格式数量多，类型也不少。陈望道先生在《修辞学发凡》中就归纳出 4 类 38 格。唐松波和黄建霖主编的《汉语修辞格大辞典》则收录了 4 类 156 格。即便是一些教材、专著所列出的辞格种类少则也有上百种。像对照、衬托、设歧、双关、别解、曲解、析字、析词、藏词、借代、镶嵌、回环、序换、错综、断取、对偶、排比、列锦、顶真、反复、仿拟、设问、反问、引用、示例、避讳（讳饰）、换算、设疑、比喻、借代、比拟、移就、拈连、夸张、通感、反语、层递、跳脱、对比等修辞格。而且，每种修辞格还有可能继续作出下位分类。就比喻来说，学界按照不同的标准把比喻分为明喻、隐喻、借喻、引喻、补喻、提喻、倒喻、反喻、曲喻、较喻、潜喻，博喻、否喻、回喻、互喻、对喻、接喻、套喻等等。就双关来说，又有谐音双关、语义双关和对象双关之分；就夸张来说，又有缩小夸张、扩大夸张和超前夸张之别；就对偶来说，又有严对、宽对、正对、串对、反对的区别；借代则又有特征标志代替本体、专名代泛称、具体代抽象、部分代整体、结果代原因等情况。可见汉语修辞格种类之繁杂，规模之庞大。总之，每种辞格各有其类，不一而足。

修辞格作为修辞主体在具体语境和特定语体规制下修辞语义表达的一种有效手段，各自具有相当丰富的内涵。不仅各具构成的条件和构拟特色，而且也都有着多样化的修辞功能。例如，仿拟具有幽默讽刺、新颖别致、对比强调、简洁凝练等功能。比拟对增加情感信息、增加美感信息以及调节话语风格具有非常重要的作用。顶真则经常用于口语语体和文艺语体、政论语体、科技语体甚至是公文语体之中，使话语首尾蝉联，环环紧扣，以阐释事物之间的逻辑关系，造成语气连贯、语音和谐流畅的效果等等。正是基于修辞格式所具有的潜在修辞功能，所以在修辞语义表达过程中，修辞主体或为了说明道理，或为了描写现象，或为了宣示主张，或为了刻画人物等不同修辞目的和修辞需要，往往会创造众多各不相同的修辞格。因此，修辞格是修辞主体表达修辞语义过程中采用的一种修辞手段。言语交际中，修辞主体都会主动利用修辞格式，以增强修辞表达的效果和魅力。修辞主体不仅要掌握辞格的基本构成条件，而且更为重要的是能够做到根据具体语境、特定语体条件创拟适宜的辞格，赋予修辞话语以旺盛的生命力。

①老李陪他太太去逛商场，等绕到丹桂商场，老李自己却种在书摊前面。（老舍《离婚》）

②妇女节到了，老公问老婆："你喜欢什么花?"老婆羞答答道："我喜欢两种花。"老公急切地问："哪两种，我送给你。"老婆小声地说："有钱花，随便花。"老公傻傻地说："你真美。"老婆说："我哪美。"老公深情地说："想得美。"（来自网络）

例①中，"种"搭配对象一般是植物，老李是人，不可能"种"在书摊前面，只能是站在书摊前。但是，如果用"站"，似乎不能表达老李当时的内心感受，因此选择了"种"这个词。显然，修辞主体采取的是比拟修辞格式，"种"输出的修辞语义就是"站"，由此形象而生动地反映出老李一动不动站在书摊前的形态以及不想离开的埋怨心理。这就是比拟辞格的魅力。例②中，修辞主体借助于语音上的谐音关系，根据"花""美"语义上的特征，分别构拟出两个谐音双关。"花"输出的修辞语义分别是"花朵"和"花钱"，"美"输出的修辞语义分别是"漂亮"和"得意"的意思。由此可见，为了更巧妙地表达修辞语义，修辞主体完全可以结合具体语境和特定语体规制创造相对无限的修辞格式。

## 二、研究着力点

通过构拟修辞格式来表达修辞语义，这是在积极修辞范畴内表达修辞语义时所采用的最有效的表达手段。修辞格式有很多种类型，每种类型中又可以分出不同的类别。如果要做系统化描述和阐释，就不是一本小册子可以解决的问题。本章仅仅选取一两个点来做较为详细而又深入的分析，其他不做讨论。在所有的修辞格式中，比喻、夸饰是言语交际中极为常见的修辞格式，所以我们就选择比喻、夸饰的构拟及应用作较为详细的分析与阐释。本章主要分析比喻建构原则及其修辞语义表达、定心式比喻构拟及其修辞语义表达，以及夸饰辞格的构拟及其修辞语义表达等问题，由此以点带面来管窥修辞格式在修辞语义表达过程中的重要表现。

## 第二节　比喻构拟与修辞语义表达

### 一、比喻是修辞语义表达常用的修辞手段

比喻是修辞主体表达修辞语义时经常用到的修辞格式，也是比较容易把握的一种修辞格式。人们往往可以随口构拟，信手拈来。这其中的重要原因，一方面是来自于汉语自身具有较强的构拟比喻的能力，比喻构式的生成能力很强，让我们看到有相当多的词语、固定说法、临时创造的修辞话语等都是采用比喻方式构成的。像"笔直""瓦蓝""滚圆""回潮""走后门""开绿灯""回光返照""对牛弹琴""浮光掠影""绿色食品""阳光工程""希望小学""凤凰早班车"（凤凰卫视）"时事直通车"（凤凰卫视）"金牌调解"（江西卫视）"子午线"（东方卫视）等都是采用比喻手法构成的，无不具有比喻的色彩。它们所表达的语义往往不是字面本身意义的简单相加，而是在字面意义的基础上形成的含有比喻性的意义。另一方面，来自于修辞主体对比喻的情有独钟、爱意有加。修辞主体在较多时候往往采用比喻这种表达手法创造修辞话语，用本质不同但又具有相似点的事物来描绘事物或说明道理，以使深奥的道理浅显化，使抽象的事物和道理具体化，使概括的东西形象化。比如来自网络语体的一段修辞话语："有一种心态叫放下；有一种境界叫舍得；有一种幸福叫守候；有一种智慧叫低调；有一种选择叫放弃；有一种明白叫糊涂；有一种快乐叫简单；有一种美德叫微笑；有一种美丽叫自信；有一种感动叫分享；有一种温暖叫感恩；有一种成功叫坚持。"该修辞篇章中，除了在句子修辞方面使用了整句、短句、陈述句、肯定句、兼语句等句式之外，在修辞格式构拟方面主要是应用了比喻、排比、反复等辞格。就比喻辞格来看，该辞篇由 12 个句子构成，每句话就是一个比喻构式，因此整个辞篇实际上就是由 12 个比喻构成。其中，本体分别是心态、境界、幸福、智慧、选择、明白、快乐、美德、美丽、感动、温暖、成功，喻体则分别是放下、舍得、守候、低调、放弃、糊涂、简单、微笑、自信、分享、感恩、坚持。它们都借助于"叫"这个喻词形成表层的构式，而在内里则分别借助于不同的相似点联系起来分别造成相应的比喻辞格，由此来表达各不相同的修辞语义。这就是比喻辞格在修辞语义表达过程中所表现出来的无限魅力。

关于比喻的内涵有诸多界定。比如,陈望道在《修辞学发凡》中指出:"思想的对象同另外的事物有了类似点,说话和写文章时就用那另外的事物来比拟这思想的对象的,名叫譬喻。现在一般称为比喻。"王希杰则认为:"比喻,就是借助于两个或者两个以上不同事物之间的相似之点,用作中介物,而把它们暂时地有条件地相提并论,互助互补,交相辉映,混为一谈,合而为一。"(《修辞学导论》)比喻是修辞语义表达常用的修辞手段。

## 二、比喻构拟原则

在修辞语义表达过程中,比喻修辞文本的建构有其基本的原则与条件。钱钟书作为语言大师、修辞大家是当之无愧的,这一点已经为文学巨著《围城》和《宋诗选注》等学术性著作中色彩斑斓的修辞实践所证实,更为语言学界和文学评论界所认同。钱钟书的比喻建构观是学界关于比喻建构的重要思想,基本上反映了学界关于比喻建构的主流主张;其修辞实践昭示着钱钟书对语言运用的深邃的语言观和修辞观,尤其是对比喻修辞文本的学理阐释和修辞运用的情有独钟,更使我们领略到了钱钟书对比喻这种修辞手段所持有的非常独到而又深刻的见解和认识。基于此,我们是把钱先生的比喻建构理论作为一种具有普适意义的建构原则来看待的,并由此来考察修辞语义的表达问题。

综观钱钟书的言语成品,无论是说理议事性的学术性论著,还是描写叙事性的文学作品,都可以信手拈出形态各异的比喻修辞格式,呈现出一种"泛比喻化"倾向。仅《宋诗选注》的序、小序和注文中就有100余例,而小说《围城》更是创拟了700余例。这些丰富而多彩的比喻修辞格用例无疑是得到了钱钟书独特比喻观的强有力的支持。钱钟书丰富的比喻修辞思想在其《管锥编》《宋诗选注》《七缀集》《谈艺录》等著作甚至在小说《围城》中,都有最具说服力的论证和极为精彩的阐释。

钱钟书的比喻观主要体现在比喻修辞文本的建构上。在以上所及的著作中,钱钟书常常结合具体的语用实例似乎在不经意间来述说自己关于比喻修辞文本建构的要求和主张。因此,虽然没有关于比喻的专门的长篇宏论,但在零珠碎玉式的比喻思想之花中已经构筑起理想的比喻建构原则系统。

### (一) 本体和喻体之"异质同构"原则

比喻就是打比方,也就是用本质不同但又有相似点的事物来描绘事物或说明道理的修辞格式。① 这是通用教材和学界的成说。这个定义实际上揭示了比喻的性质和比喻建构的基本原则。也就是说,比喻的建构必须满足两个基本条件:一是本体和喻体是两类性质不同的事物;二是这两类性质不同的事物必须有相似点。关于这一点,不同时期的其他学者也都有相类的观点和论述。陈望道在《修辞学发凡》中指出,"要

---

① 黄伯荣,廖序东. 现代汉语(增订三版·下册). 北京:高等教育出版社,2002. 240.

用譬喻，有两个重要点必须留神：第一，譬喻和被譬喻的两个事物必须有一点极其相类似；第二，譬喻和被譬喻的两个事物又必须在整体上极其不相同"①。王希杰在《修辞学通论》中也认为，一个比喻必须由两个事物（即本体和喻体）所构成，本体和喻体如果是同一个事物，就不能构成比喻；比喻的生命就在于相似点。② 这些论断都揭示了比喻修辞文本的本质特征。

钱钟书对此更是深有体会。他在《七缀集·读〈拉奥孔〉》中通过对比喻用例的评点和引证前人关于比喻的论述，阐明了自己对比喻修辞文本建构基本条件的看法和认识。他说："中国古人对于包含的辩证关系，也有领会。刘向《说苑·善说》记惠子论'譬'，说'弹之状如弹'则'未喻'；皇甫湜根据'岂可以弹喻弹'的意思，总结出比喻的原则：一方面'凡喻必以非类'；另一方面'凡比必于其伦'（《皇甫湜正集》卷四《答李生第二书》《第三书》）。"③ 钱钟书根据皇甫湜关于比喻的这段论述，提出了"凡喻必以非类""凡比必于其伦"的比喻建构原则。意思是说，凡是比喻，本体和喻体一定不是同类的事物；凡是比喻，本体和喻体一定要有相似之处。这两句话，高度概括了比喻建构要素本体和喻体之间的示差性和同一性关系，即异质同构关系。钱钟书同时指出：本体和喻体"不同之处愈多愈大，则相同之处愈有烘托；分得愈远，则合得愈出人意表，比喻就愈新颖。古罗马修辞学早指出，相比的事物间距离愈大，比喻的效果愈新奇创辟"④。这就揭示了本体和喻体"异质"和"相似点"之间的辩证关系。"异"的程度小，"相似点"的认知度就低；"异"的程度大，"相似点"的认知度就高，二者之间成正比例关系。

本体和喻体应该是不同性质的事物，也就是要做到"凡喻必以非类"。钱钟书在《七缀集·读〈拉奥孔〉》中指出："譬如说：'他真像狮子'，'她简直是朵鲜花'，言外的前提是：'他不完全像狮子'，'她不就是鲜花'。假如他百分之百地'像'一头狮子，她货真价实地'是'一朵鲜花，那两句话就是'验明正身'的动植物分类，不成比喻，因而也索然无味了。""它们又有不同之处，否则彼此无法分辨"⑤，"譬喻以不同类为类"⑥。这些论述开门见山，一语中的，十分鲜明地指出被比方的事物即本体和用来做比方的事物即喻体应该是本质不同的事物。正因为"他"与"狮子""她"与"鲜花"分别不属于同类，具有示差性关系，做到了"凡喻必以非类"，这才具备了构成比喻的必备条件之一。如果"他"与"狮子"、"她"与"鲜花"分别百分之百地"像"，"他"就是"狮子"，"她"就是"鲜花"，"两者全不分"，那么

---

① 陈望道. 修辞学发凡. 上海：上海教育出版社，1979. 75.
② 王希杰. 修辞学通论. 南京：南京大学出版社，1996. 420～422.
③ 钱钟书. 七缀集·读《拉奥孔》. 上海：上海古籍出版社，1985. 43.
④ 钱钟书. 七缀集·读《拉奥孔》. 上海：上海古籍出版社，1985. 43.
⑤ 钱钟书. 七缀集·读《拉奥孔》. 上海：上海古籍出版社，1985. 43.
⑥ 钱钟书. 管锥编. 北京：中华书局，1979. 74.

也就"无须相比"。① 也就是说，本体和喻体同属一类，那么这个比喻也就无以构成，当然本体也就不是本体，喻体也就不是喻体。

本体和喻体相连构成比喻的另一个支撑点，那就是相似性，也就是要做到"凡比必于其伦"。两类不同性质的事物并非是毫无根据地先后排列就可以构成比喻的，它们之间具有相反相成关系，二者的连接靠的是它们所具有的同一性关系，也就是相似点。"相似点"是比喻的灵魂，是比喻修辞文本建构的基础。通过"相似点"使本体和喻体得以有机地联系在一起。正如钱钟书所言，"所比的事物有相同之处，否则彼此无法合拢"，"两者全不合，不能相比"。② 这就十分精辟地揭示了相似性在比喻建构过程中的重要性，更为鲜明地凸显了相似点的不可忽视的显赫地位。钱钟书在其他论著中也表明了同样的观点："长吉赋物，使之坚，使之锐，余既拈出矣。而其比喻之法，尚有曲折。夫二物相似，故以此喻彼；然彼此相似，只在一端，非为全体。苟全体相似，则物数虽二，物类则一；既属同根，无须比拟。长吉乃往往以一端相似，推而及之于初不相似之他端。"③ 在这里，实际上钱钟书是根据长吉对相似点获取的评述又提出了相似点的"度"问题。本体和喻体之间不仅应该具有相似点，而且"相似点"还应该有一定的"度"范畴。这个"度"应该控制在仅为"一端"，而"非为全体"，否则本体和喻体实为同类，那当然就没法构成比喻。所以，钱钟书就用杨敬之《华山赋》里的话来说明本体和喻体应该是"似是而非，似非而是"④；并引用南宋诗文"一叶出自吟，万叶竞相谑。须臾不闻风，但听雨索索。是雨亦无奇，如雨乃可乐"分析到，"'是'就'无奇'，'如'才'可乐'；简洁了当地说出了比喻的性质和情感价值。'如'而不'是'，不'是'而'如'，比喻体现了相反相成的道理"⑤。那就是说，喻体与本体应当是"'如'而不'是'，不'是'而'如'"。之所以"似是而非，似非而是"，"'如'而不'是'，不'是'而'如'"，就在于本体和喻体虽不同质，但总要有一个契合点即相似点把它们紧紧相连。

正因为有如上对比喻的认识和看法，钱钟书在修辞实践中就特别注意本体和喻体之间的"异"和"同"，坚持不以同类为喻，做到"同类不喻"；坚持以非类为喻，做到"必于其伦"，从而有力地证实了自己的比喻观。所以在他的作品中，不管是什么事物，只要两个事物不是同类，只要能够认知到两个事物之间在外在的、心理的、文化的等方面存在着一丝的相似性，就能够被钱钟书所利用，从而建构丰富多彩的比喻修辞文本。以《围城》为例，下列各组物象或事象都能够借助于它们之间的某种相似性而构成比喻。

① 钱钟书. 七缀集·读《拉奥孔》. 上海：上海古籍出版社，1985.43.
② 钱钟书. 七缀集·读《拉奥孔》. 上海：上海古籍出版社，1985.43.
③ 钱钟书. 谈艺录. 北京：中华书局，1984.51.
④ 钱钟书. 七缀集·读《拉奥孔》. 上海：上海古籍出版社，1985.43.
⑤ 钱钟书. 七缀集·读《拉奥孔》. 上海：上海古籍出版社，1985.43.

| 本体 | 喻体 | 相似点 |
| --- | --- | --- |
| 唐晓芙 | 好水果 | 外形端正圆滑，新鲜可口 |
| 高松年的脸 | 黄面粉馒头 | 肥而结实 |
| 两只大白眼睛 | 剥壳熟鸡蛋 | 外形白而凸出 |
| 沈太太的眼袋 | 圆壳行军热水瓶 | 圆而黑 |
| 鼻尖的几个酒刺 | 未熟的草莓 | 带刺、生硬、呈红色 |
| 阿福 | 浸油的枇杷核 | 油头滑面 |
| 汪处厚的胡子 | 逗号 | 不能翘然而起，也不够飘然而袅 |
| 苍白的脸色 | 生牛肉 | 织满了红丝 |
| 肚子 | 鼓气的青蛙 | 呈圆形 |
| 鲍小姐 | 熟食铺子/局部真理 | 酱紫色、可食用/半裸 |
| 赵辛楣 | 空心大萝卜 | 身大而心不大 |
| 曹元朗 | 四喜丸子 | 脸圆如"太极" |
| 手指 | 五根香肠 | 数量相同、粗而长 |

以上只是举例性的，《围城》中类似的现象还有很多。由上可以推知，在收集到的钱钟书所创制的700余条比喻句中都不难分析出本体和喻体之间的"异"，以及它们之间的"同"。比如：

①这一张文凭，仿佛有亚当、夏娃下身那片树叶的功用，可以遮羞包丑。（《围城》）

②这两位奶奶现在的身体像两个吃饱苍蝇的大蜘蛛，都到了显然减少屋子容量的状态，忙得方老太太应接不暇，那两个女佣人也乘机吵着，长过一次工钱。（《围城》）

例①中，本体"文凭"和喻体"亚当、夏娃下身那片树叶"即为异质事物，在性质上具有相当大的差异，但钱钟书看到了它们在功用上的共性，那就是可以遮羞包丑，因此便大胆地把它们有机地组合在一起，形成了一个名副其实的比喻修辞文本。例②中，作为人的"两位奶奶现在的身体"和作为动物的"两个吃饱苍蝇的大蜘蛛"本不同类，但这两类不同质的人和事物在身体的外形上给人的视觉感受就是"似是而非，似非而是"，因此这个比喻修辞文本的建构就显得新颖而独特。总之，钱钟书的比喻创拟完全遵循了自己所提出的比喻主张和建构原则，其修辞实践完全是考量和检验自己所持比喻观正确性的修辞行为的进一步延伸。

（二）比喻色彩之"褒贬两端"原则

比喻作为语言表达的一种生动形式存在着感情色彩问题。其褒贬、喜恶等色彩源于表达主体内在的主观情感，其具体的承载物就是本体和喻体。因此，在一定的语言环境中色彩相同的比喻之"象"即喻体，完全可以描写不同情感色彩的本体；色彩不同的比喻之"象"也完全可以说明情感色彩相同的本体，由此便可建构出褒贬、喜恶等色彩截然不同的比喻修辞文本。这种双边关系可以进一步简述为：

本体（褒、喜）＋喻体（褒、喜）＝比喻（褒义）
本体（褒、喜）＋喻体（贬、恶）＝比喻（贬义）
本体（贬、恶）＋喻体（褒、喜）＝比喻（贬义）
本体（贬、恶）＋喻体（贬、恶）＝比喻（贬义）

任何一个比喻，只有当本体或者喻体都具有褒的色彩时，建构出的比喻才是褒义的；若本体和喻体有一方是贬义的，则建构出的比喻就是贬义的。比喻之"柄"就体现在色彩的"褒"和"贬"这两端上。钱钟书在《管锥编·周易正义·归妹》中创造性地提出了"比喻之二柄"的观点，从色彩的角度对比喻的性质作了进一步的论述。他说："同此事物，援为比喻，或以褒，或以贬，或示喜，或示恶，词气迥异；修辞之学，亟宜拈示。斯多噶派哲人尝曰：'万物各有二柄'（Everything has two handles），人手当择所执。刺取其意，合采慎到、韩非'二柄'之称，聊明吾旨，命之'比喻之两柄'可也。"① 显然，钱钟书是受斯多噶派哲学"万物各有二柄"的启示经过深思熟虑之后提出这一著名看法的，并在不同的著述中分别采用理论阐释、实例分析等各种不同的手段旁征博引，进行论证，使得"喻之二柄"的比喻思想更加鲜明突出。

为了能够准确而清晰地阐释自己的这一思想，钱钟书援引了客观物理世界的物象、事象和文学作品中的用例来作进一步的引申论证。他通过中文和英文相同的言语表述但表达的却是不同的色彩这一现象，指出："言译事者以两国语文中貌相如而实不相如之词与字，比于当面输心背面笑之'伪友'，防惕谨严，比喻之两柄亦正如卖友之两面矣。"② 这说明比喻建构过程中，表达主体的情感作用是不可忽视的。一个比喻修辞文本是"事出有因的错误"，是"自身矛盾的谬误"③，因此就不能运用逻辑手段，按照逻辑思维的立场来评判比喻修辞格式；而应该充分考虑人的思想情感因素，结合具体语言环境甄别其优劣，鉴定其美丑。他又以蝙蝠为例对"喻之二柄"作了生动形象的说明，"《法苑珠林》卷一〇八引《佛藏经》：'譬如蝙蝠，欲捕鸟时，则入穴为鼠，欲捕鼠时，则飞空为鸟；古罗马一寓言类此，十七世纪法国名家抒写之，托

---

① 钱钟书. 管锥编. 北京：中华书局，1979.37.
② 钱钟书. 管锥编. 北京：中华书局，1979.39.
③ 钱钟书. 七缀集·读《拉奥孔》. 上海：上海古籍出版社，1985.44～45.

为蝙蝠语：'身即鸟也，请视吾翅'，'身亦鼠尔，愿吾类万寿！'尤传诵不衰。彼言其乖张失所，此言其投合得计，出于同体，一喻之具两柄也"①。钱钟书还在《管锥编·焦氏易林·蒙》中引用《红楼梦》第一六四回的用例说："所谓'还是这么眼馋肚饱的'？'延颈''眼饱'，与'望梅止渴''画饼充饥'等常语，取譬相类，而命意适反；一谓转赠欲慕，一谓聊可慰藉，又一喻之二柄也。"② 其实，分析最为详细的则是体现在钱钟书拈出"比喻之两柄"时对"水中映月"之喻的讨论。他在《管锥编·周易正义·归妹》说："水中映月之喻常见释书，示不可捉搦也。然而喻至道于水月，乃饮其玄妙，喻浮世于水月，则持其虚妄，誉与毁区以别焉。"③ 书中所引词章用例清单如下：

| 作者 | 作品 | 例子 |
| --- | --- | --- |
| 李　白 | 《志公画赞》 | 水中之月，聊不可取 |
| 韦处厚 | 《大义禅师碑铭》 | 佛犹水中月，可见不可取 |
| 施肩吾 | 《听南僧说偈词》 | 惠风吹尽六条尘，清静水中初见月 |

钱钟书认为，这些用例"超妙而不可即也，犹云'仰之弥高，瞻之在前，忽焉在后'，或'高山仰止，虽不能至，心向往之'，是为心服之赞词"④。这是说，以上用例就是择其一柄而执之，比喻修辞文本具备了两柄之一柄，即褒义、喜好一柄。再如：

| 作者 | 作品 | 例子 |
| --- | --- | --- |
| 李　涉 | 《送妻入道》 | 纵使空门再相见，还如秋月水中看 |
| 黄庭坚 | 《沁园春》 | 镜里拈花，水中捉月，觑着无由得近伊 |
| 曹雪芹 | 《红楼梦》 | 一个是水中月，一个是镜中花 |

这些用例则是"点化禅藻，发抒绮思，则撩逗而不可即也，犹云'甜糖抹在鼻子上，只教他舐不着'，或'鼻凹儿裹砂糖水，心窝裹苏哈油，舐不着空把人拖逗'，是为心痒之恨词"⑤。这是说，以上用例也是择其一柄而执之，只不过是比喻修辞文本两柄之另一柄，即贬义、憎恶一柄。同是水中月作为喻体，创拟出的比喻修辞文本却具有截然不同的色彩，这就是钱钟书所谓"喻之二柄"观的已有例证。

---

① 钱钟书. 管锥编. 北京：中华书局，1979. 1060.
② 钱钟书. 管锥编. 北京：中华书局，1979. 548.
③ 钱钟书. 管锥编. 北京：中华书局，1979. 37.
④ 钱钟书. 管锥编. 北京：中华书局，1979. 38.
⑤ 钱钟书. 管锥编. 北京：中华书局，1979. 38.

钱钟书的"喻之二柄"主张甚至在小说《围城》中也会通过叙述主体和表达主体的话语表现出来。《围城》第一章中写道：

> 鲍小姐走来了，招呼她们俩说："你们起得真早呀，我大热天还喜欢懒在床上。今天苏小姐起身我都不知道，睡得像木头。"鲍小姐本想说"睡得像猪"，一转念想说"像死人"，终觉得死人比猪好不了多少，所以向英文里借来那个比喻。

例中鲍小姐对喻体选择的犹疑不定实际上就是考虑感情色彩问题，也就是喻之"柄"的问题。这虽然是小说中表达主体对比喻色彩的慎重选择，但真正意义上的选择则是叙述主体即作者钱钟书的选择。"喻之二柄"之比喻理论在钱钟书心目中的地位可见一斑。

钱钟书在不同文体中的比喻建构始终贯穿了"喻之二柄"的修辞思想，做到了理论与实践的和谐与统一，修辞观点和修辞行为的高度一致性。如：

> ①唐小姐妩媚端正的圆脸，有两个小酒窝。天生着一般女人要花钱费时、用脂和粉来仿造的好脸色，新鲜得使人见了忘掉口渴而又觉嘴馋，仿佛是好水果。（《围城》）
> ②张小姐是十八岁的高大女孩子，着色鲜明，穿衣紧俏，身材将来准会跟他老太爷那洋行的资本一样雄厚。（《围城》）
> ③那时苏小姐把自己的爱情看得太名贵了，不肯随便施与。现在呢，宛如做了好衣服，舍不得穿，锁在箱里，过一两年忽然发现这衣服的样子和花色都不时髦了，有些自怅自悔。（《围城》）
> ④他记得《三国演义》里的名言："妻子如衣服，"当然衣服也就等于妻子；他现在新添了皮外套，损失个把老婆才不放心上呢。（《围城》）

例①把本体"唐小姐"比喻为"好水果"，取喻之褒义色彩，执其一柄造喻，凸显赞誉、喜悦之情。例②把张小姐的身材与"洋行的资本"这两个风马牛不相及的事物通过相似点"雄厚"联系在一起，具有辛辣的讽刺意味。这自然是执其"贬义"一柄设喻。例③④的喻体都是"衣服"，同用一"象"（喻体），但本体不同，前后"词气迥异"，又分布于不同的语境之中，建构出的比喻修辞文本的"柄"也就截然不同。例③取喻之一柄，以"褒"以"喜"来比喻爱情的高贵，略带讽刺意味；例④则取喻之另一柄，以"贬"以"恶"，来比喻妻子之鄙贱。作者《围城·序》中说："在这本书里，我想写现代中国某一部分社会、某一类人物。写这类人，我没忘记他们是人类，只是人类，具有无毛两足动物的基本根性。"① 正是基于这样的创作心态，《围城》便极具讽喻性、嘲弄性和批判性，在创拟比喻修辞文本时较多的时候是取贬义、厌恶一柄，所以作品中的比喻修辞文本较多的就具有贬义的色彩。

### （三） 喻体"性能与功效之多维性"原则

比喻修辞文本中，有的喻体只具有一种性能和功效，有的喻体则可能具有两种以上的性能和功效。前者是比喻喻体的基本样态，极为常见，毋需多论；后者较为复杂，论及者罕见。钱钟书深深地体味到了喻体的多性能、多功效特征，因此在论述喻之二柄的同时又站在"象"的角度提出了"喻之多边"说，认为比喻还具有"多边"的属性。钱钟书在《管锥编·周易正义·归妹》中说："比喻有两柄而复具多边，盖事物一而已，然非止一性一能，遂不限于一功一效。取譬用心或别，着眼因殊，指（denotatum）同而旨（significatum）则异；故一事一物之象可以孑立应多，守常处变。"② 这里的"边"就是指喻体的性能和功效。实际上，本体和喻体的相似点就蕴含于这些"边"之中，建构比喻时就得从中作出判断和选择。钱钟书的意思是说，用以充当喻体的同一个事物其功效和性能是多元化的，并非是单一的。按照钱钟书的这种观点，从理论上说，同一个本体都可以取同一个喻体的一"边"或多"边"分别构成比喻。在现实语言运用中，人们在建构比喻修辞文本时也往往会根据不同的语用目的和修辞需要，站在不同的角度，有时选择事物之"多边"中的"一边"；有时会选择"多边"中两种以上的属性和功能来说明。也就是说，一个本体可以用一个喻体来描述，择其一"边"，也可以择其数"边"，建构出一个常规性的比喻；同一个本体也可以用两个以上的喻体来说明，分别择其一"边"或多"边"，建构出两个以上的比喻，形成博喻；不同的本体也可以用同样的喻体来陈述，分别择其一"边"或多"边"，从而建构出各具特色的比喻修辞文本。为了叙述的方便，这里我们遵循简明性原则，只把现实比喻建构中常见的"边"与"边"的关系举例性地图示如下：

比喻 = 本体 + （喻词） + 喻体（一"边"）

比喻 = 本体 + （喻词） + 喻体（N"边"）

比喻 = 本体 + （喻词$_n$） + 喻体$_1$（N"边"） + 喻体$_2$（N"边"） + …… + 喻体$_n$（N"边"）

比喻 = 本体$_1$ + 本体$_2$ + ……本体$_n$ + （喻词） + 喻体（N"边"）

钱钟书还以"月"为喻拈出了古人的诸多用例加以说明。③ 庚信《咏镜》"月生

---

① 钱钟书. 围城. 北京：人民文学出版社，1991.

② 钱钟书. 管锥编. 北京：中华书局，1979. 39.

③ 钱钟书. 管锥编. 北京：中华书局，1979. 39~40.

无有桂",以"月"喻"镜",兼取月之"明"与"圆"之两"边",也就是说"月"和"镜"在"明"与"圆"这两"边"上有相似之处。王禹称《龙凤茶》"圆似三秋皓月轮",以"月"喻"茶团""香饼",取"圆"一"边",也就是说"月"与"茶团""香饼"在"圆"一"边"上相似,"谨取圆之相似,不及于明"。苏轼《吊李台卿》"看书眼如月",以"月"喻"眼",取"洞瞩明察"之"边",也就是说"月"和"眼"都具有"洞瞩明察"的功效和性能。陈子昂《感遇》、陈沆《诗比兴笺》中以"月"喻"女君",取"月"之"阴柔"的性能。同一个喻体"月"具有"圆""洞瞩明察(明)""阴柔"等多种性能和功效,造喻时可根据具体的需要和语境制约取其一"边"或多"边"。

钱钟书论述"喻之多边"时,还论及了喻之"柄"和喻之"边"的关系。他说:"且如前引'水月'诸句,虽扬抑不同,然可望而不可即之意则同,是柄固异而边无殊也。"① 就书中此处所举例子来说,应该是异"柄"同"边"。由这一点就可以引申出比喻之"边"和"柄"的交叉、错综关系,从而握"柄"执"边"建构出"柄""边"异同相交的比喻修辞文本。谭汝为依据钱钟书的"二柄多边"理论对此已经作了较为完美的梳理,归纳出了比喻修辞文本中"柄""边"的异同规律。谭先生归纳出了四种类型,即柄同边异、柄异边同、同柄同边、异柄异边,并对每一种类型作了较为详细的实例分析。② 这无疑是对钱钟书关于比喻之"柄""边"异同认识的具体化。

按照钱钟书的比喻观,修辞实践中应该是握"柄"执"边",纵横捭阖,从容开展修辞活动,从而建构多姿多彩的比喻修辞文本。钱钟书无论是在《宋诗选注》等学术性著作中,还是在小说《围城》中都遵循了"柄""边"之间的关系准则,为读者描画了比喻修辞文本的众生相。看例子:

①船上的法国人像狗望见了家,气势顿长,举动和声音也都高亢好些。(《围城》)

②(鸿渐)像在外国挨了打的狗夹着尾巴窜回家。(《围城》)

③鸿渐狗抖毛似的抖擞身子……(《围城》)

④那女同志跟她的男朋友宛如诗人"尽日觅不得,有时还自来"的妙句,五个人欢喜得像遇见久别的情人,亲热得像狗迎接回家的主人。(《围城》)

⑤鸿渐没法推避,回脸吻她。这吻的分量很轻,范围很小,只仿佛清朝官场端茶送客时的把嘴唇抹一抹茶碗边,或者从前西洋法庭见证人宣誓时的把嘴唇碰一碰《圣经》,至多像那些信女们吻西藏活佛或罗马教皇的大脚趾,一种敬而远之的亲近。(《围城》)

---

① 钱钟书. 管锥编. 北京:中华书局,1979. 40.

② 谭汝为. "比喻二柄多边说"论析. 云梦学刊,1997(3):100~103.

例①～④中，本体分别为"法国人""鸿渐""五个人"，都用了一个喻体"狗"，都是以"狗"取喻，喻体都具有鄙视、嘲讽的贬义色彩，坚持同"柄"造喻。而这些比喻中的"边"却不尽相同，四个比喻放在一起来看即为"同柄异边"造喻，分开来看各例即为"同柄同边"。例①取的是"狗仗人势"之性情，例②取的是"灰心丧气"之情态，例③取的是"身子抖擞"之动感，例④取的是"热情亲近"之神情。同样的喻体"狗"，却"非止一性一能，不限于一功一效"，在不同的语境中由于不同的需要各取其不同的"边"，这就创拟出了"同柄异边"之比喻。例⑤本体相同，喻体不同。比喻之"柄"相同，都有诙谐、幽默的感情色彩；比喻之"边"则并非是单一的，每一种事象都含有三"边"，即"分量很轻""范围很小""敬而远之"。所以，该例实际上就是握一"柄"而执三"边"创造出的"同柄异边"博喻修辞文本。至于"异柄同边""异柄异边"之比喻，在《围城》等作品中也有用例，限于篇幅，此不列举。

### （四）喻体"取材之多样化"原则

按照成说，比喻的修辞功能主要表现为，使深奥的道理浅显化，使抽象的事物具体化，使概括的东西形象化。比喻的这些功效来自于喻体的选材上，也就是说由什么样的事象和物象作喻体。平时人们设喻时也会尽量地满足比喻的这些功能要求，在喻体的选择上注重常见性、易懂性，也就是要遵循喻体选择的熟知性原则。钱钟书对比喻理解独辟蹊径，在他看来熟知性的喻体自然可以很好地说明本体，从而创造出一个贴切的比喻修辞格式，这是比喻修辞文本的常态；但生僻的、抽象的、深奥的东西也可以用来作为喻体去描绘本体，深入浅出，从而创造出更为别致的比喻修辞文本，这时比喻则具有相反的修辞功效，那就是以"深奥"喻"浅显"，以"抽象"喻"具体"，以"概括"喻"形象"；此外，比喻当然还能够以"抽象"喻"抽象"，以"具体"喻"具体"。再加上喻之"柄"和"边"的因素，喻体的选材就不限于熟知的事物，也不限于高雅的东西。钱钟书认为作诗"乃谓心兵意匠，万物随其挥斥模范"[1]，并说"比喻正是文学语言的特点"[2]"文学语言的擅长"[3]，所以在一定的语言环境中，只要能够满足解说本体的需要，什么样的材料都可以作为选择的对象。喻体的选材应该具有广泛性，"取类"应该是"无常"的，而不应该只是局限于熟知的东西。

李忠初等曾撰文梳理过钱钟书关于喻体选材的主张。认为，钱钟书谈取喻的规律主要有两条：一条是"近取诸身"；另一条是"取鄙琐物"。[4] 在笔者看来，钱钟书取

① 钱钟书. 谈艺录. 北京：中华书局，1984. 114.
② 钱钟书. 七缀集·读《拉奥孔》. 上海：上海古籍出版社，1985. 42.
③ 钱钟书. 七缀集·读《拉奥孔》. 上海：上海古籍出版社，1985. 44.
④ 李忠初. 喻苑巨擘——浅论钱钟书在比喻理论上的杰出贡献. 湘潭大学学报（社会科学版），1994（1）：42～47.

材的总原则是"取类无常"。在这个总原则下又有两个分原则，一是用浅显、具体、形象的物象或事象比喻深奥、抽象、概括的物象或事象，即所谓"近取诸身""取鄙琐物"；二是用深奥、抽象、概括的事象或物象来比喻浅显、具体、形象的事象或物象，那就是"取玄妙之象"为喻。这两条是"取喻无常"说的具体化表现。第一条和王充的论断一脉相承。王充在《论衡》中所说"何以为辩，喻深以浅；何以为智，喻难以易"，实际上就是要求取喻应该以"浅""易"见长。第二条则是发常人之未发，更是钱钟书对比喻理论的重大贡献。

钱钟书在《管锥编·全汉文卷五六》中拈出"近取诸身"的规律。他说："贾让《奏治河三策》：'夫土之有川，犹人之有口，治土而防其川，犹止儿啼而塞其口。'""《淮南子·氾论训》：'故目中有疵，不害于亲，不可灼也；喉中有病，无害于息，不可凿也'，近取诸身，命意正同。"① 钱钟书通过对古代话语文本用例的分析，认为例中以"口"喻"川"、以"止儿啼而塞其口"喻"治土而防其川"，又以"灼目""凿喉"为喻，都是取材于人的身体部位等生理现象。钱钟书在《谈艺录·随园主性灵》中也说："随园论诗主性灵，薄格律，亦曰：'诗是性情，近取诸身足矣。'"② 虽为论诗，强调"学力成熟"，但作文设喻，自然还是把"近取诸身"作为取材的一种好方法。

钱钟书在《谈艺录·随园主性灵》中说："今日之性灵，适昔日学问之化而相忘，习惯以成自然者也。神来兴发，意得手随，洋洋只知写吾胸中之所有，沛然觉肺肝所流出，人己古新之界，盖超越而两忘之。故不仅发肤心性为'我'，即身外之物、意中之人，凡足以应我需、牵我情、供我用者，亦莫非我有。"③ 从比喻建构的角度来理解，这些关于诗之性灵的论断也可以说是对比喻选材的"无常"规律所作的最恰当的说明。钱钟书主张比喻的建构要"取譬于家常切要之鄙琐事物，高远者狎言之，洪大者纤言之"④，认为比喻的建构可以是信笔所致，完全可以用鄙琐事物作为喻体，来挥洒表达主体的心思和情感。钱钟书在论著中对这种取材的原则还引用了大量的实例进行了说明。钱钟书举到的例子如：《野获编》载周如斗、胡宗宪联句"瓶倒壶撤溺"；《柳南随笔》载某禅师雪诗"天公大吐痰"；《樵说》载或仿李白诗"小时不识雨，只当天下痢"；袁励准《登看云起亭子逢大雷雨》"冻雨欲来天霍乱"等。这些用例中的比喻都取鄙琐之物，但由于表达主体的巧妙处理，有的比喻则变俗为雅，读来觉得非常有趣。

"玄妙之象"是笔者的定义，而且是一种借代说法。我们虽然没有发现钱钟书明

---

① 钱钟书. 管锥编. 北京：中华书局，1979. 964.
② 钱钟书. 谈艺录. 北京：中华书局，1984. 204.
③ 钱钟书. 谈艺录. 北京：中华书局，1984. 206.
④ 钱钟书. 管锥编. 北京：中华书局，1979. 748.

确提出"取玄妙之象"的主张，但他的论诗说文和大量的比喻建构实践能够充分证明他的"取玄妙之象"思想。以"取玄妙之象"为喻的"玄妙之象"，包括了深奥、抽象、概括、虚幻、生僻的事象和物象，它们都可以拿来作为喻体。正如前文所说，就是要反比喻建构取材的一般之道，而以"深奥"喻"浅显"，以"抽象"喻"具体"，以"概括"喻"形象"，以"抽象"喻"抽象"，以"虚幻"喻"现实"，以"生僻"喻"熟知"。钱钟书在《管锥编·毛诗正义·行露》中举例说："'谁谓雀无角？何以穿我屋！谁谓鼠无牙？何以穿我墉！'"现实中，雀本无角，鼠实有牙，"于是明清以来，或求之于古训，或验之于禽兽，取为之解，以圆其说"①。其实，这些是比喻丛生的诗化语言。对此，钱钟书认为不能完全以客观事实来推断，不能用形式逻辑的眼光来看待。这也正如宗廷虎所论："因为比喻只取相似点，本体和喻体只能'约略仿佛''合而仍离，同而存异，不能取彼代此，纳此入彼'，因此不能将喻体'作实当真''毫发无差'。"② 人们造喻时由于心理联想机制的作用，使得"诗之情味每与敷藻立喻之合乎事理成反比例"③，所以完全可以选择虚幻、玄妙之事象或物象作为喻体来建构比喻修辞文本。钱钟书在《管锥编·毛诗正义·乾》中说："《正义》曰：'或有实象，或有假象。实象者若地上有水，地中生木升也；皆非虚言，故言实也。假象者，若天在山中，风自火出；如此之类，实无此象，假而为义，故谓之假也'。是'象'也者，大似维果所谓以想象体示概念。"④ 例中"天在山中，风自火出"自然是假"象"，即虚幻之象、玄妙之象。举一类而反其三，可以推知钱钟书对于喻体选材的主张是不拘于"实"的，"虚"也不失为喻体的好材料。这一点在其修辞实践中表现得尤为充分。

在修辞实践中，钱钟书对喻体的选材毫无保留地坚持了"取类无常"的原则，做到了如刘勰所说"夫'比'之为义，取类不常：或喻于声，或方于貌，或拟于心，或譬于事"⑤，充分展示了喻体选择的多样化特征。从小说《围城》中的比喻修辞文本用例就可看出钱钟书"取类无常"的选材原则对其修辞实践的统领作用。《围城》中喻体选择的范围非常宽广，哲学、艺术、宗教、文学、语言、军事、外交、时事、历史、动物、植物、山川、传统文化、现实弊垢、民俗民风、神话寓言、衣食住行、日常琐事、人类生理现象等无所不有，都被钱钟书用作了喻体。这里，仅摄取本体和喻体举例性地两两相对罗列于此，以作实证。

---

① 钱钟书. 管锥编. 北京：中华书局，1979. 74.

② 宗廷虎. 钱钟书的理解修辞理论. 平顶山师专学报，2000（1）：34～36；中国人民大学报刊复印资料·语言文字学，2000（6）.

③ 钱钟书. 管锥编. 北京：中华书局，1979. 74.

④ 钱钟书. 管锥编. 北京：中华书局，1979. 11.

⑤ 周振甫. 文心雕龙选译. 北京：中华书局，1980. 211.

| 本体 | 喻体 |
|---|---|
| 传统的批评家 | 清官判断家务事 |
| 自卑的心理 | 战时的物价 |
| 泥 | 贪官刮的地皮 |
| 车 | 大官僚/小女郎 |
| 当系主任 | 结婚 |
| 讲师 | 通房丫头 |
| 教授 | 夫人 |
| 副教授 | 如夫人 |
| 鸿渐的猜疑 | 燕子掠过水 |
| 方遯翁叫喊 | 母鸡下了蛋的叫喊 |
| 罗素、陈散原这些名字 | 上等哈瓦那雪茄 |
| 同路的人到达目的地 | 一个波浪里的水打到岸边 |
| 大眼珠 | 哲学家谢林的"绝对观念"/手枪里弹出的子弹 |
| 大学 | 休息的摇篮 |
| 那声气哗啦哗啦 | 风涛澎湃/狼吞虎咽 |
| 结婚 | 金漆的鸟笼 |
| 艳 | 桃李 |
| 冷 | 冰霜 |
| 她站起来，提了大草帽的缨 | 希腊的打猎女神提着盾牌 |
| 文凭 | 亚当、夏娃下身的那片树叶 |
| 丈夫 | 零号 |
| 呕吐 | 打哈欠 |
| 拍马屁 | 恋爱 |
| 物价 | 断了线的风筝/得道成仙 |
| 女人的大眼睛 | 政治家讲的大话 |
| …… | |

其中，"打呵欠"等即为"近取诸身"，以生理现象来比喻生理现象；"母鸡下了蛋的叫喊"等即为"取鄙琐物"，以形象比喻形象；"哲学家谢林的'绝对观念'""政治家讲的大话"等即为"取玄妙之象"，以抽象的哲学概念和空洞的说教比喻具体的、可观感的物象"大眼睛"等等。钱钟书利用"柄""边"交互、喻词缺失或不同的喻词等手段，提取不同物象或事象间的相似点，使本体和喻体有机组合，创造出了色彩各异、形态万千的比喻修辞文本。上述喻体取材的规律在《围城》所建构的明喻、暗喻、借喻、博喻、较喻、倒喻、缩喻、反喻、互喻、回喻、曲喻、扩喻、讽喻

等形式中都有不同程度的反映。

综上所述，钱钟书依据对比喻修辞格式的独特感受和比喻建构的修辞实践，提出并论证了自己鲜明而深刻的比喻观。其深邃的比喻思想主要体现在比喻修辞文本的建构上。作为比喻的建构要素本体和喻体必须是两类性质不同的事物，而且它们之间必须有相似点，也就是要做到"凡喻必以非类""凡比必于其伦"，这是比喻修辞文本建构的两个必要的前提。从比喻的色彩上看。可褒可贬、可喜可恶、可雅可俗。从性能和功效上看。"非止一性一能，不限于一功一效"，也就是说"比喻有两柄而复具多边"；而且，在建构比喻修辞文本时要"握柄执边"，结合具体语境和语用需要作出取舍。在喻体的选材方面，以"取类无常"为总原则，把"近取诸身""取鄙琐物""取玄妙之象"作为具体标准和分原则。正是由于这种比喻思想的普照和润泽，在钱钟书的小说和学术论著中也就不乏生动活泼的千姿百态的比喻修辞文本。钱钟书的比喻观给比喻理论的学习者和研究者以非常有益的启迪，拓宽了比喻理论研究和比喻建构实践的思路，是比喻修辞文本建构实践的重要理论武器，也是对比喻理论研究和汉语修辞学研究的重大贡献。

### 三、定心式比喻的构拟及其修辞语义表达

比喻的类型是异常丰富复杂的，正如前文所说就有博喻、曲喻、明喻、暗喻、借喻、属喻、引喻、曲喻、联喻、回喻、缩喻、逆喻、对喻、顶喻、疑喻、合喻、弱喻、等喻、强喻、较喻、讽喻、物喻、事喻、潜喻、反喻、互喻等变体形式之分。定心式比喻则是从比喻的表层句法构造角度来考察比喻的。本节所谓定心式比喻，是指在句法上采用定语加中心语的手段构成的比喻。如"蛋圆的洋镜""像蛋一样圆的洋镜""蛋一样圆的洋镜"等。构成这种比喻的定语与中心语之间常常靠结构助词"的"连接。这里要讨论的是，定心式比喻的表现形式及其修辞语义内涵。

#### （一）定心式比喻的语义结构

定心式比喻是明喻或暗喻的变型，它本身又有多种具体表现形式。根据构成比喻的要素本体——（记作 S）、喻体（记作 O）、喻词（记作 B）、相似点（记作 X）的隐现情况及出现的位置，我们把定心式比喻的具体式样描述如下。

1. 由本体和喻体构成的

（1）SO 型。这种形式的比喻是反客为主，用本体修饰喻体，本体是修饰语，喻体是中心语。如：

> ①心灵的琴弦，一旦被拨动了，就难以停止它的颤动。（鲁彦周《天云山传奇》）
> ②爱情之树仍叶绿枝壮。（雁翼《爱的思索》）
> ③马列主义阳光普照大地。

例①中，"心灵"是本体，"琴弦"是喻体，二者借助于结构助词"的"形成定心结构，意为"心灵像琴弦一样"。例②中，本体"爱情"借助于助词"之"修饰了喻体"树"，构成定心式比喻，意为"爱情像树一样"。例③中，本体"马列主义"与喻体"阳光"之间没有出现"的""之"等助词，但同样具有修饰与被修饰的关系。"马列主义"作为定语修饰了中心语"阳光"，意为"马列主义像阳光一样"。

（2）OS 型。与 SO 型相反，OS 型中，喻体是修饰语，本体是中心语。如：

　　①他们具有火的热情。
　　②一把把翡翠的伞撑起来了——
　　一棵树就是一朵绿色的云。（聪聪《绿色的云》）

例①中，喻体"火"修饰限制了本体"热情"，意为"热情像火一样"。例②的第一句话是比喻中用的比喻，其中"翡翠"是喻体，作了修饰语；"伞"是本体，作了中心语意为"伞像翡翠一样"。

2．由本体、喻体、喻词构成的

（1）$B_1OS$ 型。出现在此式的喻体为"像""变成""成为""宛如""犹如"等。

这些喻词具有动词功能，都带了喻体作的宾语，形成动宾短语。这个动宾短语又修饰限制了本体。其结构框架是：（$B_1$ + O）+S 型。如：

　　①像宝石的爱情是经受得起考验的。
　　②成了没头苍蝇的士兵们被我们打得落花流水。

例①中，喻词"像"带了喻体"宝石"这个宾语，形成的动宾短语修饰了本体"爱情"，意为"爱情像宝石一样"。例②中，喻词"成"与喻体"没头苍蝇"组合，作为一个整体修饰了本体"士兵们"，意为"士兵成了没头苍蝇"。

（2）$OB_2S$ 型。与 $B_1OS$ 型不同，出现在此式中的喻词为"似的""一般""一样"等比况助词。它们附着在喻体之后，形成的比况短语作了修饰语，修饰了本体。其结构框架是：（O + $B_2$）+S。如：

　　①流动的眼睛，软润的领颊，玉葱似的鼻，柳叶似的眉，桃绽似的唇，衬着蓬乱的头发。（落花生《缀网劳蛛》）
　　②那火盆般的太阳已到了水平线上。（卢隐《海滨故人》）

例①中连用了三个定心式比喻。其中"玉葱""柳叶""桃绽"是喻体，分别和喻词"似的"构成比况短语。这三个比况短语又分别作了本体"鼻""眉""唇"的修饰语。意思是说，"鼻像玉葱似的""眉像柳叶似的""唇像桃绽似的"。例②中，喻体"火盆"与喻词"般"形成的比况短语，借助于结构助词"的"与本体"太阳"形成定心关系。意为"太阳像火盆一样"。

（3）$B_1OB_2S$ 型。出现在此式中的喻词都是成套的，如"像……一样""如……一般""像……似的"等。在成套的喻词中嵌入喻体，形成的比况短语作为修饰语修饰了本体①，其结构框架是 $[（B_1+O）+B_2]+S$。如：

像海水一样的江南春吸引了无数游客。

例中喻词"像……一样"中插入了喻体"海水"形成比况短语。这个比况短语修饰了本体"江南春"，意为"江南春像海水一样"。

3．由本体、喻体、相似点构成的

没有喻词出现的定心式比喻，表现为 OXS 型。其结构框架是：$（O+X）+S$。如：

①有些女人的预算里还有一面蛋圆的洋镜。（叶圣陶《多收了三五斗》）
②碗口粗的柏树就稀罕得不得了。（史铁生《我的遥远的清平湾》）

例①中，"蛋"为喻体，"圆"为相似点，"蛋"作为状语描述了作为中心语"圆"的形状特征。二者构成的状心结构，借助于"的"修饰了本体"洋镜"，意为"洋镜像蛋一样圆"。例②中，"粗"是本体"柏树"与喻体"碗口"的相似点，它和喻体"碗口"形成状心结构作了本体"柏树"的修饰语，意为"柏树像碗口一样粗"。

4．由本体、喻体、喻词、相似点构成的

（1）$B_1OXS$ 型。"像""如"等喻词和喻体以相似点为核心，构成的状心结构，作了本体的修饰语。其结构框架是：$[（O+B_2）+X]+S$。如：

他昨天捉了一条如筷子长的毒蛇。

例中喻词"如"与喻体"筷子"组成的动宾短语，又与相似点"长"形成状心结构。这个状心结构借助"的"修饰了本体"毒蛇"，意为"毒蛇如筷子一样长"。

（2）$OB_2XS$ 型。"似的""一般"等喻词附着在喻体之后形成的比况短语，又与相似点构成状心结构。这个状心结构作了本体的修饰语。其结构框架是：$[（O+B_2）+X]+S$。如：

--------

① 采用了邢福义对此类结构的分析结果。可参阅邢福义《"像·（名·似的）"还是"（像·名）·似的"？》（见《汉语学习》1987 年第 3 期）。

海水一样浓的江南春吸引了无数游客。

例中，喻体"海水"和喻词"一样"形成的比况短语，修饰了相似点"浓"构成"海水一样浓"这个状心短语。"海水一样浓"又借助于"的"作了本体"江南春"的修饰语，意为"江南春像海水一样浓"。

（3）$B_1OB_2XS$ 型。成套运用的喻词中间嵌入喻体构成比况短语，用以描绘相似点的具体形象特征，从而形成状心短语。这个状心短语又作了本体的修饰语。其结构框架是：$[（<B_1+O>+B_2）+X]+S$。如：

天上飘着像鹅毛片一样大的雪花。

在喻体"像……一样"中插入了喻体"鹅毛片"，"像鹅毛片一样"与相似点"大"形成的状心结构又修饰了本体"雪花"，意为"雪花像鹅毛片一样大"。

（4）$XB_1OS$ 型。"像""宛如"等喻词和喻体组成动宾短语，去补充说明相似点，从而形成补充短语。这个补充短语又修饰了本体。其结构框架是：$[X+（B_1+O）]+S$。如：

①白得像雪的罗衣。
②红得像火的晚霞带给他无限的遐想。

例①中，"白"是本体"罗衣"与喻体"雪"的相似点。"白得像雪"作为补充短语修饰了"罗衣"，意为"罗衣白得像雪"。例②同理。

（5）$XOB_2S$ 型。"似的""一样"等喻词附着在喻体之后形成的比况短语，补充说明了相似点的具体形象特征，从而形成补充短语。这个补充短语又作了本体的修饰语。其结构框架是：$[X+（O+B_2）]+S$。如：

圆得露珠一样的鸟声真令人心醉。

例中，喻体"露珠"与喻词"一样"组成的比况短语补充说明了相似点"圆"。"圆得露珠一样"这个补充又作了本体"鸟声"的修饰成分，意为"鸟声像露珠一样圆"。

（6）$XB_1OB_2S$ 型。成套运用的喻词中间嵌入喻体构成比况短语，去补充说明了相似点，从而形成补充短语。这个补充短语又作了本体的修饰语。其结构框架是：$[X+（<B_1+O>+B_2）+S]$。如：

①在黄苍未熟的稻田中间，在弯曲同白线似的乡间的官道上面……（郁达夫《沉沦》）

②她梳着奇异像蝉翼般的头。（卢隐《海滨故人》）

例①中，喻词"同……似的"中插入喻体"白线"形成的比况短语，作了相似点"弯曲"的补充说明成分，从而形成补充短语。这个补充短语又作了本体"官道"的修饰语，意为"官道像白线一样弯曲"。例②中，"像蝉翼般"这个由喻词和喻体组合而成的比况短语，补充说明了相似点"奇异"，从而形成补充短语。这个补充短语又作了本体"头"的修饰语，意为"头像蝉翼一般奇异"。

**（二）定心式比喻的构成要素**

比喻有四个构成要素，即本体、喻体、比喻词和相似点。那么，这四个要素都分别依赖于什么语言材料才能合理构建呢？

1. **本体和喻体的构成**

名词性成分只要表示了具有相似点的不同质的事物，都可以充当本体和喻体出现在上述框架中，形成定心式比喻。这也是一般比喻的构成条件。如：

我们要用马列主义理论的望远镜和显微镜，观察事物，分析问题。（毛泽东《改造我们的学习》）

其中，本体"马列主义理论"与喻体"望远镜和显微镜"都是名词性成分，且是不同类事物，但它们在看得远，看得仔细、深刻、透彻等方面是相通的，因此就形成了一个很好的定心式比喻。

2. **比喻词的构成**

比喻词，或者是非动作动词，如"像""如""有""同""变成"等；或者是比况助词，如"一样""一般""似的"等；或者是非动作动词加上比况助词，如"像……一般""如……似的"等。例同上文。

3. **相似点的构成**

相似点是比喻构成的基础，本体和语体就是依靠相似点连接在一起的。相似点都由形容词来充当，但在具体的框架中对表现相似点的形容词是有限制的。一方面要选用能够说明相似点的形容词，另一方面是在这一前提下，选用能够使定心式比喻在语义上成立的形容词。前者是修辞层面上的，后者是语义层面上的。前者不难理解，后者是比较复杂的。这里仅对后者略加说明。

在 OXS、$B_0XS$ 型中，如果是计量形容词充当相似点，那么都应该是表示程度高的无标志单位①，可以理解为形容词自身的意义，也可以是相反的意义；表示程度低的有标志单位不可以进入，否则定心式比喻不能成立。关于这一点，我们在本章"'芝麻大的官'及相类修辞结构的修辞语义"一节中已有详细论述。这里再举例加以说明。如：

①河里到处是鸡蛋大的鹅卵石。
＊②河里到处是鸡蛋小的鹅卵石
③像碗口粗的树就稀罕得不得了。
＊④像碗口细的树就稀罕得不得了。

例①中，"鸡蛋大的鹅卵石"是 OXS 型，表示程度高的计量形容词"大"，是无标志单位，充当了相似点。在句中，可以理解为"大"自身的意义，这时句意是说"鹅卵石大"；也可以理解为"大"的反义词"小"，这时句意是说"鹅卵石小"；还可以理解为"大小"，这时句意是说"鹅卵石有鸡蛋一样大小"。例②中，表示程度低的计量形容词"小"，是有标志单位，充当了相似点。在句中，只能理解为自身的意义，但这种说法在现实中是不存在的。例③中，"像碗口粗的树"是 B₁OXS 型，表示程度高的计量形容词"粗"，是无标志单位，充当了相似点。在例中，因受下文"就稀罕得不得了"语意的影响，"粗"应理解为反义"细"，这时句意是说"树细"。但同样的语意，把表示程度高的形容词"粗"替换成表示程度低的形容词"细"时，形成的例④是不能成立的。当然，有时表示程度高和表示程度低的计量形容词，可同时出现。这时只是对情况的一种说明，并没有强调程度高或程度低。如：

他手中摆弄着的是一个有拳头大小的梨木烟斗。(张炜《秋天的愤怒》)

句中"有拳头大小的梨木烟斗"是 B₁OXS 型定心式比喻，"大"和"小"是一组反义词，它们共同表示了本体"烟斗"与喻体"拳头"在形体大小语义范畴内的相似点。这时把"烟斗"与"拳头"在大小上作的比较。这时句意的理解和本节例①的第三种解释相同。

所有计量形容词，可以出现在 OXS、B₁OXS 型以外的任何框架内；非计量形容词可以进入包括 OXS、B₁OXS 型在内的任何框架中，而且都是有标志单位，只理解为自身的意义。这里就非计量形容词仅举一例说明。

她那樱桃红的小嘴时开时合。

_____

① 关于有无标志单位的内涵可参阅侯瑞隆《语境和形容词的有无标志单位》(见《汉语学习》1986 年第 5 期)。

　　例中"樱桃红的小嘴"是 OXS 型定心式比喻，作为本体"小嘴"和喻体"樱桃"的相同点的"红"，是非计量形容词，是有标志单位，只能理解为自身的意义"红"，绝对不能理解为与"红"相对或相反的的意思，如"绿""白"等。

### （三）定心式比喻的修辞性能

#### 1. 可以转换为明喻或暗喻

　　上文已经提及，定心式比喻都是明喻或暗喻的变型，因此都可以转换为明喻或暗喻。

　　我们所描述的定心式比喻中，没有出现喻词的 SO 型、OS 型、OXS 型，以及出现标示明喻喻词的定心式比喻，都可以转换为常式明喻，形成"S 像 O 一样（X）"。如：

　　　　①芜秽的心田里只是误会的蔓草，毒害同情的种子，更没有收获的希冀。（徐志摩《泰戈尔》）
　　　　②他把瓶底厚的眼镜扔到了床上。
　　　　③那像玉一样白的面庞已像是被胭脂涂过一样。

　　例①中，"误会的蔓草"是 SO 型，可以转换为"误会像蔓草一样"。例②中，"瓶底厚的眼镜"是 OXS 型，可以转换为"眼镜像瓶底一样厚"。例③中，"像玉一样白的面庞"是 $B_1OB_2XS$ 型，其中出现了标示明喻的喻词，可转换为"面庞像玉一样白"。

　　出现标示暗喻喻词的定心式比喻，都可转换为常式暗喻，形成"S 变成 O"。如：

　　　　成了摇钱树、聚宝盆的水塘每年可打捞 7000 公斤的鱼虾。

　　例中"成"是标示暗喻的喻词，"成了摇钱树、聚宝盆的水塘"是 $B_1OS$ 型，可转换为"水塘成了摇钱树、聚宝盆"。

#### 2. 具有鲜明的修辞效果

　　定心式比喻除和一般比喻一样具有生动形象这一种修辞效果外，还具有含蓄、信息量大、结构紧凑，便于叙述和描写等修辞功能。如：

　　　　①一条美丽的小船，
　　　　　停泊在心灵的海洋，
　　　　　这感情的潮水啊，
　　　　　时刻在翻滚波浪。
　　　　②狂风夹着鸡蛋那样大的冰雹……
　　　　③你只能循着那锦带似的林木想象那一流清浅。（徐志摩《我所知道的康桥》）

例①中，喻体"海洋"和"潮水"反客为主，分别作为本体"心灵"与"感情"的被修饰成分，成为叙述的焦点。句中不直接说明"心灵像海洋一样宽广、深邃"，也不说"感情像潮水一样汹涌澎湃"，使句意显得含蓄，耐人寻味，收到言尽而意不尽的效果，而且也便于叙事、抒情。第一句说"一条美丽的小船"，第二句中"心灵的海洋"这一定心式比喻，就是顺着第一句的语意顺势说出来的，这样说既合情又合理，同时也保持了叙述的视觉不变，而且"船—停泊—海洋"也合乎正常逻辑事理的要求。如果说成"停泊在海洋一样的心灵"，不是不可以，只是没有"停泊在心灵的海洋"来得顺当自然。例②中，"鸡蛋那样大的冰雹"这一定心式比喻蕴含了两个语义信息：一是冰雹大，二是像鸡蛋一样大。而且这一定心式比喻在结构上是紧凑周密的，它作为一个整体出现在句子中，除便于叙述和描绘外，也避免了语文上的重复、啰唆。如果我们在不减少信息量的前提下，把这个例子改写为：

狂风夹着冰雹，冰雹像鸡蛋那样大。

这样变动，句子的信息量没有减少，但句子显得冗长、不简洁；结构也显得松散，缺乏紧凑感和气势；同时叙述起来也比较别扭，似乎"冰雹像鸡蛋那样大"是追补成分，因此没有原句顺当有力。例③同理。

定心式比喻是一种表现形式较为复杂的比喻，它是明喻或暗喻的变型。其内部的语义构成主要表现为本体、喻体、喻词和相似点构成成分的选择上，这种比喻可转换为常式的明喻或暗喻，并具有生动形象、结构紧凑，便于叙述、描绘和抒情等修辞效应。

## 第三节　夸饰构拟及其修辞语义蕴含

### 一、夸饰的内涵与特点

言语表达的过程中，尤其是口语表达时人们总是喜欢运用含有夸饰意味的语句和口吻来强调所要表达的某个语意，在女性语体中这一点表现得更为突出。刘勰在《文心雕龙·夸饰》中说："形器易写，壮辞可得喻其真。"[①] 刘勰的"壮辞"其实就是夸饰，也就是现在学界所说的夸张。按照刘勰的观点，表达主体在话语表达的过程中，为了更能够突出事物的本质特征，就应该把事物描写得更加生动形象，而运用夸饰性话语是揭示事物本质真实的重要手段。这是刘勰夸饰论的重要命题。这种观点不仅强调了夸饰所具有的功能特征，而且也充分肯定了夸饰存在的必然性。《现代汉语词典》

① （南朝梁）刘勰. 文心雕龙. 王运熙，周锋译注. 上海：上海古籍出版社，2010. 176.

解释说，夸饰是"夸张地修饰"①。在人们的意识中，"夸饰"和"夸张"是一回事，为了避免混淆，本节不称"夸张"而称"夸饰"。笔者依据前人对"夸饰"的解释和个人的感受，认为夸饰就是在一定的语境中，表达者为了故意强化所要表达的某个语意的轻重程度和表意效果，主观上有意识地利用语气、词语、句式、辞格等手段，而形成的具有强化意味的修辞文本。如：

> "你这人最坏！"（《围城》②）
> "你老太爷家教好，你做人规矩，不会闹什么自由恋爱，自由恋爱没有一个好结果的。"（《围城》）

这两例中，第一例是夸饰，第二例中含有夸饰。其中第一例用程度副词"最"和感叹语气来强化"坏"的程度之重；第二例则用"没有一个"这种全称否定性判断来突出自由恋爱成功的数量之少。这些情况下，表达主体关注的是说话时个人的心理感受，有意识地把所说的事物的情状、性质等往程度重的一面作酣畅淋漓地描绘，而并不在意与客观物理世界的真实性的吻合程度和距离的远近。

我们以上所给出的夸饰的这种内涵，明确地指出夸饰是对事情、事物或情感作主观上的渲染，以引起受话者的强烈共鸣，从而凸显所要表达的语意和情感。所以，可以认为通常人们所谓的夸张只是夸饰中的一部分内容，或者说夸张是夸饰修辞文本的建构方式之一，夸饰包括了夸张修辞格式。

根据对大量交际事实和会话语料的观察和分析，我们认为夸饰主要有如下特点：

其一，夸饰只是为了故意强化所要表达的某个语意的轻重程度和表意效果，而形成的具有浓重情感意味的抒情性话语，在语意、情感、语气、语调、情态上是故意地作出超常的夸张，对客观的事物和人作扩大的、缩小或超前性的描述。比如：

> "这人讨厌！你看他吃相多坏！全不像在外国住过的。"（《围城》）

该例只是一般的句子，用例没有运用积极的修辞方式；内容上是对方鸿渐吃饭情况的评价，是表达主体个人感受的抒发，但由于程度副词"多"、总括性副词"全"和整个句子的语气、语调的作用，该例便具有很明显的夸饰性色彩。又如：

> ①我校美女一回头，吓死河边一头牛；我校美女二回头，大庆油田不产油；我校美女三回头，乔丹改打乒乓球；我校美女四回头，长江黄河已断流。（校园

---

① 中国社会科学院语言研究所词典编辑室. 现代汉语词典. 北京：商务印书馆，2002.
② 钱钟书. 围城. 北京：人民文学出版社，2003.

流行语）

　　②红军不怕远征难，万水千山只等闲。五岭逶迤腾细浪，乌蒙磅礴走泥丸。金沙水拍云崖暖，大渡桥横铁索寒。更喜岷山千里雪，三军过后尽开颜。（毛泽东《长征》）

　　③日照香炉生紫烟，遥看瀑布挂前川。飞流直下三千尺，疑是银河落九天。（李白《望庐山瀑布》）

　　④白发三千丈，缘愁似个长。（李白《秋浦歌》）

　　这些用例都是夸张，故意言过其实，为了真实而在客观基础上做了虚化处理。生成的修辞语义在于虚虚实实之间，给人以新奇感。

　　其二，夸饰大多突出的是表达主体的内心感受，要以特别的口气和语言形式毫不掩饰地来倾泻自己的情感，具有浓重的主观色彩。部分由纯粹的夸张构成的夸饰虽也注重表达主体的内心感受，但一定要以客观物理世界的真实性为基础。

　　其三，夸饰往往是直白的自然的，语意是清楚明确的，毫无掩饰性，不需要借助于心理联想的作用就可以感受到夸饰的意味。但也有些夸饰则需要借助于夸张、比喻、借代、比拟等修辞手段构成，从而使夸饰语句带有更多的描绘性。这种情况下，语意虽也显豁，但有时夸饰意味不太明显，需要接受主体仔细揣摩才能做合理的解释，因此要有更多的心理联想机制的参与。

　　其四，夸饰虽也由多种手段构成，但一般要借助于特定的语气、语调才能使夸饰的意味显现出来，所以夸饰带有更多的口语性，多出现在口头语体、文学语体和政论语体。部分由夸张等修辞手段构成的夸饰所表现出的夸饰意味主要不是靠语气来体现的，而主要是通过对语言形式所负载的语意内容和现实情况作比较来体会的。如果有语气、语调的参与，夸饰的意味就会更强烈、更浓厚。

## 二、夸饰的建构手段

　　夸饰是在语言运用的过程中产生的。表达主体在建构夸饰修辞文本时可以采用多种多样的手段，这些手段既有语言要素方面的，也有修辞方面的。我们知道，语言有语音、词汇和语法三个要素，这三个要素都可以拿来作为建构夸饰的材料和手段。也许有些语言要素本身并没有什么夸饰的意味，但当把它们置于一定的语用环境中以后，这些要素就会具备夸饰的色彩。修辞方面的手段，主要是把一些修辞格式作为建构夸饰的方式。由于夸饰的形成往往是综合性地运用多种手段，为了更明晰起见本节有所侧重地分述如下几种手段。

### （一）词语手段

　　现代汉语词汇中，有不少词语本身就具有相当丰富的修辞内涵。这修辞内涵就包括了词语本身的色彩意义，而在这里这种色彩意义主要指的就是词语的夸饰性色彩。

比如《围城》中运用的具有夸饰性色彩的词语很多，根据统计和观察主要有以下这些：

> 真、只、惯、特、白、全、死、准、最、半句、成天、一辈子、昏天黑地、绝、极、太、透、更、很、快、偏、又、反正、那么、不得了、半个子儿、够、再、早、次、总、老、蛮、屡、多、干净、整个、赶早、一五一十、立刻、常常、万一、这么、根本、一定、至少、多少、这样、那样、实在、从来、简直

这些词语大多为副词性的，也有的是形容词性的。根据对《围城》中与方鸿渐关系密切的苏文纨、唐晓芙、孙柔嘉、鲍小姐等四位女性用语的考察，这些具有夸饰性色彩的词语中用于表示夸饰意义的，"真"用了 37 次，"很"用了 33 次，"全"用了 21 次，"太"用了 17 次，"早"用了 15 次，"这样"用了 14 次，它们出现的频率是很大的。当然，表达主体运用这些词语来表示夸饰意义的时候，有时也要借助于其他手段。如：

> ①让他来，我最喜欢小孩。(《围城》)
> ②麻烦死了。(《围城》)
> ③做错了事，事后怪人，你们男人的脾气全这样。(《围城》)

例①是"一向瞧不起这位寒碜的孙太太，而且最不喜欢小孩子"的苏文纨在孙太太几句奉承的话使自己的虚荣心得到了满足之后，因为欢喜兴奋而说出的用来迎合孙太太的修辞话语。句子中的夸饰性色彩靠的就是副词"最"来体现的，极言自己非常喜欢小孩子，这是表达主体苏文纨有意识地突出的情感色彩，带有浓重的主观意味。例②用"死"这个词作为夸饰的建构手段。按照迟永长的分析，"死"可分为"死$_1$"和"死$_2$"。"死$_1$"表示生命结束，"死$_2$"是由"死$_1$"在使用中逐渐虚化引申出来的，表示了程度深和达到极点的意义。"死$_2$"由于与人们理念中失去生命所带来的悲哀痛苦相去较远，因此"死$_2$"在交际中不仅出现的频率高，而且流行也很广泛。"死$_2$"的主要作用就是它的夸张修辞功能。由于"死$_2$"主要承载程度深和达到极点的意义，这恰好适应了夸张修辞的需求。[1] 所以，在本例中"死"作为词语手段就很好地表现了表达主体的夸饰意愿。例③"你们男人的脾气全这样"这类话语，主要反映表达主体自身的感受或表达主体对客观物理世界某种性质状态的感受。鲍小姐不可能去试验世界上所有男人的脾气，为了在主观上强化对男人脾气的感受程度，表达主体选用了副词"全"作为物质载体，而副词"全"又能够充分地说明这种感受的极端程度。

---

① 迟永长. 谈汉语"死"的修辞功能. 辽宁师范大学学报（社会科学版），1998（6）：58～60.

在这里"全"这类词语表示达到极点的意义，含有言过其实的成分，具有一种极度夸张的作用。

**（二）句法手段**

所谓句法手段，就是运用较为稳定的习惯性用法或者临时组合而成的句法结构来表达和渲染主观夸饰性语意的方式。《围城》中运用到的这类句法手段主要有：不能不、非……不可、没有……不、无……不、绝对不可能、不休不歇、这个田地、没读过半句书、半个子儿没有等。如：

①鲍小姐恨道："你还乐？你乐，你给他钱，我半个子儿也没有！"（《围城》）
②除醋以外，面包、牛奶、红酒无一不酸。（《围城》）

例①中临时地把"半个子儿"和"没有"组合在一起构成主谓结构，再加上语气的作用，夸张性地强调了自己没有钱。从感情色彩上看，这就和"我没有钱"的语意有着明显的不同。前者不光输出了"没有钱"这个语意信息，而且主观上还突出强化了这一语意；后者则只是告诉对方自己没有钱这个事实，没有主观强化色彩。例②中运用"无……不"格式强调了所涉及的对象无一例外。这在句法上用的是双重否定句式，在逻辑上则是用了全称否定判断。作为双重否定句式，在这里就具有加重肯定语气的作用，极言"西菜馆"饭菜之差；作为全称否定判断，在外延上涵盖了面包、牛奶、红酒等物品，在语义上肯定了这些物品都具有"酸"的属性。

**（三）语气手段**

利用语气、语调来突出主观强化的意味是表达主体最重要的一种手段。在笔者看来，任何其他手段建构的夸饰修辞文本都离不开语气、语调的参与，语气、语调是夸饰构成的不可或缺的要素。我们知道，现代汉语中有陈述、祈使、感叹、疑问四种语气或者说是四种语调，按照构成夸饰修辞文本的运用程度依次为感叹、疑问（反问）、祈使、陈述语气。当然语气、语调是依附于一定的话语实体之上的，而不是凭空存在的。所以说，这里所说的语气手段，是根据在一个具体的句子或语言片断中强化语意的主导地位而言的。也就是说，如果一个句子或语言片断中，语气、语调最能体现其中的夸饰色彩，那么我们就认定该夸饰就是由语气手段构成的。只不过这种认定有更多的主观因素，所以有时会产生见仁见智的情况。例如：

①还是小弟弟呢！（《围城》）
②你这人怎么邋遢到这个地步。（《围城》）

例①是感叹句，其中具有较为强烈的感叹语气，这种感叹语气依附于整个句子具有强化非常"小"的作用，从而形成了极具夸饰意味的夸饰。例②是语气弱化了的疑问句，其中的"怎么"可以证明这一点，整个句子具有强化意味，是夸饰。我们认为，在这些例子中语气是主导，如果改为陈述语气，虽还是夸饰性的，但远不如感叹语气和疑问语气表示的夸饰色彩浓厚和强烈。

### （四）辞格手段

多种修辞格式都可以用来作为夸饰建构的手段，表达主体最为常用的是夸张辞式，以此来突出强化的意味。按照成说，夸张是表达主体故意地言过其实，把客观的人、事物作扩大、缩小或超前性描述，其主要目的就是凸显表达主体强烈的主观态度，渲染事物的本质特征，满足接受主体的好奇心理。作为夸饰构成手段，夸张带有表达主体更为强烈的主观意愿和更为浓重的夸饰语气，带有更多的主动性和积极性，其目的就是为了强化语势。如上文所举例子：

> 大前天早晨，该死的听差收拾房间，不小心打翻墨水瓶，把行政院淹得昏天黑地，陆子潇挽救不及，跳脚痛骂。（《围城》）

该修辞文本由夸张和借代修辞手段构成，作者运用了调侃的口气，有意识地把打翻墨水瓶这件事尽量地往大的程度重的方面说，故意言过其实来夸大打翻墨水瓶所带来的严重后果，即使得"行政院"（借代）面目全非、昏天黑地。这就是典型的夸饰。又如：

> 说时迟，那时快，薛霸的棍恰举起来，只见松树背后，雷鸣也似一声，那条铁棍飞将来，把这一水火棍一隔，丢出九霄云外，跳出一胖大和尚来，喝道："洒家在林子里听你多时！"（施耐庵《水浒传》）

该例就借助于比喻、夸张、移就等辞格来构成夸饰辞式，以实现语义的修辞化变通。

### 三、夸饰形成的背景因素

一种修辞现象的形成往往受到了众多语言内和语言外条件的制约和限制，语言内的包括语体、上下文、前言后语等因素，语言外的包括言语交际的物理世界、文化世界和心理世界因素。张雅娟认为，离开前者，无修辞可言；缺了后者，则无美感可谈[①]。根据前文的陈述，夸饰根本的特点就是酣畅淋漓地抒发和描写表达主体个人的主观情感，而不是对现实存在的客观事实的记录。所以，夸饰的建构最主要的原因在于表达主体的主观意愿。也就是说，表达主体的心理因素或者说语用目的是夸饰形成

---

① 张雅娟. 论夸张修辞格的心理学试点. 孝感学院学报，2003（1）：32～35.

的最直接的背景因素。

人们在言语交际的过程中，都会有喜怒哀乐，都有一定的情感因素蕴含其中，所以说出的话语必然会受到心理因素的影响。当表达主体在喜悦、称颂、恼怒、嘲讽、惊叹、诅咒等不同心理动因的支配之下，都会自觉不自觉地运用夸饰来宣泄自己的情感。以上所举例子就说明了这一点。又如：

> ①那绝对不可能！（《围城》）
> ②我给你闷死了！我在伤风，鼻子里透不过气来——太便宜你了，你还没有求我爱你！（《围城》）
> ③我没牙齿咬这东西！这馆子糟透了。（《围城》）
> ④学问那么好，还整天看书。（《围城》）

这些用例都是在不同的心理作用下采用不同的手段建构而成的。例①是当苏小姐听说方鸿渐也在赌博时，既感到惊讶，又一味地袒护方鸿渐，从而脱口而出的一句话；例②是方鸿渐和鲍小姐接吻时，鲍小姐非常兴奋和喜悦，嗔怒撒娇时说出的话语；例③则是鲍小姐在恼怒时说出的话语；例④则是孙太太在恭维苏小姐时说出的话语。这些话语都具有强烈的夸饰意味，都是夸饰，都是在不同的心理作用下建构而成的。

当然，表达主体在利用夸饰来宣泄情感的时候，也有一定的现实情况作为客观基础。尤其是由夸张手段构成的夸饰，更离不开客观物理世界的真实性。比如本节例④类，夸饰修辞文本给人的既有真实感，又有非常强烈的主观色彩和强化语势，更加凸显了苏小姐学问之大，用力之勤。这类不是由夸张手段构成的夸饰，说话者所说的也许就是事实，夸饰修辞文本所反映的也许就是客观物理世界本身，这是这类夸饰形成的客观上的要求。因为说的就是客观事实，所以这类夸饰建构的视点主要就是说话者的强化语气，语气的强化作用非常关键。而例②类由于是夸张手段构成的夸饰，所反映的就不是客观现实本身，但却是在客观事实的基础上形成的，其强化的语意也是非常强烈的，更为鲜明地突出了鲍小姐被吻时的心理感受。这类夸饰因为说的不是事实本身，但有客观事实的影子，所以这类夸饰建构的视点应该是客观事实。这类夸饰虽然与客观事实出入较大，但却遵循了"夸而有节，饰而不诬"[①] 的原则，做到了有理而妙，因此就应该是夸张修辞格式，当然应该是标准的夸饰修辞文本。

### 四、运用夸饰应该注意的问题

言语交际过程中，修辞主体在表达某种修辞语义时可以根据具体语境和特定语体

---

① （南朝梁）刘勰. 文心雕龙. 王运熙，周锋译注. 上海：上海古籍出版社，2010. 178.

对夸饰做出选择性运用。在运用夸饰时需注意几个问题：

（1）从语境参照角度看，夸饰必须依赖于具体的语境，其构拟和使用必须在具体语境中下进行。夸饰是具体语境中的产物，是动态的语言应用条件下所采用的修辞方法。

（2）从所适用的语体来看，对夸饰的应用要充分考虑语体规制的制导作用。在言语交际的实用领域，像总结汇报、述职报告、法律条文、谋职面试、招聘启事、通知、请假条、招领启事等公文事务语体，以及科学语体、新闻语体等中，一般不宜使用夸饰这种表达方法。夸饰多应用于谈话语体、文艺语体、政论语体、网络语体等中。

（3）从夸饰构拟的条件来看，夸饰的构拟和使用必须以客观现实为基础，夸饰不是吹牛，不是乱弹琴，要经得起客观事实的考验。夸饰必须建立在一定的客观现实基础之上，一切离开了客观现实基础的夸饰都是不足取的。所以，修辞主体在宣泄个人情绪时对夸饰的构拟和应用必须保持清醒的头脑，要坚持最基本的原则，要做到合理适宜，夸张的程度要适合人们的心理要求和习惯。不可不顾事实一味地进行夸饰、过分地夸大而出现失真状态，以免造成不好的修辞语义表达效果。

（4）从夸饰所表现出的感情色彩看，夸饰多为褒义或者贬义色彩。修辞主体在具体语境和特定语体中构拟和使用夸饰时，必须要考虑感情色彩是否对头，是否和所表达修辞语义的感情色彩相匹配。该褒的就褒，该贬的就贬，做到褒贬适当。

（5）从夸饰的新颖度看，夸饰的构拟和使用要注意有一定的新颖度，要做到有新意，给人以新奇的感受，以满足受众的好奇心理。

# 第四节　双关构拟及其修辞语义表达

在表达修辞语义的诸多修辞手段中，双关是其中一种非常有效的表达手段。这种修辞手段最突出的特点就是把字面与字里的意思利用某种方式统一在一个具体的修辞话语实体之中，言在此而意在彼。本节的主要目的是，在对双关本质作简单分析的基础上，讨论双关作为表达修辞语义的一种常用修辞构式是如何建构而成的，又是如何表达修辞语义的。

## 一、双关的本质

关于双关的本质，学界不少学者都有相关的讨论。比较有代表性的诸如陈望道、宗廷虎、王希杰、黎运汉等各位前辈，即便是年轻一代学者也有专门论述双关的。此不一一列举。

陈望道在《修辞学发凡》中说："双关是用了一个词语同时关顾着两种不同事物

的修辞方式。"他同时举例说："杨柳青青江水平，闻郎江上唱歌声。东边日出西边雨，道是无晴却有晴。"① 王希杰认为："双关，就是同一个话语中同时给交际对象两个或两个以上的信息，其中一真一假，这是对合作原则有条件的偏离。表面上给对方虚假信息，这是不合作；深层却提供真正的信息，这又是真正的合作。"② 黎运汉认为，双关是"用一个（或几个）词语，一句（或几句）话同时关顾着双重意义的修辞格"③。从他们给出的定义来看，这三位修辞学家关于双关内涵的界定显然各有侧重。陈望道更侧重于认为双关是词语表意的事情，王希杰更侧重于认为双关是表达主体对合作原则的违反，是修辞话语表意的问题。黎运汉更多的是对陈、王二位先生观点的综合，更侧重于认为双关既是词语表意的问题又是修辞话语表意的事情。在我们看来，双关是表达主体充分利用语言自身和具体语境以及特定语体条件下的一种修辞运作，其根本目的是为了更为有效地表达修辞语义。而在语言本体上能够输出语义并在具体语境和特定语体中得以体现的修辞实体，就是广义的词语（含短语）和话语（包括句子、语篇等），主要表现为语义双关和谐音双关。而且，之所以会关顾两个方面的意思，一定还会有表达主体表达意图的支撑。

基于这样的认知，我们认为双关其实就是表达主体在某种交际意图的支配之下，充分利用具体语境和特定语体条件而创造出的同时关顾字面与字里两层意思的一种修辞构式。双关的本质在于：

其一，双关是在具体语境和特定语体中产生的，因此是表达主体为了表意的需要临时创造出来。语境和语体是双关形成的不可或缺的重要的外在条件。

其二，双关的构拟是建立在一定基础之上的，有语言基础，也有非语言基础。在所有的基础条件中，语音相同或相近，语义多解、健全的心理联想机制为双关的形成提供了最基本的也是最坚实的基础。

其三，双关虽然仅仅是一个修辞实体，但同时关顾字面与字里两层意思，蕴含了不止一个修辞语义，具备了两个或者更多个意思，表达主体的真实意图就在其中。

其四，双关在语言上必然有直接而又实在的载体出现在修辞话语中。这个载体或者是词语，或者是短语，或者是句子，或者是句群，或者是语篇，或者是辞格，当以词语、短语和句子为最多。换句话说，在修辞话语中一定存在着能够关顾字面和字里双层意思的语言实体成分。

其五，双关是表达主体出于某种修辞意图构拟而成的，不管接受主体是否能够理解，双关修辞构式所输出的修辞语义多解性是客观存在的。只有这样，才能真正体现双关的本质，才能真正实现构拟双关以有效表达修辞语义的目标。所以，双关的构拟

① 陈望道. 修辞学发凡. 上海：上海教育出版社，1979. 96.
② 王希杰. 修辞学通论. 南京：南京大学出版社，1996. 444.
③ 黎运汉，盛永生. 汉语修辞学. 广州：广东教育出版社，2006. 267.

是表达主体的事情，不是接受主体的事情。

其六，虽然双关的构拟是表达主体的事情，但是对于接受主体来说，需要接受主体的配合，需要接受对不止一个的修辞语义做出准确的解读并确认，以求与表达主体的真实意愿吻合。如果不然，则表达主体所构拟的双关就没有什么实际意义。

## 二、构拟基础

双关是用来要表达语义的，而语义的表达自然离不开语言要素自身所拥有的语音基础和语义基础。但仅仅如此还不够，还不能把字面意义与字里的意思完全对接起来，寻找到表达主体所要表达的真正的修辞语义。只有透过修辞主体包括表达主体和接受主体健全的心理联想机制，把语音与语义、字面义与字里义、语义和语境、语义和语体等分别巧妙地联系起来，才能建立起双方的和谐关系。

### （一）语音基础

在双关中，有一种类型就是所谓的语音双关。这种双关的构拟就是建立在词语声音相同或者相近基础之上的。语音相同或相近是其构成的语音基础。作为修辞主体的表达主体在具体语境和特定语体规制中，借助于语言上相同相近的声音条件形成谐音性的双关修辞构式。看例子：

①空对着，山中高士晶莹雪；终不忘，世外仙姝寂寞林。（曹雪芹《红楼梦》）
②门外有狗！（《红灯记》）
③将那三春看破，桃红柳绿待如何？（曹雪芹《红楼梦》）

例①中，"雪"与"薛"异字谐音，构成谐音双关。字面说的是大雪纷飞之"雪"，字里说的其实是贾史王薛之"薛"宝钗。"林"与"林"构成同字谐音双关。字面说的是森林之"林"，关顾的字里之意却是"林黛玉"之"林"。例②中，嘴上说的是通常意义上的家畜"狗"，提醒接受主体门外有狗，小心被咬伤。但是，实际上是利用了谐音关系这个条件，采用暗喻手法，把家畜"狗"与反动派联系起来，喻指反对派是"狗"。表达的修辞语义是：小心门外有走狗反动派，说话行事要多加注意，以免被出卖。例③中，"三春"字面意思是每年春天的三个月，但根据上下文看，显然不是表达主体的本意。此"三春"非彼"三春"，"三春"实际上是指贾家三姐妹，即元春、探春、惜春。这一修辞语义的获取，就是建立在语音相同基础之上的。

### （二）语义基础

王希杰在《从双关研究论修辞学研究方法的革新》① 一文中，从方法论高度论述

---

① 王希杰. 从双关研究论修辞学研究方法的革新. 何伟棠. 王希杰修辞学论集. 广州：广东高等教育出版社，2009. 370～391.

了双关研究的重要学术价值。王希杰认为，意义之间的关系是多种多样的，比如有同义、反义、对义、上下义、并列义等，由此可以逻辑推导出同义双关、反义双关、上下义双关、并列义双关等。这些是王希杰对通常所谓语义双关类型细化后的结果。显然，无论是哪种类型的语义双关，都是建立在语言要素多义性基础之上的。因此，有学者认为，语义双关就是利用词语或句子的多义性在特定语境中构成的。① 其实，在我们看来，当修辞主体表达修辞语义建构语义双关时，除了利用词语、句子的多义性外，还可以利用短语、句群、语篇的多义性。换句话说，所有的语言要素只要是多义的，就都可以作为语义双关形成的基础。例如：

①周繁漪：好，你去吧！小心，现在，（望窗外，自语，暗示着恶劣征兆地）风暴就要起来了！（曹禺《雷雨》）

②"我以为他们已经护送你出城了呢，没想到你现在还站在十字路口！"（姚雪垠《李自成》）

例①中，"风暴"是语义双关。按照中国社会科学院语言研究所词典编辑室编《现代汉语词典》（第5版）的解释，"风暴"有两个理性义：第一，刮大风而且往往同时有大雨的天气现象；第二，比喻大规模而气势猛烈的事件或现象。当"风暴"被应用到上下文语境中的时候，"风暴"关顾了表层和深层两层含义，但由于语境的作用力，表面上所指的自然界风暴没有出场，而作为比喻义的第二个理性义被激活了，占了上风，从而使"风暴"具有"生死搏斗"这样的修辞语义。在作品中，周繁漪内心所要表达的真实意图也就是后者。由此可见，"风暴"词义的多样化是构成这一语义双关的重要语义基础。例②中，"十字路口"从字面上看，就是指两条路纵横交叉的地方，这是"表"；从字里来看，表达者想要表达的意思是歧路徘徊、犹豫不决，这是"里"。表面上说的是他们走到了十字路口，歧路徘徊，不知所往，但内心所表达的真实意思则是在重大关头所面临着的人生抉择。显然，这一语义双关的构拟是建立在"十字路口"语义的多解性这一基础之上的。

（三）心理基础

语音的相同性或者相近性以及语义上的多样化，是建构双关修辞构式的两个非常重要的语言基础。但是，仅仅依靠语音和语义基础还是不够的，还需要通过某种机制建立起某种关联性，从而把语音、语义的表和里打通，这样才能够顺利完成双关的构拟并顺畅表达修辞语义。那么，这种建立起某种关联性的机制又是什么呢？从表达者一方来看，简单地说，就是表达者所拥有的较为健全的心理联想机制。正是借助于心理联想机制的作用，才使得双关兼顾了表和里两层意思，言在此而意在彼。修辞表达

---

① 黄伯荣，廖序东. 现代汉语（增订五版，下册）. 北京：高等教育出版社，2011. 203.

过程中，表达主体只有遵循合作原则，才能保证修辞表达的顺利进行。但是，仅仅坚持合作原则又不能确保修辞表达的效果，所以有时候还会故意地违背合作原则。表达主体要故意地违背合作原则，就必须要确保接受主体知觉自己在违背合作原则，或者换句话说，必须要让接受主体觉察到自己在违背合作原则。这样，才能促使接受主体理解按照表达者的思维去理解所要表达的修辞语义，以真正实现自己的交际意图。这个心理过程其实就是表达主体建构双关的心理基础。例如：

①夜正长，路也正长，我不如忘却，不说的好吧！（鲁迅《为了忘却的记念》）
②季交恕：你知道这个消息吗？
　方维夏：什么消息？
　季交恕：蒋介石开刀啦！
　方维夏：什么病开刀？
　季交恕：你还睡觉！杀人！（李六如《六十年的变迁》）

例①中，作为自然界与白天相对之"夜"和表示特定时代之"夜"形成了双关。"夜正长"表面说的是夜晚时间之漫长，字里的意思却是说作者所描写的黑暗时代之漫长。作为水路、陆路之"路"与人生之"路"，音同形同，言在水路、陆路之"路"，意在人生之"路"。表达者由表示漫长时间的夜晚之"夜"，借助于声音相同条件而想到了漫长黑暗时代之"夜"；由水路、陆路之"路"借助于语音相同而想到了人生之"路"。例②中，"蒋介石开刀啦"言内意思是蒋介石因为有病要动手术了，言外的意思是蒋介石要大开杀戒屠杀共产党了。显然，这些双关的构拟除了语音、语义基础外，还要有表达者的心理基础作为支撑。表达者借助于心理联想机制把两个完全不同的意思对应起来，形成了某种关联，由此而促使表达者与理解者达成了某种共识。例①中，字里的意思之所以能够为读者理解，就是因为当作者故意违背合作原则中的真实性准则时，有意识地毫不吝啬地给读者提供了上下文语境等条件，为读者话语真实意思的解读提供了必要的不可缺少的条件。例②则不是这样。就文本本身来看，季交恕是在有意违背合作原则，故意把自己要表达的真实意思"蒋介石要杀人了"蕴含在"蒋介石开刀啦"这一表面的字词句中。但是，由于季交恕没能创造出有益的条件，或者说没有给方维夏以特别的暗示，因此未能在第一时间激活方维夏的心理联想机制，并使之正常运转，所以没能让方维夏认知到自己是在违规操作。由于方维夏心理联想机制的短路，造成了"蒋介石开刀啦"与"蒋介石要杀人了"之间没能建立起关联性。由此造成的结果是，方维夏依然按照惯常思维去解读季交恕的修辞话语，未能解读出字里所含有的真实意思。这种情况下，误解是不可避免的。这一用例从反面告诉我们，双关修辞构式的形成必然离不开心理因素作为基础。

### 三、双关建构与语境

语音基础、语义基础和心理基础是双关构拟的奠基石和基本条件，其作用就相当于建筑高楼大厦所用的空间土地以及砖头瓦块等建筑材料。双关建构要采用一定的策略手段，也就是双关构拟的语言设计与基本方式。建构策略与方式大致类似于建筑高楼大厦时采用的手段，比如是人工建设还是机器操作，是用大头车运送建筑材料还是用人力搬运建筑材料。关于修辞策略，笔者在讨论修辞转化策略时曾经作过专门论述，实际上就是指在不同领域的修辞交际过程中，修辞主体受到特定修辞目的的驱使，把语言要素和超语言要素作为物质载体来建构和解构修辞同义手段时，按照修辞谋略的总体规划和原则性要求，通过对语境条件的充分认知和主动利用，而在宏观谋略层面上制定与选择的具体修辞计划和措施。[①] 在这里，演绎到双关构拟上，实际上就是指建构双关时的语言设计与语言策划，以及把这种设计与策划投射到实实在在的修辞话语实体上所采用的修辞手段。

双关是具体语境中的双关，是具体语境中表达主体基于某种修辞需要而在语言表达上所创造出的一种正偏离现象。所以说，双关构拟必须要在语境中进行。利用或创造相关语境条件是双关构拟的重要策略，或者叫作语境策略。语境策略作为修辞策略系统中的一种重要"谋略设计"，是修辞主体在修辞转化过程中，为了顺利实现修辞目的和修辞预期，更好地建构和解构修辞话语、选择和应用修辞同义手段，而对语用环境条件进行充分认知和主动利用的整体思考、设计和规划。[②] 例如：

①宝钗因笑道："你正经去吧。吃不吃，陪着林妹妹走一趟，他的心里正不自在呢。何苦来?"宝玉道："理他呢，过一会子就好了……宝玉进来只见地下一个丫头吹熨斗；炕上两个丫头打粉线，黛玉弯着腰拿剪刀裁什么呢。"宝玉走进来，笑道："哦! 这是做什么呢? 才吃了饭就这么控着头，一会子又头痛了。"黛玉并不理；只管裁他的。有一个丫头说道："那块绸子角儿还不好呢；要熨熨吧。"黛玉便把剪子一撂，说道："理他呢! 过一会子就好了。"（曹雪芹《红楼梦》）

②朱镕基由上海调任国务院副总理后不久，有位记者采访上海市新任市长黄菊。记者问："朱镕基同志到国务院工作后，是说北京话还是说上海话?"黄菊答："他当然说北京话，不过朱镕基同志也听得懂上海话。"

例①中，黛玉说的话"理他呢"是双关。根据小说所提供的上下文语境可以推知，字面意思是在说"先不用管绸子角儿还没弄好"，字里的意思则是在借此声东击

---

① 孟建安. 汉语修辞转化论. 广州：暨南大学出版社，2013. 130.
② 孟建安. 汉语修辞转化论. 广州：暨南大学出版社，2013. 138.

西、指桑骂槐，奚落宝玉。上文有宝玉的话作为铺垫和前奏，宝玉的"理他呢，过一会子就好了"这句话就是理解黛玉"理他呢！过一会子就好了"这句话的上文，也就是语境条件。这实际上就是作者利用语境策略所构拟而成的双关。例②中，"北京话""上海话"都是双关。无论是记者的提问还是黄菊的回答，从字面看他们似乎都在说朱镕基到国务院工作后是说北京话还是上海话问题，但显然这个内容不符合当时二人对话的语境。仔细琢磨，就会发现实际上他们的对话都含有特别深刻的画外音。记者充分利用了当时的语境条件，表面上是在问朱镕基调离上海到北京后是使用北京话呢还是使用上海话呢，言外之意则是问朱镕基到国务院工作后是只关注全国的经济、社会发展呢，还是继续关怀上海的发展呢。显然，记者是在违背合作原则，但是这位记者又能够让黄菊知觉到自己是在有意违背合作原则，从而传达真实的交际意图。由于语境的作用，黄菊完全理解了记者提问的真实意图。由于记者采用了语境策略，所以得体地建构了双关修辞构式，从而使"北京话""上海话"产生了特殊的意义，修辞语义发生了重大变化。

### 四、双关构拟和语体制约

修辞语义表达过程中，构拟和使用双关的主要目的是为了使语言表达幽默富有风趣，妙在含蓄委婉、意在言外。不同语体有不同语体规范，不同语体对修辞语义的使用和表达也有一定的规约性。根据语体规约的不同，再借助于其他相关修辞格式可以构成众多的双关修辞构式。比如，在不同语体中把夸张、比喻、借代、排比、比拟、通感、婉曲等修辞格式作为建构双关的重要手段，以有效表达修辞语义。因此，双关作为一种修辞格式有自己经常使用的语体范畴，而不能不受限制地出现在任何语体之中。根据双关的性质与特点，通常情况下它广泛应用于文学语体、口头语体，时常应用于广告语体、网络语体、演讲语体、政论语体，也可应用于新闻语体，但一般不可用于科学语体和公文语体。例如：

①姓陶不见桃结果，
　姓李不见李花开，
　姓罗不见锣敲响，
　三个蠢材哪里来？（《刘三姐》）
②嘿嘿，秘书长，你高兴得太早了吧，你看，我这儿还埋伏着一个车哪！
　将！秘书长！从全局来看，你输了，你完了，你交枪吧！（京剧《八一风暴》）
③做女人挺好！

显然，例①属于民歌语文体式，例②属于戏剧语文体式，它们都是文学语体。例③则属于广告语体。这些用例中都使用了双关辞格，都收到了言在此而意在彼的修辞效果。

# 第九章

修辞语义病象与修辞语义表达

## 第一节 修辞语义病象概说

修辞语义表达有零度与偏离之分。零度表达即为规范表达、常规表达，创造出的言语成品都是符合规范要求的常规的合格的规范的言语成品。偏离表达又有两种，一种是正偏离表达，也就是语言艺术化范畴内的表达，创造出的言语成品都是具体语境和特定语体中的非常规的具有艺术魅力的言语成品；另一种是负偏离表达，也就是语言失误范畴内的表达，生成的言语成品都是违背规范要求的非常规的不合格的错误的言语成品，也就是我们所谓的病象。包括零度的、正偏离的和负偏离的言语成品，从呈现的结构样态看可以是词语、短语、句子、辞格、句群、语篇等以及伴随着的语音形式。就病象来看，从语音、词汇、语义、语法、语用等方面去考虑，自然会有对应的语音病象、词汇病象、语义病象、语法病象和语用病象等。因此，通常所谓病句即病象，涵盖的对象就不仅仅是有语病的句子，也包括了词语运用不当、语义表达不当、语法错误、修辞失当、语用失误等现象。所以，在我们看来病句是只是一个转喻的说法，是一种泛称。修辞语义病象就是其中非常重要的一种语用病象。在言语交际过程中，无论是语音修辞还是词语修辞，无论是句式修辞还是辞格修辞，对修辞语义的表达都可能存在着语言应用错误问题。撇开纯粹的语音错误、词语错误、语法错误等之外，在修辞语义范畴内出现的语用问题都属于修辞语义表达上的病例现象。这些病象都是动态的，是在具体语境和特定语体规制中产生的修辞语义病象。

### 一、什么是修辞语义病象

修辞语义病象是指修辞主体在某种修辞动机支配之下所生成的违背语义表达规则的病象。这些修辞语义病象都是语言运用的产物，都是在具体语境中和特定语体规制下产生的修辞语义表达失当现象。修辞语义病象也就是宗廷虎所说的修辞"病例"[①]之一类。具体地说涵盖了修辞表达中的歧义、句意费解、概念运用不当、判断错误、推理不周、否定不当、不合情理、层次不清、关系不调、句子表意不畅等与修辞语义表达有关的错误现象。这些修辞语义病象属于陈望道消极修辞中所谓的"零点"以下的修辞现象。对修辞语义病象进行研究则是立足于修辞学角度辩证地观察语用错误现象的，是运用修辞学的眼光来扫描语义病象。一方面，要看到修辞语义病象的负面影响；另一方面也要看到修辞语义病象的积极作用，更为重要的是要努力实现修辞语义病象正负作用的转化，化腐朽为神奇，从而为言语交际服务。如下列修辞语义病象：

---

① 易蒲（宗廷虎笔名）. 小议"病例"修辞. 修辞学习，1992（1）.

①小梅干活很卖力气，咱队的大人小孩没有一个不说她劳动不积极的。

②这次在工厂最后一天的劳动，是同学们最紧张、最愉快、最有意义的一天。

③这个炼钢车间，由十天开一炉，变为五天开一炉，时间缩短一倍。

④那一棵一棵的大树，像我们的俘虏似的狼狈地躺在工地上。

这些句子在语义上都存在问题，都是所谓的修辞语义病句。

一些与媚俗有关的广告、饭店的菜谱就有很多，而且有越演越烈之势；有些广告利用汉语的特点，更是大量使用露骨的性隐语。这些广告用语属于典型的语言污染现象，在其修辞语义的色彩意义方面是有问题的。从广义角度看，它们也属于修辞语义病象。比如：

"我姓（性）大"（某厂做的零部件广告）

"你要二房吗"（房屋租赁服务）

"好色之涂（徒）"（某涂料广告）

"饮（淫）食文化"（某酒店广告）

"幸（性）福之家"（某按摩院广告）

"男欢女爱""赤身裸体""玉女脱衣""金枪不倒"（饭店的菜名）

"伟哥可爱"（药物广告）

"泡了吗？""泡了！"；"漂了吗？""漂了！"（洗衣粉广告）

"一戴天娇""丰胸化吉""从小到大的关怀""做女人挺好""不要让男人一手掌握"（与胸罩有关的广告）

在新闻报道语体中，依然存在有较多的官腔，行话泛滥，绝话成灾。写会议召开一定要用"隆重"，写会议闭幕一定要用"胜利"，写鼓掌声音一定要用"热烈"，写领导讲话一定要用"重要"，写看望一线民众一定要用"亲切"，写事情进展情况一定要用"顺利"，写完成任务一定要用"圆满"，写取得的成就一定要用"巨大"，写达到的效果一定要用"显著"等。接下来请看来自网络①的篇章性修辞语义病象。背景说明：国庆前夕，滨州五小四年级一班学生刘小华因患感冒请假。班主任指示班干部自发到刘小华家里慰问。第二天班里的黑板报登出了一篇《本班新闻》。全文如下：

本班通讯10月的滨州秋高气爽，阳光明媚，鲜花斗艳，到处洋溢着丰收的喜悦。刘小华同学家里欢声笑语，人头攒动。四年级一班班长王唐唐、副班长张

---

① http://www.douban.com/group/topic/18739817/.

宝在体育委员欧阳孟楠、文艺委员李美丽的陪同下，不远千米，深入到患感冒发低烧的班级普通成员刘小华家中，为他带去了节日的问候和良好的祝愿。王班长与张副班长兴致勃勃地参观了刘小华的房间，饶有兴致地玩了四盘"魂斗罗"游戏，与普通同学同乐。接着班级领导与刘小华亲切地拉起了家常。王班长还愉快地回忆起去年和刘小华考试一起作弊的往事。在交谈中，王班长多次关心地强调："刘小华生病了，就不要做作业，好好休息，身体是革命的本钱嘛"刘小华激动地说："谢谢班长的关心，我一定战胜病魔，克服一切困难，争取早日回到温暖的大集体中，回到亲爱的老师和同学们中间。"班长握住刘小华同学的手亲切地问：这里打针要多少钱啊？能报销多少？小华说：3块钱，能报销1.3元，班长又说：家里能负担得起吗？小华又说：能负担得起，谢谢班里的好政策和班长的关心，让我打得起针，过上幸福快乐的好日子……会谈始终在亲切友好的气氛中进行，班领导就刘小华的疾病达成了广泛的共识。王班长强调：世界上只有一个学校，班级是学校不可分割的一部分。刘小华同学表示要用"3个代表"伟大思想武装自己，抵抗病魔。要紧紧团结在以班主任为核心的班集体周围，一心一意抓学习，聚精会神谋发展……接着，王班长一行又在刘小华家门口兴致勃勃地踢起了毽子。蓝天如洗，鸟儿也受到了温暖的感染，叽叽喳喳，歌唱美好和谐的生活。中午，刘爸爸从三利买了热气腾腾的肉丸包子和紫菜汤，宴请了王班长一行。席间，宾主就小学生连吃两根冰棍是否会闹肚子等问题进行了深入愉快的双边会谈。王班长责令卫生委员：以此为鉴，一定要严把卫生关，杜绝此类事故再次发生。最后，王班长离开刘小华家时对送行的人们语重心长地说：刘小华同学以大无畏的英雄主义精神同病魔做斗争，目前已取得阶段性的胜利，身体进一步向良好方面发展，后期一定不要松懈，要紧紧抓住打针这个基本点不动摇，使刘小华同学切实地享受到同学们和老师的慰问成果，努力实现疾病细菌的持续减少，这是一个艰巨的任务。实现这一预期目标，既需要扎扎实实地学习，又需要新的思路和措施。

陪同访问的还有：班团委书记牛刚，纪律委员会主任毕门厅同学，班足协主席罗多同学，前副班长成蒙语，班长办公室主任崔莹莹，副班长助理王红，班级政策研究室主任胡咧咧等领导。

为了忠实于语篇原貌，我们对语篇中存在的错讹之处没作任何处理。语篇采用新闻报道语体并没有问题，问题出在行文中有较多的套话、官腔，整个语篇基调、用词、话语方式、章法程式等都套用了电视台新闻报道模式。看起来煞有介事，像模像样，但实际上读起来感觉别扭，废话连篇，修辞语义表达让人难以接受。这种复制官方话语的话语模式随处可见，其实这也是一种不正常的修辞语义病象。再看来自于网络的小学生作文：

我家有爸爸、妈妈和我三个成员，每天早上我们三人就分道扬镳，各奔前程，晚上又殊途同归。爸爸是建筑师，每天在工地上指手画脚；妈妈是售货员，每天在商店来者不拒；我是学生，每天在教室呆若木鸡。我们三人臭味相投，家中一团和气。但我成绩不好的时候，爸爸就同室操戈，心狠手辣地揍得我五体投地，妈妈在一旁袖手旁观，从来不曾见义勇为。

该例整个语篇都是对成语的误用，属于修辞语义病象。这种误用自然是基于小学生对成语意思的不理解造成的。

## 二、修辞语义病象研究

这些修辞语义病象犹如疾病一样不是好东西，但是人们都在研究它。这既是为了实际的语言运用，也是构建较为完善的语法修辞理论体系的需要，同时也是语言发展的要求。传统的病象研究多局限在病句的类型描述和修改上，吕叔湘、朱德熙[①]、金锡谟[②]、李裕德[③]，以及黄伯荣、廖序东[④]等多种版本的教科书对病句的讨论都多囿于此。这样的研究是基础性研究，无疑是有益的。但是，这样的研究表现出很大的片面性，忽略了修辞语义病象的潜在作用，更有理论上的不足。

20世纪80年代末以来，王希杰等知名学者以一种新的病句观和修辞观从不同的角度重新审视包括修辞语义病象在内的病例现象，为修辞语义病象的研究注入了较为新鲜的内涵。王希杰把病句的研究概括为四个部门，即病句生成学、病句形态学、病句矫正学、病句转化学。[⑤]受王希杰先生这一观点的启示，我们认为这四个部门实际上也适宜于对修辞语义病象的描写与阐释。这四个部门涵盖了修辞语义病象的生成、形态、矫正、转化四个核心问题。长期以来通过对修辞语义病象的较为全面而又系统的考察与分析，笔者认为对修辞语义病象的研究也应该从这四个部门入手。这四个部门我们可以称之为四个平面。这四个平面包括修辞语义病象生成平面、修辞语义病象形态平面、修辞语义病象矫正平面、修辞语义病象转化平面。抓住了这四个平面，就抓住了修辞语义病象的实质。也就是说，必须以修辞语义病象实体研究为纲，以生成、形态、矫正、转化四个核心对象为四翼对修辞语义病象作出综合性探索。这样才是全面的、系统的，得出的结论才更具解释力，由此提出的关于修辞语义病象的主张才是合理的健全的。

---

① 吕叔湘，朱德熙. 语法修辞讲话. 北京：中国青年出版社，1979.
② 金锡谟. 病句分析. 北京：书目文献出版社，1983.
③ 李裕德. 怎样改病句. 北京：北京出版社，1980.
④ 黄伯荣，廖序东. 现代汉语（下册）. 北京：高等教育出版社，1991.
⑤ 王希杰. 病句转化学. 云梦学刊，1989（1）.

## 第二节　修辞语义病象的四个平面

对修辞语义病象的研究可以从多个不同的角度和侧面来进行，我们主要立足于修辞语义病象的生成、形态、矫正和转化四个平面，由此来描述修辞语义病象的各个面相。

### 一、修辞语义病象生成平面

从字面上不难看出，这个平面是从生成的角度来考察修辞语义病象的。要解决的主要问题是：修辞语义病象生成的理论依据是什么？什么原因导致了修辞语义病象的产生？生成修辞语义病象的规则、方法有哪些？根据考察，修辞语义病象的生成有两种情况：一种是表达者无意识状态下自然说出或写出的修辞语义病象；另一种是表达者有意识状态下自觉创造的修辞语义病象。这两种情况都有一定的理论依据。

#### （一）无意识创造修辞语义病象

在无意识创造修辞语义病象时，按照语言偏离理论[①]，语言世界内的任何一种语言现象都存在着零度和偏离。语言通例或者说常规作为语言现象的一种存在着零度形式和偏离形式，修辞语义病象就是通例或者常规操作零度坐标上发生的负偏离，也就是负面值的偏离。这种偏离违背了用词要求、逻辑事理和修辞原则，形成的语句不能准确表意，令人费解。比如，以"$N_1 + V + N_2$"为操作零度式，在句子说出或写出的过程中从词语的聚合群中选择"我""坐""飞机"三个词语，并把它们配置到这个框架中，便会得出"我坐飞机""飞机坐我"等形式。按照逻辑事理和语义搭配规范，在 $N_1$ 位置上出现的词应具备［＋名称］［＋有生命］［＋施事］语义特征，$N_2$ 位置上出现的名词应具备［＋名称］［±有生命］［－事］语义特征，这就是一种语义搭配规范。显然，"飞机坐我"违背了这一规范，是一个典型的病句。这就是"$N_1 + V + N_2$"操作零度向零度以下发生负偏离的结果。因此说，不管是无意识生成修辞语义病象还是有意识生成修辞语义病象，都可以用语言偏离理论来解释和论证。在这个平面，揭示修辞语义病象生成原因的意义不仅在于探寻促使通例或常规操作零度发生负偏离的因素，而且还在于为修辞语义病象的形态描述和病象矫正提供了非常重要的参考。所以，修辞语义病象产生的原因是病象修辞理论研究的主要对象和重要内容之一。

根据观察和分析，在无意识生成修辞语义病象的过程中有语言内的原因，也有语言外的原因。

---

① 王希杰. 修辞学通论. 南京：南京大学出版社，1996.

　　语言内的原因主要在语言本身，但也与表达者的语文修养不无关系。在生成修辞语义病象的众多的语言内原因中，由误用词类、句式杂糅、语序错位、成分残缺、成分多余、关系错乱等原因造成的修辞语义表达错误无一不与表达者的语文修养有关。但这里突出的是，通例内部词语本身、词语与词语之关系、分句与分句之关系等语义搭配的不规范性导致了修辞语义现象的负面值的偏离。

　　语言外的原因又有主观和客观两个方面，主要包括交际环境、交际目的、表达者的修养、表达者的心理等因素。这些因素并不是语言成分自身，但它们都不同程度地为修辞语义病象的产生提供了可能性，对修辞语义病象的产生有非常重要的影响作用。就交际环境因素而言，交际的时间、场合、具体情境等都可能会使说出或写出的句子发生负偏离。如：

　　　　这个，这个普济寺最早的名字叫、叫这个这个……不肯去，不肯去庵，呃，这个为什么叫这个，这个名字呢？这里有个传说，嗯……这个这个传说是，五代梁贞年间，有个和尚，叫这个这个……慧锷的，对，这个这个和尚是日本来的，到中国山西的这个这个五台山……（一导游的讲解辞）

　　例中有较多的口头禅"这个"，还有不少重复字眼，并夹杂了"嗯""呃"等副语言，而且还有多处话语的断裂（省略号处）。这段话是典型的修辞语义病象。造成这种修辞语义病象的原因是多方面的，或许是内容不熟悉，或许是知识积累太少，或许是深层语义向表层句法转换时思维出现故障，或许是内心紧张不安，或许是导游语言组织能力较差，等等。再如网上相传的老师给小学生的命题造句作业：

　　①题目：一边……一边……
　　　　小朋友写：他一边脱衣服，一边穿裤子
　　②题目：其中
　　　　小朋友写：我的其中一只左脚受伤了。
　　③题目：陆陆续续
　　　　小朋友写：下班了，爸爸陆陆续续的回家了。
　　④题目：难过
　　　　小朋友写：我家门前有条水沟很难过。
　　⑤题目：又……又
　　　　小朋友写：我的妈妈又矮又高又胖又瘦。
　　⑥题目：欣欣向荣
　　　　小朋友写：欣欣向荣荣告白。
　　⑦题目：好吃

　　小朋友写：好吃个屁。
⑧题目：天真
　　小朋友写：今天真热。
⑨题目：果然
　　小朋友写：昨天我吃水果，然后喝凉水。
⑩题目：况且
　　小朋友写：一列火车经过，况且况且况且况且况且况。（以上用例来自网络）

　　这些句子都是有语病的句子，当然有搞笑的成分在里面。客观地讲，如果小学低年级尤其是小学一年级的学生真的造出如上这些在语义表达上有错误的句子，笔者以为是可以理解的。毕竟，小学生还处在学习语言的初级阶段，对很多词语的意思还不甚明了，而且运用起来也还不是那么自如。虽然可以理解，但不等于认同。这些句子都是有问题的句子，就是通常所谓的病句、病例，也就是我们所谓的修辞语义病象。它们都是作为修辞主体的小学生无意识状态下的语用失误，与小学生的语文水平、知识结构等有着密不可分的关系。

　　**（二）有意识创造修辞语义病象**

　　在有意识生成修辞语义病象时，必须采用一定的手段和方法促使通例或者常规发生负偏离。这些手段和方法不是归纳出来的，而是以归纳为基础演绎出来的。演绎的方式有两种：一种是假拟，另一种是仿拟。假拟并非是无中生有，不要任何根据，相反是在掌握了相当多的语言学、逻辑学知识的前提下去假设、虚拟生成修辞语义病象的方式。仿拟则是根据已有的通例或修辞语义病象类推、仿造出众多相类修辞语义病象的方式。具体的生成方法至少可以演绎出九种，即倒次法、添加法、省略法、逆反法、替代法、类推法、杂糅法、对译法、变换法等。[①] 虽然每种方法都有局限性，都不是最理想的方法，但都可以生成数量不等、类型不同的修辞语义病象，因而也都是非常有效的方法。比如：

　　说了他一通。
　　→＊踢了足球一通。
　　→＊谈了工作一通。
　　→＊干了活儿一通。
　　→＊批评了他一通。
　　……

---

　　① 孟建安. 汉语病句修辞. 北京：中国文联出版社，2000.

采用类推法对规范句"说了他一通"进行类推，便可使句子向负面值偏离，生成相对无限个带星号的病句。虽然类推的结果有例外现象，但采用类推法能够仿造出众多类型的修辞语义病象。所以，以上所演绎的这些方法在有意识生成病象时具有可采用性、可操作性。

修辞语义病象生成平面主要就是通过对修辞语义病象生成的相关问题作出全面深入的研究，弄清修辞语义病象的来龙去脉，以对修辞语义病象的生成作出描写与阐释。

### 二、修辞语义病象形态平面

修辞语义病象形态平面就是要从不同的侧面按照不同的视角来全面考察修辞语义病象的类型和各种各样的表现形式，并描述不同类型的修辞语义病象的构造情况。这个平面所要讨论的主要对象和内容是修辞语义病象归类的原则、归类的标准，在此基础上揭示修辞语义病象类型的实质并描述修辞语义病象层级系统。

给修辞语义病象归类必须坚持一定的原则和标准，这是归类时首先应该解决的问题。按笔者的看法，归类时应坚持两个原则：其一，应以修辞语义病象事实为根本，通过收集、整理、分析大量的修辞语义病象语料，采用归纳法把具有相同特征的修辞语义病象归为一类。其二，为了从不同角度全面地诠释修辞语义病象，应该采用多种标准来归类。这些标准有逻辑标准、语用标准、修辞标准等；按照显性、潜性语言理论，还可以按是否"已经存在着"为标准归纳出相应的类型。也就是说，一个修辞语义病象依据这个标准应归此类，依据那个标准则应归彼类，但这不影响我们对修辞语义病象的分析和对修辞语义病象系统的描述。

修辞语义病象是一个系统，这个系统由若干个子系统构成。每个子系统又由若干个小的子系统构成，这些大小不等的子系统又处在不同的层级上。修辞语义病象形态系统便是由多个不同层级的子系统构成的系统。根据上文的论述，对修辞语义病象形态的描写可以按不同的标准来进行，这是归类的原则之一。王希杰从语音、语义、语法、语用四个方面把病句分为语音病句、语义病句、语法病句、语用病句等四类[①]。我们则依据显性和潜性语言理论从修辞语义角度推出显性修辞语义病象和潜性修辞语义病象。由此，我们可以认为修辞语义病象是由显性修辞语义病象和潜性修辞语义病象构成的对立统一体，显性修辞语义病象和潜性修辞语义病象便是"修辞语义病象"这个一级系统的两个二级系统。这两个二级系统还可以从不同的方面继续加以归类，于是便可推导出修辞语义病象的三级系统。显性修辞语义病象包括显性歧义病象、显性句意费解语义病象、显性概念运用不当语义病象、显性判断错误语义病象、显性推理不周语义病象、显性不合情理语义病象、显性层次不清语义病象、显性关系不调语

---

① 王希杰. 修辞学通论. 南京：南京大学出版社，1996.

义病象、显性句子表意不畅达语义病象、显性前后矛盾语义病象、显性多重否定不当语义病象等；潜性修辞语义病象包括潜性歧义病象、潜性句意费解语义病象、潜性概念运用不当语义病象、潜性判断错误语义病象、潜性推理不周语义病象、潜性不合情理语义病象、潜性层次不清语义病象、潜性关系不调语义病象、潜性句子表意不畅达语义病象、潜性前后矛盾语义病象、潜性多重否定不当语义病象等①。这里仅举例加以分析。

比如在复句中，如果分句之间在意义上缺乏密切的联系，是不能构成复句的。一味地强行把几个意义毫不相关的单句排列在一起，那只能是单句的平列，而不是复句。这样构成的所谓复句所表达的语义也是违背了常规的，是一种修辞语义病象。例如：

①我们的人民是勤劳勇敢的人民，我们要积极投身改革，支援各国人民的正义斗争。
②他身材魁梧，风度潇洒，所以文思也特别敏捷。

例①错在把三个意义上毫无相干的句子强行拼凑成"复句"，分句之间缺乏内在联系，意义上风马牛不相及。例②虽然使用关联词语"所以"来连接前后分句，但是分句之间并不存在因果关系。这些句子都是已经说出来的语义病句，所以都是显性的语义病象，都属于显性关系不调语义病象。

又比如在单句中，由于思维混乱，对词语意思理解不透，造成修辞语义表达失误的情况并不少见。看例子：

①他们的观点基本上完全一致。
②突然，一只小牛身子一直发抖起来。

例①中，上文"基本上"表明不是全部，没有包括所有对象；而下文副词"完全"则意味着没有任何例外，包括了所有对象。它们先后出现，串连在一起使用，语意上显然是矛盾的，让人觉得不知所云。例②中，"突然"是形容词，表示事情是突发的，发生得很急促很猛烈，发生的时间极为短暂；"一直"是副词，则表示事情自始至终都存在，已经持续了一段时间。句中把这两个词义相反的词放在一块使用，使得句子所表达的语义前后相悖。这些句子都是已经说出来的语义病句，所以都属于显性前后矛盾语义病象。再如：

---

① 孟建安. 汉语修辞转化论. 广州：暨南大学出版社，2013. 257.

老张是记者，他的儿子一定也是记者。

该例实际上是一个逻辑推理句。但是这个推理是错误的，所以表达出的语意也是错误的。一般所谓推理是需要有大前提的，但这个句子中大前提是缺失的。从该例不难发现，这个句子被忽略的大前提是"凡是记者的儿子都是记者"，不过这个大前提又是虚假的不真实的，违背了语义与事实之间的真值关系。在现实中，父亲是记者的，儿子可能是记者，也可能不是记者。正是由于说话者所依据的大前提是错误的，所以得出儿子也是记者这样的结论也必然是错误的，是不能接受的。这是已经说出的推理不周病句，属于显性推理不周语义病象。

修辞语义病象形态平面就是通过分析修辞语义病象归类的标准、原则、类型和修辞语义病象系统，以对修辞语义病象的形态作出描写与阐释。

### 三、修辞语义病象矫正平面

这是从修改修辞语义病象的角度来研究修辞语义病象的。这个平面的主要对象和内容是修辞语义病象矫正的两种情况，修辞语义病象矫正的必要性，修辞语义病象辨识的原则、标准和手段，修辞语义病象矫正的原则和手段，具体修辞语义病象的修改问题和检验修改结果是否正确的标准。

修辞语义病象矫正实际上就是遵循一定的原则，坚持一定的标准，采用一定的手段修改修辞语义病象，把修辞语义病象转变成常规句（这里矫正、修改、转变是同等意义上的概念，但各有侧重，行文时根据情况而选用）。这种转变有两种情况：一种是历时意义上的，另一种是共时意义上的。这两种情况都以语意相同或相近为客观存在的语义现实基础。历时意义上的转变主要受语言自身发展规律的制约，这种转变是不以人的意志为转移的，具有久远性，有的转变要持续几年甚至更长时间。其转变的结果一经社会成员约定俗成之后，便成为一种新的语义搭配规范。如"恢复疲劳"这种表达由最初的违背常规到现在的符合语义搭配规范，就经历了很长的时间。这种由修辞语义病象到常规句的转变是语言发展的必然，是语言自身调节能力发挥作用的结果。共时意义上的转变与表达者的主观愿望有关，需要考虑句意等句子内部诸构成要素。这种转变虽属个人行为，带有临时性，但同样要受到语言规范的约束。比如在说话和写作过程中，对关系错乱、歧义、语义重复等语病的修改就属于共时意义上的转变。由修辞语义病象到通例或者常规的转变是由语言失误范畴到语言规范化范畴的转变，是两个不同范畴间的转变。首先必须弄清哪些是修辞语义病象，然后才是矫正、修改的问题。因此，一个句子、几个句子或一个语言片断摆在我们的面前，究竟是正确的或哪些是正确的，是错误的或哪些是错误的，需要我们去判断，去识辨。那么，如何辨识修辞语义病象呢？这又必然要涉及修辞语义病象辨识的原则问题、标准问题、方法问题。这些问题解决得好，就能够迅速准确地识别修辞语义病象，为修辞语义病象的矫正、修改做好前提性工作。所以，修辞语义病象辨识的相关问题是修辞语义病象矫正平面不可忽视的研究对象。

在这个平面还要讨论修辞语义病象矫正的必要性和意义，要从理论上和实际需要两个方面加以论证。修辞语义病象矫正至少基于四个方面的需要：一是规范表达的需要，二是语言发展的需要，三是社会发展的需要，四是制定语言政策的需要。实现了由修辞语义病象向通例或常规的转变，使修辞语义病象修改成规范的话语，这就丰富了汉语言的规范表达形式，为人们的语言表达提供了一种新的范式，为表达同一语义提供了更多的选择可能。笔者在拙著《汉语病句修辞》中提出了病句修改的五项原则①，并在拙著《编辑语言艺术论纲》中提供了病句修改的六种手段，即：删减、添加、替换、调整、修正、重组等②。这也是修辞语义病象矫正过程中必须遵循的最基本的原则和采用的有效手段。而且，还要以规范性作为正确矫正的判断标准。

如下列修辞语义病象，就可以采用删减、添加、替换、调整、修正、重组等不同手段对之作出相应的矫正与修改，并就病象产生的理由作出相应的说明。这都属于病象矫正层面要解决的问题。这里仅举例加以说明。

*①由于采用了高科技，公司的产值与去年相比提高到百分之三十。
→由于采用了高科技，公司的产值与去年相比提高了百分之三十。

用"提高到"包括了底数与净增数，原句表意与事实相反；"提高了"仅指净增数，根据原句意思，应改"提高到"为"提高了"。

*②我们不能不否认地球是绕着太阳转的。
→我们不能不承认地球是绕着太阳转的。

例中"不能不"是两次否定，再加上否定性动词"否认"在语义上就是否定之否定关系，形成了三重否定，造成原句语意与实施不吻合。改"否认"为"承认"后，语意就是真实的了。

*③父亲说："他虽然年岁越来越大，可身体却显得比以前更好了。"
→父亲说："我虽然年岁越来越大，可身体却显得比以前更好了。"

直接引用别人说的话应该用第一人称，原句误把第一人称代词用为第三人称代

① 孟建安. 编辑语言学论纲. 北京：中国文联出版社，2000.
② 孟建安. 病句、常规句、佳句及其相互转化. 郑州大学学报，2001（3）：115～119.

词，由此造成指代不明。

> \*④1000 多万万颗，你一口气数下去，不休息，不停歇，得数 1000 多年。
> →一千多亿颗，你一口气数下去，得数一千多年。（郑文光《字窗里有
> 些什么》）

原句的语用错误在于语意重复。例中"一口气""不休息""不停歇"是一个意思，但是连续出现造成了表意重复。

修辞语义病象矫正平面就是通过对修辞语义病象修改的一系列问题的讨论以对修辞语义病象的矫正作出分析与阐释。

### 四、修辞语义病象转化平面

修辞语义病象转化平面是以修辞语义病象向修辞佳例转化为考察对象的。其内容主要包括实现转化的依据和心理基础、转化的条件与手段、转化的原则与标准。

按照辩证法的观点，修辞语义病象虽是不好的，但它可以化腐朽为神奇，可以转化为佳例。实现修辞语义病象向修辞佳例的转化是以修辞的四个世界理论为依据的。按照四个世界理论①，物理世界、文化世界、心理世界内部都存在着丑与美、不好与好等相互对立的两个方面的转化，语言世界因为与其他三个世界间的同构性关系，当然也存在着类似的转化。这种转化是为了提高语言的表达效果而有意识进行的。这种转化是跨范畴间的转化，实现了由语言失误范畴到语言艺术化范畴的转化。②

在口语和书面语表达中，人们只要由正常交际层面进入到艺术交际层面，都要自觉地实现修辞语义病象的转化。这种转化除了具有较强的心理联想能力外，还必须充分利用社会文化语用条件，否则修辞语义病象便很难转化为修辞佳例。作家实现修辞语义病象向修辞佳例的转化可以说达到了极致。在文学语体中，往往要创造出众多的歧义病象、语义啰唆的病象、关系紊乱的病象等，并使它们转化为艺术佳例。这是作者在具体语境条件下对语言规范的叛逆和反动，是一种理论自觉。拿人们熟悉的比喻句来说，其构成以相似点为基础，本体和喻体必须是两类不同质的事物。依此构成条件可以把任何两类不同质的事物放在一起作比。如"青年"与"太阳"、"青年"与"白云"等都可分别搭配，形成下列句子：

> ①青年是太阳。
> ②青年是白云。

---

① 王希杰. 修辞学通论. 南京：南京大学出版社，1996.
② 孟建安. 病句、常规句、佳句及其相互转化. 郑州大学学报，2001（3）：115～119.

孤立地看，这些句子都违背了逻辑事理，违背了语义与事实的真值关系，因此都是修辞语义病象。但如果把它们置于一定的社会文化语用条件下，它们就转化提升为艺术佳句。例①中，因为心理联想机制的作用①，使人们认识到了"青年"与"太阳"在向上、充满活力和朝气这些方面具有相似性，因此可以作比。这就使原来的修辞语义病象转化为修辞佳例。

中央电视台"东方时空"节目中的广告类用语"讲述老百姓自己的故事"，盛书刚撰文认为②是病句。盛文的基本思路是："自己"是自身代词，当它作宾语时动作的施事者与受事者是同一主体，而该句的施事者是电视台采编人员，与受事者"老百姓自己"不是同一主体，而且"自己"也是多余的，所以该句是病句，按盛文的思路得出该句为病句的结论是顺理成章的。然而，问题的关键是盛文的思路过于偏狭，一些必须说清楚的问题却没有涉及，或虽涉及但由于受思路的影响，导致其理解产生错误。而且，盛先生文中有两处不当③：一是错析"老百姓自己"，认为这是一个自身代词，这就混淆了词根、词、短语三个概念；二是误解"受事者"，认为"老百姓自己"是受事者。其实"老百姓自己"只是"老百姓自己的故事"中的修饰成分，真正的受事者应为"老百姓自己的故事"。在这种前提下匆忙作出该句为病句的结论恐难以让人信服。

我们以为要推定该句是否正确应考虑四个方面的问题：

一是与动词谓语"讲述"相应的受事者的确定问题。根据上文所说，"老百姓自己的故事"这个定心式短语所代表的事物是受事者。而"老百姓自己"只是限制中心语"故事"的，所以不是真正的动作行为的承受对象，即受事者。所以，即如盛文所言采编人员不涵盖在老百姓之内，也是可以发出"讲述"这类动作行为去支配"……故事"这一受事者的。

二是应如何界定"老百姓"的问题。盛文说："从栏目设置者的意图看"，"他们的意思是：电视台的采编人员'讲述老百姓自己的故事'。从该电视台栏目迄今播出的节目内容看，讲述故事的人也并非老百姓，而是电视台采编人员。"可见，盛文是把"采编人员"排除在"老百姓"之外的，也就是说在盛文看来采编人员不是"老百姓"。那么，"老百姓"真的不包括"采编人员"吗？我们来看《现代汉语词典》④的解释：

老百姓：人民；居民（区别于军人和政府工作人员）

① 吴礼权. 比喻修辞文本的心理分析. 平顶山师专学报，2001（3）：57~59.
② 盛书刚. "讲述老百姓自己的故事"是个病句. 修辞学习，2000（5）（6）（合刊）：59~60.
③ 程大敏，赵安民. 析语须入语境. 语文知识，2001（10）：58~59.
④ 中国社会科学院语言研究所词典编辑室. 现代汉语词典（修订本）. 北京：商务印书馆，1996.

再看对"人民""居民"的解释：

> 人民：以劳动群众为主体的社会基本成员
> 居民：固定住在某一地方的人

从词典释义看，电视台采编人员是社会基本成员，当然应该是老百姓。其实，我个人觉得"老百姓"的内涵和外延都带有模糊性、游移性。所谓模糊，是说很难用一个明确的或量化的标准规定哪些人是老百姓，哪些人不是老百姓，因为"老百姓"本身所指非常宽泛，因而难以把"采编人员"排除在"老百姓"之外。所谓游移，是说"老百姓"所指具有相对性。在权势关系中，处于低一级权势层的人相对于高一级权势层的人来说都可自称为老百姓，但究竟哪个权势层的人才可以自称为老百姓恐一时难以说清。由此不难推断，采编人员也可自称为老百姓，只不过相对于一般人们所说的老百姓而言，他们有"讲述故事"的机会和资质，是老百姓中特别的一类。据此，我们认为"讲述老百姓自己的故事"的施事者与受事者的主体是一致的。这句话的意思就是：老百姓（当然包括采编人员）讲述老百姓自己的故事。

三是语用心理问题。退一步说，我们承认"采编人员"不是老百姓，但在这句话中，在这个语境中，电视台创制人员在语用心理中显然是把采编人员置于老百姓群体之中的。我们知道，在语言运用过程中表达者出于某种语用目的或修辞的考虑，往往会把发生在别人身上的故事说成是发生在表达者自己身上的故事，以此来增加感人或说服人的力量。该例即是把采编人员自身隐去，把他们融入一般老百姓之中，从而拉近了电视台采编人员与一般老百姓的心理距离，以赢得一般老百姓的认同，从而使人们觉得讲的故事就在自己身边，更亲切，更真实，更让人信服。从这个意义上说，即如盛文所言，采编人员不包括老百姓，但在这个语用环境中，在电视台创制人员的这种语用心理的支配之下，采编人员在心理上是把自己当作老百姓的，或被认为是老百姓了，所以该句动作的施事者与受事者在意念上还是一致的。那么，就不能把该句认定为病句。

四是"自己"一词是否多余的问题。笔者觉得"自己"不可删去。这可从以下几个方面加以考虑：首先，从音节上看，整句话的施事者没有出现，如果说成"讲述老百姓的故事"这是说得通，但显然音节上是不自足的，缺少必要的音节调配，听起来就不如"讲述老自姓自己的故事"顺畅悦耳。其次，从语意上看，这句话的语意重心在"自己"，因此著名节目主持人王刚在说这句话时以优美的语调也把重音放在了"自己"上，强调老百姓自己讲述自己的故事之意，而不是老百姓讲述老百姓之外的故事。再次，从语法结构上看，"自己"与"老百姓"是偏正型同位复指关系，但"老百姓"对"自己"有区别、限制作用，从而在句法上规定"自己"的重心位置。关于这一点也可以找到相关例证。比如：

①"宝宝"都上山了，老通宝他们还是捏着一把汗。（茅盾）

②老通宝和阿四他们惬着腰慢慢地从这边蹲到那边，又从那边蹲到这边。（茅盾）

例中"老通宝他们""老通宝和阿四他们"和"老百姓自己"属类似结构。这种结构一般用于文学语体和口头语体，已在本书上文有较为详细的论述。此不赘言。而"讲述老百姓自己的故事"就属于口语语体①。所以说，无论在音节上、句法上，还是在语意上，"自己"都应该出现。那么，该句并不因为"自己"的存在而成为病句。根据以上分析，笔者认为该句不但不是病句，相反还应该是电视语言运用中的好句子。它已由正常交际层面中的常规句转化而成为艺术交际层面的修辞佳句，也就是由通例转化为佳例了。

修辞语义病象向修辞佳例的转化还必须坚持得体性原则，这个原则同时也是正确转化的判断标准。如上列各例由修辞语义病象转化为修辞佳例究竟是否正确，那就要看它们与具体语境、特定语文体式等条件是否吻合。如果得到了这些语用条件的解释与支持，那么就做到了得体，这种转化就是正确的。

修辞语义病象转化平面就是通过对修辞语义病象转化为修辞佳例的相关问题作系统而深入的探，以对修辞语义病象的转化作出描写与阐释。

综上所述，从四个维度上看待修辞语义病象，虽各自独立，但并非孤立的，它们之间还存在着密切的关系。修辞语义病象生成平面解决的是修辞语义病象从无到有的问题，修辞语义病象形态平面是对修辞语义病象自然状况的细致描述与分析，修辞语义病象矫正平面解决的是修辞语义病象从违"规"到合"规"的问题，修辞语义病象转化平面解决的是由失误的语义表达向艺术化的语义表达转化问题。因此可以说，这四个平面从发生发展角度看是有序的，其层次性表现为语言失误→语言规范化→语言艺术化。由此笔者认为，第一、二个平面应归属于语言失误范畴，第三个平面应归属于语言规范化范畴，第四个平面应归属于语言艺术化范畴。由此可以推知，病象修辞理论就是在这三个范畴内以四个平面为基础形成的病象生成理论、病象形态理论、病象矫正理论、病象转化理论共同构筑的病象修辞理论大厦。病象修辞理论要想进一步完善化，就必须得从生成、形态、矫正、转化四个平面去探讨相关的规律、规则、标准和手段等问题。

---

① 孟建安. 由指人的名词与"他们"组合造成的结构. 毕节师专学报，1999（4）：54～57.

# 参考文献

［1］陈望道. 修辞学发凡. 上海：上海教育出版社，1979.

［2］陈光磊. 修辞论稿. 北京：北京语言大学出版社，2001.

［3］陈建民. 中国语言与中国社会. 广州：广东教育出版社，1999.

［4］陈原. 从现代汉语几个用例分析语言交际的最佳信息和最大效能. 中国语文，1993（5）.

［5］陈汝东. 认知修辞学. 广州：广东教育出版社，2001.

［6］陈汝东. 当代汉语修辞学. 北京：北京大学出版社，2004.

［7］程祥徽. 略论语体风格. 修辞学习，1994（2）.

［8］程祥徽，邓骏捷，张建桦. 语言风格学. 南宁：广西教育出版社，2000.

［9］方经民. 汉语空间方位参照的认知结构. 世界汉语教学，1999（4）.

［10］冯广艺. 汉语修辞论. 武汉：华中师范大学出版社，2000

［11］符达维. 对双重否定的几点探讨. 福建论坛（文史哲版），1986（6）.

［12］龚千炎. 现代汉语的时间系统. 世界汉语教学，1994（1）.

［13］郭熙. 中国社会语言学. 南京：南京大学出版社，1999.

［14］缑瑞隆. 语境和形容词的有无标记单位. 汉语学习，1986（5）.

［15］高玉祥. 人际交往心理学. 北京：中国社会科学出版社，1990.

［16］胡裕树，宗廷虎. 修辞学与语体学. 宗廷虎. 修辞论集. 长春：吉林教育出版社，2003.

［17］黄伯荣，廖序东. 现代汉语（增订五版·下册）. 北京：高等教育出版社，2011.

［18］黎运汉. 现代汉语语体修辞学. 南宁：广西教育出版社，1989.

［19］黎运汉，盛永生. 汉语修辞学. 广州：广东教育出版社，2006.

［20］黎运汉. 汉语风格学. 广州：广东教育出版社，2000.

［21］李嘉耀，李熙宗. 实用语法修辞教程. 上海：复旦大学出版社，1989.

［22］李熙宗. "语体"和"语文体式". 黎运汉，肖沛雄. 迈向 21 世纪的修辞学研究. 广州：广东人民出版社，2001.

［23］李熙宗，霍四通. 语体与语言规范化. 世纪之交的中国应用语言学研究——第二届全国语言文字应用学术研讨会论文集，1998.

［24］李宇明. 论量范畴. 语言研究，1999（2）.

［25］李建军. 小说修辞研究. 北京：中国人民大学出版社，2003.

［26］李忠初. 喻苑巨擘——浅论钱钟书在比喻理论上的杰出贡献. 湘潭大学学报（社会科学版），1994（1）.

［27］林文金. 关于双重否定的几个问题. 福建论坛（文史哲版），1984（3）.

［28］刘凤玲. 试论语体的交叉. 刘凤玲，曾毅平. 修辞·语体·风格. 香港：香港文化教育出版有限公司，2000.

［29］陆俭明，马真. 现代汉语虚词散论. 北京：北京大学出版社，1985.

［30］鲁枢元. 创作心理研究. 郑州：黄河文艺出版社，1985.

［31］鲁枢元. 超越语言——文学言语学刍议. 北京：中国社会科学出版社，1990.

［32］吕叔湘. 现代汉语八百词. 北京：商务印书馆，1980.

［33］吕叔湘，朱德熙. 语法修辞讲话. 北京：中国青年出版社，1979.

［34］马云. 钱钟书小说的本文与插入本文. 河北师范大学学报（社会科学版），1999（2）.

［35］孟建安. 汉语病句修辞. 北京：中国文联出版社，2000.

［36］孟建安. 汉语修辞转化论. 广州：暨南大学出版社，2013.

［37］彭增安. 语用·修辞·文化. 上海：学林出版社，1998.

［38］钱钟书. 管锥编. 北京：中华书局，1979.

［39］钱钟书. 七缀集·读《拉奥孔》. 上海：上海古籍出版社，1985.

［40］钱钟书. 谈艺录. 北京：中华书局，1984.

［41］舒建华. 论钱钟书的文学创作. 文学评论，1997（6）.

［42］谭学纯. 语用环境：语义变异和认知主体的信息处理模式. 语言文字应用，2008（1）.

［43］谭汝为. "比喻二柄多边说"论析. 云梦学刊，1997（3）.

［44］田建民. 再论钱钟书比喻的特点. 河北大学学报，1995（1）.

［45］王德春，陈晨. 现代修辞学. 南昌：江西教育出版社，1989.

［46］王德春. 语体略论. 福州：福建教育出版社，1987.

［47］王德春，陈瑞端. 语体学. 南宁：广西教育出版社，2000.

［48］王希杰. 修辞学新论. 北京：北京语言学院出版社，1993.

［49］王希杰. 修辞学通论. 南京：南京大学出版社，1996.

［50］王一川. 汉语形象美学引论. 广州：广东人民出版社，1999.

［51］王占馥. 思维与语言运用. 广州：广东人民出版社，2003.

［52］王维贤 等. 现代汉语复句新解. 武汉：华东师范大学出版社，1994.

［53］汪磊. 新华网络语言词典. 北京：商务印书馆，2012.

［54］吴礼权. 修辞心理学. 昆明：云南人民出版社，2002.

［55］伍铁平. 模糊语言学. 北京：北京师范大学出版社，1987 年油印本.

［56］熊伟明. 文学作品中时间意义表达的语用考察. 修辞学习，2004（2）.

［57］邢福义. 试论"A，否则 B"句式. 中国语文，1983（6）.

［58］袁晖，李熙宗. 汉语语体概论. 北京：商务印书馆，2005.

［59］袁晖. 试谈语体的规范问题. 修辞学习，2008（6）.

［60］袁晖. 语体的通用成分、专用成分和跨体成分. 烟台大学学报（哲学社会科学版），2005（1）.

［61］姚亚平. 人际关系语言学. 沈阳：辽宁教育出版社，1988.

［62］曾毅平. 修辞和社会语用论稿. 北京：中国社会科学出版社，2005.

［63］张弓. 现代汉语修辞学. 石家庄：河北教育出版社，1993.

［64］张炼强. 修辞认知理论与实践. 北京：首都师范大学出版社，2012.

［65］张建理. 汉语时间系统中的"前""后"认知和表达. 浙江大学学报（人文社会科学版），2003（5）.

［66］郑庆君. 汉语话语研究新探. 长沙：湖南教育出版社，2003.

［67］郑荣馨. 语言得体艺术. 太原：书海出版社，2001.

［68］祝畹瑾. 社会语言学概论. 长沙：湖南教育出版社，1992.

［69］朱德熙. 语法讲义. 北京：商务印书馆，1982.

［70］宗廷虎 等. 修辞新论. 上海：上海教育出版社，1988.

［71］宗廷虎. 钱钟书的理解修辞理论. 平顶山师专学报，2000（1）；中国人民大学报刊复印资料·语言文字学，2000（6）.

# 后 记

## 一

弗洛伊德似乎曾经说过这样的话：遗忘是世间最难解的谜。那遗忘之后的遗忘呢？正如游走在迷途中的远行者眯着略带恍惚的双眼如凝似浮地回望身后刚刚留下的遥远印痕。与遗忘对视的是记忆，记忆是对往事的存储，欢乐和悲伤并存，幼稚与成熟共舞。环视周边亲朋好友期待的灿烂微笑，在盈盈希冀的眼神中囫囵吞枣呀呀细说着曾经的记忆。

回眸透视三十轮阳光，机缘于母校老师的引领而涉足语言学浅水区，懵懵懂懂中隐约有所感悟。顺利完成学业的那一刻，无意间语言教学和研究伴随着与生俱来的迟钝而终成养家糊口的根基并彰显着自我的兴致和追求。苦苦思索，慢慢寻觅，访名校拜时贤，终将研究的主要旨趣定格在修辞学领地。忆想无拘无束地翱翔在辽阔无垠的大海中，时而展翅远行，时而岸边小憩，虽也辛苦，但却弥漫着永久的激情与快乐。埋头耕耘，春种秋收，滴滴汗水，终有所获。已经跨越不惑的岁月，定要还原知天命的心境，酣畅作别昨日的沉重，不把任何的遗憾留在心中。转眼间，吮吸着岭南砚园紫荆花的芳香，滋润着北岭山登高远眺的惬意，正孕育着又一个清脆爽朗的呼唤！

## 二

《修辞语义：描写与阐释》是笔者多年来不断思索辛苦劳作的结果。虽然还不是十分成熟，但无疑倾注了较多的汗水，度过了数不清的不眠之夜。

本专著在修辞学范畴内以"语言应用"为前提来研究修辞语义问题。目的不在于做过多的宏观上的理论阐释，进而构拟阔大无边的修辞理论体系，而是把着力点放在采用一定的修辞理论来综合研究具体语境中和特定语体规制下活生生的实实在在的修辞语义现象。在研究过程中，立足于修辞语义表达的失误、常规和艺术化事实，牢固树立并始终贯彻语境意识（含"语体意识"），坚持语境参照、语体先行和文化镜像等基本原则，综合优选多种适宜的研究方法，从研究策略层面通过描写与阐释两条途径来实现修辞语义研究的目的，并在研究过程中把对修辞语义表达形式的描写与对修辞语义内容的阐释融为一体，力求从微观层面把点面结合起来，做到以点带面，从中寻求修辞语义表达的一些规律性东西，由此而得出比较接近于事实的结论。本专著着力讨论和探索了语境对修辞语义的制导、语体对修辞语义的导引、文学语体与修辞语义表达、广告语体与修辞语义表达、词语运用及其修辞语义衍生、句子修辞及其修辞语义衍生、辞格构拟与修辞语义表达、修辞语义病象与修辞语义表达等众多的修辞语义问题，试图探寻修辞语义现象表层与深层结构中所凸显出的基本特质。

## 三

在研究过程中，我们参阅了大量的相关学术论著，吸纳了诸多学者的观点，引用了报刊、网络、电视、图书上的一些语料和资料（个别资料年久失记），在此一并表示由衷的谢意！更感谢中国修辞学会会长、复旦大学国际交流学院陈光磊教授在炎热酷暑中拨开繁务带病热心为拙著作序！原中国修辞学会副会长兼秘书长、中国修辞学会顾问、暨南大学中文系黎运汉教授在热浪滚滚的夏季，通读审阅了拙著。陈光磊先生和黎运汉先生分别对拙著提出了非常具体详细而又宝贵的修改意见，这无疑更加夯实了拙著的学术根基。宗廷虎、王希杰、李熙宗、陈光磊、黎运汉、程祥徽、陈满铭等诸位前辈和老师一直以来在我学术成长的道路上从不同的方面给予了无私指导和提携，在此谨向各位先生表示敬意和最真挚的感谢！诸位朋友和同仁们都从不同角度给予了热情鼓励和支持；暨南大学出版社人文社科分社社长杜小陆先生为本书质量的提高和顺利出版付出了艰辛努力。款款深情，拳拳眷意，点点滴滴，都一一镌刻在心头！

本专著作为广东省哲学社会科学"十二五"规划学科共建项目研究成果，同时得到了肇庆学院学术著作出版资助金资助，在此深表谢意！

由于才疏学浅，在具体分析和叙述中留下了不少遗憾。这些遗憾，作为压力让我心生愧意，作为动力又将激励着自己不断策马前行！

作　者
记于七星湖畔砚园文笔峰下翰墨池旁西苑寓内
2015 年 7 月 16 日